养护拔节孕穗期

《中小学德育工作指南》实践智慧

主编 ◎ 沈伟
副主编 ◎ 张雯　何光辉

上海社会科学院出版社
SHANGHAI ACADEMY OF SOCIAL SCIENCES PRESS

图书在版编目（CIP）数据

养护拔节孕穗期：《中小学德育工作指南》实践智慧 / 沈伟主编 .— 上海：上海社会科学院出版社，2019
　ISBN 978-7-5520-2964-2

　Ⅰ.①养… Ⅱ.①沈… Ⅲ.①中小学—德育工作 Ⅳ.① G631

中国版本图书馆 CIP 数据核字（2019）第 249565 号

养护拔节孕穗期——《中小学德育工作指南》实践智慧

主　　编：	沈　伟
副 主 编：	张　雯　何光辉
封面设计：	高静芳
责任编辑：	路　晓
出版发行：	上海社会科学院出版社
	上海顺昌路 622 号　　　邮编：200025
	电话总机 021-63315947　销售热线 021-53063735
	http://www.sassp.cn　　E-mail：sassp@sassp.cn
照　　排：	上海碧悦制版有限公司
印　　刷：	上海龙腾印务有限公司
开　　本：	710 毫米 ×1010 毫米　1/16
印　　张：	24.5
字　　数：	475 千字
版　　次：	2020 年 9 月第 1 版　　　　　　2020 年 9 月第 1 次印刷

ISBN 978-7-5520-2964-2/G・885　　　　　　　　　定价：88.00 元

版权所有　翻印必究

序 Preface

  为深入贯彻落实立德树人的根本任务，着力构建方向正确、内容完善、学段衔接、载体丰富、常态开展的德育工作体系，2017年8月，教育部制定发布了《中小学德育工作指南》。该《指南》是指导中小学德育工作的规范性文件，是学校开展德育工作的基本遵循，是教育行政部门对中小学德育工作进行督导评价的重要依据。

  《指南》从德育目标、德育内容、实施途径和组织实施等方面都提出了明确的要求，但如何将这些要求真正地落细落小，抓实抓好，还需要每所中小学结合校情生情，不断地探索实践，总结经验，智慧分享，互相启迪。为此，非常欣喜地看到宝山区推出的《养护拔节孕穗期——〈中小学德育工作指南〉实践智慧》这本书。 第一眼就被封面上的那首小诗所打动，它让我体会到了宝山教育人在追求教育的科学性和艺术性之路上的执着和坚韧，对身处拔节孕穗期的每一位青少年的爱心和精心。

  翻开书中宝山区教育者的一篇篇文章，我更欣喜地看到宝山区在认真贯彻落实教育部文件精神，积极探索和实践《中小学德育工作指南》如何落细、落小、落实方面做出了不懈的努力。书中，无论是从学校层面的顶层架构，还是班级层面的中观实施，以及课程教学主渠道的微观落实，都呈现了宝山区教育人在落实践行《指南》过程中的经验提炼与心得总结，是教师对六个育人实施途径的深刻领悟与反思。在文章中，我仿佛看到了宝山教师们在教书育人的过程中，执着探索教育教学规律的不倦身影，寻觅到了教师队伍中永不熄灭的点点星光和精神。

衷心期待本书能够给正行走在落实《指南》之路上的教育同行们带来一些启迪和启发。同时，也期待宝山区的德育工作能在总结提炼中不断发展创新，在宝山——教育家陶行知先生曾生活工作过的这块沃土上，厚植具有浓郁地方特色的宝山文化，继续用文化的方式发展有灵魂的教育。

上海市学生德育发展中心副主任

目录 Contents

序 ··· 孙 红 / 1

第一章 学校发展 ··· 1

梦想出彩成广育，心中有爱气自华
——基于能量建构理论的德育校本化实践 ············· 梅元钧 / 3

"谣"育童心润无声，满园蓓蕾吐馨香
——以童谣为载体探索德育新途径 ······················· 史志芳 /10

知行合一，以文化人
——新时代学校文化建设的思考与实践 ··············· 周 艳 /15

问渠那得清如许？为有源头活水来
——与中华优秀传统文化相融合的校园文化建设探索与实施 ········· 慕 婷 /21

文化凭借力，育人化春风
——传承"扁担精神"，落实文化育人 ···················· 王红英 /26

长廊美如画，尽处鸟呢喃
——校园文化环境的建设与实践 ··························· 吴愈华 /32

行之愈笃，知之益明
——"人格成长生态圈"模式下的社会实践活动课程开发 ············ 刘华霞 /38

随风潜入夜，润物"戏"无声
——"安全'童'行"校本课程的开发与实践 ········· 李 雅 /44

艨艟巨舰一毛轻，此日中流自在行
——"经纬地球仪"德育校本课程的设计与开发 ······· 杨旭红 /50

傀儡不言，下自成蹊
——"木偶"校本课程在德育工作中的运用探究 ····· 陆 萍 /58

千里之行，源于育德
——"小能人"道德三字经德育校本课程的开发与实践 ········· 王晓燕 /65

连雨不知春去，一思方觉学深
  ——基于"传统节课程"学习的实践与思考……………………顾峻崎 /70
海上升明月，天涯共传承
  ——基于中华优秀传统文化的学习与研究………………………曹怡静 /77
石以砥焉，化钝为利
  ——小学中高年级情境体验式道德实践活动的实施………………穆金娣 /83
红地毯，俏英姿，满园新色春已来
  ——"成长进行时"校园主题文化活动建构……………………张柳燕 /89
身尚礼继而修身，心尚礼继而泰心
  ——优化仪式教育活动策略……………………………………沈雅琴 /94
志须预定自道远，活动育人终有成
  ——构建初中活动育人途径探索与实践………………………徐学中 /99
实践为径，劳动做舟
  ——高中劳动实践教育的实施空间与路径……………………辻露溢 /105
不畏浮云遮望眼，只缘慧眼扩视界
  ——"亮眼睛摄影队"综合实践活动育人初探…………………徐　洪 /111
"德""教"细无声，"实""验"别样红
  ——"校内职业体验"育人实践探索……………………………须宏明 /117
纸上得来终觉浅，绝知责任要躬行
  ——小学生红色文化实践活动的组织与实施…………………朱琳萍 /122
天行健，君子以自强不息
  ——高中学生自我管理能力培养机制的架构和运作……………丁　玲 /129
马有千里之程，寻志而往
  ——以学生志愿服务为载体的初中自主管理模式实践探究……钱　璟 /136
乘风破浪会有时，滴水汇流成沧海
  ——"十个'好'，伴成长"行为规范教育实施研究……………朱艳青 /143
天生我材必有用，千金散尽还复来
  ——构建大拇指评价体系，与学生生活无缝对接………………陈　琦 /149
一片丹心天地间，携手同行共育人
  ——"大能人工作坊"协同共育模式的探索和实践……………张海霞 /155
人尽其才家校协，悉用其力悦趣显
  ——"协作育人"活动途径之"悦趣化"项目实施………………胡文仪 /160

郡亭枕上看潮头，恰似一江春水向东流
　　——基于"学校教育+"效应下的协同共育·················· 蔡晓燕 /166
育德有方，治行为上
　　——学校"家长讲堂"建设与实施······················· 李　静 /172

第二章　班级建设·································· 179

小来思报国，共圆中国梦
　　——让爱国主义情怀与蓬勃青春共振···················· 刘乾琪 /181
此中有真意，不辩不多言
　　——低结构理念下开展垃圾分类主题活动的探索············· 张　群 /186
路漫漫其修远兮，吾将上下而求善
　　——小学生"友善"价值观教育活动初探················· 杨晓华 /192
天生我材必有用，知行合一"模范"来
　　——"情""境"相融培育初中生良好品质················ 刘逸群 /197
一物一件，当思来之不易
　　——勤俭节约教育系列活动的设计与实践················· 王　佳 /203
问渠那得清如许，唯有沟通活水来
　　——借助"妈妈心灵成长坊"，提高家长亲子沟通能力········ 王幼文 /208
工欲善其事，必先利网器
　　——借助互联网构建新型家长会······················· 程建英 /214
梨花风起正清明，学子寻春尽出城
　　——中学生清明主题教育活动承载的家国情怀反思··········· 王晓音 /220
莫为艰难遮望眼，风物长宜放眼量
　　——榜样力量渗透的实践与感悟······················· 许　萍 /225
千挫万折我不怕，任尔东西南北风
　　——在"多元互动"教学方式下进行挫折教育的途径初探······ 李莹清 /230
端午临中夏，爱国情复长
　　——主题式系列微型班会课的开展····················· 朱　静 /235
明月分外美，民俗实堪骄
　　——元宵节体验式班会的开展························· 朱菊华 /240
暮云收尽溢清寒，银汉有情转玉盘
　　——"走进中秋"综合实践主题活动的探索················ 沈舒于 /244

第三章　教学收获 251

莫看江面平如镜，更看水底万丈深
　　——道德与法治《情绪的管理》一课中塑造健全人格的实践......... 周　翌 /253
随风潜入"心"，润"德"细无声
　　——小学生"社会实践和服务能力"在"道德与法治"课中的落实
　　... 刘　芸 /259
打开世界一扇门，求知润德细无声
　　——对高中政治学科研究性学习中德育渗透的实践探究........... 赵树利 /265
横看侧看，远近高低都是景
　　——多维教学提升思想品德课堂教学的育人功能............... 顾海华 /270
书上得来终觉浅，绝知此理须体验
　　——道德与法治《男生女生》一课的探索体验教学............... 宋　瑜 /276
怀未来以前行，抱责任而长谋
　　——在思想品德教学中培养学生的生涯发展意识............... 刘　侠 /281
归来挂坟松，万古知其信
　　——基于群文阅读教学的"诚信"传统文化教育的实践与反思
　　... 亓学荣 /286
大足以容众，德足以怀远
　　——以《哦，让我永远忏悔的狗》一课培养学生宽容品质......... 周雅婷 /292
育德之道，又岂在朝朝暮暮
　　——在课堂教学中培养学生乐于分享品质的实践探索........... 施　慧 /297
俯仰留连，疑是文中别有天
　　——阅读教学中文本德育资源的挖掘与教学重构初探........... 沈　昱 /302
文以载道，寓德于教
　　——在初中语文课后习作教学中提升学生道德素养的实践....... 李　瑶 /308
固本以生木，慧心以秀言
　　——在阅读活动中落实语文德育功能........................... 刘雪庆 /314
愿君多传承，此法颇宜人
　　——语文课堂中培养学生积极情感的教学实践................. 陈洁静 /319
君从故乡来，应知故乡事
　　——乡土资源在高中历史教学中的开发与应用................. 康晓萍 /324
培根化无形，养心润无声
　　——小学数学课堂教学中彰显思想品德教育之实践............. 龚卫娟 /330

举头蓝天近，回首绿草低
　　——基于STEM理念的初中物理教学中融入低碳教育的实践……… 沈魏魏 /337
学必以德为本，课必以德为先
　　——《中小学德育工作指南》背景下增强体育课育人效果的实施策略
　　…………………………………………………………………… 朱一亮 /344
强国之基在养蒙，职业启蒙正当时
　　——小学英语教学中渗透职业启蒙教育的途径……………… 戴文嘉 /349
斯有古镇，育吾德馨
　　——体验式古镇文化活动育人的实践与反思………………… 程　丹 /355
莫问仙境何处寻，春来遍是桃源人
　　——研究性学习在高中垃圾分类育德活动中的探索和实践………… 李一奇 /360
防"黑天鹅"于微乎，惕"灰犀牛"于未然
　　——新形势下劳动技术学科育人方法探究…………………… 刘全雄 /365
山河常在我梦萦，绿荫幽草胜花时
　　——在音乐教学中渗透爱国主义教育的实践经验分享……… 陈伊玲 /370
哪室竖笛暗飞声？散入春风满校园
　　——小学音乐器乐教学之实践育人案例探究………………… 熊玉媛 /375

后记……………………………………………………………………………… 381

第一章

学校发展

梦想出彩成广育，心中有爱气自华

——基于能量建构理论的德育校本化实践

上海市宝山区广育小学　梅元钧

《中小学德育工作指南》（简称"《指南》"）指向核心素养。"核心素养"一词的提出，从根本上回答和解决了"立什么德""树什么人"的问题。核心素养是检验学校立德树人工作成效的试金石。在核心素养培养的过程中，社会主义核心价值观又是重中之重。《指南》强调要用社会主义核心价值观指导学生自觉把个人追求与国家、民族的前途和命运紧密结合起来，引领学生成长、成人和成才。

习近平总书记多次讲，教育最根本的任务就是要完成好、履行好立德树人的职责，培养造就中国特色社会主义事业建设者和接班人。立德树人就是要坚持以人为本、德育为先，始终坚持正确的政治方向，培育和践行社会主义核心价值观，引导学生扣好人生的第一粒扣子。

长期以来，我一直从事学校德育管理工作，一次偶然的机会，我对"德"字有了更深刻的认识与理解。从"德"字的演变及对字义的理解上看，我们不难发现：德，对于教育的根本任务来说，它必将是在"读万卷书，行万里路"中实现，这既揭示了今天育人工作的自然法则，又凸显了方法论。我们着眼于《中小学德育工作指南》，以德育校本化为载体，以能量构建理论为基础进行了探索，望得到大家的指正。

一、什么是能量建构呢？

事实上，无论是教育质量与效益的提高，还是办学特色的形成，其终极目标应该是学校中人的主动发展，特别是学生的主动发展。无论是办学特色的建立，还是学校品牌的树立，这些都应该是为提升学校教育的质量、促进学生的发展而服务的。反之，如果学校为了追求特色、品牌而不顾学生的发展，也不能称之为内涵发展。对于一所学校来讲，办学条件的改善（即外延式发展）或者内涵发展，其最终目的只有一个——学生的发展。

近年来，英美等国的学者都提出，能量建构是学校持续改进的重要途径。富兰（Fullan M.）指出，能量建构是近五年来教育改革领域中的一个重要术语。他认为，学校改进的三个最基本的驱动力是人们的道德目标、能量建构和对变革过程的理解。那么什么是能量建构呢？能量建构是为学校改进创造内部能量，它是实现学校改进所需的一系列条件。斯托尔（Stoll M.）指出，内部能量是使教师和学校热衷于学习的力量，其最终是为了提高学生的学习成绩，学校内的教师、学习情境以及外部情境等共同影响其建构。由此可见，学校所进行的能量建构实际上是为学校持续发展所积累的力量、潜能，是一种系统内部自我发展的原动力。而学校改进的最终目的就是形成这样一种能够自我发展又能够应对外部变革的力量。

二、基于能量建构五要素的德育校本化实施路径

如果我们将学校内涵发展看成学校内部能量的建构，就可以用能量建构五个方面的要素来实现学校德育校本化表达，进而形成学校内涵发展的途径，不断促进人的发展（见图1）。

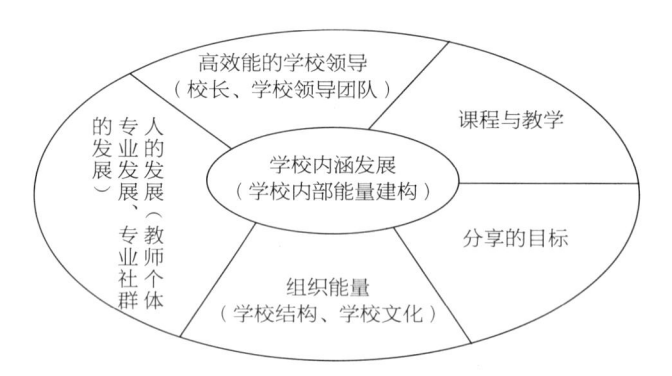

图1 学校内涵发展框架图

（一）形成分享的目标

分享的目标主要包括三个方面：分享学校的发展愿景、发展目标以及教师对学生的高期待。学校的发展愿景也就是学校领导办学时所持有的价值观，即办学理念。学校发展目标，是指与学校的愿景相关的具体可操作的发展目标。

学校德育校本化表达，要求在学校发展目标的制定过程中，使校内教师个人发展和学生发展的目标与学校发展目标相结合。

1.**明晰学校发展目标**。学校以"学思相随，知行融汇；心中有华，梦想出彩"[1]作为办学理念，帮助学生正确处理"自我发展、文化修养和美好情怀的关系"[2]，提高学生的道德水准和文明行为习惯能力，增强学生的自主自立意识，从而使学校成为宝山领先、上海卓越的一流学校。

2.**重塑学校育人目标**。培养一批具有"良好习惯、心怀感恩、责任担当、自

信交往、善于表达、身心健康、国际视野"高尚人格的"出彩"少年。

3. 凸显学校标识含义。

"七彩雏鹰"，由变异的"G"和"Y"组成，既表示"广育"，又蕴含着"广育学子"正在进行着厚积薄发的跨越与展翅高飞的绽放。

"七彩雏鹰"，引领着广育学子追寻幸福，沟通着心灵与梦想；是时间凝聚着"华"，空间溢流着"彩"，在时空中，绽放着师与生、教与学、家与校、幸福与快乐、现在与未来……

跨越与绽放

"跨越"是追寻，是探索，是华彩铸就的卓越；

"绽放"是浸染，是成就，是华彩发生的幸福。

（二）促进人的发展

人的发展包括教师个体的专业发展和专业社群的发展。教师个体的专业发展包括教师个体的知识、技能、态度和信念的改变四项基本要素。以斯托尔等对专业学习社群的文献回顾为基础，专业社群的发展具有以下四项特征：教师能够聚焦于反思性专业探究，学校成员间能够合作、相互信任，学校成员具有集体责任感，教师个体和团体的学习得到促进。

实现学校德育校本化的表达，一个重要的途径就是促进教师的专业发展。但是，教师个体的专业发展还不足以成为学校建构可持续发展的能量，只有当骨干教师带动身边的教师，使校内越来越多的教师投入教学变革中，进行反思性专业探究，形成信任、协作的文化，最终形成专业发展社群的时候，才能最大限度地促进学校发展。

1. **培育归属感。** 要紧紧扣住教师发展这个主题，致力于学校人力资源开发和蓄养，使教师对教育、对学校、对学生产生眷恋、牵挂、惦记的归属感。我们以"严谨、耐心、亲和、创新、卓越"为引领，推行以"出彩"骨干教师、优秀教师、专家型教师为框架的教师专业发展促进系统，办好面向全体教师的"出彩"讲堂，面向全体学生的名师讲坛，促进教师不同发展维度的共同体建设，致力于培育一支师德高尚、学养丰厚、身心健康、勇于进取、结构合理、充满活力的高素质、专业化育人团队。

2. **激发参与自觉性。** 提升教育品质、立德树人的关键力量是教师。在教育改革的背景下，激发教师积极自主地参与德育校本化的研制、决策、实施和评价的整个活动。教师参与可以从以下两个维度展开：一是教师在实施国家课程的过程中，根据学校、学生和自身的特点，对国家课程进行德育校本化的处理的过程；二是根据学校的办学理念和学生兴趣、发展需求开发校本课程。教师自主参与课程开发，贯穿在学校课程设计、实施、评价的整个过程之中。

3. 提升自我管理。 引导教师制定教育策略，共同遵循与践行。

对孩子微笑——任何一个孩子不会受到冷落和歧视；

与孩子交谈——每一个孩子都能和老师平等对话；

帮孩子明理——让每一个孩子在体验中辨别真、善、美；

教孩子求知——能耐心解答孩子提出的每一个问题；

让孩子自主——尊重孩子的意志，张扬孩子的个性；

给孩子机会——每一个孩子的特长都能得到充分展示；

为孩子着想——帮助有特殊困难的学生完成五年学业。

（三）建构组织的能量

组织能量包括学校结构和学校文化的变革。学校结构和学校文化是一体两面，学校结构是学校文化形成的基础。学校结构包括学校制度的制定、管理思维的确定、人事的安排、组织的管理方式、学校的决策方式等。学校文化主要指学校成员共享的价值观、规范、信念和假设。

构建德育校本化表达，不仅需要变革学校的管理，还需要变革学校的文化。

1. 培育文化之彩。 基于广育小学的优势，以"华彩文化"为特色，以"润"为方式，形成以"有爱、有趣、有益"为核心的校园文化。

（1）有爱是组织的内核，思想文化的引领

——学思相随，知行融汇，心中有华，梦想出彩。

（2）有趣是组织的表达，感悟成长的历程

——幸福微微笑（爱心）、包容齐合作（尊重）、言行相协调（诚信）、尽心显价值（责任）、挑战大超越（勇气）、专注持续久（勤奋）、举止重细节（文明）。

（3）有益是特色的彰显，绽放多彩的梦想

——自主发展重品行，文化修养重内涵，社会参与重服务。

让孩子们在文化的"滋润"中，认识自我、与人沟通、体验社会，平衡孩子身与心的成长，使智育、德育、体育与美育协调发展。

2. 构建成长之彩。 将一年教育活动穿排起来，让教师、学生的每一天都有新体验、新收获，每一天都绚丽多彩。

红彩——追梦成长（微表达）、橙彩——健体健心（微运动）

黄彩——我型我秀（微探究）、绿彩——世界之眼（微阅读）

青彩——润泽有戏（微品味）、蓝彩——爱心服务（微公益）

紫彩——科技无限（微创意）。

让每一种个性都自由释放，让每一颗心灵都光彩闪耀，让每一种梦想都能够实现。

（四）建立高效能的学校领导

研究显示，高效能的学校领导体现为校长的转化型领导。转化型领导主要是通过提升组织成员的能力来达到改进学校的目的。

实现学校德育校本化表达，包括校长在内的学校领导班子的建设非常重要。领导班子不仅要提升自己的领导能力。还要努力使师生对学校的愿景、目标有认同感，教师能够不放弃学生。利用各种策略促进教师个体与专业社群的发展，建设校本课程。在这个过程中，适当调整学校结构来配合学校工作的展开，进而促进学校深层良性文化的建立。

在全面深化课程改革领导小组的统一领导下，优化组建"六大中心"、推进改革"九大平台"、研发形成"三大课程"。以六大中心，整体布局课程改革功能定位；以九大平台，明确各项课程改革重点任务；以三大课程，凸显聚焦课程改革阶段成果。（如图1所示）

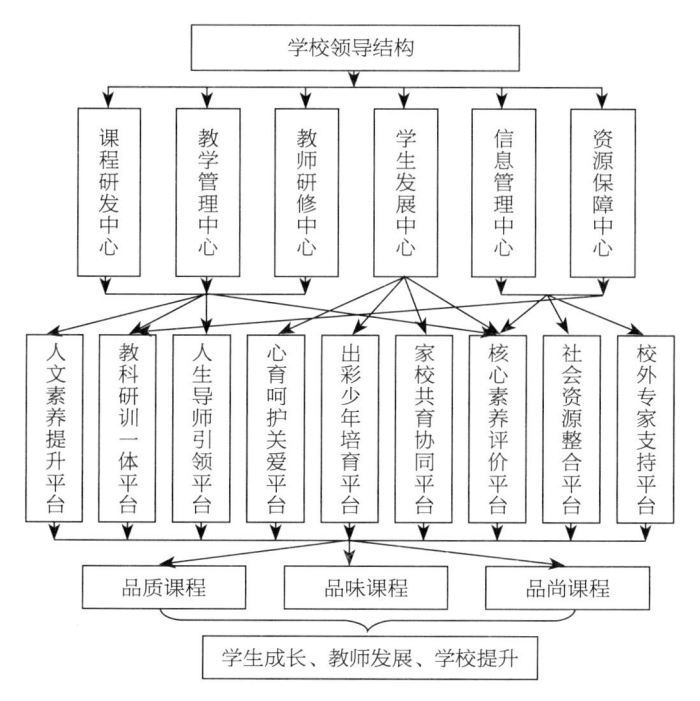

图1 学校德育校本化体系

（五）关注课程与教学

学校德育校本化表达在课程、教学、评估和学习氛围等方面，应该有一个统一的总体规划，并且能够利用这个规划来指导学生和教师的具体实践。学校根据自身的特点建立校本课程，可以促进教师和学生的改变。（如图2所示）

多元德育课程之彩，体现在以下课程之中：品尚（底色）课程、品质（主色）课程、品味（亮色）课程。围绕普修、精修、选修，多元课程开展有声有色。

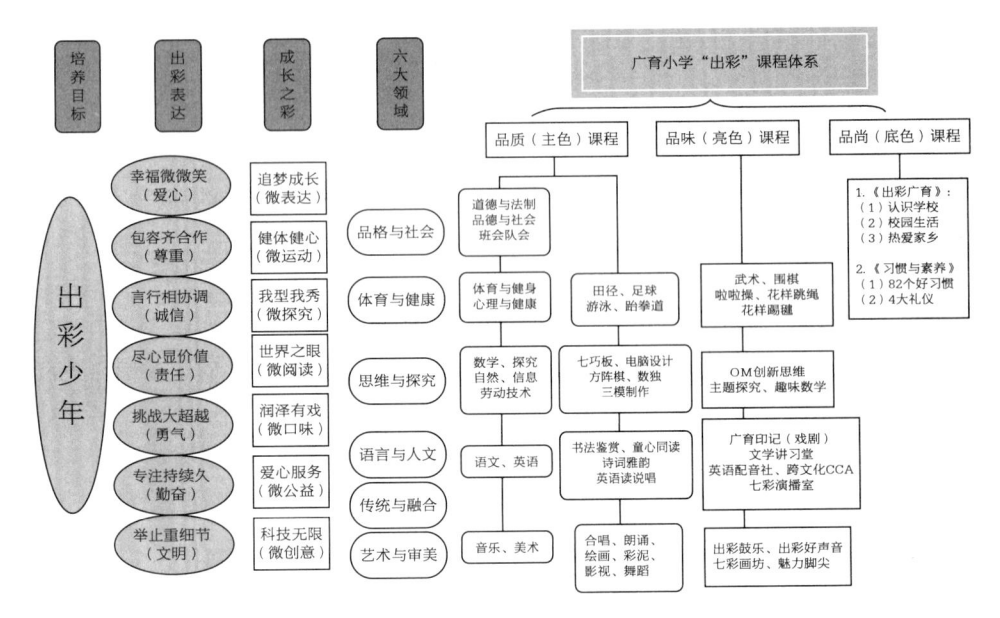

图2 广育小学德育校本化总体规划

品尚（底色）课程。以生活化的主体活动融入学校的课程中，让学生在丰富的生活课程中得以自主发展，养成高尚的人格。

品质（主色）课程。依托体育、艺术、科技学科优势，优化针对不同年级学生重点开展的啦啦健身操、花样跳绳、合唱、手工创意画、电脑绘画俱乐部、鼓乐声坊、三模、OM、机器人等活动课程。

品味（亮色）课程：围绕中华民族优秀传统文化，开展"我们的节日"系列课程，并结合趣味数学、小小外交家、我为文学狂，以及运用书法、武术、围棋、国画、戏（课本）剧等形式传承优秀文化课程。

同时，学校构建"出彩课堂"的基本要求包括以下几点：

（1）其遵循的理念是："为唤起每一个孩子心中的梦想而奠基。"

（2）管理原则是：以培养学生兴趣为前提，以思维训练为主线，以发展认知能力为重点，以优化课堂结构为突破口，以促进自主学习为目的。

（3）内涵概括为：一句话，两件事，三种效果，四个标准。①一句话：学而时习，日知月累；②两件事：组织教学，让所有的学生都学习；教学组织，让所有的学生都学会；③三种效果：教育变简单，课堂变有效，学习变轻松；④四个标准：知识学生生成，内容课堂掌握，课堂面向全体，师生个个出彩。

在德育校本化的实践中，课程领导力优势不断凸显，有效地促进了学校内涵发展。抓住育人目标、校园文化、教师发展、课堂与课程这些关键点，德育积极作为，协同发展。我们逐步把学校内涵发展理解为学校内部能量的建构，这五个方面相互影响、相互联系，它们在相互作用中共同促进学校的改进。

总之，从能量建构的角度来看，学校的内涵发展其实恰恰是在建构学校的内部能量。校内的全体人员有效地利用外部资源和机遇，切实发展自身的学习能量，从而实现学生的主动发展。

注　释：

[1] "华"在这里指孕育，是传承的厚重，是生命的唤醒，是广育学子成长的开始，是追逐梦想，实现超越。"彩"在这里发生。那校园里的追梦，是天上虹。七彩萦绕，那里有心灵的底色，梦想的主色，幸福的亮色；曲直律动，那是生命的轨迹、教育的笔迹、文化的印迹。

[2] 人与自我，注重"自主发展"，强调优秀品行的培养；人与工具，注重"文化修养"，强调良好学力的培养；人与社会，注重"社会参与"，强调美好情怀的培养。

参考文献：

[1] STOII L. Realising our potential：understanding and developing capacity for lasting improvement [J]. School Effectiveness and School Improvement, 1999, 10（4）：503-532.

[2] HOPKINS D, JACKSDN D. Building the capacity for leading and learning [G]//HARRIS A.Effective leadership for school improvement.London：Routledge Falmer, 2003：84-105.

[3] MITCHELL C, SACKNEY L. Profound improvement：Building capacity for a learning community [M]. Lisse：Swets and Zeitlinger, 2000：15.

[4] HOPKINS D. School improvement for real [M]. London：Falmer Press, 2001：17.

[5] FULLAN M. Learning to lead change：Building system ca-pacity [R]. HongKong：International workshop series, 2007.

"谣"育童心润无声，满园蓓蕾吐馨香

——以童谣为载体探索德育新途径

上海市宝山区泰和新城小学　史志芳

《中小学德育工作指南》坚持立德树人，对加强理想信念教育、社会主义核心价值观教育和中华优秀传统文化教育等提出了一系列明确要求，要求把社会主义核心价值观融入国民教育全过程。"富强、民主、文明、和谐、自由、平等、公正、法治、爱国、敬业、诚信、友善"，这24个字凝练成的社会主义核心价值观，浓缩了我国社会主义现代化国家的建设目标、美好社会的生动表述以及公民基本的道德规范。要把社会主义核心价值观落实到基层，虽然说是一项宏大的工程，但是我们可以把它具体化，落到细处，让其具有可操作性和可实施性。

泰和新城小学是宝山区童谣艺术特色项目学校，自2002年以来，学校以"吟诵童谣　启智明理"为核心理念，从小学生的年龄实际出发，积极探索符合儿童特点的德育途径。特别是"以童谣为载体，探索小学生思想道德建设新途径"系列教育，把童谣作为实施社会主义核心价值观的一个重要载体，编童谣、唱童谣、传童谣，在童谣传唱系列活动中，弘扬中华优秀传统文化，把社会主义核心价值观的种子潜移默化植入孩子的心中，入眼入耳、入脑入心，渗透于行。

一、立足校本，德育先行，创新创造启心智

基于生活、归于教育的童谣，蕴含着重要的道德价值与道德教育意义。中央教科所刘惊铎教授指出："童谣往往具有评判、价值判断的功能，对好的事物进行褒奖，对坏的事物进行讽刺，好童谣的传唱有利于将价值观念融入孩子的内心，同时它的褒贬功能更有利于孩子是非辨别能力的锻炼。"[1] 他认为，好的童谣对于学生是非能力的锻炼、行为习惯的培养、价值观念的形成、良好人格的塑造具有潜移默化的影响，具有重要的道德教育意义。

（一）童谣蕴含着重要的道德教育资源

道德教育的最终目标就是回归学生的生活世界。将有道德教育意义的童谣与学生的学习和活动相结合，大量有道德教育意义的童谣经过学生们的传唱，学生

的品德发展会受到潜移默化的影响。

泰和新城小学的童谣校本课程教材《泰和童谣》中的童谣主要是从全校学生的童谣作品中征集而来,其内容贴近儿童生活,是孩子们根据自己的感受创造出的道德学习情境。教材中根据儿童的道德生活,将童谣分为五类:爱国、敬业、诚信、友善、快乐,在这五大板块童谣中,体现了尊老爱幼、互助互爱、热爱劳动、诚实守信、艰苦奋斗等中华民族优秀传统美德。例如,《奶奶过生日》里写道:"奶奶过生日,全家都在忙,妈妈炒鱼片,爸爸炖鸡汤,我把手洗洗,也来下厨房,爷爷切黄瓜,我放醋和糖,奶奶尝一口,她说:唔——这个拌黄瓜,味道特别香!"这首五字句的童谣,通过描绘全家人的表现,写出了奶奶过生日的热闹开心的场面,在传授文学知识点的同时,也对学生进行了尊老爱老的道德教育。又如,《最小的》写道:"最小的花儿也芬芳;最小的虫儿也歌唱;最小的鸟儿也高飞;最小的星星也闪亮。"这里折射出生命的宝贵和积极向上的奋斗精神。童谣《门口》写道:"四只小猴,挤在门口,你挤我挤,谁也难走。四只小猴,排在门口,有先有后,出了门口。"这一童谣则是对学生进行遵守秩序的公德教育。

借助优秀童谣作品进行道德教育的培养,有利于拓展儿童教育的渠道、丰富儿童的道德教育资源、夯实儿童道德教育的根基。这样的学习省却了老师的反复说教、过分的强调,通过这些童谣的传唱,达到了导向、陶冶、规范、约束的功能,使核心价值观在无痕中得以渗透、显效。

(二)童谣是拓展道德教育的有效途径

道德教育是一个高度情境化的东西,仅仅停留在空洞化和抽象化的课堂说教、停留在脱离生活情境下讲道德,必然会遭到学生的拒绝与排斥,因为学生对于道德情感的真实体验缺乏,无法将学到的知识融入生活实践,也无法唤醒学生的道德情感和上进心。

苏霍姆林斯基指出:"任何一种教育现象,孩子们在其中越少感觉到教育意图,它的教育效果就越大。"[2]小学生活泼好动,那些富有语言活泼、合辙押韵、节奏明快易唱的童谣可以引起学生的美感、愉悦感,因此,童谣教学中进行道德教育的渗透是非常必要的。

首先,道德教育的主体性特点在童谣活动中得到充分体现。童谣活动的主体是学生,它区别于以往以教师为主体,学生被动地参与活动,完全失去主体性的被动的道德教育。其次,道德教育的生活性在童谣活动中得到充分体现。真实的生活感悟和情感体验是活动的最终目的与意义。最后,童谣活动体现了道德教育的目标。童谣游戏的实质就是培养学生的道德情感,"德育的过程虽然必定伴随着道德认识的进步、道德行为的表现,但更为牢固的基础和深层的核心在于人的情感——态度系统的改变。"[3]而童谣恰恰是培养高尚情操、塑造优秀人格的有效途径。

实践表明，童谣这种学生喜欢的形式，改变了我们以往的成人教育方式，成为学生自我教育的一种手段。不少学生用童谣的内容规范自己和他人的行为，实现了道德认识向道德行为的转化，一首首饱含学生智慧、源于学生生活、富有童真童趣的歌谣在校园内广泛传播。

二、德特结合，以特辅德，健康童谣润心田

童谣，作为民族文化的积淀，它的趣味性、思想性、教育性是未成年人心灵成长的土壤，德育只有植根于浓郁的优秀的民族文化氛围之中，使受教育者积极、主动、自觉地参与，让他们的认知在潜移默化中升华，在熏陶、陶冶中形成良好的道德品质，德育才有实效性。

（一）编童谣，在童心中播下价值观的种子

在学校开展的"社会主义核心价值观"童谣的创编活动中，孩子们都以高度的热情参与其中。有的家长和孩子齐心协力；有小伙伴们发挥团队精神进行集体创作；还有个人发挥主观能动性，展示创作才能。孩子们用一双双敏锐的眼睛留心观察身边的事物，去发现生活中的真、善、美，经过自己的艺术加工，创作出了一首首脍炙人口的阳光童谣。

黄泽宇的《梦想，近了》写道："铅笔，短了，书本，旧了，成绩，好了，梦想，近了。"书写了自己对理想的祈望，是"中国梦"的童心表达。

张振熠的《蜗牛》写道："慢慢爬，慢慢爬，不着急，不停止，终有一天，能爬到！"该童谣把积极的信念种在心田。

"诚信是个宝，绝对不能少。人人讲信用，什么都可靠。作业不抄袭，知识掌握牢。考试不作弊，质量真正高。有错就改正，做个好宝宝。"费睿萱小朋友创作的《诚信》是对社会主义核心价值观中"诚信"的感悟。

就这样，一首首童谣接连从孩子们手中诞生，这些作品虽浅白但真诚，充满了童真童趣，读起来，耳边仿佛就响起朗朗童声，表达了孩子们对社会主义核心价值观的理解，展现了他们讲道德、尊道德、守道德的良好精神风貌。

选择其中特别优秀的作品在教室里做成版面布置出来，不仅鼓舞了全体学生，就连家长朋友们看了也连声叫好，称"这样的教育太有必要了！"

（二）唱童谣，在童趣中绽放价值观的花朵

学校充分发挥童谣的教育作用，配合校"主题教育月"，组织孩子们开展形式多样、丰富多彩的童谣诵读活动：创编一首童谣、编排一份童谣小报、制作一张童谣书签、开展一次童谣配画评比活动等，让孩子们在"新童谣，唱响核心价值观"系列主题教育活动中感悟社会主义核心价值观。

"红领巾，胸前飘，每天伴我到学校。中国梦，心中藏，天天进步成栋梁……"教室里传来阵阵童谣声，主题班会活动正悄然拉开帷幕。孩子们运用朗

诵、舞蹈、小品、拍手歌等不同方式展示社会主义核心价值观新童谣，充分展示了孩子们在核心价值观学习中良好品质的发展。

每天课前预备铃响起后的两分钟内，在老师的指导下，学生们集体朗诵新童谣，通过日常化的唱诵，大家对社会主义核心价值观熟记于心；课间十分钟，童谣皮筋舞，跳绳操，让健康向上的童谣围绕在学生的左右，伴随着他们健康成长。升旗仪式、运动会开闭幕式、入队入团等重大集体活动，都把齐声唱童谣作为重要环节。在升国旗之前，全体学生面向五星红旗，满怀激情地朗诵："五星红旗迎风飘，小同学们都站好。我们都来比一比，看谁站得最整齐。"学生犯错时，教师变批评责罚为启发学生忆童谣、背童谣，让学生通过童谣来强化对社会主义核心价值观的理解，激励学生自我反省、积极上进。

教师们欣喜地感受到了孩子们身上的变化。课间休息时，追跑打闹的学生少了，安全意识提高了；活动课上，孩子们在游戏童谣中锻炼了头脑，培养了谦让、合作的精神。一首首健康的童谣就像一盏盏灯，点亮了孩子们的心灵，照亮了孩子们前行的路程。

（三）传童谣，在童声中放大价值观的影响

学校不仅注重在校园内传唱童谣，而且努力将童谣传唱活动向校外推广。利用红领巾广播传童谣，安排各班的优秀童谣作品介绍，进行吟诵推广。将优秀的童谣在学校的画廊里予以展示，在校报《泰和韵》上发表，极大地提高了童谣的吸引力、影响力。学校的校园网站上也因童谣而显得精彩纷呈，校园网站成了同学们网上冲浪最爱去的地方，同学们欣然地在网站贴上自己创作的童谣。小伙伴们相约在BBS上讨论交流自己在新童谣文化大餐中的收获和体验。

几年来，学生在教师的指导和鼓励下，创作了许多充满儿童情趣、反映校园生活、富有时代气息、弘扬高尚情操的现代童谣。教师们高兴地看到，学生们在童谣课程学习和活动中，主体地位得到了发挥，创造才能得到了提高，涌现出一批批积极参与童谣创编的小作者。他们不仅活跃在课堂上、校园里，还活跃在社会上，参与区学生艺术节、区读书节展示、顾村诗乡年会，参加社区活动。社区居民最爱看我们的童谣表演，我们的新童谣也因为他们的传唱而飞得更远。这既为学生全面发展提供了平台，又用学生的作品教育学生、影响学生，生生互动的做法，产生了特有的教育效果。我们深深感受到，这种适合儿童的自我教育方式，给学生的自身发展带来了深远影响。随着构建和谐社会、建设社会主义新农村的不断推进，孩子们创作的有关童谣在报刊上发表，被到处传唱，如包敏同学的《种蔬菜》："太阳当空照，农民忙锄草，种出蔬菜来，让人吃得好。"张婕同学的《骑马到江南》："嘟嘟嘟，嘟嘟嘟，骑马到江南，江南水乡小河多，跨下红马划木船。"孩子们用浓浓的乡音、朴素的情怀，讴歌了快乐的生活、美丽的故乡。

孩子们在一次次的参与、交流、互动中体验到成功的喜悦，生活在不同成长

环境、不同经济条件、不同文化背景下的小学生相互感知和相互激励，共同践行社会主义核心价值观。

三、飞出校园，飞入家庭，核心标杆植心中

"社会环境是人身心发展的外部的客观条件，对人的发展起着一定的制约作用……人的社会实践对人的发展起着决定性的作用。"[4] 孩子们的童谣，最先影响的就是家长。盛之凌同学的妈妈刘燕说，她和孩子已经合作创编了两首童谣。"这其实是我和孩子一起学习的过程。"她说，"能有这样一个机会，静下心来和孩子一起挖掘，探讨一种美德，对自己也是受益匪浅的。"

在一次家长座谈会上，一位家长如是说，一次，她和孩子去逛街，遇到红灯，她毫不在意地继续往前走，而她的孩子立刻阻止了她，并顺口就给她念了一首童谣："红灯停，绿灯行，交通规则心头记，要做合格小公民，上海才会更美丽。"这位家长觉得是孩子给她上了生动的一课，给了她深刻的教育。这就是童谣的魅力，她一旦植根于孩子的心里，就会时时绽放出熠熠的光彩。

"天上星星，像妈妈的眼睛。当我得了第一名，它总是眨眨眼睛，说一声你真行；当我做错了事，它总会说下次当心。我爱星星，我更懂妈妈的心。"三八妇女节到了，孩子们自己创作童谣送给妈妈。平时，有些孩子还主动帮爸爸妈妈做家务，边做家务边还念童谣呢。

一棵挺拔的树，是一幅优美的画；一片秀美的林，绘就一道永恒的风景。吟诵童谣，启智明理！童谣文化以其独有的魅力惠泽童心，使孩子们潜移默化地在编写、吟诵、实践童谣的过程中，内化了道德认知，体验了道德情感，养成了道德行为，获得了随"谣"潜入心、润物细无声的教育效果。

注　　释：

[1] 刘惊铎.体验：道德教育的主体[J].教育研究，2003（2）：53

[2] 苏霍姆林斯基.苏霍姆林斯基：第二卷[M].北京：高等教育出版社，2000：77.

[3] 朱小蔓.道德教育论丛[M].南京：南京师范大学出版社，2000：328.

[4] 王道俊，王汉澜.教育学[M].北京：人民教育出版社，2004：48—49.

参考文献：

[1] 杨英.以童谣为载体探索德育新途径[J].北京教育：普教版，2005（6）.

[2] 冯玲丽.童谣游戏：小学生道德养成的有效路径[J].教学与管理，2010（5）.

[3] 柴成林.童谣的道德教育意义及其在小学教育中的实施[D].曲阜：曲阜师范大学，2017.

知行合一，以文化人

——新时代学校文化建设的思考与实践

上海市宝山区行知外国语学校　周　艳

学校文化建设是国家构建和谐社会的重要组成部分，亦是学校不断提升自身文化品格的客观发展要求。学校的发展，归根到底取决于其文化领导及其文化张力。[1]学校文化的核心是其精神文化，精神文化的核心是价值观的确立或重建。[2]因此，国家的社会主义文化需要通过践行社会主义核心价值观来落实，我们的学校文化同样需要通过构建卓越的校风、教风和学风去实现。学校文化不仅是师生共同的精神家园，也应成为全体师生的价值追求。

行知外国语学校（简称"行外"）办校至今，始终坚持以文化育人为核心，以"行+"文化为特色，着力构建校园文化、课程文化、班级文化，通过环境育人、课程育人、活动育人和实践育人来建构育人体系，提升学生的人文素养和民族精神，培养师生的文化认同，增强师生的文化自信。

一、"行+"文化品牌化

（一）办学理念开放包容，培育学生核心素养

行知外国语学校办学理念是"人人都是小行家"（Everyone can be expert），旨在潜移默化地使学生具有"行家精神"。基于这一办学理念的育人目标是：培养具有健康身心、高尚德行、智慧头脑、审美修养、创造能力和国际视野的未来世界公民。

（二）校园主色温暖大气，校徽展现国际视野

行知外国语学校的校园主色、校徽、学生校服由黄蓝相间的色调构成，大气而温暖。校徽上围绕四周的九星，代表着学校的九个年级，也象征着每个孩子都是耀眼的星星。九星围绕着的是四个英文字母Y，代表学校的4Y课程品质（Try、Personality、Creativity、Happy），亦像教师的大手和学生的小手相牵，寓意师生共同成长。最中间的部分是"行知"的首字母X，似一个活泼的孩童，又如一架翱翔的飞机，象征着每一位行知外国语学校的"小行家"都将在行外蓝

天下快乐翱翔。校徽好似一个转动的地球，象征学校的活力课程和国际视野。

（三）文化场馆彰显特色，亦动亦静文武汇集

1."行健"体育馆

"行健"体育馆是师生的室内活动场所，挑高两层，配有超大 LED 显示屏、抬高式移动舞台以及目前最为先进的新风系统。每年的辞旧迎新盛会在这里举办，每周的庄严升旗仪式在这里举行，体育节精彩的篮球比赛在这里举办，拼搏的竞技精神在这里彰显。"行健"体育馆是行外全体师生强身健体的家园，也是磨炼意志的圣地。

2."行思"图书馆

"行思"图书馆位于校区的中心位置，风格大气雅致，藏书总量 2 万余册，报纸杂志 160 余种。除了传统的纸质文献借阅、电子阅览、参考咨询、学科服务、讲座、展览等服务之外，还有移动图书馆、RFID 系统、3D 导航、自助借还等智能化信息管理系统。图书馆不再是简单的文献信息中心，而是学校的图文信息中心、学术交流中心和文化传播中心。阅读可以丰富行外师生的精神世界，而文化恰恰是一种精神追求，也是一种价值追求。

3."行雅"艺术长廊

"行雅"艺术长廊汇聚了行外"小行家"们的艺术创作，展现了行外学子的造诣和天赋。在这条长廊里，有精美绝伦的衍纸艺术，有独具慧心的软陶制品，有妙趣横生的纽扣画作品，还有大气恢弘的书画卷轴。在"行雅"艺术长廊中漫步，仿佛置身于艺术殿堂，稚嫩的笔触蕴藏着无尽的潜能，也保留着最初的那份纯粹和童真。

二、课程文化体系化

以 4Y 课程理念为指导，学校致力于打造"行+"课程文化，培养具有"健康身心、高尚德行、智慧头脑、审美修养、创造能力和国际视野"的未来世界公民。结合本校实际，针对现实需要，目前已有"行健、行善、行思、行雅、行创"五大类四十多门课程，为学生的身心健康、个性发展和茁壮成长助力。

（一）行健课程成就健康身心

高尔夫课程开阔了行外学子的视野，培养了行外学子的意志品质。空手道课程秉承"求至高人格，守忠诚之道，养努力精神，重尊卑礼仪，戒血气之勇"的理念，引导学生推崇"礼始礼终"的精神。航模课程是一项包含有多学科知识的科技项目，推动学生在科技素养方面的发展。学生在行健课程中接触到更广阔的知识领域，也锻炼他们手脑并用的能力以及克服困难的勇气，从而实现身心的健康发展。

（二）行善课程修炼高尚德行

国学三字经课程是传递久远而悠长的中国文化。朗读课程使学生感受朗读的魅力和感染力，经典诵读课程使学生们在朗朗上口的国学经典朗读篇目中体验中华文字的博大精深，故事绘本阅读课程使低年级学生感知语言的魅力，传统诗词朗诵课程使学生对中国传统文化有了更深层次的了解，并弘扬积极向善的美德，从而在中华传统文化中汲取营养，修炼高尚德行。

（三）行思课程打造智慧头脑

创新思维课程主打趣味数独，作为源自18世纪瑞士的一种数学游戏，是一种运用纸、笔进行演算的逻辑游戏。"笔画创新思维"课程帮助学生跳出思维定式，"魔方小达人"课程教会学生通过公式计算寻找解决问题的答案。魔方不再是玩具，而是学习的工具。趣味五子棋社团让学生在黑白相间的棋子中开发智力，养成多动脑、勤思考的习惯，通过逻辑思维的培养来打造智慧的头脑。

（四）行雅课程提升审美修养

行雅课程兼具美术和音乐综合类课程要求。简笔画课程是小学部学生的美术入门课程，让学生们在简单的绘画中体会成功的喜悦。"小小罗丹之软陶"课程让学生对于事物立体的塑造有了更深刻的了解，也进一步锻炼了学生的动手能力和对艺术的鉴赏能力。"合唱社"让学生们遨游在音乐的海洋中，"竹韵琴声课程"则让学生们在中国传统乐器优美悠扬的乐声中提升鉴赏美的修养。

（五）行创课程激发创造能力

行创课程旨在提高学生的创造能力，强化学生的实践体验。在"植物养成家"课程中，学生们从认识植物到种植植物，再到进一步感知大自然的美丽，去探索未知的物种。动画制作课程教会学生使用多媒体软件制作动画短片，此过程中考验视角的选取和聚焦的精准。航模制作课程重在开发学生的机械探究兴趣和动手制作能力，考验学生的耐性和细致观察力，激发了学生对航天科技的向往和科学创新意识。

三、实践基地多维化

在凯洛夫主编的《教育学》中，"德育"与"辩证唯物主义世界观基础教育""爱国主义教育""劳动教育""自觉纪律教育""意志与性格教育"相提并论，各以不同的手段和方法实施。[3]

学校的"行走的小行家"五大课外实践活动基地根据不同年龄段学生的特点和能力匹配适宜的场馆，由学校德育工作者制定不同的学习目标及任务，适用于小学与初中部一至九年级所有学生。其学习内容有机渗透了生命教育、心理健康教育、爱国主义教育、美德教育、劳动教育、人文素养教育、创新教育等德育内容。

所选"行家基地"类型涉及社会各个领域，分行健基地、明德基地、善思基地、品雅基地和乐创基地（见表1）。内容分为"学习目标、行家宝库、行家任务、行家手札、行家反馈"五个板块，在明确学习目标后，学生需要通过"知、践、悟、评"，独立或亲子合作挑战分阶段的实践任务，完成充实而有趣的"小行家"之旅。

表1 "行走的小行家"实践基地概览

（一）行建基地——渗透生命教育

学生年段	教育主题	教育场馆
一、二年级	爱护眼睛，从我做起	眼镜博物馆
三、四五年级	了解乒乓历史，弘扬民族精神	中国乒乓球博物馆
六、七年级	铸中国武术精魂，扬华夏民族精神	中国武术博物馆
八、九年级	不让毒品进我家，禁毒要靠你我他	市禁毒科普教育馆

（二）明德基地——坚定信仰情怀

学生年段	教育主题	教育场馆
一、二年级	走进东方乐器博物馆，增强民族文化认同感	东方乐器博物馆
三、四、五年级	步入历史长河，探索档案风采	上海市档案馆
六、七年级	铭记抗战历史，坚定爱国信仰	上海四行仓库
八、九年级	了解团史团情，传承红色基因	共青团旧址纪念馆

（三）善思基地——造就博学睿智

学生年段	教育主题	教育场馆
一、二年级	插上梦想翅膀，徜徉书的海洋	上海少年儿童图书馆
三、四、五年级	探索杨浦新地标，认识阅读新风貌	杨浦区图书馆
六、七年级	博学笃志，切问近思	复旦大学
八、九年级	领略院士风采，走进科学殿堂	上海院士风采馆

（四）品雅基地——提升人文素养

学生年段	教育主题	教育场馆
一、二年级	感受民俗文化，做小小传承人	宝山民间艺术博物馆
三、四、五年级	溯源海派木雕，品味非遗技艺	土山湾博物馆
六、七年级	再现历史遗韵，传承历史文脉	苏州河工业文明展示馆
八、九年级	走进东方之冠，探秘中华艺术	中华艺术宫

（五）乐创基地——实现创新发展

学生年段	教育主题	教育场馆
一、二年级	探索机器人奥秘，感受科技创新	幻影机器人庄园
三、四、五年级	拥抱美好自然，收获别样成长	跃科蔬菜基地
六、七年级	探索3D打印，感受高科技力量	中国3D打印文化博物馆
八、九年级	走进别样体验馆，感受奇妙未来生活	未来生活体验馆

四、域外文化校本化

（一）成为马术小记者，领略翩翩骑士君子风

学校每年都会组织学生参加5月初在浦东世博园华丽启幕的上海马术冠军赛。作为全球最高级别的马术障碍赛事，在吸引国际顶尖骑手和赛马云集沪上同场竞技的同时，也为行外学子们提供了与域外文化交流的平台。采访当日，满怀期待的"小行家"采访团的小记者们被邀请至内场新闻发布厅，对赛事裁判长、运动员和工作人员进行采访。完成采访后，小记者们移步前往看台，观赏优雅而又紧张的赛事。在参观转播中心的过程中，小记者们通过聆听专业人员对转播工作的介绍，了解了赛事信号怎样秒传全世界。五星体育在活动过程中采访行外的师生，他们笃定从容和充满自信的样子令记者们频频称赞。行知外国语学校的小行家们在每年的马术采访中得到了英语口语能力的锻炼，也拓宽了视野，变得大气且自信。

（二）亲临网球大师赛，感受体育竞技精神

除了马术采访，劳力士网球大师赛的采访也是我校重要的域外实践活动。每年10月，学校组织学生前往上海旗忠国际网球中心进行网球大师赛事采访活动。采访当日，小记者们在核心区进行参观及采访，一同去发现在一场场万众瞩目的比赛中，球员们有着怎样精彩的表现；在一个个被喝彩声淹没的赛场内，蕴藏着哪些有待挖掘的亮点和细节。在与大师面对面环节中，学生可以体验网球青训营的活动，在网球挥拍和运球小活动中考验团队的协作能力。在与来自新西兰和荷兰的双打球员的面对面交流中，行外小记者们亦能一展自信大方的表现和纯正的语音。上海劳力士网球大师赛采访活动让行知外国语学校的孩子们走出校园，掀起了英语学习的热潮，充分地感受体育竞技的精神。

五、学校文化建设的成效与展望

百"行"齐放，以文化人，以"行"文化育人。学校文化构建的目的是提供学生个性多元发展的平台，使学生心里充满阳光和希望。学校让学生亲临国际赛

事，与外籍运动员建立友好交流关系，这种常态化、校本化的活动体现了学校尊重传统，但并未固步自封，而是以一种开放包容的胸襟，鼓励学生与域外文化进行文明的对话和交流。学校为教师搭建实现个人和专业价值的舞台，让教师展示风采和才华，让学校彰显超凡的气质和品格。

精神家园应具有六大支柱：幽静的自然环境、人文的典章制度、专业的领导范式、良好的人际关系、自强的精神境界和文明的礼仪规范。只有深深根植于六大支柱，才能打下精神家园的基石，任何一根支柱的缺失都会导致精神家园大厦的倾斜，唯有六大支柱的支撑，师生才能拥有安全感、幸福感、归宿感和依恋感。

一百亿元在三年内可以造就一座城市，但不能造就一种文化。同样，一亿元可以在一年内建造一所学校，但不能建造一种校园文化。文化是无法用金钱购买的，文化需要积淀，需要冷静和包容；文化是不能催生的，文化需要时间和忍耐、需要空间和历练。学校文化建设的终极目的是营造师生守望相助的价值平台和有强烈归宿感的精神家园，学校正逐步在"行+"文化中成为师生的共同精神家园，终将化作师生的精神归宿，实现相互发展和卓越成就。

注　　释：

[1] 张俊华.教育领导学 [M].上海：华东师范大学出版社，2008：218.

[2] 张俊华.教育领导学 [M].上海：华东师范大学出版社，2008：237.

[3] 黄向阳.德育原理 [M].上海：华东师范大学出版社，2000：8.

参考文献：

[1] 苏霍姆林斯基.给教师的 100 条建议 [M].北京：教育科学出版社，2000.

[2] 傅煜平.论杜威兴趣教育思想及其对学生管理的启示 [D].长沙：湖南师范大学，2012.

问渠那得清如许？为有源头活水来

——与中华优秀传统文化相融合的校园文化建设探索与实施

上海市宝山区大华新城学校　慕　婷

校园文化是学校人文精神和核心价值观的集中体现，是凝聚和激励学校全体成员的重要精神力量，是学校实现可持续发展的强大内驱力。中华优秀传统文化内容丰富，底蕴深厚，为校园文化建设提供源泉。将中华优秀传统文化融入校园文化建设中，有利于优化育人环境，滋养学生心灵，全面发展学生核心素养，使校园真正成为学生成长的摇篮。

一、校园文化建设是创造良好育人环境的基石

我国传统教学模式早已形成一定经验并加以推广，在广大教师当中已然形成了一时难以动摇的思路与方法。这往往会产生过于关心学生成绩的偏激行为，当大家把所有精力都集中于"唯成绩论"的时候，疏忽学生道德素养提升的做法就会十分普遍。在社会主义现代化建设的过程中，需要的教育人才必须是多元发展的，中小学教育作为每一位学生学习生涯中的基础教育，若想实现上述目标，就必须在党和国家的教育方针引领下，创造出良好的教育环境和学习氛围。

校园文化"是教师文化、学生文化、课程文化、学校物质文化和制度文化的综合体"[1]认真搞好校园文化建设，可以为教师提供好的育人环境，也可以为学生创造好的学习氛围，这种丰富的精神文化生活，是校园文化建设的初衷和归宿。

《中小学德育工作指南》明确指出，实施文化育人，"要依据学校办学理念，结合文明校园创建活动，因地制宜开展校园文化建设，使校园秩序良好、环境优美，校园文化积极向上、格调高雅，提高校园文明水平，让校园处处成为育人场所"。结合当代教育改革的大趋势，中小学教师们应当肩负起校园文化建设的责任。

二、中华优秀传统文化是校园文化建设的源泉

学校的办学理念，作为学校的核心，承载着引领学校发展方向、凝聚师生人

心、塑造学校内外形象的重要作用。大华新城学校于2014年9月开办，作为一个全新的学校，构建校园文化首先从确立办学理念开始，以此树立全校师生的共同价值观。

开办第一年，学校就做了一份调查：就初中部而言，本地生源仅占7.2%。学生家长绝大部分均属外来务工人员，受教育程度不高，学生视野普遍较为狭窄，学生个人无法与更广阔的自然、社会生活构建起有机的联系，感受外物的能力较差，缺乏审美意识。

面对这样的调查结果，对于这些学生，学校该给予怎样的教育呢？经过反复研讨和斟酌，学校提出了"生态教育"理念，这一概念源自人与自然和谐、可持续发展的自然生态学。2017年10月18日，习近平总书记在中国共产党第十九次全国代表大会的报告第九部分中指出："加快生态文明体制改革，建设美丽中国……人与自然是生命共同体，人类必须尊重自然，顺应自然，保护自然……"而我校已经探索了两年多的生态教育正是在贯彻党的十九大精神。

这种适应自然生态，更大意义范畴的"教育"同样是为了培养可持续发展、拥有无限潜力的人，即"遵循生命规律、尊重生长需求、追求教育本源"，弘扬"健康、快乐、自主、发展"的校风、"严谨善教"的教风和"勤奋乐学"的学风，运用生态学的整体论和系统论，把教育、教学、管理、课程、活动、环境、文化建设有机融合，创造"文化多元共融、师生齐生共长、家校和谐发展"的"生态教育"，培养"有德行、会感恩；有思想、会学习；有品位、会生活"的大华新城人。

同时，学校的生态教育理念更关注对学生的核心素养的提升。那么，以什么为抓手来提升学生核心素养呢？选择中华优秀文化传承为根基，其中"梅"文化内涵丰富，梅花所具有的品格，与我们中华民族的风骨精神密不可分，梅花的特性最为典型地、集大成地承载着民族的精神信念和文化理想。

基于此，学校提炼出了"梅以养正，生态育人"的办学理念，暨坚守红梅精神，立品正行；实施生态教育，循道共长。学校依据办学理念着手开展校园文化建设。

三、中华优秀传统文化融入校园文化建设的主要途径

学校文化建设中遇到的一些抽象理论，在各个学校落地施行时往往会通过具体的物质载体或各类活动体现出来，为学生带来一个富有道德感染力的学习氛围与环境。

如何通过学校的文化建设来发挥德育的功能呢？英国伟大的空想社会主义者欧文曾说过："环境决定着人们的语言、修养、习惯、意识形态和行为性质。"[2]一个好的学校环境，对学生一生的发展至关重要，学校从改变校园文化建设的

"硬环境"和"软环境"两个方面着手，发挥德育的功能。

长期处于充满育德功能的校园文化当中，学生的思想道德水平会被环境所感染，正所谓"润物细无声"。

（一）合理规划传统文化设施建设，构建校园文化生态环境

学校采用整体规划、分步实施的策略，遵循学生发展规律，结合学校特色和学生需求，打造一条条集书香、艺术、人文、情怀、特色、科技、心理于一身的综合长廊。

一到五楼分别赋予了特殊的含义：书廊、画廊、乐廊、科技廊、心理廊，人们一路走上来，应该印象深刻，一定会被书廊的古典、画廊的缤纷、乐廊的典雅、科技廊的深邃、心理廊的温馨而震撼。二楼古朴的"棕编艺术馆"已经成为大场文化中心非遗文化的分会场，使非遗走进了校园；学校创建了上海市独一无二的地理体验馆，让原本最抽象难学的地理学科变得生动有趣起来；结合学生的身心特点和学校的文化，改造中心广场，有小桥流水、亭台楼阁，有24节气图谱，还连接改造教学楼东侧的原杂草丛生的小林子，于此间布置了《诗经》经典故事浮雕、伟大教育家浮雕；在楼梯的转角，学校还根据"谦和博志"的校训，挖掘出16个故事，立体雕刻在墙上；教学楼的每一层精心设计了"春耕、夏长、秋育、冬华"主题墙、中国节日树，让学生们在玩耍之余，潜移默化地受到文化的熏陶；在教室长廊外，布置了"悦智阁"书柜，定期调换书籍，供学生在课间翻阅和借阅。

学校最大限度地使用好文化廊。每学期各层负责教师都会更换长廊里外的艺术作品，使绝大多数学生的成果都能得以展示和被肯定，"自信"是学生成长中最不能缺的心理素养，所以学校千方百计地要树立学生"我能行"的自信心。

（二）开展中华优秀传统文化读书活动，营造校园文化建设氛围

习近平总书记曾列举出读书的"三让"好处："读书可以让人保持思想活力，让人得到智慧启发，让人滋养浩然之气。"所以，要培养出"三会三有"的新城学子，我们在开办之初就把目光紧紧锁在了"阅读"上，给予孩子一个充满人文气息的书香校园。

每学期学校会组织形式多样、内容丰富的读书节活动，如"好书漂流 以书交友"活动、讲故事比赛、课本剧展演、"品味墨香 相约潜溪风情"亲子阅读活动、经典诗书诵读比赛等。

比如，围绕"红梅文化"，学校设计了这样一个读书节活动，如表1所示。

同时，还会有两次中队辅导员组织开展的以阅读为主题的升旗仪式和班队课，并结合每学期一次的"红梅花童"评选活动，评选出"读书之星"进行嘉奖，树立榜样。

表1 上海市宝山区大华新城学校读书节活动设计

年级	主题	要求	连接学科	推荐书目	体验活动
一	我眼中的红梅花开	了解红梅的外形、生长规律	自然、美术	《植物世界大百科》	填图红梅绘画纸
二			自然、美术		收集红梅花、制作标本、绘制红梅书签
三			语文、美术		习作指导《我爱红梅》，图画装饰
四	走进诗词，领悟红梅精神	吟诵咏梅诗词	美术	《最美古诗词》（全5册）	绘画傲梅图
五		背诵咏梅诗词	音乐		吟唱咏梅诗词
六	走进历史，体验红梅文化	了解中国近代版图变化	地理	《可爱的中国》	绘制版图变化图
七		了解中国近现代民族独立史	历史		绘制思维导图
八		了解《可爱的中国》创作过程	语文		课本剧《清贫》
九		了解中华民族的红梅精神	语文		编创《红梅赞歌》

（三）加强中华优秀传统文化教育，增强师生校园文化认同

为了遵循学生的成长规律，使得学生真正懂得"谦、和、博、志"的校训，学校选择以经典名人故事作为推动校园文化建设的载体。因为故事对少年儿童具有普遍的吸引力，因此以故事构建校园文化是一种很好的形式，为了使故事成为有效的文化育人途径，在选择和组织中我们运用了如下方法。

1. 看故事

充分利用学校的现有空间，将十六个中华优秀传统文化故事以漫画和文字相配合的形式雕刻在文化墙上，使学生时时能看见，浸润其中，这就形成了初步感知。同时，学校将把文化墙上的内容缩移至书签，印制十六张为一套的故事书签，作为对品德优良学生的奖励，激发学生集齐书签的积极性，从而对故事也产生了初步的兴趣。

2. 讲故事

喜欢听故事是少年儿童的心理特征之一。学校把这十六个故事编辑成校本德育课程，班主任教师利用班会课，围绕故事内容设计教案，用主题活动课的形式把故事"讲"给学生听，加深学生对其中蕴含的道理的理解，同时明确如何做到故事中的行为规范。

同时利用九年一贯制学校的优势，让初中学生组成宣讲团，给小学生讲故事，无论是讲故事的学生，还是听故事的学生，必定会给其不同的刺激，不同的感受，学生讲故事，使故事内容更切合学生自己的语言接受习惯和认知度，

进一步加深印象。

3. 演故事

运用故事时,让学生以改编成剧的形式将故事演绎出来。在改编故事中加入自己对"谦、和、博、志"的理解,在角色扮演中揣摩人物内心,其认识会逐渐清晰,思想会慢慢明朗。如2016年,在班主任王云婷老师的组织下,班级学生自编自演了《为中华之崛起而读书》的故事,代表学校参加宝山区《忆长征精神 展少年志向》课本剧展演,荣获三等奖。通过这种形式调动了学生参与的积极性,参演的同学不仅对"志远"有了切身的感悟,同时也立下了向伟人学习的志向,这就使品德形成的过程成为一个乐知的潜移默化的过程。我们期待通过以故事为载体,使学生在情境中体验感知,最终形成较高的道德素养,达成我校行规教育总目标。

四、成效与展望

经过五年多的摸索和研究,学校的绿化环境、生态廊环境和人文环境都在发生巨大的变化,同时学校发现并深深相信,文化育人潜藏的奥秘所在:学生在这样的校园文化环境中发生了种种变化,如学生到达"三味书廊",会情不自禁地放轻脚步、轻言细语,就如人们到典雅的大剧院,一定会举止文明起来。人的修养就是在美好的环境中被悄悄地不经意间塑造起来的。

在良好的校园文化环境中成长起来的学生,他们的行为表现更让人惊喜:他们善良,懂礼貌,尊重老师,团结同学、热爱学校等;反之,大吵大闹的情况、破坏公物的情况非常少。一开始,学校教师特别担心三楼过道里的大花瓶,会被顽皮的学生打碎,更担心发生安全事故。结果是四年来它依旧完好无损,文化育人的功效充分显现。

作为一所新建的学校,五年来大华新城学校形成了自己的校园文化,如何使得校园文化的积淀更具人文底蕴,真正实现文化育人,在接下来的校园文化建设中还需要深入探索。

注 释:

[1] 普成贵.农村学校校园文化建设存在的问题及对策 [J].云南教育:视界时政版,2014(6):41.

[2] 莫庆芬.初中班主任领导行为与班级气氛的关系研究 [J].新课程:下,2018(4):259.

参考文献:

[1] 李京禄,徐金玲.关于中小学校园文化建设的思考 [J].辽宁教育,2001(9).

[2] 周卫,刘建宾.打造文化课堂:课堂观察与课例研究 [M].北京:教育科学出版社.2013.

[3] 崔开明.对中小学校园文化建设的几点思考 [J].青岛教育学院学报.2001(1).

文化凭借力，育人化春风

——传承"扁担精神"，落实文化育人

上海市宝山区长江路小学 王红英

上海市宝山区长江路小学把全国著名劳动模范、新中国成立以来感动中国的"双百"人物——杨怀远作为学校德育资源，倾力打造"学习雷锋，传承扁担精神"的德育文化。学校通过丰富多彩的"学雷锋"实践活动，培养师生拥有脚踏实地、乐于奉献、永不言弃、趋求卓越的"扁担精神"，体现了长江师生向善、向上、健康的精神面貌。学校通过"扁担精神代代传"德育品牌项目，引导广大师生积极践行社会主义核心价值观取得一定的成效。

一、参与志愿服务，弘扬"扁担精神"，传承德育文化

文化育人是对视人为知识的容器的教育模式的革命，它倡导的是全面育人的教育理念，其实现途径不仅仅是一种有形知识的灌输，而是向人们的思想理念注入人性中尚德、进取、责任、包容、感恩、良知、谦虚、勇敢、体恤等美德，以此表达一种积极向上的意识（志），并潜移默化地浸润于灵魂和精神。[1]

笔者学校是通过开展各类志愿者活动，传承"扁担精神"，落实德育文化，来达到育人目的。为此学校在2006年成立了一支由党团员教师及学生组成的"杨怀远志愿者服务社"。笔者学校"杨怀远志愿者服务社"活动如表1所示。

表1 上海市宝山区长江路小学"杨怀远志愿者服务社"活动表

志愿者队伍	服务对象	服务时间	服务内容与活动呈现	参与对象
南京路上的志愿者队伍	南京路步行街上的路人	寒暑假的20日，逢双休日的20日	世博期间，向路人发放宣传单，宣传"八荣八耻"和"七不规范"，做一个文明的上海人；又如学生在老师的指导下，为路人量身高、称体重，为过路的老人捶捶背，与他们聊聊天等。	党员、积极分子、学生

（续表）

志愿者队伍	服务对象	服务时间	服务内容与活动呈现	参与对象
社区里的志愿者队伍	社区居民	节假日、寒暑假	在社区开展"小白鸽"的活动，宣传"七不规范"，还常常走进居民楼，发放创卫宣传单。节假日、寒暑假，我们假日小队的队员们带上慰问品，走进社区独居老人、孤老家、老干部、老军人家开展慰问活动，陪老人聊聊天，表演节目给老人看，帮老人擦擦桌椅、扫扫地，讲讲发生在学校里的有趣事、新鲜事等。	党员、积极分子、学生
校内的志愿者队伍	困难学生	党团员每月5号	为外来务工随迁子女开展洗头、理发和剪指甲活动。	
	需帮助的小伙伴	平时	开展手拉手结对活动，高年级为低年级的弟弟、妹妹宣讲杨爷爷和他的"小扁担"的故事等。参加志愿者服务活动及学校开展的大型活动。	

二、提炼"扁担精神"内涵，赋予"扁担精神"时代价值

学校利用校班会、少先队活动日，开展落实"扁担精神"的大讨论，总结出学校精神的具体内容与落实途径。为了更好地传承与弘扬扁担精神，让更多的师生走近杨怀远，学校在2008年，征集各种有关杨怀远事迹的实物、图片、报道、影像等资料，建立了"扁担精神代代传"——学校德育资源室，并向师生、家长、社会开放。2015年，学校再次修建扩建了"扁担精神代代传"教育展示室，并向学区师生提供"游学"教育场所。

在2011年上半年学校在挖掘"扁担精神"内涵的基础上，形成了"扁担精神代代传"长江路小学学生学习行为要求和"扁担精神代代传"长江路小学教师教学行为要求。同时老师们完成了1-5年级"扁担精神代代传"德育校本课程读本的编写，为学生学习、领会与实践"扁担精神"提供了媒介。2015年"扁担精神代代传"第三代德育校本课程读本汇编成功。笔者学校"扁担精神"提炼流程，如图1所示。

三、提炼"扁担精神"的内涵，让传承"扁担精神"从理念走向实践

传承"扁担精神"就是要让学生从杨怀远爷爷身上学到"扁担精神"的内涵，并把"扁担精神"一届届传承下去。如何把"扁担精神"与教师的教学和学生的学习生活结合起来呢？学校"扁担精神"具体内涵如表2所示。

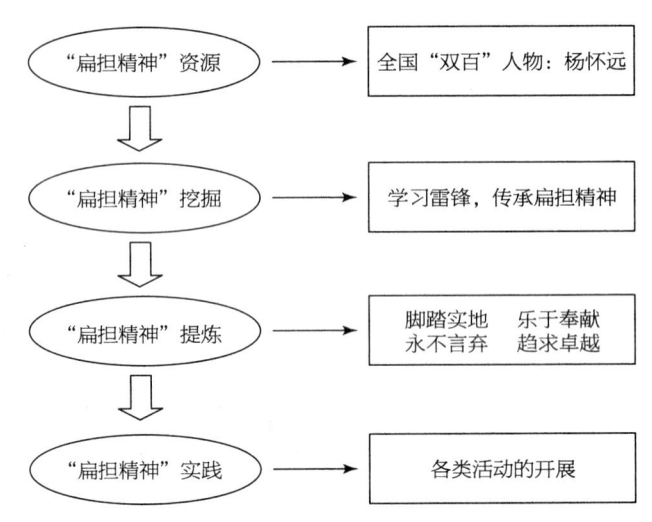

```
"扁担精神"资源  →  全国"双百"人物:杨怀远
       ↓
"扁担精神"挖掘  →  学习雷锋,传承扁担精神
       ↓
"扁担精神"提炼  →  脚踏实地  乐于奉献
                   永不言弃  趋求卓越
       ↓
"扁担精神"实践  →  各类活动的开展
```

图1 上海市宝山区长江路小学"扁担精神"提炼流程图[2]

表2 上海市宝山区长江路小学"扁担精神"具体内涵表

扁担精神	具体内涵
脚踏实地的刻苦精神	杨怀远同志为旅客挑行李几十年,挑断了扁担几十根,无怨无悔。
为人民服务的奉献精神	杨怀远同志用自己的小扁担,不计时间、不需报酬、不怕辛苦地为旅客挑行李,挥洒的是汗水,收获的是快乐和幸福。
永不言弃的奋斗精神	杨怀远同志为人民服务的行为一开始并没有得到所有人的理解,而且在工作中还面临着重重困难,可是他不放弃、敢于拼搏,才最终使得"小扁担"精神为人人传唱。
趋求卓越的进取精神	杨怀远同志帮旅客挑行李看似平凡的工作,也会面临新的挑战——遇到外国友人怎么办?面对新的挑战,杨怀远同志开始了英语学习,把工作用语记下来,翻译好,每天练习。不久,他可以与外国朋友进行简单的交流,很顺利地为外国旅客服务了。

(一)在明确学生的学习、生活要求中传承"扁担精神"

1.学习生活脚踏实地

学习上:课前做好预习工作,课后做好复习工作,每天带齐学习用品。上课认真听讲,积极举手发言,认真及时地完成各科的作业。多看课外书籍,拓宽自己的知识面。

生活上:每天做好个人卫生,养成讲卫生的好习惯。学会自己整理书包,不忘带学习用品。做事要一步一个脚印,不要心急。自觉遵守学校的各项规章制度。

2.关心他人无私奉献

尽自己的能力去帮助别人,只讲付出,不求回报。积极为班级服务,关心身边的每一位同学。热心参加公益活动，积极参加捐款、捐物及各种慰问活动。

3. 面对困难永不言弃

做任何事都不能半途而废，遇到困难或挫折时不退缩，想办法解决。不抱怨生活，以积极的态度迎接每一天，经常对自己说："我很棒，我能行。"每天进步一点儿，战胜自我。

4. 不断进取趋求卓越

借鉴别人的长处，扬长避短。给自己找一个学习的榜样，努力超越。遇事学会思考，不断创新，使自己在各个方面都有进步。积极参加创新发明活动，多钻研，多思考，勇于突破。

（二）在丰富多彩的实践活动中传承"扁担精神"

在学校教育中，通常用到的德育方法是树"榜样"。树"榜样"是以他人的高尚思想、模范行为和卓越成就来影响学生品德的方法。为了更好地契合学生的认知规律，学校的德育课程是以午会、校队会课进行德育校本课程读本的授课，在文本学习中利用榜样的力量使学生感受到"扁担精神"的可贵，从而激发学生内在的主人翁意识，在学习、生活中实践"扁担精神"。学校的"扁担精神代代传"德育特色活动如图2所示。

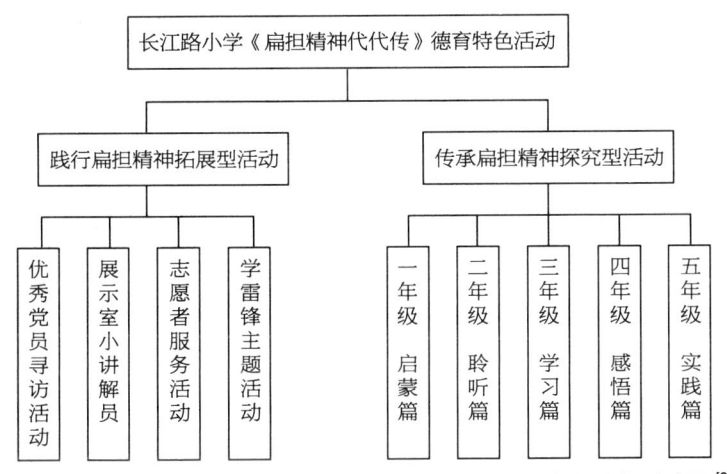

图2 上海市宝山区长江路小学"扁担精神代代传"德育特色活动图[3]

1. 以德育校本课程读本为载体，在知识传递中体验"扁担精神"

为了让"扁担精神"走进学生的学习生活，让学生了解"扁担精神"的可贵，学校组织编写了1—5年级"扁担精神代代传"德育校本课程读本，通过各位中队辅导员的授课，让学生明确向杨怀远爷爷学习，就是要学习他的"扁担精神"，树立正确的思想与远大理想。杨怀远爷爷这个"榜样"具有巨大的感召力，大家在了解"榜样"的生平及事迹后，在思想上受到深刻的教育，在精神上受到极大的鼓舞，在感情上引起强烈的共鸣！体验"扁担精神"，力图运用"榜样"说服的方法，使学生受到激励和震动，从而净化他们的心灵、塑造健康人格、不断教育自我。

2. 以志愿者服务为途径，在社会实践中传承"扁担精神"

社会实践活动是学生养成德性的重要途径之一。亚里士多德把道德分为心智与理性两个方面，认为心智方面的道德以知识为基础，是可以教授的，而理性方面的习惯都是不能教授的，只能在生活中形成。为此，我们把"扁担精神"落实到了社会实践活动中，所有的实践活动都围绕着"扁担精神"展开，从而使一代又一代的"长小"学生传承"扁担精神"。学校开展了尊老爱老活动、社区小小督导员活动、红领巾志愿者学雷锋活动、小小采访员感悟传递"扁担精神"等社会实践活动，通过实践活动来传承"扁担精神"。

3. 以精彩纷呈的活动为阵地，在德育活动课程中落实"扁担精神"

德育课程内容的主要特点：首先是生活化，即要遵循不同阶段学生生活的逻辑，以学生的现实生活为主要源泉，以密切联系学生生活的主题活动为载体。陶行知先生说过："生活即德育。"脱离了生活就没有教育，也无法教育。同理，德育脱离生活，只能是空的德育、僵化的德育。[4]为此，学校德育活动也是力图通过各种活动把"扁担精神"落实到学生的生活中，包括大手牵小手活动、节日"扁担行动"活动、精彩的队会等。通过手拉手活动在班中结成了"友情互助小对子"，在学习上互相帮助，在生活中互相勉励；在校内结成了"心连心友谊中队"，在队课上，高年级的同学为低年级同学讲队章，讲杨怀远爷爷的故事，带他们参观杨爷爷的荣誉室。3月5日的学雷锋活动日中，让学生自己策划活动方案，在学校、社区两个阵地进行服务。通过精彩的少先队活动，把"扁担精神"落实到少先队的日常活动中。

（三）在传承"扁担精神"过程中提升了文化育人的效能

1. "扁担精神"实践活动让学生的认知向行动提升

通过一个阶段的实践活动，"扁担精神"在学生心中扎根。在问卷中，有252名同学知道"扁担精神代代传"这项活动，并积极地参与其中。对于"扁担精神"的理解，93%的同学知道正确的答案——脚踏实地的刻苦精神、为人民服务的奉献精神、永不言弃的奋斗精神、趋求卓越的进取精神。在调查参与活动的态度时，有383名同学表示非常愿意，101名同学表示很想参加。

2. "扁担精神"实践活动，更新了辅导员的育德理念

理论来源于实践，而实践又将进一步完善我们的理论，学校自实施"扁担精神代代传"德育品牌项目以来，一直本着服务学生、带动学生、影响学生的宗旨在实践着，取得了理想的效果。

通过"扁担精神代代传"德育校本课程读本的实施，学生的道德认知有了变化，细心的中队辅导员通过个案的方式记录着学生可喜的变化。

学校智慧的教师们，她们以杨爷爷的故事来激励学生，促使他们养成好习惯。

把孩子身上一个小小的闪光点放大,让孩子看到自己的价值,也让他们能正视自己身上的不足,并愿意改正,让"扁担精神"得以发扬。

3. "扁担精神"实践活动让学校文化内涵有了新的活力

学校提倡和谐、健康的校园文化。"扁担精神代代传"系列活动给长江路小学的德育文化注入了新的活力。在各种活动中,队员们实践着、快乐着、收获着……在争当"扁担精神代代传"德育展览室讲解员活动中,队员们通过自学杨爷爷的先进事迹,为低年级友谊中队小朋友义务讲解,在服务中找到了自信,获得了为他人服务的快乐。在献爱心、志愿者服务、慰问孤老活动中,当被服务者道一声"谢谢"时,学生们体会到了奉献的快乐与欣慰。

文化育人这一理念赋予了教育新的生命力,它对知识有了包容,对人性有了精神提升,对教育理念有了重塑,对教育体制有了创新。文化育人是德育的新方法,它突破知识育人的瓶颈,构建起了育人的自觉意志。学校在传承"扁担精神"的过程中,通过"扁担精神代代传"项目,用"扁担精神"文化来育人,学校发展步入了规范、有序、快速发展的轨道,办学声誉逐年提升,办学特色逐渐显现。长江路小学全校师生已经把传承"扁担精神"内化为自觉的行为。长江路小学种下了礼仪、文明、爱心的"种子",相信在全体师生的共同努力下,种子一定能长成参天"大树",并能撑起一片文明、和谐、欢乐、祥和的天空。

注　释:

[1] 王继华. 文化育人理念的教育价值 [J]. 教育文化论坛 2009(2):4

[2] 张雯. 灵魂的香味:中小学德育主任专业发展实践智慧 [M]. 上海:上海教育出版社,2019:22.

[3] 张雯. 灵魂的香味:中小学德育主任专业发展实践智慧 [M]. 上海:上海教育出版社,2019:24.

[4] 张威兴. 走向生活的学校德育:社会转型时期学校生活德育的实践研究 [M]. 上海:上海教育出版社,2012:1.

参考文献:

[1] 徐玉珍. 校本课程开发的理论与案例 [M]. 北京:人民教育出版社,2003.

[2] 朱连云. 试论校本研究 [J]. 教育参考,2003(7-8).

[3] 高德胜. 思想品德教材设计与编写理念 [M]. 南京:南京师范大学出版社,2007.

[4] 左世福. 研究型教师及其培养策略浅论 [J]. 上海教育,2001(15).

[5] 教育部基础教育司,朱慕菊. 走进新课程:与课程实施者对话 [M]. 北京:北京师范大学出版社,2002.

[6] 朱晓滨. 对德育校本课程的探索 [J]. 天津师范大学学报:基础教育版,2003(4).

长廊美如画，尽处鸟呢喃

——校园文化环境的建设与实践

上海市宝山区宝林路第三小学　吴愈华

走进一所学校，视觉冲击为先的是校园的整体环境，细细品味之余的是学校内在的文化浸润。校园是学生学习成长的主要场所，文明健康的校园文化环境是学生成才不可或缺的重要因素。[1] 在校园环境设计中，有意识地融入健康的情绪、情感和积极的价值观，使校园中的各种物质载体能够对学生产生心理感染与暗示作用，是校园环境设计教育寓意性的基本内涵。宝林路第三小学为师生创建具有潜移默化生活和教育意义的美丽生态校园。

鉴于学校建筑面积有限，在物理空间固定不变的情形下，如何让有限的空间创造出无限的可能，成为学校文化环境建设的着眼点。于是，我们把"世界"请进校园，定期布置主题长廊，围绕"我们一起看世界"的设计理念，让师生通过"听、问、看、读、想"等多元的方式，让学生通过"看世界"主题展，了解各国各地的文化。

学校将每个师生内在的心灵律动，用喜欢的表达方式"与墙对话"，以此熏陶感染每一个人。让师生的内在思想"上墙"，结合"主题式"展览去营造一种隐性的环境课程，让每一处都能散发文化的气息，让"美丽长廊"激发师生学习和工作的兴趣与动力。

这是师生定期期待彼此欣赏的乐园，也是师生渴望彼此交流的场所，更是师生彼此探索知识的天地。主题长廊不仅成为校园环境的一道风景，更是提升校园文化品质的一抹红艳，全校师生一直为这美好的景致共同努力着。

一、点燃智慧育人主题的热情

学校在长廊环境布置中不断探索，不断寻觅为每一位师生成长呈现有价值的"新鲜食材"，让主题长廊与师生"对话"。主题长廊的"孕育和诞生"，这是一个"脑洞大开"的时机，这是一个"痛并快乐"的转机，这是一个"家校合作"的良机，这是一个"弥足珍贵"的佳机。

为了保持长廊文化的新鲜度，学校尊重每一位师生和家长，给予他们话语权，定期开展师生座谈会。座谈会上，每个人畅所欲言，以此了解大家内心的需求、当下的想法、呈现的内容、蕴含的意义等。学校尊重每一个人的想法，民主集中，最终对甄选出即将上演的长廊主题进行表决通过。每一次的座谈，迸发出一个个鲜活的灵感，激发着每一位师生共觅长廊主题的热情，同时校园里蕴藏着为校园文化建设不断献计献策的一个又一个强大的"智囊团"。

通过定期更换内容，长期更新长廊，让师生一起营造共同"看世界"的美好，将每一处所见的"风景"，用"☆"标志于长廊的世界地图上，让师生有获得感、成就感和幸福感，让校园的长廊可以随时随地与每一位校园的主人"对话"，从而进一步增强文化育人的成效。

二、开启师生与墙对话的激情

（一）"纳米比亚风情"——主题式长廊变"画展"

主题源于一位美术老师，他是一个摄影爱好者，背着长焦镜，走进非洲的纳米比亚。回到学校后，他想举办一次专题摄影展，特别是让那些没机会走出去的学生们开阔眼界。于是，画廊就在校园里，展览会带来了惊喜；画框就像打开的窗，无限风光尽收眼底！师生跟着摄影师的镜头，走向地球的南端，开始幸福的纳米比亚之旅！

在主题长廊下，师生可以无限"对话"，育人可以由此"启程"。而学校由此也设计了与主题相应的"对话"内容，使"对话"更有价值，如表1所示。

表1 上海市宝山区宝林路第三小学"探索美丽非洲"主题长廊"对话"意向表

主题	"对话"建议	"对话"目标
探索美丽非洲	学习会看世界地图，寻找美丽的纳米比亚	增长一些地理的知识
	选择喜欢的动物、植物，探究它们的习性	提高探究自然的兴趣
	邀请家长一起参观，开展浓浓的亲情讨论	增强亲人之间的沟通
	跟着摄影师学习，尝试用镜头传情达意	激发一项隐藏的技能
	发表自己的感言，提出感兴趣的问题	培养善思勤问的习惯
	……	……

（二）"与名家在一起"——主题式长廊变"绘本"

主题源于学校举行的一次作家见面活动，作家来自芬兰。师生、家长在"和《塔图和巴图》一起探究我们的世界"见面会的互动中，深深地被这本图画书《塔图和巴图》吸引。于是，在大家共同的呼声中，将《塔图和巴图》图画书展现于长廊内，让师生一起去探究多姿多彩生活中许许多多的为什么，一起去感受世界真美好。

在主题长廊下，师生一起看世界地图，寻找美丽的芬兰；和家长一起通过网络，去塔图和巴图的故乡旅游，看北欧风情：风光、服饰、美食、天气……开展浓浓的师生讨论；通过图画书的阅读，跟着作家一起探究。

绘本是小学生非常喜欢的书籍，教师可以借助绘本，培养学生的阅读习惯，让学生从绘本中获得知识和成长的力量。[2]最终，学生尝试通过创编"和《塔图和巴图》在一起"的绘本传情达意，绘本将故事延续、绘本与学科联通，创造出了无限能量，如表2所示。

表2 上海市宝山区宝林路第三小学"和《塔图和巴图》在一起"绘本创作建议表

项目	学科联通	内容建议	备注要求
"和塔图巴图在一起"绘本制作	语文学科：小小文学家	选择喜欢的故事内容，结合语文知识，发表自己的感言、见解、续写故事等。	1.以小组为单位，合作进行。2.绘本尺寸A4大小，封面、封底自行设计并以绘画呈现，绘本题目自定。3.绘本数量不限，作品将作为一次分享，进行全校展示与评价。
	数学学科：小小数学家	选择感兴趣的画面，结合数学知识，进行应用题创编，展开趣味数学的学习。	
	英语学科：小小翻译家	选择感兴趣的片段，结合英语知识，摘录内容，进行翻译或者创编。	
	音乐学科：歌唱小明星	选择感兴趣的内容，搜索与图画意境想吻合的中文或英文歌曲加以表达。	
	美术学科：小小粉刷匠	选择感兴趣的话题，用绘画表达，可以用仿画、科幻画、图文并茂进行表达。	
	劳技学科：小小巧手师	选择感兴趣的物体，用折纸的方式将物体呈现，并用中文或英文进行解释。	
	探究学科：未来探索家	选择感兴趣的内容，搜索与图画意境相吻合的科学元素，并进行科学探究挖掘。	

（三）"小眼睛看世界"——主题式长廊变"课堂"

主题源于学校的"小眼睛看世界"校本课程的研发，结合基础型课程的有"课程有翅膀，边学边飞翔"，该课程让学生带着书本上学习的内容，走出校园，在真实的情境中学习知识与本领；结合探究型课程的有"玩纸探学问——大自然的力量"，它打开了学生探索纸奥秘的大门，和风能、力学、电学、水能一起，进行一场旅行；结合拓展型课程的有"好习惯点点，进步每一天"，它与行为规范教育相结合，让好习惯相伴每个学生的成长，让好习惯为学生未来的成功而奠基。

在主题长廊下，老师带着学生开启快乐的"叮叮选课"，那里有家长和老师，通过"执教"和"助教"，带领学生开展丰富多彩的活动。让学生在长廊中一起学习与探究，让长廊变成"移动的小课堂"，丰富多彩的上课形式，如表3所示，激起学生探知的欲望。

表3 上海市宝山区宝林路第三小学"移动小课堂"上课形式

序号	上课形式	
1	教师执教	
2	家长执教	
3	学生执教	
4	教师、家长共同执教	
5	教师、学生共同执教	
6	家长、学生共同执教	
7	教师执教	家长助教
8	教师执教	学生助教
9	家长执教	教师助教
10	家长执教	学生助教
......		

（四）"互联网+阅读时代"——让主题式长廊变"世界"

主题源于学校开展的"校园阅读节"，让学生通过主题墙，了解校园内阅读的多种途径，借助互联网了解更多的知识。从互联网阅读中，你会从身边看到周围，看到远方。

在主题长廊下，师生不仅了解了线上的阅读渠道和方式，更是在名家名作的推荐中，深入了解书籍的作者，品读自己喜欢的作品，并在世界地图上找到作者的故乡，了解世界各国的风土人情，并在作品的感染下，用图文并茂的方式，表达自己的思想，感受世界的美好。

通过"互联网＋阅读"阅读节，将长廊美景延伸，开展"阅读分享汇活动"，如表4所示，全校师生在每个班级走廊展示区中开展交流活动。

表4 上海市宝山区宝林路第三小学"让阅读'声动'起来"班级外墙展区布置任务单

项目	具体内容	内容要求
让阅读"声动"起来	1.亲子利用APP完成绘本配音。	1.有明确的人物区分，分角色配音。 2.时长不限，能够体现完整的故事。 3.注重配音质量，有感情地朗读。
	2.制作"我来配音"见解小卡片。	1.卡片包含元素：故事名称、角色分配、配音场景照及设计二维码。 2.卡可让家长与孩子共同设计完成，体现个性童趣。
	3.用卡片装饰"阅读成果展示区"。	1.装饰形式不限，体现班级风格。 2.卡片需回收装订，保持完整性。

三、定格文化育人足迹的真情

校园中的这条主题长廊，已经成为师生最喜欢、最自豪、最幸福的学习、交流和活动的场所。每一期长廊展示主题确定后，便成立了"长廊工作室"。工作室负责人由主题的"中标者"承担，学校支持负责人成立项目组，招募一起进行长廊装潢的志愿者。在每一期长廊的布置中，从主题确立、内容选择、整体设计、图文打印、装框上墙、格局美化等，倾注了为长廊出力的全体教师、学生和家长的心血。因此，学校为了留住珍贵的成果，便将每一期长廊里的内容，长廊下活动的风采，拍摄记录，通过汇编成作品集珍藏起来，将每一期主题定格，将这份活动的真情作为永恒的纪念。同时，在每一年的毕业季，将作品集赠送给毕业班学生，让他们保存这份曾经参与的点滴心路，回忆起母校的"长廊"故事。

四、成效

一条普通的长廊，在校园全体师生的呵护与关爱下，变得如此有生命力，它已经成为师生了解世界的"文化之窗"，也已经成为师生与墙对话的"情感之地"。

当主题式长廊变为"画廊"，师生一起学着拿起相机、拿起画笔，学着构图、上色、欣赏，参与体验，记录校园、家乡、成长中的点滴，透过作品抒发情感，表达自己，让师生从一本本稚嫩的影集开始，变得日渐成熟，从而构建未来心中举办摄影展的梦想。

当主题式长廊变为"绘本"，家校合作打开学生遐想的空间，跟着名家名作，将学科知识融合，借助语文学科的阅读和写作、数学学科的计算与运用、美术学科的绘画与编折、音乐学科的演唱与演奏、探究学科的探究与创新等形式，共同创编属于自己的绘本，学生们的综合素养得到了提升，绘本在校园内流传，在图书馆得以珍藏。

当主题式长廊变为"课堂"，学生们的学习环境发生了变化，带给他们新奇，同时养成好习惯，他们学会学习，创新实践，体验生活的幸福、生命的美好。在长廊的学习中，使学生看到自己的进步，从关爱家人、关爱伙伴，从爱我们的学校、爱我们生活的城市，到爱祖国、爱我们生活的这个地球村，长廊已然是师生依恋的"移动小课堂"。

当主题式长廊变为"世界"，"互联网＋阅读"的时代已经到来，师生可以遨游在阅读的世界里，大数据记录他们的阅读足迹，分析他们的阅读爱好，评价他们的阅读成果。阅读不再是借书和还书，而是阅读习惯的养成、学习能力的提高。

学校的长廊不再是传统印象里，只停留在"环境布置"范畴之内的长廊——为了不让长廊"一面空白"，布置一些一成不变的名言警语、书画作品或是名人画像等，那种做法很少从师生内心的需求出发来思考和创设，因而使得长廊环境缺乏鲜活力。新课程强调："环境是重要的教育资源，应该通过环境的创设和利用，有效地促进学生发展。"由此可见，环境的教育价值将成为整个教育过程中的一个重要内容。环境创设将不再是一个背景、一种支持，而是一门活动课程，它将帮助学生通过用自己的方式在与环境主动积极的相互作用中获得知识、提高能力。学校建筑中的长廊是学生活动常用的空间，它不是专用的教室，却是学生学习环境的延伸，甚至是学习环境中的一部分。让长廊成为可以互相学习、彼此探讨的场地，而不是单纯的装饰物，以真正体现长廊环境的教育价值，也为师生提供一个施展专长和才能的舞台，更要让校园主题式长廊和师生常态"对话"，学校将为之长期努力。

注　释：

[1] 张海. 浅谈加强小学校园文化建设 [J]. 中国校外教育 .2015（12）：15.

[2] 王积秋，梁冬梅. 小学语文绘本阅读教学研究 [J]. 小学生：中旬刊 .2017（7）：57.

参考文献：

[1] 邓坤. 打造校园文化　发挥育人功能：浅谈校园文化建设及育人功能 [J]. 学周刊，2018（26）.

[2] 胡学年. 加强校园文化建设 充分发挥育人功能 [J]. 甘肃教育，2016（19）.

行之愈笃，知之益明

——"人格成长生态圈"模式下的社会实践活动课程开发

上海大学附属中学　刘华霞

从实践上看，德育是"德性之知"的生成而不是"见闻之知"的获得。"德性之知"是来源于真实的生活体验并通过生活过程加以确证的实践之知，是一种"亲知"，而不是"闻知"或"说知"。《中小学德育工作指南》提出了六大育人途径，其中活动育人是学校教育的重要育人途径之一，是将学生的道德认知转化为道德行为的重要机制。上大附中立足"人人皆可资优"的理念，聚焦于学生积极人格的培养，进行了社会实践活动课程的开发。

一、课程开发立足资优生人格成长生态圈的理念

（一）"人人皆可资优"的理念

2013年上海大学附属中学校长卢广华在《关于上大附中资优生培养的早期思考》中提出了"人人皆可资优"的培养理念，强调资优是多元的，承认每个学生存在差异，相信每个孩子都具有发展成为优秀学生的可能性。面向全体，注重学生潜能的开发、兴趣的培养，创造适合学生发展的教育，以培养多元人才为终极目标。

其中，人格培养是学校资优生教育的主要切入点。人格是个体思想和行为的根源，是决定个体思想和行为的动力组织。教育学家杜威说："一切教育的最终目的是形成人格。"资优生真正实现具有"较强的学习能力、较高的创造性、较活跃的思维、具有潜在的优质特质"，必须以积极人格为基础。因此，学校以积极人格培养为核心，带动学生其他素质发展。

（二）"人格成长生态圈"的内涵

学生的健康人格是在环境中主动建构的过程。积极心理学认为，人格的形成和发展是个体在环境的互动中主动建构的过程，学生积极人格的养成离不开学生的主体活动。为此学校通过"人格成长生态圈"来构建良好的人格成长环境，帮助学生形成健康的人格。

学校根据高中生的特点，给予学生人格成长的环境大致可以分为四类：自我生态圈、学校生态圈、家庭生态圈和社会生态圈。高中生的社会角色决定了家庭生态圈和学校生态圈是学生人格成长的主要渠道。社会生态圈是指除了学校生态圈和家庭生态圈之外学生接触的、被影响的环境。随着学生交往面的拓宽，社会生态圈应作为人格成长的一个重要的环境来考虑。四类生态圈构成了一个动态发展的生态系统。

基于这样的认识，学校在基础课程开发的基础上，整合资源，开发了多样化的社会实践课程，拓展了教育途径，并构建了良好的学生成长生态圈。

二、课程目标聚焦于学生社会实践核心能力的培养

（一）自主学习能力

社会实践课程相较于传统的课堂，它给学生直面社会和实际问题的视角，在解决实际问题的同时，让学生完成实践性任务并进行深入的思考。同时，由于自身知识体系和技术技能的局限性，迫使学生为了解决问题而完成自我学习，提升自主学习的能力。

（二）人际交往能力

任何一次社会实践活动，必定伴随多样化的人际交往。人际交往能力是在人际交往过程中，个体具有交往的意愿，能够积极主动地参与交往，并且表现出有效和适宜的交往行为，使自己和他人的关系处于和谐状态的能力，也是社会实践任务完成的有效保障。

（三）解决问题能力

课堂所学知识如何转化为解决实际问题的能力，需要学生走出课堂，在感兴趣的领域开展广泛的实践探索，提出问题并综合运用知识分析问题，用科学方法开展研究，增强解决实际问题的能力。

（四）社会情感能力

社会情感是指伴随社会实践活动过程中产生的个性化的心理体验和心理感受，是一种特殊的社会心理过程。社会情感能够促进社会行动的发生，能在社会互动过程中体验积极情绪，促使个体社会化更快地达到社会规范标准，有利于个体形成符合社会的主导价值观。

上述几种能力，见图1所示的社会实践核心结构，从中可以理清它们之间的层次。

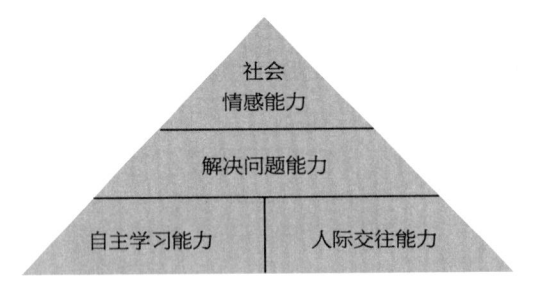

图1　上海大学附属中学社会实践核心能力结构图

三、课程实施建立多元化的实践路径

（一）"三学"标准化

高中三年社会实践规定项目中有"三学"，即学军、学农、学工，总共120学时。"三学"标准化课程体现在课程学时、内容、要求以及时间安排等方面，相对有具体统一的标准，并且各区县有配套实践的场地和相关政策、资金的保障，"三学"社会实践课程已经成了高中生必须完成的规定项目。学生在"三学"课程学习中的收获是丰富的，军训中学生收获最多的是身体素质的提高、意志力和团队精神的培养；学农和学工中学生感受最深的是"不是什么东西都能在课本上学到，有时候只有亲身实践才能解决实际问题，才能体会工作的艰辛"。当然，学校根据学生实际情况会对"三学"的标准化课程进行一些补充与整合。比如，把学校的人际课程与"三学"课程进行整合，高一军训活动中设计了"破冰之旅"，加强新生的融合度；高二学农活动中设计了"寻找我的天使"，提高爱的感知和表达能力；高三学工活动增加"一路有你"，提高团队的合作能力。并将我们的研究型课程与高二学农活动整合，学农期间完成农村社会调查和专题考察活动，在"三学"课程标准化得以保障的前提下进行拓展与延伸。

（二）志愿服务品牌化

社会实践课程中有一项课程内容是志愿服务。学校通过提升志愿服务的专业性、长效性、整合性来形成志愿服务品牌，强化学生服务社会的意识，提高其服务能力，培养社会责任感。

提升志愿服务的专业性。为了提升学校志愿服务的品牌，学校定期开展志愿服务的定向培训课程。例如在参加社区居委会志愿服务之前，团委对报名的志愿者进行了"社区服务领导力课程"的培训，学生在接受理论课程的学习之后，参加社区居委会的管理协助工作。学校"瓷乙社"在进行相关的理论学习之后，组织社团成员承担博物馆志愿讲解员，以专业性社团为载体，进行专业性志愿服务。理论学习和实践学习相结合，提升了学生志愿服务的专业性。

重视志愿服务的长效性。学校鼓励各班团支部建立志愿服务的长效机制，每学期团委通过考评，选拔一些志愿服务常态化的志愿服务小队，予以宣传报道和评优推荐。像我们2016级伟长班与三海农民工学校建立了长期的志愿服务关系，从了解到帮教，到农民工子女的入学问题调查研究，他们的志愿服务深入长效，收获巨大。

加强志愿服务的整合性。学校将志愿服务与职业体验、课题研究进行整合。学校有近二十个志愿服务实践基地，其中涉及的岗位涵盖各个方面，丰富的志愿服务岗位为学生进行职业调查、职业访谈提供了有利的条件，很多学生在志愿服务的过程中找到了课题研究的方向，为课题的深入研究提供了第一手资料。比如大场敬老院志愿队走进敬老院，看望那些高龄老人，在与老人们交流谈心的过程中，完成了"宝山区高龄老人的生活现状调查"研究，培养了社会责任意识。

（三）职业体验个性化

学校已完善了生涯教育课程，要求在职业认知课程和职业调查的基础上开展职业体验个性化定制。

个性化体现在对自己和职业的认知。我们通过专题的职业规划认知课程来帮助学生形成自我认知和职业认知。在自我认知的基础上，进行个性化的职业体验规划与选择。

个性化体现在职业体验方案的个性化设计。每学期的职业体验课程，要求学生根据自己的体验岗位，自主设计职业体验方案，完成学习单，了解自己体验单位的岗位及相应工作内容，了解企业文化及发展现状等，并在体验结束后的分享会进行个性化的交流展示。像2017级高一有几个男生自主设计体验方案，去幼儿园体验了两天，后来体验的感受在"超级家长会"的节目中进行了分享。

个性化体现在职业体验场所的自我选择。每学期末我们都组织学生进行职业体验，学校需要挖掘大量的职业体验的资源。我们从一开始学校提供职业体验场所，到家长合力开发提供，再到学生拿着介绍信主动出击，寻找职业体验的场所，这个过程跟我们人际课题的社会交往的研究是分不开的。学生自我选择的过程是主动积极的，而且需求度和匹配度都比较高，同时锻炼了他们的社会交往能力。

（四）社团研究专题化

社团组织是基于共同兴趣爱好形成的一个学习共同体。社团以同一领域的专业成长为目标，通过自主制订共同成长计划、制定研究学习方案，探索与思考自己所感兴趣的研究领域，在课题研究的过程中，综合运用各学科知识，认识、分析和解决问题。学校拥有60多个学生社团，每个学生都参与到社团的活动中，各个社团通过兴趣培养的导向性、研究领域的专业化、学习方式的多样化来推进社团研究的专题化。

我们借助高校力量开发的15个创新社团，很多社团涉及跨学科多样化的学习方式的探索。例如，生物创新社团的学生，研究宝山周边河道污染情况与整治效果，在进行社会调查研究的同时，课题小组开展相关的志愿服务，担任环境监督员，并利用微生物的研究来探索和解决河道的重金属超标的问题。

在丰富多样的社团课程的学习下，学生逐步形成了课题研究意识，通过课题专题化研究，提高了学生发现问题和解决问题的能力，培养了学生的创新精神和实践能力。

（五）研学考察国际化

"走向国际"已是当今高中教育的必然趋势。学校为学生提供机会去理解、体验这个多元的世界，培养学生的国际视野，教会学生用全球化的眼光看世界。

研学考察国际化使社会实践活动课程从校外走向了国外。学校先后与美国、德国、瑞典、澳大利亚等一流高中结为姊妹学校。为此，学校进行了国际化的研学考察课程的设计与实施。依据跨文化交际学与比较教育学理论开设的以情境体验、任务实践为主要形式的拓展性体验学习为主的课程，通过研学结合、游访结合，在常态化的国际交流中培养学生活跃、超前的国际化思维，开阔、融合的国际化视野，儒雅、负责的国际交往品格。2018年10月，高二同学在美国小红豪斯和伊丽莎白欧文高中体验到充满活力的美式课堂，前往世界一流大学参观考察，感受著名学府的教学氛围，了解了多元化的文化理念。他们与美国的同学开展多主题的讨论，中美文化、思想、语言进行碰撞，使每位参加的同学获益匪浅。

四、课程评价落实能力和成长导向

（一）突出发展导向

学校的社会实践活动课程根植于学生的个体差异，挖掘学生的内在潜能，立足学生社会实践四大核心能力的发展导向，强化学生主动发展的意识，培养学生的社会责任意识。

（二）做好成长记录

对于社会实践活动课程的评价，我们借鉴人际课程的成长故事来记录。学生以叙事的方式来记录社会实践课程中的个体真实体验，记录实践活动过程中同伴和导师的评价与建议，围绕四大核心能力目标，通过自我观察、自我反思、自我改变中得到提升。

（三）纳入评价系统

社会实践活动课程被纳入学生综合评价系统，做好过程性评价和结果性评价，完善自评和他评，并对学生自行组织和设计的社会实践活动进行等级评价。

学校立足资优生培养理念，通过构建人格成长生态圈，细化社会实践活动课程的能力目标，采用多样化的实施路径，推进社会实践活动课程的深入开展。几年来的实践探索，学生在综合能力、人际沟通、社会服务意识等方面有了明显的进步。未来，我们将继续整合资源，优化社会实践活动课程的实施路径，完善评价体系。

参考文献：

[1] 刘在花. 高中生积极心理品质培养研究 [J]. 中国特殊教育，2010（11）：29-34.

[2] 付艳萍. 走向适才的教育：资优教育发展的新趋势：以美国资优教育为例 [J]. 外国教育研究，2016（1）：39-47.

[3] 韩国珍. 加强社会实践　塑造完善人格 [J]. 民营科技，2010（9）：65-65.

[4] 刘华霞. 高中资优生积极人格教育的实践研究 [J]. 现代教学，2017（11）：18-20.

[5] 张海燕，王淑玲. 人格发展中的生理、心理、社会环境因素：关于《童年与社会》的思考 [J]. 太原师范学院学报：社会科学版，2008，7（5）：59-60.

随风潜入夜，润物"戏"无声

——"安全'童'行"校本课程的开发与实践

上海市宝山区永清路小学　李　雅

交通安全教育是生命教育中的一个重要组成部分，对学生进行必要的交通安全教育，有助于帮助他们认识生命、尊重生命和珍爱生命。近年来，笔者所在学校上海市宝山区永清路小学根据本校实际，科学地顺应学生的天性，有针对性地开展扎实有效的交通安全教育工作，创造性地举办了生动新颖的安全教育活动，进行小学安全教育校本课程开发与实践，彰显了学校交通安全教育的特色。

一、以学生为本，构建安全知识实践场馆

学校的安全"童"行体验馆是上海市中小学创新实验室项目，于2015年建成并投入使用。场馆由学校青年教师工作室团队历时一年精心设计并打造而成，它由八个不同的游戏组成，是学校实施生命教育的重要场所，成了永清学子们实践交通安全的活动场馆。

安全"童"行体验馆以生活化的场景，童趣逼真、新奇快乐的游艺活动，吸引着同学参加，让学生在模拟城市交通的实景中，正确地理解交通安全知识，灵活掌握交通安全技能，培养在危险状态下的自护能力。体验馆内整体设计——生活化（场馆用大型彩喷背景、乐高积木搭成的城市建筑以及地面空间的立体交通设施建成了一个开放的社区）；活动项目——游戏化（使用日常的交通工具，选择学生喜爱的游艺方式，采用现代高科技手段，展现日常的生活、出行和活动）；配套设施——人性化（场馆设计制作了《安全"童"行体验馆活动手册》，帮助学生了解场馆和活动；活动评价——激励化（采用带有记录积分的"五彩手环"来进行评价和兑换奖品，激励每一位体验者不断挑战自我）。

校本课程作为国家课程的重要补充，其重要性越来越强。围绕永清路小学"生态永清"创建目标，以"生态德育"为出发点，以"快乐活动日"活动为阵地，立足学校及学生实际，开发了校本课程——"安全'童'行"。此课程从学生发展的需要出发，对安全"童"行体验馆内容进行整合、优化和加工，开发出相

应的校本课程，以服务于学生核心素养发展的需要，以培养学生核心素养为目标，以促进学生全面发展为根本任务，使"安全'童'行"课程真正成为培养学生核心素养的重要载体。

二、以核心素养为源，打造生态校本课程

核心素养理念下的校本课程要立足于教学发展的现状，与时俱进，结合先进的教育政策和办学方法，适当地改变传统的教学理念，对学生的学习发展进行全方位、具体化的规划教学以及科学合理的评价。学校在不断地对教学资源进行优化的过程中，充分挖掘学生的兴趣点和潜能，从而促进学生的个性化发展以及学校特色课程的拓展。[1]

（一）内容架构涵盖课程应用的立体关注

"安全'童'行"课程的核心架构（如表1所示），基于安全"童"行体验馆内的8个活动项目，依据每个项目设计主题内容，并围绕中心主题形成的一组有利于学生全面和谐发展的多领域经验整合，充分考虑学生的成长因素，将交通安全教育与生命教育、日常的行为规范教育、公民道德教育结合起来，为学生开展探究性活动提供了实践的可能。

表1 上海市宝山区永清路小学"安全'童'行"课程框架

活动项目	上册	下册
小车快跑	第一课：马路上的交通标识	第一课：寻找身边的交通标识
	第二课：体验实践	第二课：体验实践
MINI城市	第三课：上学路上	第三课：上海城市交通
	第四课：体验实践	第四课：体验实践
摩托试驾	第五课：机动车与非机动车	第五课：特定环境下的安全行驶
	第六课：体验实践	第六课：体验实践
夺宝骑兵	第七课：行驶中的交规	第七课：交通安全防护
	第八课：体验实践	第八课：体验实践
一球成名	第九课：禁止标志	第九课：指示标志
	第十课：体验实践	第十课：体验实践
畅游STATION	第十一课：左左右右	第十一课：转弯or直行
	第十二课：体验实践	第十二课：体验实践
醉酒体验	第十三课：酒驾的危害	第十三课：交通安全法——酒驾
	第十四课：体验实践	第十四课：体验实践
安全教程	第十五课：安全行路	第十五课：安全乘车
	第十六课：体验实践	第十六课：体验实践

"安全'童'行"通过游戏中的探究实践体验，达到实践体验与知识学习相关联，知识教育与能力提升互配套，让学生在活动中掌握必要的交通安全知识和技能，了解相关的交通法规与常识，养成在日常生活和突发安全事件中正确应急的习惯，最大限度地预防和减少安全事故的伤害，从而帮助学生树立"珍爱生命，安全第一，文明守规，和谐共处"的意识，不断提升自救自护的素养和能力。

（二）课程糅合学习多元目标性

课程实施要注重实效，充分考虑课程目标的落实，考虑学生在学习过程中的经历和体验，考虑教学的开放性，考虑学生自主学习能力的提高，考虑课程学习的成果体现和教学评价，重视课程实施的每一个环节，提高课程实施的整体实效。[2]

其一为知识性与客观性。该课程强调交通安全知识的普及，对学生进行交通安全的启蒙和引导。通过实践活动，让学生掌握必要的交通安全知识和技能，了解相关的交通法规与常识；了解各种安全图识和道路指示牌，初步知晓常用的一些交通法规，掌握文明驾车出行的技能。

其二为通俗性与直观性。该课程强调学生的能力锻炼、行动体验。学生通过实践活动，走进生活，通过实景模拟、专题考察辨析、事故分析比较等方式，让交通法规和应急技能走进学生心中，引导学生学会正确处理，提升自护意识和能力。

其三为全面性与导向性。在游戏中引导学生勤于动手动脑，乐于参加团队实践活动，培养学生关心信息科技、积极投身科学实践的意识。

（三）课程实践开发多样化的学习策略

课程鼓励学生进行体验学习——任务驱动，活动引领。"安全'童'行"是一种生活体验课程，它以"任务驱动，活动引领"为教育的本质，充分开启学生多种感官，在游戏活动中快乐学习。让学生在充分探索的基础上，不断向他们提出挑战任务，找到发展的可能性，重新建构新经验。

课程关心学生合作探究型学习——小组合作，经验分享。把学习的主动权还给学生，通过学生自主读一读、认一认、任务单、试一试小调研等自主实践活动，增强学生合作学习的体验，增强学生自主开展活动的能力，让学生成为活动的主体。活动中增加学生的信息交流，培养交往互助的精神，提高口头表达能力和组织力，促进自主学习的积极性。

课程关注学生活动评价——多维评价，凸显自主。结合新课程改革理念，优化改进传统评价方式。在评价过程中，重视学生在学习过程中的主动参与、积极思考与探究。以教师评与学生评相结合的方式，考察学生在活动中的表现与学习收获。（如图1所示）学校设计了生动有趣的"五彩手环"，每达成一个安全活动目标，同学都能获得一枚安全章来装饰手环。

"安全'童'行"课程评价内容

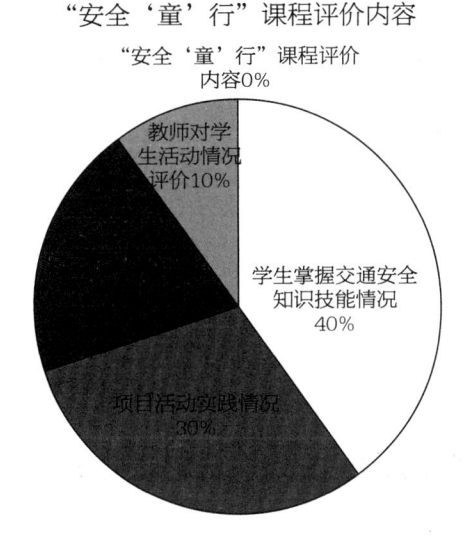

图1 上海市宝山区永清路小学"安全'童'行"课程评价内容

三、以实践体验为基，落实课程实践

学校的"安全'童'行"面向每一个学生，并与学校的晨会课、班队活动、探究型课程以及社会实践活动等课程紧密结合，学校每周安排各班级同学有序参与。越来越多的同学在游戏活动中逐步了解并掌握安全出行的知识和自我保护技能，对"安全'童'行"这个安全教育课程赞不绝口（如图2所示）。

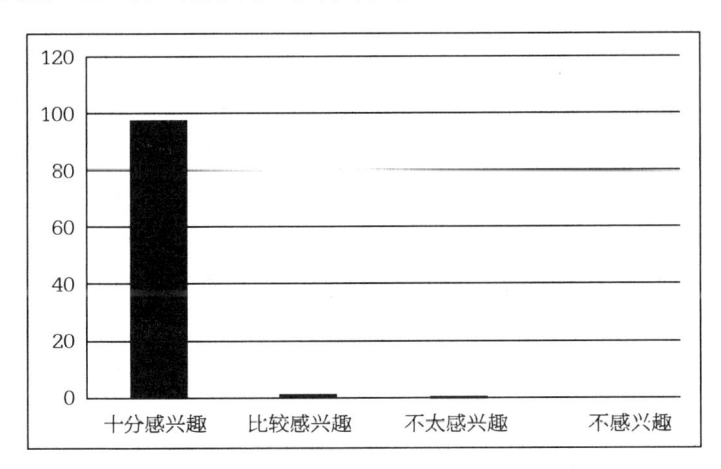

图2 上海市宝山区永清路小学学生对"安全'童'行"课程的兴趣率统计表

在学校全体班主任老师的通力合作下，2016年编写完成了"安全'童'行"德育校本课程。"安全'童'行"德育校本课程的开发和实施，是依据教育目标的要求和学生发展的需要，通过课程目标、内容、方法、途径、策略、评价的建构几个方面，进行系统的、综合的、完整的课程体系建设。课程立足馆内活动内容，立足实际，梳理活动现象，探寻实践经验，并总结了具有普遍指导意义的配套课程方案。该活动课程可以让学生发挥主体性，培养他们自主参与、自主管理、自主评价，从而培养自己解决问题的能力。

学校中队辅导员基于安全"童"行体验馆，开展"安全出行 从我做起"少先队活动课，围绕"mini城市"这个实践项目，针对马路上常见的交通标识，通过情境化的游戏设计，让队员们直观地感受到交通安全是每个人生活中不可分割的部分，培养同学们将课堂中学到的交通安全知识运用于生活中的能力。学校班主任团队不断挖掘活动创新点，开展学生喜爱的安全教育活动，并在实践中总结提炼安全"童"行体验馆学生自主管理课程的操作模式。

四、以反思跟进为核，提升课程实效

（一）日常生活为起点，促进知识学习

"安全'童'行"校本课程的开发基点是学生对交通安全知识和经验掌握的必要性，在安全"童"行体验馆中学生以生活化的经验为起点，与游戏实践体验相结合，促进学生实践、体验的有效开展。

（二）**游戏活动为载体，激发探索兴趣**

根据学生爱玩的天性，让他们用自己喜欢的方式去学习，作为活动课，更应放手让学生在自由的探索中分享创造与活动体验的趣味。在游戏的过程中，学生没有任何心理负担，并且充分调动了各种感官，有利于激发学生的探索兴趣，培养其探索能力。

（三）**自主探究为手段，提高核心素养**

"安全'童'行"校本课程的开设，不是以学科知识的传授为目的，而是更多关注学生核心素养的提高。问题是引起学生思考的手段和方法，我们通过设计活动任务单为学生探究新知提供开放空间，使学生团队协作围绕问题进行解决，让学生在问题解决的过程中得到能力的提升，学科素养得到很好的发展。

（四）**实际运用为目标，突出校本课程的适用性**

"安全'童'行"课程实践的过程，是学校践行办学目标的过程。整个场馆"行走有规则、活动有要求、学习有方式、合作有载体、评价有手段"，处处考验着孩子的规则意识和文明素养。"珍爱生命，安全第一，文明守规，和谐共处"在体验馆的游戏活动学习中深入孩子的心田。

（五）**多元合作为桥梁，加强学校、家庭和社会之间的合作**

加大对校外安全教育资源的挖掘力度，把社区中能够为安全教育校本课程开发所用的资源充分挖掘出来，以弥补学校资源的不足。[3] 利用好身边的社区资源，

成为学校校外安全教育校本课程的教育基地，带领学生去参观这些场所，并由专业人士进行安全知识讲解，这种形式更能吸引小学生的注意力并加深他们的印象，学习效果比较好。

注　释：

[1] 李晓龙.核心素养理念下小学校本拓展型课程建设的探讨[J].亚太教育,2019（3）:68.

[2] 何丽芳.核心素养理念下小学校本拓展型课程建设的实践性研究[J].教书育人,2018（8）:49.

[3] 刘亚贤.小学安全教育校本课程开发问题研究：以海口市滨海九小为例[D].海口：海南师范大学，2015.

参考文献：

[1] 曾晓梅.小学生安全教育实证研究[D].临汾：山西师范大学，2017.

[2] 钱伟.情景体验、编创教材、参与实践：平望实验小学扎实开展交通安全教育[J].中国教育技术装备，2012（8）.

[3] 李忠.加强小学安全教育与管理的探索[J].课程教育研究，2019（28）.

[4] 曹琳珠.小学低年级校园安全教育的校本课程开发：基于上海市某小学的实践研究[D].上海：华东师范大学，2011.

艨艟巨舰一毛轻，此日中流自在行

——"经纬地球仪"德育校本课程的设计与开发

上海师范大学附属经纬实验学校　杨旭红

课程是学校实现育人理念的根本途径，学校课程体系的建设彰显学校的办学特色和办学品位。在新课程理念发展核心素养的视角下，更要重视学校的课程体系建设，为学生的成长服务，为学生的未来发展奠定基础。为深入学习贯彻习近平新时代中国特色社会主义思想和党的十九大精神，上海师范大学附属经纬实验学校在认真分析梳理校情、生情的基础上，对《中小学德育工作指南》进行校本化的再细化，通过调查学生综合素养发展现状，设计出《上海师范大学附属经纬实验学校九年一贯制学校学生综合素养指标体系》，通过架构"经纬地球仪"校本课程框架，结合主题式校本课程的设计与开发，全面渗透课程育人的理念，促进学生德智体美劳全面发展。

一、"经纬地球仪"德育校本课程设计与开发：理论价值与实践意义

近几年来，全面实施素质教育有效地推动了基础教育的发展，随着这种推进，课程改革与考试评价制度的改革成为能否使素质教育获得突破性进展的核心与关键的问题，亦成为教育及社会各界关注的焦点。上海师范大学附属经纬实验学校是九年一贯制学校，随着基础教育课程改革在本校的实施，注重素质教育的同时，不断改革原有的评价制度，建立科学的评价体系，已成为深化基础教育课程改革的关键性问题。因此，学生综合素养的发展越发重要，值得我们去思考、去研究。

学校在研究国内外有关学生素养研究的文献资料后，通过调查问卷形式，结合校情，了解学校、家长、学生等对学生综合素养培养的实际需求与期待，并向相关领域专家征求意见，对学生综合素养的内涵、结构及指标达成最大化共识，最终将学校学生综合素养的培养内容界定为道德品质素养、学习研究素养、身心健康素养、艺术审美素养及实践创新素养五大内容，旨在实现学生的全面发展，既反映学生的发展需求，也反映当今时代社会发展对人才的培养需求，具有指向

未来、不断优化发展的动态性。

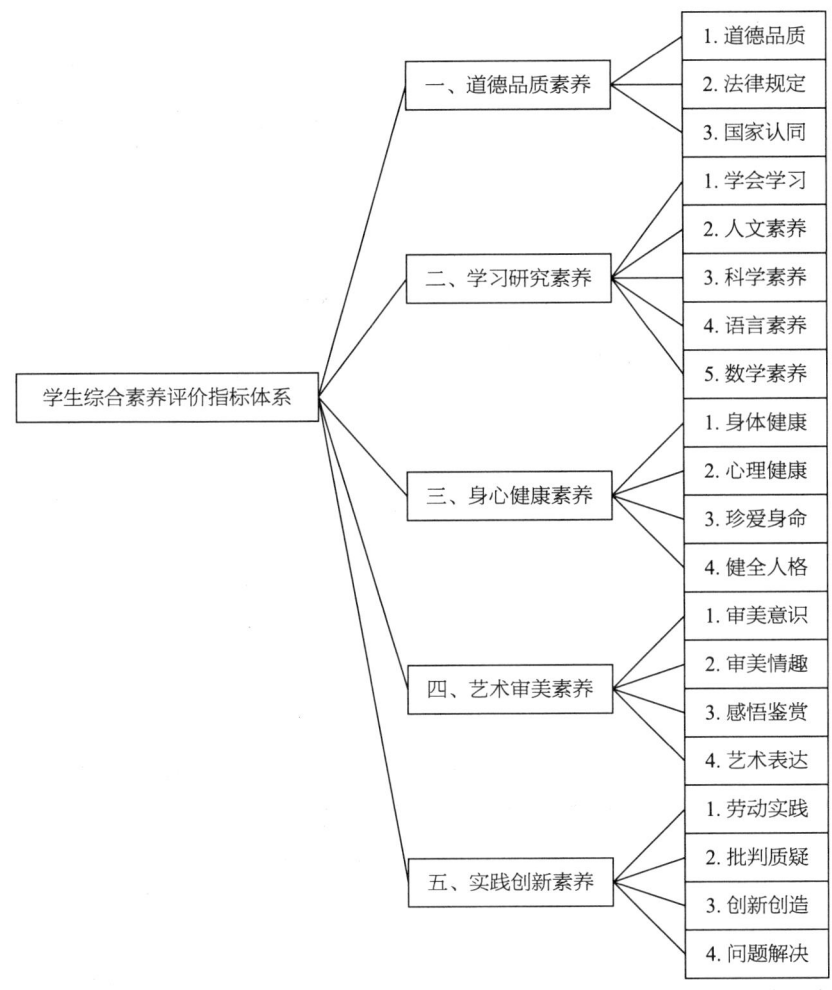

图 1 上海师范大学附属经纬实验学校学生综合素养评价指标体系一、二级指标框架

```
学生综合素养评价指标体系
├── 一、道德品质素养
│   ├── 1. 道德品质
│   ├── 2. 法律规定
│   └── 3. 国家认同
├── 二、学习研究素养
│   ├── 1. 学会学习
│   ├── 2. 人文素养
│   ├── 3. 科学素养
│   ├── 4. 语言素养
│   └── 5. 数学素养
├── 三、身心健康素养
│   ├── 1. 身体健康
│   ├── 2. 心理健康
│   ├── 3. 珍爱身命
│   └── 4. 健全人格
├── 四、艺术审美素养
│   ├── 1. 审美意识
│   ├── 2. 审美情趣
│   ├── 3. 感悟鉴赏
│   └── 4. 艺术表达
└── 五、实践创新素养
    ├── 1. 劳动实践
    ├── 2. 批判质疑
    ├── 3. 创新创造
    └── 4. 问题解决
```

如图1所示，我校界定的学生综合素养与我国的教育方针一脉相承，涵盖"德智体美劳"五个基础领域，围绕学生综合素养评价指标体系，以道德品质素养、学习研究素养、身心健康素养、艺术审美素养及实践创新素养为一级指标，然后细化为二、三级指标，形成了《上海师范大学附属经纬实验学校九年一贯制学生综合素养评价三级指标体系》，为经纬地球仪德育校本课程的设计与开发提供了评价依据。

二、"经纬坐标系式"地球仪德育课程：概念界定及课程内涵

"经纬地球仪"德育课程尝试突破传统的以学习领域为中心的单一维度架构思

路，从学习领域和学习素养两个维度的发展架构课程，有机地整合学习内容和发展目标，形成学校的德育课程顶层架构特色。

学校探索的课程结构在顶层架构上是一种具有"两维"体系的结构，它依据学校的育人目标，利用校名所包含的文化内涵，该课程结构称之为"经纬坐标系式"地球仪课程框架，如图2所示。

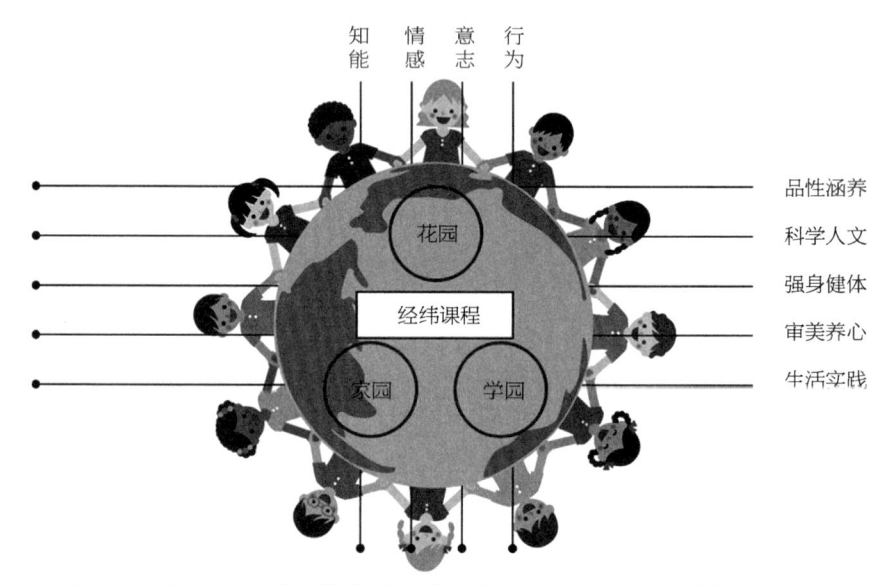

图2 上海师范大学附属经纬实验学校"经纬坐标系式"地球仪课程框架

（一）课程目标：课程的轴心——学校目标

正如地球仪的架构，学校经纬课程也有轴心，它的轴心对应的就是学校的育人目标，"崇礼仪、乐学习、健身心、显个性、善合作、求创新"，细化之后即为经纬实验学校九年一贯制学生综合素养的培养目标。

（二）课程内容：构建以学习领域为横向发展的"课程纬线"

学生的思想道德教育贵在持之以恒。要建立长效机制，就必须使德育活动的内容分层化、课程化。[1]因此，从学生学习领域和综合素养发展层面，学校设计品性涵养、科学人文、强身健体、审美养心、生活实践等五个"德智体美劳"主题领域课程。这五个主题学习领域可以不断衍生出许多子课程，延伸纬线的长度，从而形成学校的"课程纬线"，如表1所示。

（三）课程实施：构建以学习素养为纵向发展的"课程经线"

五育并重，德育为首。德育在青少年全面发展中起着重要的作用，从人的品德结构来看，它包括道德观念（知）、道德情感（情）、道德意志（意）和道德行为（行）四个要素。学校的德育过程就是对学生知、情、意、行的培养和提高的过程。[2]所以，学校应关注学生的知情意行，根据学生的心理特点及品德形成的规律，采取有力的措施和方法，优化学生的知情意行。从这一指导思想出发，学校从学生学习素养发展层面，由知能、情感、意志、行动四大维度来构建学校的"课程经线"，如表2所示。

表1 经纬课程之横向课程纬线："德智体美劳"学习领域之年段框架——以一、二年级为例

	德	智	体	美	劳
	品性涵养	科学人文	强身健体	审美养心	生活实践
1—2年级	在教师的指引下，初步知晓何谓道德品质；初步形成国家认同的意识；初步知晓大板块的法律规则；初步知道作为公民应履行一定的责任义务。	在教师的指导下，认真学习语文、数学、英语等学科，掌握各学科的基础知识，达到规定的能力要求。	能在教师的指导下，科学地锻炼身体，并知道身体健康的重要性；能开心地学习和生活，知道心理健康的重要性。	能在教师的引导下，鉴赏艺术作品，初步形成一定的审美意识。	能在教师的指引下，热爱生活，初步参与简单的实践活动。

表2 经纬课程之纵向课程经线："知情意行"学习素养之年段框架——以一、二年级为例

	知	情	意	行
	知能	情感	意志	行动
1—2年级	掌握一、二年级各学科课程标准要求的基础知识与基本技能。	能在教师的指引下，初步经历学习的过程，获得较为初级的学习情感体验。	对各学科学习有好奇心，并能在学习过程中展现出一定的意志品质，如喜欢提问、爱好探索。	能在教师的引导下，和同伴开展初步的学习合作，自身也能够初步具有一定的学习行动。

（四）课程评价：学生综合素养指标体系

学校坚持以点带面，进一步细化经纬主题式德育校本课程的开发，结合学生综合素养评价量表（见表3）对学生课上及课间行为活动进行评价，形成学生成长过程性资料，坚定落实教育本原、立德树人的教育方针，让课程育人落地生根。

表3 上海师范大学附属经纬实验学校学生综合素养评价量表

	一级指标	二级指标	分数		
			二级指标	一级指标	总分
学生综合素养评价指标体系	道德品质素养	道德品质			
		法律规则			
		国家认同			
		责任义务			

（续表）

一级指标	二级指标	分数		
		二级指标	一级指标	总分
学习研究素养	人文素养			
	科学素养			
	语言素养			
	数学素养			
身心健康素养	身体健康			
	心理健康			
	珍爱生命			
	健全人格			
艺术审美素养	审美意识			
	审美情趣			
	感悟鉴赏			
	艺术表达			
实践创新素养	劳动实践			
	批判质疑			
	创新创造			
	问题解决			

（表格左侧一级标题：学生综合素养评价指标体系）

评分规则：

1. 请根据"二级指标"一栏进行评分。
2. "二级指标"一栏的分数为"5分制"，其中，"5"代表"很好"；"4"代表"较好"；"3"代表"好"；"2"代表"一般"；"1"代表"需改进"。
3. 基于"二级指标"分数，可相加得到"一级指标"分数；基于"一级指标"分数，可相加得到"总分"，总分满分为100分。

（五）"三园"隐性课程

学校抓住校园文化建设的契机，着力建设隐性课程，精心营造"三园"校园文化。其一是一个花园式的校园。栽植了二十余种果树的果园、小小蔬菜园以及园艺园，整个学校有七十多种的植被组成了一个花园式的校园，属于学生的生态课程；其二是一个亲情式的家园。师生之间、生生之间和谐的人际关系，构成了一个亲情式的家园，属于学生的沟通课程；其三是一个萌发式的学园。学校草坪上的雕塑、各个楼层富有特色的墙面文化以及萦绕在耳边的韵味铃声，凝成了一个萌发式的学园，属于学生的怡情课程。

以学习领域发展为中心的"课程纬线"和以学习素养发展为中心的"课程经线"相互交错，隐性课程分布在课程坐标系之中，整体架构出具有学校特色的

"经纬坐标系"式的地球仪课程框架。

三、主题式德育校本课程案例的设计与开发

在学校的"经纬地球仪"德育课程框架设计完成后,有的老师成为先行者,在学校拓展课程中率先设计、开发德育课程,这里以张嬿老师执教的二年级"科学人文"主题式课程之人文拓展课为例进行简述与分析。

这是围绕学校果园资源开发的人文拓展课,将果园作为德育资源场所与写作课相结合,设计了《果园里的童话》这一课。

该课的亮点之一在于教学目标对接经纬课程之纵向课程经线,即"知情意行"学习素养之年段框架。从表4中我们可以发现,它的教学目标即是结合主题式课程特点的进一步细化。

表4 《果园里的童话》教学目标一览表

"学"的知能	在老师的指引下,习得构建童话问题系统的基本方法;在小组学习中构建问题系统,并在互问互答中创编童话故事。
"学"的情感	在"问题化学习"过程中,激发学生的学习兴趣,学生乐于参与课程,完成任务。
"学"的意志	在小组合作学习和个人独立思考中喜欢提问,爱好探索。
"学"的行动	学会认领任务,独立完成任务,与伙伴一起分享成果。

该课的亮点之二在于有一次"果园探趣"活动,并设计了"果园探趣"综合活动学习单。这一学生活动的设计充分地利用了校园资源,让学生走出教室去感受真实的自然,为他们的想象创作提供了现实基础。合作小组任务分工明确,既有独立思考,又有成果分享,对于学习目标的达成是有效的。

该课的亮点之三在于对照《上海师范大学附属经纬实验学校学生综合素养指标体系》,设计了该课程的学生综合素养评价量表,(见表5)由自我评价、同伴评价、老师评价三部分构成了在该课学习中的总体评价。

表5 《果园里的童话》的评价量表

一级指标	二级指标	三级指标	自我评价	同伴评价	老师评价	前三项评价均值	总评价
学习研究素养	人文素养	1.语言表达要做到"规范""通顺""清晰""流畅"					
		2.具有适应实际的口头表达能力					
		3.多读书、多积累,感受语言所要传达的感情,感受文字的魅力					

（续表）

一级指标	二级指标	三级指标	自我评价	同伴评价	老师评价	前三项评价均值	总评价
学习研究素养	语言素养	1.在积淀文化的同时，受到思想感情的熏陶、感染，并愿意参加相关的实践活动					
		2.能够与同伴友好相处，有自我保护意识和感恩意识					

评分规则：
1.请根据"三级指标"一栏进行评分。
2."三级指标"右侧"自我、同伴、老师评价"为"五星制"，其中，"5颗"代表"很好"；"4颗"代表"较好"；"3颗"代表"好"；"2颗"代表"一般"；"1颗"代表"需改进"。
前三项评价均值=自我评价+同伴评价+老师评价/3
总评价=前三项评价均值总和/5

这样的一节德育校本课，从教学目标的确立到教学过程的设计，最后到评价表的制订，都充分体现了学校从学习领域和学习素养两个维度的发展架构课程的理念，有机地整合学习内容和发展目标，为不同年段、不同学情的学生设计德育课程的宗旨。

结语

以学习领域发展为中心的"课程纬线"和以综合素养发展为中心的"课程经线"相互交错，与隐性课程相辅相成而构成的"经纬地球仪"课程形成了巨大的育人系统，以促使学生综合素养提升为目标的主题化经纬德育校本课程正积极开展，学校将以此为"支点"，撬动育人模式的转型，实现育人系统的自运转，这就像宋代理学家朱熹诗中所说，当"江水"涨起来的时候，"艨艟巨舰一毛轻"，"此日中流自在行"。课程育人也是如此，想要不枉费力气，就要从课程顶层设计入手，架构起育人这只"艨艟巨舰"，实现它的自运转，让学生在"经纬地球仪"课程中丰富学习经历，实现德智体美劳的全面发展。

注　释：

[1] 周凤林.学校德育顶层设计18问[M].上海：华东师范大学出版社，2015：15.

[2] 芦维宏.融入知情意行　推动德育发展[J].文学教育.2015（4）：140.

参考文献：

[1] 林崇德.21世纪学生发展核心素养研究[M].北京：北京师范大学出版社，2016.

[2] 杨九诠. 学生发展核心素养三十人谈 [M]. 上海：华东师范大学出版社，2017.

[3] 陈立. 新课程下对学生评价体系的反思 [J]. 才智，2011（33）.

[4] 施良方，崔允漷. 教学理论：课堂教学的原理、策略与研究 [M]. 上海：华东师范大学出版社，2009.

[5] 郭宝仙. 核心素养评价：国际经验与启示 [J]. 教育发展研究，2017（4）.

[6] 涂艳国. 教育评价 [M]. 北京：高等教育出版社，2007.

[7] 查立舫. 综合社会实践基地"发展性学生评价体系"的基本架构 [J]. 华夏教师，2015（8）.

傀偶不言，下自成蹊

——"木偶"校本课程在德育工作中的运用探究

上海市宝山区罗泾中心校 陆 萍

随着上海市宝山区罗泾中心校的特色校本课程"木偶"的不断开发实践，其在德育工作中的作用愈渐明显。

木偶课程开始于2006年年底，通过十多年的努力，现在已经成为学校的一个文化品牌，已经连续三届被评为区级艺术特色项目。学生通过看一看木偶剧、做一做小纸偶、说一说偶戏台词、演一演木偶小戏等活动形式，走进神奇的木偶世界，亲近这门非物质文化遗产。木偶校本课程经过长期的实践探索，日趋完善，覆盖面从低年段到高年段。各年段的讲义、剧本等的选择，都经过精心思考，力求在传承、发扬木偶文化的同时，做到育人细无声。作为校本课程的实践者，到底是如何利用校本特色木偶课程开展育人工作的呢？

一、课程彰显德育价值

在进行课程目标、宗旨、内容、实施、评价等环节设置的时候，均渗透了德育工作原理，力求"润物细无声"，让学生在活动中受到教育。

（一）课程目标与宗旨

1. 让学生通过木偶这一动手、动脑、动口的活动形式，拓展和加深对自然、社会、自我的认识和体验，亲近具有民族文化气息的木偶艺术，感受木偶艺术的风采。

2. 逐步培养学生乐于动手、勤于实践、勇于创新的意识、习惯和能力，促进学生形成积极的生活和学习态度、良好的学习策略和可持续发展的学习能力，真正达到"知行统一""德行统一"。

3. 通过木偶这一拓展科目的学习，使学生逐步形成良好的个性心理品质和健全的人格，养成健康的审美情趣和生活方式，传承和发展木偶这一民族文化的艺术，培养学生的爱国主义情感和民族精神。

（二）课程内容与框架

学校根据木偶课程的内容编写了讲义《大家一起学木偶》，该讲义使用"一课一主题"的方式，每一主题里包含以下四个方面的内容：

1. "资料库"。在这一栏目中，安排了木偶的起源与发展、地方特色、民间传说和名人逸事等内容，拓展学生的知识空间，帮助学生认识了解中华民族的传统文化，传承木偶艺术。

2. "手工坊"。以浅显易懂的图例或说明来呈现重点和难点，目的是让学生通过实践操作来掌握一些基本的木偶制作技能。

3. "小舞台"。让学生在活动中掌握木偶操作技能，加深对木偶艺术表达形式的领会，提高审美情趣。

4. "创意屋"。这一部分主要是关于本课主题学习内容的延伸与拓展。

根据不同年段的要求，对上述四个方面的比重做了不同程度的调整与选择。木偶德育校本课程"大家一起学木偶"的结构框架如图1所示。

从中不难看出木偶课程与德育之间丰富的关联。"木偶的制作"促进学生核心素养提升和全面发展，使学生初步了解生活中的自然，保护环境，爱惜资源。"木偶剧表演""木偶的历史"传承发展了中华优秀传统文化，引导学生了解中华优秀传统文化的历史渊源、发展脉络、精神内涵，增强文化自觉和文化自信。

下面笔者就以在四年级、五年级开展的"小木偶表演家"这一板块为例，来具体谈谈木偶课程在德育方面的体现。

二、课程实施孕育品德

木偶艺术"兴于汉，盛于唐"，在我国已有几千年的历史，是中华优秀传统文化的重要组成部分。木偶剧能透过角色任务、空间环境、故事情节作为表达工具，增强学生的理解力，吸引及延长学生的注意力，提升和刺激学生的思考及记忆[1]。其特有的人文性能很好地培养学生的品德。

在"小木偶表演家"板块中，以木偶表演为主，学生以社团为单位，进行木偶剧的排练与表演。以"我的家乡"为主题的课程为例，学生在"创意屋"中创作了剧本《泾泾灵灵起步走》；在"小舞台"中，学生们刻苦排练。在课程的实践过程中，学生的思想品德得到了充分的培养和发展。

（一）创新能力与爱乡情怀

"创意屋"中呈现了一些富于变化的、与本课主题学习内容有关的个性作业，也留下了体现学生创作个性的空间：为学生搭建展示自我的舞台，拓展学生的制作视野，激发学生的创作灵感，促进学生自主选择学习能力的形成和提高。

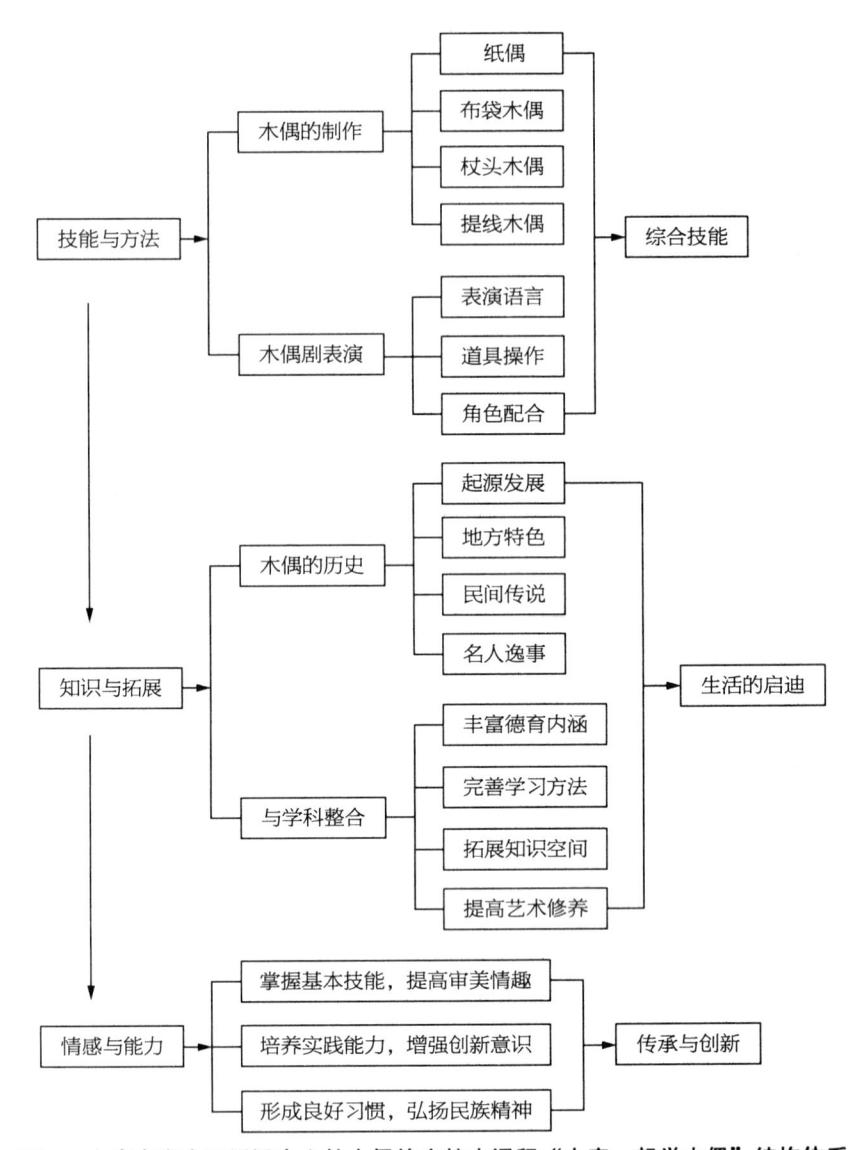

```
                         ┌─ 纸偶
                         ├─ 布袋木偶
             ┌─ 木偶的制作 ┤
             │           ├─ 杖头木偶
             │           └─ 提线木偶  ──→ 综合技能
  技能与方法 ─┤
             │           ┌─ 表演语言
             └─ 木偶剧表演┤── 道具操作
                         └─ 角色配合

             ┌─ 木偶的历史┬─ 起源发展
             │           ├─ 地方特色
             │           ├─ 民间传说
             │           └─ 名人逸事
  知识与拓展─┤                          ──→ 生活的启迪
             │           ┌─ 丰富德育内涵
             │           ├─ 完善学习方法
             └─ 与学科整合┤── 拓展知识空间
                         └─ 提高艺术修养

             ┌─ 掌握基本技能，提高审美情趣
  情感与能力─┤── 培养实践能力，增强创新意识 ──→ 传承与创新
             └─ 形成良好习惯，弘扬民族精神
```

图 1　上海市宝山区罗泾中心校木偶德育校本课程"大家一起学木偶"结构体系

学生对自己生活的这片土地充满着好奇，于是笔者提供了大量关于罗泾的地域特色、风景名胜、历史文化资料。课外，学生又走访了历史文化馆、风景游览区。在此基础上，学生们一起讨论、创作出了木偶剧剧本《泾泾灵灵起步走》。剧本讲述的是一群住在罗泾的小动物们发生的一些日常趣事。以故事发生地为背景，随着小动物们的步伐，能够了解到充满地域特色的罗泾文化——生态环保的"涵养林"、科学种植的"开心农场"、漫画大师沈同衡、沪剧大家丁婉娥等。

《中小学德育工作指南》中提到："教育和引导学生爱集体、爱家乡，了解家乡发展变化和国家历史常识。"通过本课程的实践，在无形之中点燃了学生对家乡的热爱之情。

（二）良好品格与团队协作

本校地处上海市郊边界，学生均是农家子弟，对于他们来说，虽然他们爱表演、爱动手，但是一下子让他们在大庭广众之下侃侃而谈却有些难度。这些学生在人际交往方面存在着一定的障碍与困难，通过木偶这一载体，能够让他们迅速成长起来。

当学生们大胆地拿起木偶手舞足蹈进行表演时，不要打扰他们，悄悄地站在一旁观察，这时就会发现每一个学生的不同个性表现。人的性格是在长期的生活实践中，受到社会各方面的影响和多方面的教育长期塑造而成的。"木偶表演家"课程使学生在轻松、活泼、愉快的环境中通过身体动作去感受音乐形象，通过表情、动作和语言来表达自己的思想感情，易使学生形成活泼、开朗、热情、大方的性格，从心理方面来说，木偶表演能改善学生的性格缺陷[2]。有些学生天性内向，不爱说话，不爱与人交往，通过学习木偶表演可培养自信心，经常在同学、老师、家长面前表演，并且通过舞台演出锻炼了胆量，从而变成了一个自信活泼的学生。因此，木偶表演是形成学生良好性格的重要手段。

排练一出木偶剧要花费巨大的精力。社团成员们需要经常牺牲自己的休息时间，背台词，练基本功。在家中，完成了学业任务后，还要进行木偶练习。这些"表演家"们慢慢形成了吃苦耐劳、坚韧顽强的品格。

一出优秀的木偶剧除了要求每个演员的技艺要精湛，还离不开团队的协作配合。在排练之初，社团成员们就明确了前进的方向，给团队制定了要达到的目标，每个人都感受到了在团队中的压力，并且角色的分配也是自我推荐、选拔出来的，明确了只有每个人都完成了自己该做的事情，大家的总体目标才会实现。所以社团成员非常团结，排练中尽心尽力。每次集体训练时，成员们互帮互助。忘台词了，偷偷提醒他；手举得酸了，扶他一把；练得苦了累了，相互加油鼓气；你做红花在台前风光，我在幕后为你保驾护航。社团成员齐心协力，同甘共苦。

排练过程也提升了学生情感的体验程度。健康的心态、积极乐观的人生态度以及正确的价值取向都需要在实践过程中通过情感的碰撞来形成。

《中小学德育工作指南》中提及："开展认识自我、尊重生命、学会学习、人际交往、情绪调适等方面教育，引导学生增强调控心理、自主自助、应对挫折、适应环境的能力，培养学生健全的人格、积极的心态和良好的个性心理品质。"小学中高年级还要"形成诚实守信、友爱宽容、自尊自律、乐观向上等良好品质。"在"木偶表演家"课程实施过程中，学生们表现出了诚实、自信、坚定、勇敢等健康的性格特征，这表明木偶这一传统文化艺术教育潜移默化地影响了学生良好个性品质的形成。排练和表演木偶剧对学生能力、情感、行动、习惯的熏陶是自然的、深刻的。

三、木偶实践德育浸润

（一）课程的实践过程是一个德育的过程

为什么木偶课程可以有如此鲜明的育人特点呢？因为课程实施的过程就是一个德育过程，更是一个思想品德形成的过程。说它是德育过程，因为在这一过程中，教师作为教育者，有目的、有计划、有组织地在进行教育；说它更是一个思想品德形成的过程，因为在木偶剧排练比赛的过程中，学生的个体品德是在自我发展，学生受各种因素的影响，有自觉的因素，也有自发的因素[3]。

学生思想品德是由知、情、意、行四个心理因素构成的，德育过程是对学生知、情、意、行的培养提高过程。学生在表演剧本故事中，对是非、善恶有了认识和评价；形成了正确、丰富、稳定的道德情感；付出了自觉、顽强的努力；并用实际的行动展现了他们的思想品德，很多时候，学生形成了一种不需要任何监督的自觉行为。

（二）课程的实施过程体现了德育基本规律

德育的基本规律，即：德育过程是培养学生知、情、意、行的过程；德育过程是促进学生思想内部矛盾转化的过程；德育过程是组织学生活动与交往的过程；德育过程是长期、反复、逐步提高的过程[4]。

木偶剧的排练过程是非常辛苦的，需要付出大量的时间与精力。木偶社团的成员们层次水平有很大的差异。部分学生平时较为懒惰，学习成绩也不优秀，但是经过两三个月的训练，他们克服了自身的惰性，变得更为自信。

（三）课程实施过程中所采用的德育方法

在木偶课程的实施过程中，也采用了三种主要的德育方法[5]。

1. 榜样示范法：用几个努力排练、表现较好的学生来影响其他学生的思想、情感和行为。在相似的经历与相同的环境下，以学生作为榜样，更容易引起其他学生的共鸣，更容易激发学生的上进心。

2. 陶冶教育法：利用剧本故事中正确的价值观、人生观来潜移默化地熏陶、感化学生。在进行环境陶冶、艺术熏陶的同时，要辅以适当的启发、说服，使学生更好地吸收精神营养。

3. 实际锻炼法：学生在排练、表演剧本的过程中，一次次得到了锻炼，加深了认识，锻炼了自身的意志，形成了良好的思想品德。运用实际锻炼法能激发学生的自觉性、积极性，同时在反复锻炼的过程中，适当地督促、鼓励学生，有助于使其长期坚持下去。

同时，尽量减少学生接受程度较低的"说理教育法"。

（四）课程实施过程中注重品德评价

在课程实施的最后评价阶段，注重对学生情感发展状况进行评价。在搜集有关学生情感发展状况的评价信息时，采用了"同伴提名法"[6]，根据课程特点，设计如表1所示。

表1　上海市宝山区罗泾中心校"大家一起学木偶"课程学生互评表

在排练过程中总是主动提供帮助的同伴是：
在排练过程总是鼓励他人的同伴是：
总是友好地对待他人的同伴是：
在排练过程中，像个领导者的同伴是：
总是默默付出的同伴是：
每次都准时参加排练的同伴是：
我最想对_____（某位同伴）说的是：

品德评价表注重的是同伴间的相互合作精神，通过生生互评的评价模式，既能让学生合理地评价他人，同时也更容易让学生接受他人给予的不同评价，更好地认识自我，培养学生健全的人格、积极的心态和良好的个性心理品质。

综上所述，木偶课程让学生了解了中华优秀传统文化；引导学生将社会主义核心价值观内化于心、外化于行；同时使学生养成了良好的道德品质与行为习惯，并形成了积极健康的人格和良好的心理品质，促进了学生核心素养的提升与全面发展。木偶课程所能达成的课程目标与德育内容有着较高的关联度，如图2所示。

图2　与"大家一起学木偶"课程目标相关联的德育内容

《明皇杂录》记载了唐玄宗作的一首咏吟傀儡的诗："刻木牵线作老翁，鸡皮鹤发与真同。须臾弄罢寂无事，还似人生一梦中。"木偶作为非物质文化遗产，有着浓厚的文化底蕴，巧妙地运用这种文化作为教育手段，可以挖掘出莫大的育人功能。沿着木偶校本课程的这条路，开拓创新，教师和学生都会受益匪浅，其乐无穷。

注　释：

[1] 吕敬贤.木偶艺术与儿童教育 [J].歌海，2010（4）：87.
[2] 吕敬贤.木偶艺术与儿童教育 [J].歌海，2010（4）：88.
[3] 金林祥.教育学概论 [M].上海：华东师范大学出版社，2010：171.
[4] 金林祥.教育学概论 [M].上海：华东师范大学出版社，2010：171-174.
[5] 金林祥.教育学概论 [M].上海：华东师范大学出版社，2010：179.
[6] 金林祥.教育学概论 [M].上海：华东师范大学出版社，2010：196.

参考文献：

[1] 叶倩云.浅谈如何利用木偶开展幼儿园教育活动 [J].海峡科学.2016（11）.
[2] 陈采煌.地方传统文化在幼儿美育中的传承与运用探究 [J].成才之路，2017（35）.
[3] 林燕燕.浅谈木偶教学的潜在教育功能 [J].中国校外教育：理论.2007（1）.

千里之行，源于育德

——"小能人"道德三字经德育校本课程的开发与实践

上海市宝山区同泰路小学　王晓燕

《三字经》自南宋成书以来，已有七八百年的历史，共一千多字，可谓家喻户晓，脍炙人口。三字一句的韵文极易成诵，内容包括了中国传统的教育、历史、天文、地理、伦理和道德以及一些民间传说，广泛生动而又言简意赅。反观现代社会，随着科学技术的不断进步，人们的物质生活水平在不断提高。而在优越的物质生活条件下成长起来的这一代，更是过着"衣来伸手，饭来张口"的生活。一方面，长辈的溺爱，导致了他们的冷漠自私，一切以自我为中心，不善于或不懂得与周围的人交往。而那些经济比较困难的家庭，由于家长整日忙于谋生，四处奔波，放任孩子自由生长，缺少对孩子的教育和引导，使之染上不良恶习，野蛮霸气，缺乏教养。另一方面，改革开放后，国门打开，我国在引进先进文化的同时，也带进了一些自由散漫的消极思想，人们讲究个人自由，忽视了文明礼仪的教育问题，而现代社会发展对人的文明礼仪的要求都在不断提高。现代的教育强调生活化，强调教育与生活的连接，强调教育活动既关心学生的未来生活，也要关心学生的现实生活，强调学生的主体地位和自我人格的完善。因此，"小能人"道德三字经德育校本课程的开发具有十分重要的现实意义。

一、课程的开发

德育校本课程的开发要注重将学生在生活中遇到的问题融入课程中，学生通过学习将其实践体验内化为道德认知及道德行为，在真实的教育情境中形成稳固的道德行为[1]。任何课程都以将学生培养成为一个健全的"人"为最终目的。为了让学生能在德育校本课程活动的过程中获得身心健康发展，我们调查了目前学生身上存在的普遍问题、被忽略和缺失的道德品质。小能人德育校本课程以德育特色读本《小能人道德三字经》为载体，并将读本与行为规范、"两纲"教育、社会主义核心价值观等紧密结合,开展活动的同时塑造学生的"人格"。

(一)目标

好动是孩子的天性,活动是教育的载体。学校把"小能人道德三字经"德育活动系列化,形成系统的读本,让学生成为课堂的主人。读本设计为学生提供了自由驰骋的时空,因而我们把《小能人道德三字经》读本看作"学生学习自己喜欢的课程"。

其一,培养自主能力。队员在课程中学会了自省、自主、自动、自理。

其二,弘扬民族精神与进行生命教育。紧密围绕"两纲"教育,结合学生实际,制定主题实施教育教学,既符合时势要求,又有针对性。

其三,学会自我教育。活动使同学们学会合作、学会交往、学会自律、学会自我评价,既悦纳自己,也悦纳他人,提高了自我教育的能力。

(二)内容

"没有规矩不成方圆",我们用"小能人道德三字经"的主题模式开展德育教育,符合少年儿童的年龄特点,朗朗上口又浅显易懂,操作性又极强。"小能人道德三字经"德育校本课程围绕"三个主题、三化一性"来实施。"三个主题"即快乐我能晓我礼,快乐我能知我行,快乐我能做我事。三化包括:(1)系列化。一至五年级以社会主义核心价值观、行为规范教育和"两纲"教育为主体内容,低年级重视行为规范教育,中年级重视养成教育和感恩教育,高年级重"两纲"教育和社会主义核心价值观教育。课程开发循序渐进,遵循队员年龄特征和生长规律。(2)儿童化。课程设计符合小队员的身心发展,读本设计浅显易懂,富有童趣。(3)特色化。根据校情、师情、学情,设计开展符合学校"小能人"特色的德育校本课程。可行性即整个校本课程开发要紧密结合队员实际,具有可操作性。以年级划分三个主题,出台小能人德育校本课程快乐导行图即"小能人道德三字经"。如表1所示。

表1 上海市宝山区同泰路小学德育读本"小能人道德三字经"

年级	快乐我能晓我礼		快乐我能知我行		快乐我能做我事	
	上学期	下学期	上学期	下学期	上学期	下学期
一	勤问候 / 会用餐	爱祖国 / 亲师友	预备铃 / 讲仪表	轻轻说 / 轻轻走	做两操 / 做值日	端姿势 / 理书包
二	进出校 / 懂谦让	文明休 / 爱领巾	过马路 / 会报警	不攀比 / 知错改	护花草 / 拾物还	做作业 / 守纪律
三	尊长辈 / 友同学	喜迎客 / 爱父母	禁扔物 / 安全玩	守岗位 / 护校园	乐助人 / 献爱心	学自护 / 能自制

（续表）

年级	快乐我能晓我礼		快乐我能知我行		快乐我能做我事	
	上学期	下学期	上学期	下学期	上学期	下学期
四	爱科学	爱家乡	明七不	学榜样	防危险	莫轻信	善交友	明是非	多环保	做家务	能自律	抵歪风
	上学期	下学期	上学期	下学期	上学期	下学期
五	惜荣誉	讲诚信	增自信	尽责任	知国情	乐奉献	懂节俭	耐挫折	强体魄	健身心	念母校	瞻未来

二、课程的实践

学校德育是人生道德实践过程中最重要的一环。它不但可以补救家庭教育中的不足，而且是中小学全面发展教育的重要组成部分，对青少年学生健康成长和学校工作起着导向、动力、保证作用。德育工作，关系着学校的长远发展，影响着每一个学生在德、智、体各方面的健康成长，影响着他们的一生。那么学校如何通过《小能人道德三字经》来培养学生的良好习惯呢？

（一）学习为本质

学校德育处安排《小能人道德三字经》德育读本落实于周一下午的快乐活动日中进行，每学期6课时，一学年12课时，做到定点、定时、定量。教师通过形式多样的方法，和学生一起学习、讲解、背诵，学生入脑入心，人人明理、会背；同时利用升旗仪式、集会引导学生学习《小能人道德三字经》，让学生明确学校倡导的良好习惯是什么。并且依据《小能人道德三字经》，结合班级情况制定出合理可行的班级公约，张贴在班级展示栏中。高年级的教师组织学生创编三字经儿歌，如《惜荣誉》：得荣誉，靠勤奋，多努力，勿嫌少；三人众，智慧多，齐心力，荣与共；个人荣，莫张扬，集体誉，要珍惜。这些优秀的儿歌都被收在我们的德育读本中。

（二）实践为基础

1. 为了配合《小能人道德三字经》的落实，让学生养成良好的行为习惯，学校开展了"行为规范示范班级"评比活动。"有法可依，有法必依"，学校成立红领巾监督岗，与护导教师、德育处、少先队共同检查和监督全校学生在校表现。每月底的一次升旗仪式，依据评分情况颁发"行为规范示范班级"锦旗。

2. 为了让学生喜欢读《小能人道德三字经》，学校营造浓厚的学习氛围，通过开展《小能人道德三字经》诵读比赛、儿歌创编等活动，将自编的小能人道德三字经儿歌布置在每个楼面，让校园的每一个角落都成了隐性的教育资源，散发出浓浓的育人氛围。这些措施，提高了学生对《小能人道德三字经》重要性的认识，让《小能人道德三字经》字字入心，句句入脑，时时处处都能以《小能人道德三字经》规范一言一行。

（三）合作为动力

家校联合是非常强大的一种教育力量。因此，教师除了在学校利用《小能人道德三字经》处处培养学生的良好习惯外，还发挥家长的作用，让学生回家和父母一起诵读小能人道德三字经儿歌，讲道德小故事，让孩子影响家长、家长督促孩子，形成一种良性循环。期末，学校开展"好家长"评选活动，让家长、学生都以做文明人为荣。

学生有了是非观念，心中有了文明行为的准绳，渐渐地，地上趴着的，打滚的孩子没有了；进花园，采摘花草的现象杜绝了；见到教师主动问好，见到同学热情招呼的学生越来越多……良好的校风、班风日渐形成。

三、课程的评价

（一）发展性评价

小学德育校本课程的最终目的是促进学生的德育发展与习惯养成，学生的发展是动态性的、发展性的，因此，德育教育的效果评价也要突出发展性原则，对学生参与课程实施的情况、形成的体验与感悟等进行重点评价。

（二）多维度评价

我们从三个维度呈现评价，包括情感、态度、价值观等。德育校本课程的形式主要包括活动课程、实践课程、隐性课程等，其最大的教育价值在于对学生世界观、人生观、价值观的影响，因此课程评价也要将情感、态度、价值观作为重点。

（三）多元化评价

针对德育校本课程教学效果的评价，其评价主体不能局限于教师，而是要将学生、家长、社区、学校管理人员等均作为评价主体，采用多元化的评价机制，以便于从不同的角度对学生的发展做出更加客观、全面的评价。教师要有意识地鼓励学生进行自我评价及学生间的互相评价，自我评价的目的是引导学生自我反思、自我提高；学生间互评的目的则是互相指出对方的优点与不足，与其他同学互相取长补短。

教师评价：根据"小能人成长记"评价手册，各学科教师通过手册制定的评价标准对学生进行全方面的评价，用大拇指章的形式完成。同时，学生参加的各级各类比赛也有相应的拇指奖励：全国级比赛获奖得5个大拇指；市级比赛获奖得4个大拇指；区级比赛获奖得3个大拇指；学区级比赛获奖得2个大拇指；校级比赛获奖得1个大拇指。

自我评价：《小能人道德三字经》读本在每个主题内容中都设置了"争章园"，分别设计了阶梯式三条评价标准，通过自我评定来获得"大拇指"，获得自评满

20个"大拇指"获得一个蓝色勋章。"大满贯"后,即可获得学校最高荣誉"小能人红色勋章",学生可以通过兑换勋章来实现自己的愿望。如表2所示。

表2　上海市宝山区同泰路小学德育校本课程评价兑换说明

勋章数	红色勋章	蓝色勋章
4	当一次学校活动评委 并获得小能人吉祥物	兑换2个红色勋章
3	当一次升旗手 或者获得小能人书签	兑换1个红色勋章+1个蓝色勋章
2	当一次领队 或者获得小能人钥匙圈	兑换1个红色勋章
1	获得小能人钥匙圈	与自己喜欢的教师合影

四、我们的思考

小能人德育校本课程的开发与研究有了良好开端,但我们的探索与发展之路还很长。值得我们思考的是:

1. 与时俱进。《小能人道德三字经》的内容要紧跟时代的步伐,与时俱进,克服学生的不良习惯。

2. 加强有效教学与管理。我们的特色读本还有待于深入研讨,探索阶段性小结,从读本的编写到课堂教学都要提高质量,及时整改。

3. 完善评价体系。课程实施的评价体系是个复杂而又综合的问题,如何做到定性与量化的统一,短期行为与长期行为的统一,局部评价与整体评价的统一,需要深入地进行探讨。

注　释:

[1] 陈德奎.浅议构建小学德育校本课程的原则与策略[J].科学咨询:教育科研,2017(5):1.

参考文献:

[1] 邱源.陶行知"生活教育"理论在德育活动中的运用[J].成功:教育版,2011(7).

[2] 李健.小学德育校本课程的开发与探索[J].课程教育研究,2015(34).

[3] 鲁春霞.行为习惯三字经　塑造学生好习惯:德育校本教材成功运用案例[J].科学咨询,2017(45).

连雨不知春去，一思方觉学深

——基于"传统节课程"学习的实践与思考

上海市教育学会宝山实验学校 顾峻崎

一、背景

早在1996年，联合国教科文组织国际21世纪教育委员会发布了德洛尔的报告《学习：内在的财富》，提出了学习的"四大支柱"，即新世纪创新人才培养需以"学会求知、学会做事、学会生存、学会共处"为四大支柱，以创造能力、学习能力、合作能力、竞争能力及抗挫折能力培养为基本价值取向。2002年，美国联邦教育部主持成立了"21世纪技能合作组织"（Partnership For 21st Century Skills），该组织将21世纪应具备的基本技能进行整合，制定了《21世纪技能框架》。这一《框架》突出了21世纪适应性人才所需的三大领域的关键技能，把发展学生的"问题解决、创造创新、交流合作"能力，作为学习领域最重要的任务。

然而，正如上海市教育学会会长尹后庆所指出的那样："实践已经使我们看到，（这种）以学科分数为导向的教育，滋生出了不少问题。比如……知识与现实生活的联系并没有建立起来，学生的实际能力比较弱……再比如，因为知识与社会生活的真实情境缺乏联系，所以，知识的真正价值在学生心目中难以确立，学习只能停留在'知识是什么'的概念性呈现与描述性意义上，很难深入知识所蕴含着的文化精神，因而，知识的学习很难作用于学生价值观的建立。这些都同当今强调知行合一、完美人格形成的全人教育国际趋势越来越不相适应。"[1]

上海市教育学会宝山实验学校的办学理念是发现与支持不一样的学习者。学校的育人目标是培养有德性、有知识、会学习、善应对、能合作、爱创造的问题化学习者。而要达到这五个目标，唯有通过对不同学段、不同学习倾向和潜能的学生，提供多维的、综合的、连续的、系统的课程支持和差异化的教学，培养拥有良好个性、持续学习能力与动机、优异思维和独特创新实践品质的创新人才。

基于这样的理解，学校以中华民族传统节日——清明节为课程载体：清明既是我们祭奠祖先、缅怀先人的宗亲节日，又是一个远足踏青、亲近自然、催护新生的传统仪式。它有着悠久的历史渊源、深厚的文化内涵和丰富的民俗活动。上海市教育学会宝山实验学校的学生们通过多维的、综合的、连续的、系统的课程学习，近距离体验中国传统文化。

二、实践

（一）目标

广泛开展"发现不一样·清明"主题综合课程，祭奠先烈、先人、先贤，在慎终追远、缅怀先辈的情怀中认知传统、尊重传统、继承传统、弘扬传统。引导学生树立正确的世界观、人生观、价值观，在跨学科学习中感受浓郁的传统节日文化气息。

（二）内容

传统佳节学习的课程内容着眼于学生个性品质、动手实践、问题解决、学业表现等综合能力提升的长周期、系统化的学校教育探索。依托于学生学习动力、认知思维、自我学习管理、动手实践、交流合作五大方面的系统设计、系统推进和学生能力的系统提升。依托于学校、家庭、社会和学生良好的互动和共同的努力，即所有这四方都是实施目标、内容、过程与评价的共同制定者、提供者、实施者和参与者。表1所示为学校的"发现不一样·清明"主题综合课程框架图。

表1　上海市教育学会宝山实验学校"发现不一样·清明"主题综合课程框架图

活动序列	课程链接	课程简介	学习时间
节日历史 起源　发展　变迁	一年级主题综合课程	清明节传统习俗的介绍和由来。	3月20日至3月25日
	六年级史地课程		
节日习俗（一） 插柳 （我们的小农庄）	科学课程	寻找、发现、孕育校园里的春天。	3月20日至3月25日
节日习俗（二） "我要飞得更高" （放飞风筝）	体育课程	人在自然的环境中强身健体，陶冶情操，体验中华民族的灿烂文化。	3月20日至3月25日
节日习俗（三） 跟着"老字号"做青团	小金猴成长课程	在动手、动脑中感悟中华民族传统。	3月20日至3月25日
节日习俗（四） "清明祭英烈"大型网上签名寄语活动	六年级信息技术课程	献上对革命先烈的崇高敬意，不忘今天幸福生活的来之不易。	3月20日至3月25日

（续表）

活动序列	课程链接	课程简介	学习时间
节日习俗（四） 踏青 祭扫	社会实践课程	祭奠先烈、先人、先贤，在慎终追远、缅怀先辈的情怀中认知传统、尊重传统、继承传统、弘扬传统。	清明小长假
节日文化 清明古诗词大会	一年级主题综合课程	品读中华古诗词的独特韵味之美。	3月20日至3月25日
	六年级思品课程		
综合体验 发现不一样的清明 汇报展示会	小金猴成长课程	一起学习，一起评价，树立正确的世界观、人生观、价值观。	4月1日

（三）实施

中华传统节日丰富多彩，源远流长。为了更好地弘扬传统，学校的研究性学习活动应该充分结合中国传统民俗文化丰富的教育资源，促进学生在健康、认知、情感、社会性、创造性多方面得到均衡与和谐的发展。为此，学校确立了"原来你这样过清明"传统节课程的研究性学习活动。学校根据学生学习能力和年龄特点，在一年级、六年级两个年级中通过学习序列和时间序列两个维度打通了学科与学科之间的壁垒，整合了学习内容，在这个阶段主题探究方式几乎让所有学科围绕"发现不一样"开展学习：一年级的主题综合课程和六年级的史地课程，让学生了解清明的起源、发展、变迁；一年级和六年级的科学课上，学生通过"我们的小农庄"学习插柳，发现校园内外能给青团着色的植物；体育课则会训练学生在户外让风筝飞得高，飞得时间久。班主任会指导学生绘制开题报告，语文课会让学生学习和吟诵关于清明的古诗词，会讨论作者的内心世界与节日背景的相关知识，六年级信息技术课上开展"清明祭英烈"网上签名寄语活动；道德法治和思想品德课上，师生探讨清明习俗的意义和内涵；这一阶段教室、走廊到处都贴满学生关于"原来你这样过清明"的理解和表达；综合体验日，学生从揉面开始，跟着沪上老字号点心大厨学包青团；清明假期期间，学生根据不同级部的社会实践学单完成"发现不一样的清明"综合实践任务。三周内，学生能系统地从各学科（也即社会的方方面面）感受和掌握"原来你是这样的清明"，更好地理解现实与传统的连接、人与社会的关系。

（四）评价

在实施过程中，学校主要是对学生问题化学习者核心素养方面的综合表现进行评价，具体体现在有德性、有知识、会学习、善应对、能合作、爱创造六大方面，同时针对本项目目标，形成评价重点。

在开展上述评价的过程中，依据具体的任务，评价主体分为授课教师、带教导师、学生自我、小组成员、家长等；操作上分为他人评价、自主评价和协商式评价等。

评价结果主要用于三个方面。首先，用于"发现与支持"，即帮助教师、家长和学生及时发现不同课程及项目学习中的优势与劣势，形成对不同学习者、对自己孩子，或者学生个体对自己的更为客观、正确的认知；其次，用于"改进"，即针对评估中的问题，帮助教师、家长和学生及时调整教与学的规划以及支持的策略、方法等，提升项目实施、学习的成效；最后，用于"激励"，通过多样评估方法的运用和对学习过程、结果的综合评估，增强学生学习的积极性，形成更高的自我发展期待。表2所示为学校（小学部）"发现不一样·清明"主题综合课程评价表。

表2　上海市教育学会宝山实验学校（小学部）"发现不一样·清明"主题综合课程评价表

评价项目	评价指标	*你能得几个小桃子？
节日历史 起源　发展　变迁	你能说出清明节的来历吗？	
节日文化 清明古诗词大会	你能背出几首关于"清明"的古诗？	
节日习俗 跟着"老字号师傅"做青团	你跟着老师傅学做青团了吗？	
综合体验 "发现不一样的清明"汇报展示会	在汇报展示活动中，你遵守礼仪吗？请在括号中打个"√"。 1.进出场排队有序，不随意说话。　　（　） 2.观看节目时保持安静，目视舞台。　　（　） 3.观看节目后主动鼓掌致谢。　　　　　（　）	
实践活动	你还参与了哪些"清明"习俗活动？ 1.插柳　　　　（　） 2.放风筝　　　（　） 3.踏青　　　　（　） 4.祭扫　　　　（　） 5."清明祭英烈"大型网上签名寄语活动　（　）	
家长的话：		

*上海市教育学会宝山实验学校（小学部）对学生的学习表现采用进阶式的学分评价方式，获取小桃子是该学校（小学部）"学分银行"进阶式评价的第一阶段。

三、思考

中国传统节日通常是一个广泛的概念，也是一个很好的学习载体，如"清明""中秋"等，研究主题可以由学生提出，也可以由教师或其他有关人员提出。我们在确定主题时，体现了以下几个方面的特点：第一，主题是和学生的学习、生活经验紧密联系的，学生至少了解主题中的部分内容或拥有相关经验，能提出相关问题。第二，传统节日课程能够整合语文、历史、科学、地理、美术、思想品德等学科内容。第三，主题内涵丰富，且能使学生进行深入的探索。此外，学习的特点还应包括：合乎学生学习、生活经验，学生感兴趣，容易准备所需材料和设备，容易获得社区和社会资源，学生能进行实际操作。

在学习的选择上，应把其内容的核心确立在学生的发展和需要上。虽然教师能想出很多学习内容，但并非所有的内容都是适合学生学习的。应关心那些学生"难以忘记的学习"，而不是"需要记忆的学习"。因此，笔者建议可借助以下几个问题来帮助老师和学生确立学习内容。

——这个主题对学生来说有趣吗？
——是来自学生真实的学习需要吗？
——是否建立在学生的知识经验基础之上？
——能帮助学生更好地相互了解吗？
——能否给学生提供表演或表现的机会？
——能否鼓励学生寻找家庭生活、社区生活中的信息资源？
——能否推动跟家长的交流？
——家长有主动探索的机会吗？
——家长中有没有可以请教的专家？
——学生有机会主动调查他们所关心的问题吗？
——能否容易获得所需要的材料和设备？

原本对学生来说相对枯燥的一个个碎片化的学习，一个个学习活动，通过学科交叉和主题渗透，学生在教师的指导下，围绕主题，结合课堂所学，通过查阅资料、实地参观、采访调查、体验制作等多种形式展开探究。通过强化主题教育，避免了分科教学孤立、割裂、片面追求知识的弊病，它的意义体现在吸引学生围绕主题展开探索。凡是学生喜欢探索和能够探索的内容，都应该纳入相关的主题网络之中。若没有探索的价值，则应放弃。因为主题的价值不在于让学生知道多少知识，而在于探索了什么，在于是否持续激发了学生的学习动机和学习兴趣，是否有利于调动学生探索的积极性和主动性。

笔者觉得，从"教育追随儿童"这一思路出发，主题应由师生共同建构，而且应根据学生的需求及时调整。原来主体网络中没有的内容，如果学生有需要就应纳入，而主题网络中虽有却不符合学生的学习需求，则应毫不吝啬地加以修改、升级或删除。下一步，学校试图实现以下目标。

（一）基于提高学生素质，聚焦学生学习内驱力，培养学生元认知能力

通过本课程的实施，学生能够养成良好的学习习惯，形成持续学习的动力和能力，能以问题化学习的方式开展学习。通过本课程的实施，学生能够学会制订个人学习计划，能够自觉地调控个人学习的过程，能够主动学习有关内容，能够主动对个人和伙伴的学习进行恰当评估。

（二）基于提高学生素质，聚焦学生良好个性品质养成，树立民族文化自信

通过本课程的实施，将树立民族文化自信和民族文化认同的学习真正落到实处，学生能够对学校提倡的良好的学习行为做出正确判断和自觉选择，能够主动地参与学习小组建设并表现出良好的合作精神和交往能力，能够在本课程之外的其他学习场景中（包括社会上和家庭中）保持一致的良好的行为表现。通过本课程的实施，学生能够获得积极的学习体验，能够正确地认识学习中的困难和遇到的挫折，能够在项目学习以及其他学习场景中起到示范引领作用。

（三）基于提高学生素质，聚焦学生动手实践能力

通过本课程的实施，学生能够通过自主、合作和探究的方式，高质量完成相应的实验探究项目或长周期作业，掌握科学研究的步骤，学会档案袋的制作，能够设计方案和撰写报告。通过本课程的实施，学生能够在自己擅长的学科、知识领域或优势智能方面，获得知识拓展和思维、能力发展，能够表现出更强的学习迁移能力、综合问题解决能力，从而有更佳的学业表现。

（四）基于提高学生素质，聚焦"三位一体"教育

通过本课程的实施，形成基于不一样学习者的差异化教育的课程内容和支持方式，形成更为优化的"三位一体"教育网络和成功经验。

每一个学生的学习都是一个宇宙，对宇宙的了解多么浅薄，对学习的了解就有多么浅薄。所以，要实现课程的转型，首先要研究学习。学习是一切课程改革、教学改革的起点和归宿，没有第二个起点，也没有第二个归宿。"传统节课程"从哪里来？要到哪里去？一句话，"传统节课程"从学习出发，回到学习本身。

注　释：

[1] 尹后庆. 新质量时代的校长领导力 [J]. 现代教学，2016（23）：4-6.

参考文献：

[1] 钟启泉. 核心素养的"核心"在哪里 [N]. 中国教育报，2015-04-01（7）.

［2］朱汉国.浅议21世纪以来历史课程目标的变化[J].历史教学：中学版,2015（10）.

［3］石鸥.核心素养的课程与教学价值[J].华东师范大学学报：教育科学版,2016(1).

［4］姜宇,辛涛,刘霞,等.基于核心素养的教育改革实践途径与策略[J].中国教育学刊,2016（6）.

［5］凤光宇.中学历史"过程与方法"目标达成实践研究[M].上海：上海教育出版社,2016.

海上升明月，天涯共传承

——基于中华优秀传统文化的学习与研究

上海市宝山区实验小学　曹怡静

中华优秀传统文化是中华民族的"根"和"魂"，是中国五千年文化智慧的结晶，在学生核心素养的培养与发展过程中能够发挥非常显著的作用。学生是实现民族伟大复兴的实践者，只有让学生接受并认同传承中华优秀传统文化，才能够实现中华民族的伟大复兴。

一、传承的目的和意义

2014年，教育部颁布了《完善中华优秀传统文化教育指导纲要》（教社科〔2014〕3号）明确指出，中华优秀传统文化是深化中国特色社会主义教育和中国梦宣传教育的重要组成部分，也是培育和践行社会主义核心价值观，落实立德树人根本任务的重要基础。

校园是教育的重要场所，也是传承、弘扬中华优秀传统文化的重要基地[1]。在校园开展中华优秀传统文化的传承，目的是树立和增强学生的民族自信心，弘扬民族精神、提高学生的思想道德素质。目前，许多学校不断推进中华优秀传统文化教育，但是面对新形势、新要求，还存在不少突出问题。加强中华优秀传统文化研究，必须正视与解决面临的一系列困难和挑战，必须付诸行动，更需要创新。

二、传承的现状——愿望美好，现实不如意

新时期，虽然许多学校都意识到中华优秀传统文化对于学校发展的重要作用，但在实际操作过程中，存在重形式、走过场的情况，我们发现愿望很美好，现实不如意。通过本校问卷调查，我们发现学生对于中华优秀传统文化的认识、感知、参与度并不尽如人意（见表1）。

表1　上海市宝山区实验小学开展传承中华优秀传统文化情况调查表
（高年级学生问卷部分试题）

关于传承中华优秀传统文化的问卷问题	百分比
1.你是否对传统文化感兴趣？	26%非常感兴趣、39%有些兴趣、35%不感兴趣
2.你认为传统文化的书籍有没有学习价值？	认为有价值的占51%，认为价值一般的占39%，认为无价值的占10%
3.你知道几个中国传统节日？（把具体节日写出来）	88%知道四个以上，并可写出
4.对于学校开展的传统文化活动你感兴趣吗？	52%非常感兴趣、33%一般、15%不感兴趣
5.近两年，你主动参加过几次学校开展的传统文化活动？	12%4次以上、32%3次、40%2次、16%1次
6.近两年，你主动参加过校外传统文化研学活动吗？如果有，次数多少？	8%4次以上、12%3次、46%2次、34%1次
7.对某一门传统艺术，如书法、国画、民族乐器，你学习的程度如何？	48%至少学过一门传统艺术，学习书法的占比最多，其次为国画，学民族乐器的极少。

综合分析学生问卷，学校开展传承中华优秀传统文化不尽如人意的原因是多方面的：没有相关中华优秀传统文化的教材，学科教学中彰显中华优秀传统文化的育人价值容易被异化、窄化为政治思想教育；关于传统文化的教授与传播方式很单一，不少教师在方式方法上以简单灌输和说教为主，学生往往被动接受；学校开展传承中华优秀传统文化的活动没有分年段有序推进，"贴标签""喊口号""蜻蜓点水"式的活动让学生对于传统文化的认识模糊，兴趣淡薄；大部分家庭对于孩子学科学习比较重视，忽视传统文化教育，对于传统文化实践活动不够重视……总之，学生对于传统文化的学习与传承受多种因素制约，导致学生缺乏主动学习的精神，从而影响校园传承传统文化的成效。

三、传承在行动——分层推进，研学"心"动力

笔者对不同年级段学生展开了调研，一切从问题出发，面对面地倾听学生的心声。通过调查，发现学生都是被动接受传统文化的学习，缺乏主动学习的精神。不过大家一致反映，希望参加有趣、有意义的传统文化实践活动。

从综合调查可知，在学校中倡导中华优秀传统文化研学精神是一种积极的尝试。研学[2]是让中小学生立足学校课堂，走向更广阔的、丰富多彩的世界，可以改变学生的学习情境和学习方式，是对现有教育形态的一次革新。通过传承中华

优秀传统文化行动，分学段组织学生进行研究性学习，注重创设真实情景，从问题出发，开展探究性学习，激发学习动力，培养研学精神，让传承传统文化不流于形式，这何尝不是一种挑战呢？

（一）低年级段——亲切扣心弦

《完善中华优秀传统文化教育指导纲要》明确指出："小学低年级，以培育学生对中华优秀传统文化的亲切感为重点，开展启蒙教育，培养学生热爱中华优秀传统文化的感情。"因此低年级学生研学注重对传统文化的亲切感，以"扣动学生的心弦"为目标。

1. 学古诗词，引"一溪活水"

作为母语教学，语文学科以其丰富的人文内涵和文化积淀，在引领学生继承和弘扬中华优秀传统文化方面，具有不可替代的优势[3]。我们在低年级段的"识字教学"和"阅读教学"中，精心设计，在字词教学过程中渗透文化因素，以合适的角度教授汉字的构字规律。以词义的感悟为核心，适度挖掘一些汉字中蕴含的民族文化，并配以生动鲜活的多媒体演示。引导学生去研究探寻汉字背后隐藏着的传统文化内涵，结合课堂教学创设"讲汉字故事"小达人比赛情境。这样做，不仅可以有效地激发学生学习汉字的兴趣，还可以激发学生主动探究隐藏在汉字中的传统文化。同时，让字词教学成为阅读教学的"一溪活水"，将字词教学与阅读紧密结合，初步感受汉字的形体美，指导学生吟诵浅显易懂的古诗、阅读体现中华优秀传统文化的课文，定期开展古诗吟诵表演比赛，使学生受到传统文化的熏陶。

2. 学中华礼仪，养"一身正气"

《完善中华优秀传统文化教育指导纲要》中指出："小学低年级要初步了解传统礼仪，学会待人接物的基本礼节。"学校从中华优秀传统文化中的"礼"入手，做到"四个一"：每学年一年级新生入学时，举行一次"入学开笔礼"，将传统尊师礼仪、学习礼仪与开学典礼相结合，让传统文化先入心；定期开展一次传统礼仪进课堂活动，不仅教师教学生传统礼仪，也可以让学生通过研究自学一些基本礼仪，由他们来当小老师教授同伴，并颁发"传统礼仪小老师证书"；开展一堂传统文化礼仪主题班会课，通过讲一讲、演一演、唱一唱、跳一跳等形式，使中华优秀传统文化的学习变得生动有趣；组织一支讲学团，各班择优，年级组成立讲学团，学校统一培训后，实行走班讲中华传统礼仪小故事、小榜样活动，讲学团成员由学校颁发奖励证书。

在学习传统礼仪文化各项活动中获得优异表现及相关证书的学生，在学校"新三好学生"评选、奖学金评选等评优活动中，均有相关加分。通过一系列研学活动，学生有礼有节，逐步形成一身正气，学生的主观积极性被调动，研学精神也逐步形成。

3. 实践传统文化，师生家长齐响应

随着研读、研学活动的不断深入，学生对于传统文化的兴趣越发浓厚。在学习中华优秀传统文化时，应该坚持生活化原则，引导学生将研究行动渗透到校内开展的各项传统文化活动中去。学校推行"三走进"："走进节庆日活动"，结合传统节日庆祝活动，让学生穿起传统服饰，唱响传统歌谣，跳起传统舞蹈，感受中华优秀传统文化的无穷魅力；"走进亲子活动"，学校开展丰富多彩的传统文化亲子活动，亲子共做传统美食，穿越时代，家长与孩子共同穿着中国各个时代的传统服饰上台走秀，展现传统文化特色；"走进家长课堂活动"，家长与孩子一起探究传统饮食文化、服饰文化等的魅力。

由于传统文化活动的开展与学生的生活紧密相关，亲切感油然而生，因此活动一布置，大家就一呼百应，积极参与，取得了良好的效果。

（二）高年级段——感受入心田

《完善中华优秀传统文化教育指导纲要》明确指出："小学高年级，以提高学生对中华优秀传统文化的感受力为重点，开展认知教育，了解中华优秀传统文化的丰富多彩。"因此，高年级学生研学注重对传统文化的感受力，以"感受入心田"为目标。

1. 悟"国学精髓"，以文化物

高年级学生通过多年的传统文化浸润，通过学校构建的多种平台，开展学生自主合作探究的综合实践活动。利用教材资源，设计探究作业"中国的传统节日知多少""我与诗歌""可爱的宝山调查报告"等；利用校园的宣传平台，展示自己创作的诗歌、传统画作等，使校园文化与传统文化有机融合。感悟国学之精髓，以自身的领悟力与创作力使文化传承能眼见为实。

2. 建"物型氛围"，以物传情

创设"物型氛围"，从传统文化之物出发，至于育人，将中华优秀传统文化物化到空间、物器、材料层面等，来构筑立体的校园和知识空间。将物态文化转变为学生学习的"境"、创造的"器"、实践的"场"、体验的"坊"。校园环境，可以成为学生实践传统文化的场所，学生设计创造的传统文化"器物"可以点缀校园，开设的体验坊可以成为研学的基地。

案例：利用校园一景——陶行知纪念石雕浮像，开展以"天下兴亡，匹夫有责"为重点的家国情怀教育。引导高年级学生学习、探究陶行知先生的生平事迹，感受爱国主义情怀，增强国家认同，这也是开展中华优秀传统文化教育的核心内容。同时，学校还开设传统文化社团，聘请优秀专家、教师辅导学生学习陶艺、书法、民族舞和国画等，举办"国学小达人"活动，搭建舞台，展示作品，让具有传统文化技艺的学生一展风采；最有意思的是"古诗文通关大赛"活动，结合学生喜闻乐见的新科技形式，让学生在平板电脑上进行古诗闯关；在科技体验坊

中，学生感受到古诗词与高科技信息技术的完美融合，激发了学生乐学好学的研学精神，让孩子们感受国学的博大精深。通过不断努力，学校也因此获得上海市书香校园、区古诗文大赛团体一等奖等。

3. 游"广阔天地"，增长知识

研学旅行作为新课程改革中的一门实践课程而兴起，让学生走出校园，来到社会这个广阔天地，学习传承中华优秀传统文化，是值得研究实践的。要在"研学"上充分备课，以"探寻宝山乡土传统文化"为例，推行"实践＋情境＋问题"研学旅行方案，如表2所示。

表2 上海市宝山区实验小学"探寻宝山乡土传统文化"研学旅行活动准备方案

参与人员	研学旅行前	研学旅行中	研学旅行后
教师	区域调查、路线设计、问题预设	布置研学任务，对学生研学过程加以监控、指导	给予小组必要的指导，组织成果汇报并评价
学生	分组了解宝山乡土传统文化的背景资料	分组围绕宝山区域某主题，观察、体验、记录，自主提出问题，并初步研讨	小组深入研讨，查找资料论证，或师生共同解决难题，形成研学成果，小组汇报展示
家长	物质准备，协助学生做好资料收集	配合教师，对学生研学过程进行管理、指导	为学生查找资料和研讨提供必要的指导，参与评价

由于小学高年级学生参加研学旅行，受到年龄、认知条件、安全因素等多方面限制，因此学校所组织的传统文化研学旅行仅局限于本市及区域内，同时教师与家长共同配合，指导学生顺利完成研学任务，研学机制的落实对于培养学生的研学精神也是至关重要的，如图1所示。

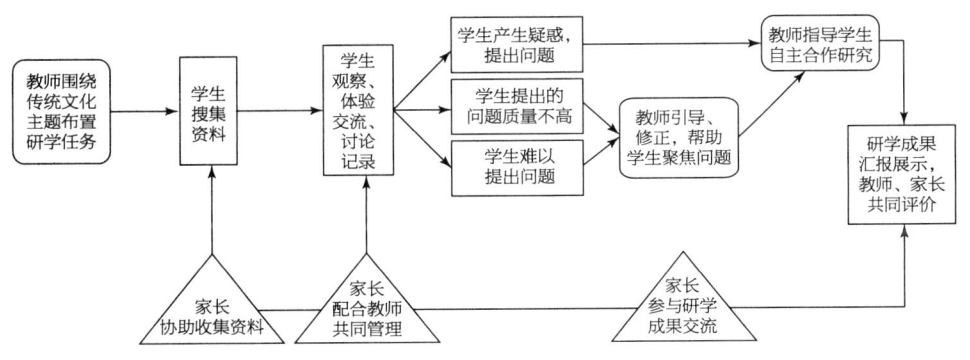

图1 上海市宝山区实验小学中华优秀传统文化研学机制架构

四、传承的思考

通过对校园开展传承中华优秀传统文化的研学者精神的深入研究，笔者也在不断地总结与反思：中华优秀传统文化的学习与传承要遵循学生的年龄规律、认知特点、身心特点，分年级段有计划、有目的地实施；要与学生的学校生活、家庭生活、社会生活紧密相连，学习要生活化，要接地气；要将"研学"和"旅行"紧密结合起来，在旅行中研学传统文化的魅力，让旅行为研学提供情境、增加动力和激发兴趣；在研学过程中，教师要充分发挥主导作用，积极发挥学生的主体作用，还要充分调动家长的力量；在研学活动中，要以情境为媒介，以问题为导向，以实践为主导，注重培养研学者精神，从而提高学生素质。

中华优秀传统文化是我们民族独一无二的文化瑰宝。希望中华优秀传统文化如海上升起的那轮明月，能照亮孩子们幼小的心灵，能给他们带来共同的希冀。"海上升明月，天涯共传承"，只有民族的、传统的才是最宝贵的。中华优秀传统文化理应由我们共同传承与弘扬，让研学活动更好地促进优秀文化的传承，让研学者精神在校园里不断绽放光芒。

注　释：

[1] 陈黎贞.中华优秀传统文化进校园[J].戏剧之家，2018（26）：156-157.

[2] 杨广祥.研学活动需关注的三个重点问题：基于2018年江苏省辅导员风采大赛研学比赛的思考[J].少年儿童研究，2019（7）：1.

[3] 唐晓俐.让中华优秀传统文化滋润我们的心田：中华优秀传统文化进小学校园的探索与思考[J].中华文化与传播研究，2018（2）：4.

参考文献：

[1] 张雯.灵魂的香味：中小学德育主任专业发展实践智慧[M].上海：上海教育出版社，2019.

[2] 黄向阳.德育原理[M].上海：华东师范大学出版社，2000.

[3] 单忠平.中华优秀传统文化进校园的必要性及措施[J].甘肃教育，2017（22）.

[4] 卢文华，史慧琴.在传承中华优秀传统文化中发展学生核心素养[J].基础教育研究，2017（18）.

[5] 丁运超.研学旅行：一门新的综合实践活动课程[J].中国德育，2014（9）.

石以砥焉，化钝为利

——小学中高年级情境体验式道德实践活动的实施

华东师范大学宝山实验学校　穆金娣

"把立德树人作为教育的根本任务，培养德智体美全面发展的社会主义建设者和接班人。"[1] 在全国教育工作大会上，习近平总书记指出，立德树人的根本含义表明道德是做人的前提和基础，即育人先育德。全面发展是学校教育的基础，而道德实践活动是学校教育的灵魂，又是导向与保证。

一、实施背景

学校道德实践活动的重点主要集中在培育社会主义核心价值观的内容范畴，但是当今社会教育功利化的影响导致重智轻德，造成学校教育理念与家庭教育理念之间相当距离的"偏差"，活动流于形式化、知行不统一，活动参与度、道德实践活动时效性都欠佳。情境体验式道德实践活动的实施正是针对了学校德育工作面临的实际问题与困境。

二、概念界定

情境体验道德教育以道德认知与道德情感的统一为教育的起点，使受教育者得到知、情、意、行的协调发展，教育价值观由知识取向转向素质取向，提高受教育者的创新意识和实践能力，以促进人的全面、自由、协调发展。

三、实施内容

（一）情境体验式道德实践活动的主要内容

情境体验式道德实践活动的实施是将实践体验和道德教育融为一体的过程，是在对教育事件或教育问题理解的基础上，通过移情的方式，实现共鸣。这项系统的工程不仅仅是机械地进行工作任务布置，也不仅仅是班主任、德育处的常规管理工作，而是在全校教职员工达成"全员道德实践活动"共识基础上的全员参与、全方位管理的有机结合。因此，学校构建了由校长室领导，德育处总体协调，教导处、大队部、团委、各年级组以及骨干班主任工作室协同管理的网络机制，确保各条线道德实践活动的有效开展。

目前，学校开展的道德实践活动主要分为校内和校外两大类，除区德育室安排的每学期校内外社会实践活动之外，学校常规的道德教育实践活动按年级组分类开展，包括社会调查、生活体验、环保劳动、国防民防等形式，以社区和校内外教育实践场所为主要阵地，通过多种形式的道德实践活动对学生进行品德教育、纪律教育、法制教育和心理教育，如表1所示。

表1 华东师范大学宝山实验学生校内情境体验式道德实践活动安排及道德规范要求

道德实践活动	活动单元及主要内容		小学生道德规范要求	
^^^	^^^	^^^	一级指标	二级指标
学礼仪守规范	单元一：节能护绿	小小一滴水"光盘行动"环保节能	勤俭节约护家园	1.不比吃喝穿戴，爱惜花草树木。 2.节粮节水节电，低碳环保生活
^^^	单元二：大国小家	国防民防演练家是最小国国是千万家	爱国爱党爱人民	1.了解党史国情，珍视国家荣誉。 2.热爱祖国，热爱人民，热爱中国共产党。
^^^	单元三：良师益友	老师，您好欢乐的节日成长的故事	孝亲尊师善待人	1.孝父母敬师长，爱集体助同学。 2.虚心接受批评，学会合作共处。
^^^	单元四：修身养性	名人的故事美德伴我成长	诚实守信勇担当	1.保持言行一致，不说谎不作弊。 2.借东西及时还，做到知错就改。
^^^	单元五：安全自护	交通安全校园安全远离毒品	珍爱生命保安全	1.红灯停绿灯行，防溺水不玩火。 2.会自护懂求救，坚决远离毒品。

（二）情境体验式道德实践活动的实施路径

学校积极探索校本化的情境体验式道德实践教育，根据小学生的心智发展特点，确立"视听先导、践行跟进、情境相伴、体验促行"四条实施路径，分年级开展情境体验道德实践活动。每学期的道德实践活动由德育处牵头策划，教导处、团队等部门协同参与，每月安排一个核心活动主题，以年级组为单位自主设计活动菜单，落实到同年级的所有班集体，要求活动涵盖"应知应会—情景体验—头脑风暴—知行统一"四个分层序列，学生通过参加主题活动，收获的不仅是情绪情感上的体验度提升："从硬塞变引导"，"从强制变自发"，即体现了"知行合一"的道德实践活动效果。

（三）情境体验式道德实践活动的特色创新

只有通过大量的道德实践活动，才能让学生在兴趣、求知、探索、思辨的过程中得到心灵上的感悟和快乐，使枯燥无味的思想道德实践活动内化成学生自身的道德品质。

道德实践活动也是把生活引入课堂的一种形式。学生置身于丰富多彩的实践活动中，切身感受其中的道德准则，接受并转换为自觉的道德认知，继而自觉提升自己的道德规范水平。德育处每学期开展各类主题道德实践活动，如"今天我当班主任""学雷锋乐当志愿者""爱上海在上海""男生女生都一样"等，这些道德实践活动内容贴近学生的生活实际，符合学生的道德需求和道德能力，对于加强未成年人的思想道德建设起到了比较明显的作用。

情境体验式实践活动，不以学生有无作品为唯一的评价标准，而是重视学生在学习过程中的点滴成长，保护学生的好奇心，激发学生学习的主动性；让学生养成主动观察、判断、思考的好习惯；引导学生对其中的道德规范表达自己的观点并辅以行动，促进学生道德实践能力的发展。

四、实施成效

经过一年多的实践探索，学校通过各种实践活动，引导学生把课堂上所学运用到日常的劳动、生活中去，在愉悦学生的身心、丰富学生的体验以及促进学生核心素养能力全面提升的同时，也较好地实现了道德实践活动知行统一的目标。

（一）活动的实施体现了学生发展的主体性与多样性

1. 尊重学生个体认识的特殊性，创设富有个性化的道德实践活动

情境体验式道德实践活动既是一个综合过程，也是一个动态生成的过程，包括发展、调整、变化甚至反复。学生根据自己的道德需要与道德认识建构新的道德观念，因此，学生有自己的见解和认识，有时不同于老师设定的思路。教师在活动中让学生充分发表自己的观点并由此顺势开展引导，让学生在辩论中增强内省意识，提高道德判断、道德选择能力。具有生成性的德育活动，能让学生学会思考与质疑，能从道德规范角度开辟视角，而良好的道德认知就是在这动态的过程中不断养成的。

2. 激发学生的道德需要，实现内化道德规范的生成性目标

激励学生主动思考，主动践行。情境体验式道德实践活动的实施，以学生为中心，以学习需求为基点，通过精心设计情境案例，将学生置身于各种真实的或模拟的情境中，以学生的自我体验为主要手段，激发学生参与道德实践的兴趣，由被动学习变为主动探索，从而增强"知行合一"的道德实践活动效果。

【案例一】 　　　　　　　　　　　光盘行动

	活动过程	设计意图
第一部分： 了解"光盘行动"	你知道"光盘"是什么意思吗？同学讨论。"光盘"指：吃光盘子里的东西，打包带走吃不完的饭菜。	先初步了解什么是"光盘行动"。
第二部分： 倡导"光盘行动"	1.勤俭故事我来讲：《皇帝请客，四菜一汤》。 2.知道我们每天吃的粮食是怎么来的吗？ 四人小组表演《大米是怎样来的》：选种—播种—育秧—移栽—田间管理—收割稻谷—脱粒—晾晒烘干—加工—大米。 3.算一算，如果我们每位同学每天节约一粒米，一年节约多少粒米？	"听一听、演一演、算一算"的活动，激发起学生珍惜粮食的情感。
第三部分： 践行"光盘行动"	1.讨论在学校里如何不浪费粮食的好方法。 2.在我们班有哪些同学做到了爱惜粮食，谁来夸一夸他们？ 3.小常识："10月16日——世界粮食日"。	从校内午餐说起，夸一夸身边的同学，拉近生活的距离，懂得节约粮食的重要性，同时从自己做起，爱惜粮食，并以此为荣。

（二）情境体验活动的实施提高了学校道德教育的针对性与实效性

1.道德活动秉持学生主体性、差异化原则，提供平等参与机会

德育实践活动必须深入研究学生、了解学生、认识学生、欣赏学生，始终将学生作为道德实践活动的出发点和落脚点。在小学中高年级，笔者实行温馨教室自主管理，从班级公约制定到班委岗位公开竞聘，包括值周班执勤考核要求、评价反馈等，都由各班自行安排落实。因此，笔者根据学生的年龄及心理特点，以社会实践、主题教育活动等学生喜闻乐见的方式来开展情境体验式教育活动，鼓励学生从身边小情境引发思考，切实提高学生的社会责任感、公民使命感、创新开拓精神以及合作互助等道德认知能力。

2.选择共性问题，聚焦活动情境，开展有针对性的指导

学校德育处寓道德实践活动于活动情境之中，在主题体验活动中彰显道德实践活动功能，设计并开发了以"关注自然，关心社会，关爱生命"为主题的系列道德实践活动。

【案例二】 　　　　　　　　　　　行走的阅读

学校小学部实践活动手册《看上海　爱上海》，活动内容分为五个单元。活动开始前，利用班会课由学生或家长志愿者搜集基本信息并进行相关知识介绍，每次重点聚焦一个情境体验的内容设计活动任务单，要求学生完成打卡任务，自行找到答案及解决问题的方法。寓教于乐，在活动中不仅有趣味，更能够引导学生主动思考，总结自己解决问题的方法。将博物馆文化知识学习、实际场馆体验相结合，从中体验到的道德规范（见表2）会伴随学生的整个成长历程。

表 2　华东师范大学宝山实验学生校外情境体验式道德实践活动安排及道德规范要求

道德实践活动	活动单元	场馆名称	小学生道德规范要求 一级指标	小学生道德规范要求 二级指标
看上海爱上海	单元一 走近 非遗传统	纺织博物馆 黄道婆纪念馆 嘉定孔庙古漪园 上海民俗博物馆 上海笔墨博物馆	守纪好学求上进	1.遵守学校纪律，学法、知法、不违法。 2.认真听讲、勤思好问、努力上进。兴趣广泛，积极参加活动，张扬个性特长。
	单元二 寻访 家乡文化	炮台湾景区 3D打印博物馆 玻璃博物馆 陶行知纪念馆 陈化成纪念馆	爱家爱校爱祖国	1.热爱祖国，热爱家乡，热爱学校，热爱家庭，不做有损于家庭、家乡、学校、国家形象的事。 2.了解家乡传统文化中的礼仪与文明。
	单元三 品味 沪上特色	上海大世界 世博会纪念馆 中华艺术宫 纺织博物馆 消防博物馆	言谈举止讲文明	1.在公共场所守秩序，自觉礼让排队，不喧哗嬉戏，遵守交通法规，走人行横道，不闯红灯。 2.讲文明，有礼貌，不说脏话，不乱扔乱丢，不随地吐痰。
	单元四 致敬 红色经典	中共一大会址 淞沪抗战纪念馆 龙华烈士陵园 钱学森图书馆 四行仓库	从容自信有尊严	1.爱惜自己名誉，有个人理想。不胆小害羞，相信自己能行，不断争取进步。 2.有勇气，知廉耻，不卑躬屈膝。遇到困难，努力想办法解决。
	单元五 体验 科技创新	上海科技馆 自然博物馆 宝山气象科普馆 长江河口科技馆 梦清园展示中心	团结合作乐分享	1.活泼开朗，与人交往合作，会分享，同学之间团结互助。 2.关心集体，积极参加集体活动，自觉维护集体荣誉。

情境体验式道德实践活动的实施，大大激发了中高年级学生参与的积极性，在自觉践行社会道德规范和自主参与中形成道德规范意识，提高了参加社会活动时的自律能力和公民道德素养，与人交往、适应环境、解决问题等各方面能力均得到综合锻炼，得到教师及家长普遍的认可与支持。

注　释：

[1] 教育部基础教育司.中小学德育工作指南实施手册[M].北京：教育科学出版社，2017：3.

参考文献：

[1] 教育部基础教育司.中小学德育工作指南实施手册[M].北京：教育科学出版社，2017.

[2] 张治忠，马纯红.皮亚杰与科尔伯格道德发展理论比较[J].扬州大学学报：高教研究版,2005（1）.

[3] 张东娇.试论师范院校培育学生师德的基本模式及其变式[J].教育科学,2001（1）.

[4] 曾霆.结合生活案例提高道德认知的研究[J].成才之路,2017（9）.

[5] 马雁琳.中小学生道德品质评价指标体系的构建及运用研究[D].昆明：云南师范大学硕士论文,2005.

[6] 曹清燕.主体性原则：学校道德教育有效性的一种解读[J].中共济南市委党校学报,2005（1）.

[7] 房敏.情境体验式道德与法治课程，触碰学生的心灵[J].基础教育论坛,2019(13).

[8] 严加葵.情境育人的三大转向[J].中学政治教学参考,2019（5）.

红地毯，俏英姿，满园新色春已来

——"成长进行时"校园主题文化活动建构

上海市宝山区教育学院实验学校　张柳燕

积极心理学认为，人人都有积极的心理潜能、发展的机能、自我向上的成长能力。"成长进行时"校园主题文化活动的设计创意在于将积极心理学观点和学校教育理念、教育实践有机结合，做到设计活动"有意"，推进活动"有情"，以此积累师生积极情绪，唤醒师生的积极个体优势，做到人人行动——师生全员参与；人人情动——感染积极情绪；人人心动——激发内心成功需求，让每一个孩子和每一位老师在参与中体验、感受、领悟，积聚成长的力量。这一设计创意（见图1）体现了笔者所在学校——上海市宝山区教育学院实验学校对教育的理解：给孩子多大的舞台，他就有多大的成长空间；给孩子多大的指导，他就会给你多大的惊喜。以智慧的方式传递对教育、对老师、对学生的爱，让"爱"这股能量在校园中积聚、传播。

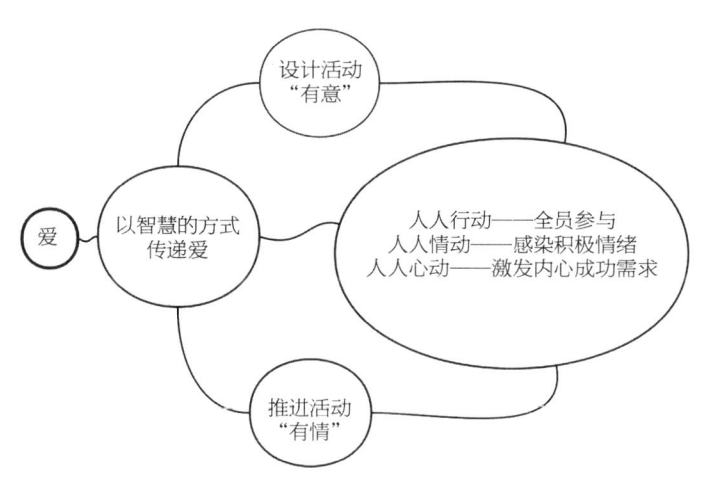

图1　上海市宝山区教育学院实验学校
"成长进行时"校园主题文化活动设计创意示意图

一、设计意图

（一）积极组织，设计活动"有意"

"成长进行时"校园主题文化活动是以积极心理学理论为指导的校园文化的一种组织形式，命名为"成长进行时"，体现的是我们的教育理想：以爱润心，以情导行，让师生在教育生活中走向成熟。整个活动以建设校园艺术节与欢庆"六一儿童节"为背景，经历"整体设计—全面布局—分层推进—综合展示—小结反馈"五个环节（如图2所示），搭建起学生个体、班级集体、年级全体、师生群体互动平台，通过积极组织，力争取得最大化、最优化活动效果。

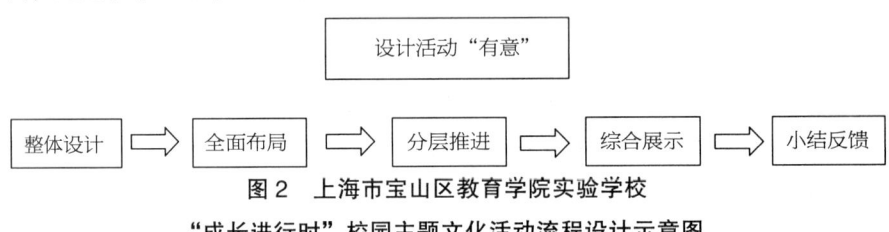

设计活动"有意"

整体设计 ⇒ 全面布局 ⇒ 分层推进 ⇒ 综合展示 ⇒ 小结反馈

图2　上海市宝山区教育学院实验学校
"成长进行时"校园主题文化活动流程设计示意图

（二）引导心流，推进活动"有情"

心理学家契克森米哈赖提出"心流"这一概念：人对某一活动或事物表现出浓厚的兴趣并能推动个体完全投入到某项活动或事物的一种情绪体验。当人们进入"心流体验状态"时，完全被所做的事深深吸引，而后产生的成功幸福感得以持久，并有益于个人才能的成长。成长本身，就是我们的目的。[1]他建议，用"明确目标""即时反馈""匹配难度"三个原则来改造一些任务，使人能在其中产生更多的心流体验。如图3所示，心理学理论给了我们生动的启发。

"成长进行时"校园主题文化活动在行进的过程中采用积极心理学策略全程支持活动，通过建立清晰的目标，让师生明白所要到达的目的地；及时积极反馈，增强师生个体的积极情绪体验，即时积极沟通，了解行动过程中的困难，提供帮助，以控制任务难度；让师生的经验获得与成长幸福感在校园主题文化活动的积极互动中得到体现。

1　建立清晰目标 ⇒ 明白所要到的目的地
2　即时积极反馈 ⇒ 增强个体积极情绪体验
3　即时积极沟通 ⇒ 提供帮助控制任务难度

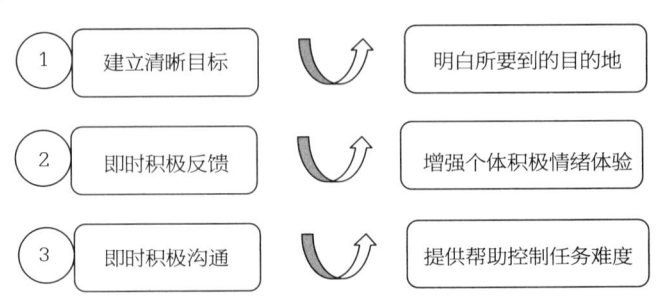

图3　上海市宝山区教育学院实验学校
"成长进行时"校园主题文化活动引导心流示意图

二、活动目标

（一）为学生提供秀出自我才能的舞台，帮助学生实现自我发展

"成长进行时"校园主题文化活动是实现学校教育目标"做阳光少年，过健康生活"的一条途径。我们认为，人的成长即是人格的成长，是身体机能、心理健康、学识能力、艺术才艺等多向指标的共同提高。在此基础上，我们提出了学校学生发展的具体目标：养成良好的道德品质和文明习惯，做知孝懂礼、正心诚意的好少年；养成良好的学习习惯，做勤思好学、乐于创造的小学生；养成爱劳动、能健体、会交往的生活习惯，做热爱生活、创造生活的小主人。"成长进行时"校园主题文化活动为学生精神风貌、行为习惯、艺术才能提供了评比和展示的舞台，让学生在这个舞台上秀出才能，获得自我发展的满足感。

（二）为师生打造情感交流的平台，实现师生共同成长

"成长进行时"校园主题文化活动是践行我校教育理念"以爱润心，以情导行，让师生在教育生活中走向成熟"的一个平台。我们认为，教育的效果取决于教师是否叩开了孩子的心灵之门，取决于孩子们是否在活动的参与中成长起来。影响这两个"取决"的主导因素则是师生间的情感。因此我们提出教育生活的内核是爱，外延是以智慧的方式传递爱。"成长进行时"校园主题文化活动设计了师生共同活动的多层次板块，通过精致化创设活动情境，体现师生共同成长的过程，实现学生健康成长与教师发展的共生共赢。

三、实施步骤

（一）整体设计

"成长进行时"校园主题文化活动是学校校园文化的重要组成部分。我们努力构造"会动的校园文化"，使之成为践行我校教育理念——"以爱润心，以情导行，让师生在教育生活中走向成熟"的通道之一。以校园艺术节和欢庆"六一"为活动背景，设计活动方案，发挥学校艺术教师、班主任教师、年级组长等条线教师作用，组织各层面活动，组成多层次活动板块，形成全员参与的局面。

（二）全面布局

"成长进行时"校园主题文化活动是一个整体性校园文化生成的过程。在经过比较细致的整体设计后，学校以校园艺术节开幕为启动契机，开启个人才艺、课本剧、合唱等艺术条线比赛项目；开启班级风采展示、年级拉歌比赛等集体展评项目，号召师生共同加入"成长进行时"活动中，在活动中成长。历时一个月，多彩的五月成为师生挥洒热情的一月，以"六一"集会的形式进行成果展评。整个主体活动经历启动—行动—展演三个阶段。

（三）分层推进

"成长进行时"校园主题文化活动是一个全员参与、逐步推进的过程。这项活动的主线由三条子线构成。一条线由学校艺术组教师负责，编排学生艺术节目和组织学生参加区课本剧、合唱比赛。第二条线由班主任带领班级同学进行创意设计，开展班级风采展示的排练。第三条线由年级组长负责开展年级拉歌训练。三条子线分别指向学生的艺术才干、行为习惯、精神风貌，勾画出师生不同层次的活动情景，分层逐步推进，确保人人参与活动又避免人员冲突。

（四）综合展示

"成长进行时"校园主题文化活动经历了一个月的准备，丰硕的成果在"六一"集会上得以展现。经过教师精心训练的才艺小达人纷纷登台亮相，班级风采展示亮出了各班的创意设计，热情的年级组歌声将集会的气氛推向了高潮。把快乐还给孩子，把教育的成就感送给教师，师生共享成功的喜悦，"成长进行时"校园主题文化活动收到了应有的效果。

（五）小结反馈

"成长进行时"校园主题文化活动落下帷幕之际，我们及时进行反思，归纳活动获得成功的经验及存在的不足，将比赛结果反馈给全体师生，大家一起分享"成长进行时"校园主题活动带来的成长幸福感。

四、收获展望

"成长进行时"校园主题文化活动不仅仅是一次活动，更是探索校园文化的一次有益尝试，它的建构引导笔者所在学校的教师们更深入地探求教育的内涵与真谛。

（一）从生命发展的视角看教育

社会的发展呼唤对人的关注。通过积极组织，着眼于建立人的积极情绪、唤醒个体积极优势，使生命个体能幸福地面对生活、展现自我、发展自我，这是时代的需要，更是出自每个人生命深处的呼唤与需要。

小学时期属于学生个体成长的重要阶段，关注学生个体的成长，能为其终身发展奠定扎实的基础。魏书生老师说："心有多大，舞台就有多大。人的内在潜力是无穷的，人是一个广阔的世界。"[2] 我们要看到并重视这股内在的力量，学校是青少年个体成长的重要场所，学校通过积极组织校园主题文化活动，发挥师生自身积极力量，不断运用并发展这些积极力量，在精心设计的校园主题文化活动中，让师生体验到成功和成长的价值感与快乐。将积极心理学理论和学校教育相融合，开创一条具有可操作性的师生共同成长途径，是我们设计"成长进行时"校园主题文化活动的初衷，也是我们探索教育内涵的追求。

（二）从理论到实践促成长

"成长进行时"校园主题文化活动在设计与行动中体现了积极心理学所倡导的情境体验、活动参与为主的原则，体现了全员参与、突出自主发展为主的原则。我们依据积极心理学理论，将积极心理学策略运用到学校主题文化活动的实践中，基本找到了一条适宜的师生共同成长途径，并将其发展为可持续发展的校园文化生成模式。

积极心理学创始人塞利格曼教授创造性地提出了幸福的三个要素——乐趣、参与和意义。乐趣通常表现为兴高采烈的外在情绪表现形式；参与是指对家庭、工作、业余爱好等方面的投入程度；意义则意味着个体对行为或事件产生深层价值的理解，并在此基础上发挥自我的力量，达成超越自我之上的目标。[3] 开展"成长进行时"校园主题文化活动，让幸福充满校园生活，充满活力的笑容在师生脸上绽放，幸福在师生的心田流淌、涌动，活动赋予校园生活更深层的意义。我们欣喜地看到了师生在"成长进行时"校园主题文化活动中一种投入的状态，这就是心理学上所描述的"心流体验状态"，这将进一步激发师生个体的发展；看到了每一个孩子在红地毯上走过并表演的活泼身影，这活泼的身影，让孩子们知道自己具有"我能行"的积极力量，这种宝贵的自我成功感会激发孩子们进一步成长的渴望；这俏丽的英姿，也让我们看到了每个人身上都具备积极力量，发挥教师和学生身上的这种积极力量，我们的教育将变得更加精彩；看到了我们的教育理想"以爱润心，以情导行，让师生在教育生活中走向成熟"正由理念转化为科学、真实的行为。红地毯，俏英姿，满园新色春已来；心呼唤，身行动，校园成长进行时！

注　释：

[1] 米哈里·契克森米哈赖. 心流：最优体验心理学 [M]. 北京：中信出版社，2017：11.

[2] 魏书生. 我是这样做教师的 [M]. 南京：南京大学出版社，2015：110.

[3] 任俊. 写给教育者的积极心理学 [M]. 北京：中国轻工业出版社，2010：8.

参考文献：

[1] 李希贵. 面向个体的教育 [M]. 北京：教育科学出版社，2014.

[2] 任俊. 写给教育者的积极心理学 [M]. 北京：中国轻工业出版社，2010.

[3] 米哈里·契克森米哈赖. 心流：最优体验心理学 [M]. 北京：中信出版社，2017.

身尚礼继而修身，心尚礼继而泰心

——优化仪式教育活动策略

上海市宝山中学　沈雅琴

仪式，在《现代汉语词典》中解释为举行典礼的秩序、形式。中华民族历来重视典礼的秩序、形式，重视仪式的教化功能，"礼仪之邦"的称谓也由此而来。仪式教育活动则是以仪式为载体进行知识、情感等传播的教育方式，表现为人们通过一个个具体的仪式活动实现增长知识、增强才干和情感体验的过程。国家高度重视仪式教育活动对青少年学生健康成长的影响，在2017年8月颁布的《中小学德育工作指南》中，对仪式教育活动做了具体说明并提出要求：仪式教育活动要体现庄严神圣，发挥思想政治引领和道德价值引领作用，创新方式方法，与学校特色和学生个性展示相结合。

一、仪式教育概述

（一）仪式教育的特点

仪式是在一个特定的时间、特定的环境和场景中一系列行为的综合展现，人们把这样一个在特定时空环境中综合展现出来的仪式的情形称作"仪式情境"[1]，仪式教育的特点是通过情境聚集情绪。情境是具体可感的，反映论认为世界通过形象进入人的意识，所以捷克教育家夸美纽斯说："一切知识都从感官开始。"情绪心理学研究表明：情感活动和认知活动是相互作用的。置身情境中，学生情绪会高涨，此时知识最易内化和深化。同时，人的认知是一个有意识的心理活动与无意识的心理活动相统一的过程。有意识的心理活动是主体对客体所意识到的心理活动的有意知觉、有意记忆、有意注意、有意再认、有意重现（回忆）、有意想象和有意体验等。但包含如此丰富内容的有意识的心理活动仍然不能单独完成认识、适应和改造自然的任务。无意识的心理活动能对客体产生不知不觉的认知及内部体验。两者相加，人们才能正确认识事物。创设情境的最终目的也正在于诱发和利用无意识的心理提供的认识潜能。

仪式教育把教育内容融入富有感情色彩的情境中，高度聚集学生的情绪，使之对教育内容产生感情引发共鸣。

（二）仪式教育的效应

仪式教育作为教育方式具有一些别的教育方式所没有的特殊效应，而仪式教育正是通过这些效应发挥其独到的作用：

一是仪式具有氛围效应，使学生能获得多方面的感受。仪式常常利用道具、语言符号、行为方式和表演方法等元素营造出或欢快热烈或激动紧张或庄严肃穆的气氛。仪式通过情境营造氛围，让氛围对人产生影响。与其他相对理性的教育形式相比，氛围对人的感染是五觉并举、情理交融的，它能多渠道地通达人的内心世界，因而仪式教育使人们能获得多个方面的感受。

二是仪式具有直观效应，使学生感受深、记得牢。仪式灵活生动，进行的过程中，学生能充分利用多种感官去感知，且不仅有当前的触发，更有过往经验的参与，学生无须进行反复持久的逻辑思考，即可在精神上、情感上获取感性认识，理解内容，形成概念，故仪式使学生对感知的东西感受深、记得牢。

三是仪式具有群体效应，使学生相互感染，产生认同、服从等从众行为，并共同强化。"从众"是人类普遍的心理。学校仪式教育活动的参与人数较多，群体性的仪式场域利于参与者紧密围绕同一主题学习、比照、借鉴，高度的同一会形成强大的群体压力，使人相互感染，产生认同、服从等从众行为，并共同强化。[2]

二、仪式教育活动的困境

在现实生活中，由于受教育功利化的影响，我们遗憾地看到，有些学校对德育工作重视程度不够，往往是"说起来重要，干起来次要，忙起来不要"，自然，在仪式教育活动方面做得也比较草率，存在两种比较严重的现象。

一是缺少新意，仪式教育活动的形式化、模式化倾向明显。例如，每周一的升旗仪式，都按照"出旗、升旗、唱国歌、国旗下讲话、颁发流动红旗"这一程序进行；讲话者都是班级代表；讲话的内容多是时政内容；讲话的方式都是念稿子，这样的仪式，时间一长，学生难免对之心生厌倦。

二是仪式教育活动缺少课程意识。有些学校只是被动地按照上级部门的要求开展仪式教育活动，不能在挖掘、解读学校自身文化与办学理念的基础上，把仪式教育活动纳入自己的课程体系内，创造性地设计出富有个性的学校仪式教育活动。此外，有些学校在开展仪式教育活动时，没有目的性和计划性，随意、生硬地安插仪式教育活动，使仪式教育活动呈现出零碎化和无序感。

因为仪式教育活动存在这样或那样的问题，导致学生失去了一次又一次刻骨铭心的成长记忆。

三、优化仪式教育活动设计策略

（一）合理整合，创新仪式教育活动

学校仪式教育活动都会有一些相似的、固定的程序，但每一所学校的某些仪式教育活动更应该有自己学校文化的深刻烙印。学校仪式教育活动的组织者要有创新精神，依托学校的背景，整合各方资源，为师生量身定做，给校园仪式教育活动加料，创新和充实校园仪式教育活动。

如笔者所在的学校上海市宝山中学的"18岁成人仪式"活动有两大整合和创新：一是拓展空间，利用高校资源，把"18岁成人仪式"安排在上海应用技术大学内举行。二是把"18岁成人仪式"与生涯规划教育结合起来。高三学生即将面对高考，迈入高校，然而依然有部分高三学生对大学的了解停留在概念上，而我校的"18岁成人仪式"活动可以帮助高三学生与大学零距离接触，通过亲身体验大学课程，学生们可以对大学与专业有真切的感受、清晰的认识，为自己即将选择大学、专业做更好的准备，提高生涯规划的能力。这样的整合和创新，充实了"平凡"的18岁成人仪式，使之有了不同寻常的意义。

（二）依托课程，对仪式教育活动进行顶层设计

零敲碎打的仪式教育活动并不能给学生多大的震撼，对学生的身心发展产生不了深远的影响，只有依托课程，对仪式教育活动进行顶层设计，合理安排，有序推进，才能把德育的最终目标拆解成一个个可执行的并分散到各个年级段和时段当中的小目标，最终达到落实德育工作目标的目的。

我校经过多年探索，形成了以"责任"为特色的德育课程体系。如表1所示。

表1　上海市宝山中学以"责任"为特色的德育课程体系

年级	负责对象	内容
高一年级	"对自己负责"	包括对自己的生命负责、对自己的学习负责、对自己的意志品格负责和对自己的未来负责等，重点开展生命教育、行规养成教育和生涯教育之探索教育等。
高二年级	"对他人负责"	包括在校园生活中对他人负责和在家中对他人负责。校园生活中对他人负责，主要教育学生对同学、集体负责，重点开展同伴教育和团队教育。在家中对他人负责，主要教育学生对父母负责，重点开展感恩教育等。
高三年级	"对社会负责"	包括维护国家荣誉和利益、遵守公德和法律、树立环保意识和学会对未来进行选择等，重点开展公民教育、环保教育和生涯教育之选择教育等。

仍以我校的"18岁成人仪式"为例，它是学校高三年级"对社会负责"课程的内容之一，是公民教育的重要内容，它标志着学生获得了公民的身份，培育学生社会主义核心价值观：引导和帮助学生增强对国家制度、法律制度的认同；增

强权利与义务意识，从内心深处激发学生的社会责任感和历史使命感等。它还是生涯规划教育的重要内容，帮助学生与大学零距离接触，亲身感受大学课程，加深对大学和大学专业的了解，提高学生的生涯规划能力。学校以"责任"为特色的德育课程体系对各项德育活动进行顶层设计，"18岁成人仪式"并非仅应"官方"要求而存在，它已被赋予"责任"特色，有机融入公民教育和生涯教育中去，成为高三年级为"对社会负责"课程中不可或缺的一项德育活动。

四、优化仪式教育活动的成效

学校的仪式教育活动很多，入学仪式、开学典礼、升旗仪式、入团仪式、18岁成人仪式、毕业典礼、校庆典礼和颁奖仪式等都是学校常规性仪式教育活动。

我校根据各年级学生的年龄特点，充分整合学校、社会及各方的资源优势，策划、设计出成长系列仪式教育活动，使青少年在成长的每一个坐标点都有明确的努力方向和前进动力，引导他们全面、健康成长。成效具体主要表现为两个方面。

（一）增强角色意识，提高责任感

人的个体生命往往呈现为阶段性成长，一个阶段向另一个阶段的过渡节点成为仪式出现的最好时机，这个在过渡节点出现的特定的仪式象征着人生旧的阶段的结束和新的阶段的开始，成为个体生命阶段划分的标志。通过学校仪式教育活动的洗礼，学生将脱离旧的身份或地位，获得新的身份或地位，并进入新的角色带来的新的生命状态，承担起相应的责任[3]。如果仅仅靠陈旧的仪式教育活动教育学生，显然是单薄而无力的。只有依靠优化的仪式教育活动，充分利用生动的情境和丰富的生理、心理体验，才能让学生从内心增强角色意识和提高责任感。学校把"18岁成人仪式"放在应用技术大学内举行，让学生置身大学，这对学生的冲击力极大，大大地增强了他们的公民意识和对未来的选择能力，责任感油然而生。

（二）沐浴浸润，提高认同感

成功的教育就是使学生浸润沐浴，在没有意识到受教育的情况下发生的，而这种潜移默化的教育往往具有滴水穿石的作用。优化的学校仪式教育活动潜藏于各种显性的教育背后，依靠丰富多彩的活动内容、喜闻乐见的形式，寓影响于情境之中，并且通过全面调动受教育者的感知、情感和一切认知感觉与思维器官，使之对教育内容产生情感、产生共鸣，使他们通过模仿、从众、认同等过程接受各种载体的隐性影响，并且在情感作用下自觉地对教育内容进行探究、领悟[4]。学校每年举办"18岁成人仪式"之后，总有学生感慨：学校的成人仪式在大学里举办，很特别，使我们零距离感受大学风采，对大学、专业和职业有了更深的了解，促使我们进一步去探索，让我们对未来的选择心中有数……

我国历来重视仪式，孔子提出了"礼"的主张。"礼"涵盖了两层意思：一是制度、规则和一种社会意识观念；二是指仪式，指一套系统而完整的程序，是制度、规则和一种社会意识观念的具体表现形式。清初思想家、教育家颜元对"礼"的作用做了全面阐释："国尚礼则国昌，家尚礼则家大，身尚礼则身修，心尚礼则心泰"。此处的"礼"，当然涵盖了"仪式"这层意思。好的仪式教育活动与学生生命成长相匹配，可以使学生的心灵受到巨大的震撼，激发起对生命成长的自豪感，"身尚礼继而修身，心尚礼继而泰心"，努力提高自己的修养，潜心做好自己的新角色。

仪式教育对学生个体的发展影响巨大，值得每一名教育者尤其是决策者来精心策划、周密组织，从而让仪式教育直达人心，增强仪式育人的实效性，推动学校德育工作的科学性建设。

注释：

[1] 薛艺兵. 对仪式现象的人类学解释：上 [J]. 广西民族研究，2003（2）：30.

[2] 刘翠，郭立锦，蒋涛涌，等. 论仪式教育及其现代功能：以专业学位研究生培养中仪式教育实施为例 [J]. 安徽大学学报：哲学社会科学版，2011（1）：152.

[3] 李宏伟. 仪式教育要彰显仪式特征 [J]. 教育科学研究，2017（1）：50.

[4] 孙向华. 学校仪式活动的德育功能及其实现研究 [D]. 南京：南京师范大学，2011：12.

参考文献：

[1] 倪辉. 对学校生活中仪式的道德审视 [J]. 江苏教育研究，2008（2）.

[2] 余清臣. 学校文化建设的载体：仪式建设 [J]. 教育科学研究，2005（8）.

[3] 陈萍. 我国学校德育实效研究综述 [J]. 上海教育科研，2004（3）.

[4] 何茜. 文化育人的载体：校园仪式建设 [J]. 思想理论教育，2012（17）.

[5] 曾剑峰. 大学生志愿者活动的德育功能及其可持续发展研究 [D]. 福州：福建师范大学，2008.

志须预定自道远，活动育人终有成

——构建初中活动育人途径探索与实践

上海市宝山区新民实验学校　徐学中

提升德育实效，是每位德育工作者的责任与使命。课堂上的说教，已经不能适应新时代的需要。教育部在2017年8月印发的《中小学德育工作指南》中明确提出了"活动育人"的途径和要求，提出让学生在活动中注重自觉实践、自主参与，以体验教育为途径，开展学生思想道德建设。以正确鲜明的价值导向引导学生，以积极向上的力量激励学生，把爱国主义、传统文化教育、劳动教育等融入活动中，促进学生形成良好的思想品德，养成良好的行为习惯。基于此，上海市宝山区新民实验学校努力构建以活动为载体的育人平台，以活动育人为有效的德育形式，使学校德育更具时代性、科学性和实效性，满足不同学生的发展需要，努力形成全员育人、全程育人、全方位育人的德育工作格局。

一、创新德育形式，构建学生活动体系

为全面提升学生的核心素养，弘扬社会主义核心价值观，学校为学生构建了实践活动体系。具体如表1所示。

表1　上海市宝山区新民实验学校学生实践活动体系一览表

实践活动体系	活动类型与内容
校园活动	艺术类：陶笛社团、舞蹈社团和瓷盘画社团、布画社团
	体育类：棒球社团、足球与篮球社团
	科技类：航模社团
	综合类：烘焙社团和棋类社团
校外活动	社区活动、进场馆活动、国防教育活动、社会实践活动
节日活动	清明祭扫、端午包粽子、中秋猜灯谜、国庆歌会
假期活动	开展志愿服务，慰问孤老、职业体验活动

德育是一项系统工程，需要各层面的相互协调与配合，系列活动的构建，为学校"活动育人"的有效实施，提供全方位的保障。

二、拓宽活动育人途径，实现育德效能

（一）活动育人，益处多多

以学校或班级为单位开展系列活动，能增强学生的吸引力，可以为学生释放过剩的精力找到正当途径。[1] 和谐校园文体活动可以弥补第一课堂的不足，对学生的思想观念、道德情操和精神世界有着潜移默化的影响，具有重要的育人功能。还可以增进班级的凝聚力，最大限度地拉近师生之间、生与生之间的距离，增强团队合作意识，提高班主任的能力与情感威信。

（二）活动育人，润物无声

1. 开展暑期实践活动，规范学生行为。 每年暑期新生一入学报到，学校为了使新生尽快适应初中生活，组织开展为期三天的军政训练活动。通过活动一方面规范学生的行为，另一方面培养学生吃苦耐劳的精神与严明的纪律，引导学生养成良好的团队意识。让学生油然而生"无论多么艰苦的环境，我也能做到"的自豪感，从心理上感受到一个新的起点，自觉克服不良行为。在增强集体凝聚力的同时，进一步规范行为习惯，为初中生活打下良好的基础。

2. 探索校园化拓展活动模式，培养学生的创新、沟通与协作能力。 学校以校园化拓展活动为德育重点抓手，通过五环节开展育人活动，如图1所示。

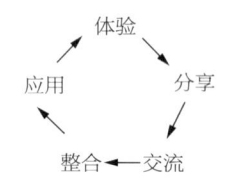

图1 上海市宝山区新民实验学校"校园化拓展活动"五环节流程

体验是整个活动的开端。学生投入一项活动，就以观察、表达和行动的形式进行，这是基础。有了体验后，学生要同其他体验或观察活动的人分享他们的感受或观察结果。把这些分享的东西整合后进行探讨、交流，反映自己的生活模式。学生从经历中总结活动原则、归纳活动精华，进一步定义并认清体验中的收获。最后，将这些体验应用到学习和生活中。而应用本身也成为一种体验，有了新的体验，循环又开始，因此学生可以不断进步。学校通过校园化拓展活动这一新途径让每位学生有所改变。经过多年来的实践摸索，在培养学生创新、沟通、团队协作能力的同时，通过系列活动，学生们的责任意识更强了，在活动中变得勇敢、坚韧、团结、互助，展现了生命活力。

3. 进场馆，让德育"活"起来。 进场馆活动的举办，使学生在紧张的课程学

习之外，有了丰富的课余生活。通过红色之旅——走进一大、二大会址，文化之旅——走进闻道园，科学之旅——走进自然博物馆、佘山天文台，走进上海市禁毒馆等场馆活动，让学生在参与体验活动中潜移默化地接受爱国主义教育、安全教育、生命教育……让德育"活"起来。

4. 体验传统文化，感悟民族精神。 没有人不喜欢过节，但是对每个节日的文化知晓度并不是人尽皆知。学校根据学生特点，在开展传统节日活动时注重体现鲜明的主题、鲜活的内容、鲜艳的色彩，让学生熟知传统节日所蕴含的民族精神和民族文化。如：中秋节，组织学生亲手制作手工月饼、猜灯谜，中秋诗词朗诵等；端午节时，让学生了解其由来，备好粽叶和糯米开展包粽子比赛……深受学生喜爱。活动让学生知晓节日文化是一个国家或一个民族在漫长的历史过程中形成和发展起来的民族文化，也是一种民族风俗和民族习惯。中国传统节日文化有着深刻的寓意，有的是为了纪念某一重要历史人物，有的是纪念某一重要历史事件，有的是庆祝某一时节的到来，等等。节日根植于文化系统之中，以特定的仪式传播文化，对文化系统的运行起着不可替代的作用。它是人类传递并扩展生存知识的一种手段，是"象征和意义的体系"。传统文化是中华民族的魂，学生在活动中传承中华传统文化，也是在进行民族精神的培育！

（三）活动育人，品质形成的催化剂

[2] 活动课程具有独特的育人价值，其有效实施能够培养学生的良好品德，引导学生在主动解决问题的过程中发展能力，提升学生的综合素养。活动的开展，可以由老师主导，也可以由学生主导。比如，有些活动场所的布置，就可以由学生自己完成。布置活动场所用的彩纸、花束、彩灯、背景音乐等，都是学生自己准备的，学生总是千方百计、竭尽全力，从家里带来用得上的东西，并以能出上力、帮上忙为荣。遇到一些和其他班级的对抗性的活动，如课间操、校运动会，包括入场式，全班同学更是空前的齐心。学生参加值周活动，不仅可以锻炼学生的语言表达能力、交往能力，还能养成学生的环保意识。教师则根据自己的特点、学生的情况，确定、设计、组织活动。总之，活动中的体验和收获更容易在学生的记忆中留下痕迹，成为生命的一部分。艺术活动可以提升学生的美育水平，通过舞蹈社团、美术社团（瓷盘画）活动的开展陶冶学生的情操，形成良好的品格——艺术就是把人格美作为最高准则的行为。一次次有意义的活动，都能使学生受益匪浅，成为学生品质形成的催化剂。

三、活动要重视育德实效

（一）要善于捕捉教育的契机

要注重时效和实效。作为实践活动的组织者，一定要有敏锐的目光。要善于

捕捉教育的时机，利用舆论宣传，自然而然地组织开展活动。

（二）要有的放矢，"不露教育痕迹"

因为学生年龄特点，加上这个年龄特有的心理特征，作为活动的组织者，要心中有数。既然是活动育人，那么最好是让学生感同身受，让他们通过参与、实践、在过程中获得体验，从中受到熏陶，让教育不露痕迹。

（三）要有适时的引导和必要的小结

在活动开展前，如果组织者没有适时、巧妙的引导，那么活动很可能流于形式，华而不实，只注重了形式而淡化了内容，注重了"口头"而忽略了行动。同样，如果活动结束没有小结，那么活动只是成为"活动"，不能使教育效果得以延伸。

（四）结果诚可贵，过程价更高

育人更多体现在活动过程中，通过学生自主参与、自我体验而获得成长。学生的体验过程，更多关注实效性，要从学生实际出发，从细节入手，使活动不仅深受喜爱而且具有意义。

（五）充分发挥学生的主体性

活动的主体是学生，班主任起主导作用。充分发挥班委的作用，让每一个学生参与进来，调动每一个人的积极性。为此，德育工作者必须认真研究、分析学生各阶段不同的心理特点，因势利导、有的放矢地开展灵活多样的教育活动，帮助他们克服消极心理因素，引导他们树立自豪感、荣誉感，培养自立自尊、参与竞争等良好的心理品质。

四、活动体现立德树人独特的价值

（一）塑造学生的健康人格

塑造学生良好的心理品质，帮助他们形成积极健康的人格，是开展学生活动的重要育人价值和功能。丰富多彩的学生活动使学生在共同活动的过程中，学会正确认识和处理人与人之间的关系、人与自然之间的关系，这有助于塑造学生良好的心理品质，形成正确的认知、坚定的意志和完善的性格。借助于德育活动，学生相互切磋技艺、学习借鉴，促进了特长的共同提高，不仅丰富了课余生活，而且增进了彼此的友谊。学生德育活动的开展，还能帮助大家形成积极的自我理念，恰当地认同他人，学会正确地面对和接受现实，热爱生活，乐于工作，形成健康人格。

（二）提升学生的核心素养

学生的核心素养关系到教育的成败。在提升学生核心素养、促进学生全面发展方面，不同类型活动的育人价值和功能，各自有所侧重。体育类学生社团活动侧重于通过各类体育活动，锻炼学生健康的体魄，促进学生的身心健康发展；艺术类学生社团侧重于借助文艺活动，培养学生感受美、欣赏美、创造美的能力，积淀学生人文底蕴，增强文化自觉和文化自信；科普类学生社团侧重于依托各种科学普及活动，教会学生学习，培养学生的科学精神和创新能力；环保类学生社团则侧重于开展各种有关环境保护的教育活动，引导学生树立尊重自然、顺应自然、保护自然的发展理念，形成健康文明的生活方式；志愿服务类学生社团侧重于组织学生参加各种资源服务活动，增强学生的社会责任感，培养学生的创新精神和社会实践能力。通盘考虑各类德育活动的育人功效，做到既有统一要求，又有分类指导，充分发挥各类学生社团活动育人的优势和长处，形成互补优势，就能够从不同角度提升学生的核心素养，帮助学生全面发展。[3] 在丰富的活动中，孩子们的才艺和潜能被无限放大，有利于发展核心素养，塑造优秀品格，提升班级凝聚力。

（三）提高学生的自治能力和合作共处能力

自治能力是一种自我管理、自我教育的能力，学会合作共处是 21 世纪教育的四大支柱之一。提高学生的自治能力，使学生学会合作共处，是开展活动的又一个重要德育内容。根据杜威的观点，自治能力必须"从经验中学习"，也就是说，自治能力要在活动和实践中得到学习与锻炼，在具体活动中获得自治的经验。学生通过自主地开展活动，促进学生的自身成长。学校每学期组织开展五次社区志愿服务，就是学生团队在指导教师的指导和帮助下，自主开展的活动。这样，学生通过团队活动，锻炼了自我教育和自我管理的能力，提升了自治能力。学生在平等自愿的民主氛围中，通过共同活动的参与，能够学会与他人的合作共处。活动成员还打破了年级、班级的界限，有利于学生积累人际交往经验，既可以与具有共同特长兴趣的人合作共处，又可以与不同年级、不同气质性格、持有不同观点的人合作共处。学会合作共处可使学生学会用他人的眼光来看待问题，有利于学生主动性和创造性的发展，也有利于学生交往能力的发展。

我们提倡在活动中育人，就是把人本主义的方法运用到德育工作中，让学生主动、自觉地接受和参与学校的德育活动，在活动体验过程中收获成长。

注　释：

[1] 赵志军. 德育管理论 [D]. 长春：东北师范大学，2005：9.

[2] 周海青. 综合实践活动课程育人价值探微 [J]. 江苏教育，2018（79）：7-8.

[3] 叶治平. 文化引领 活动育人：基于学生发展核心素养理念下的班级养成记 [J]. 科教文汇：上旬刊，2019（9）：117-118.

参考文献：

[1] 孙雪梅.试论中国传统节日的文化内涵及现实意义[J].辽宁教育行政学院学报，2011，（1）.

[2] 徐瑞.学生社团活动的育人价值及其策略[J].中国德育，2018（15）.

[3] 中共中央宣传部.习近平总书记系列重要讲话读本[M].北京：人民出版社，2016.

[4] 杨江丁，陆非文.少先队活动教育学[M].修订版.上海：上海人民出版社，2018.

实践为径，劳动做舟

——高中劳动实践教育的实施空间与路径

上海市罗店中学 汪露溢

陶行知先生曾创编一首儿歌："流自己的汗，才能吃自己的饭，自己的事你得自己干。"生活即劳动，在劳动中学会自主、合作、主动，也就学会了生活。习近平总书记说，幸福是奋斗出来的。奋斗即劳动，劳动能让学生具有幸福生活的能力。如今的幸福生活，全都源于"撸起袖子加油干"。新时代的劳动教育更为丰富的内涵和拓展的外延，对高中生来说不仅是技能训练，更是思想锤炼。

2017年出台的《中小学生德育工作指南》指出，劳动实践作为实践育人的重要内容，能增强学生的社会责任感、创新精神和实践能力。劳动教育的意义，在于让学生用双手和心灵丈量世界，也为其今后勤奋劳动、诚信劳动、创造性劳动从而获得幸福生活奠基。上海市罗店中学依托主阵地、自治区、大学堂、探究坊四个实践空间，实施五类实践项目，将劳动教育融入高中三年教育全过程，使学生具备正确的劳动观念、积极的劳动态度、良好的劳动习惯，助力学校实现"尚美·成人"的育人目标。

一、赋能空间做好劳动实践教育顶层设计

劳动教育从知、情、意、行入手，与德智体美等方面联系在一起，综合实施，不断挖掘劳动的育人价值。[1]笔者认为，劳动实践教育不仅要培育学生积极向上的劳动观念，更要教会他们从劳动中品尝生活的酸甜苦辣，唯有这样，高中生才能在步入社会后用双手创造幸福生活。

劳动实践教育实施要聚焦整体性，统筹考虑学校德育工作的各层次、各要素，做好不同德育内容的互动与衔接。只有将劳动教育融入学校育人工作自上而下的各个环节，才能实现清晰明确、可行性强、实效性显的顶层设计，助力学校实施《中小学生德育工作指南》。

罗店中学是寄宿制高中，在这里学生不仅要学会学习，更要学会生活。学校积极实践"走向生活的学校德育"，有机整合实践资源，深度挖掘古镇丰厚的人文

养料，因地制宜地创设面向全体学生的劳动教育实践路径，使"劳动最光荣、最崇高、最伟大、最美丽"的理念深耕校园。

劳动实践教育的顶层设计思路沿循"每一位学生三年里在四个不同场所参与五类项目"的"一三四五"线索，以"主题设计独到、环节预设合理、学生喜闻乐见"为宗旨。一是抓牢主阵地"课堂"，以劳为乐。志愿服务是劳动初体验的发源地，在集体劳动中学会自主与合作。二是夯实自治区"教室""宿舍"，以劳促行。班级自管会、星级宿舍评比是劳有所获的主渠道，提高日常劳动能力，养成日常行规，激发主人翁意识，夯实自律。三是探秘大学堂"社会"，以劳育心。"古镇职业探秘"生涯项目，组织学生迈入古镇熔炉，走近手工匠人，倾听鲜为人知的劳动故事。四是智慧探究坊"实验室"，以劳尚美。罗店享有"春有花神秋有画，夏有龙船冬有灯"的美誉。学校民俗实验室汇聚花神庙、版画室、龙船堂、花灯坊、书法荟，功能集体验活动、创作研讨、作品展示于一体，是创造性劳动的孵化地。

二、充盈路径凸显劳动实践教育工作实效

志愿服务享受劳动喜悦，自管会体现劳动价值，宿舍评比激发你追我赶的劳动精神，职业访谈感悟匠人匠心的劳动追求，研究性学习见证脑力与动手力的劳动技艺，为学生成长提供广阔舞台和鲜活源泉。

（一）抓牢主阵地"课堂"，以劳为乐

志愿服务对学生树立正确价值观、提升实践能力、树立人生理想具有重要意义。[2]改进志愿服务课程，涵盖社区服务、秩序维护、助老扶幼、公益环保。注册上海市志愿者网站，志在我心，责任我担，以劳为乐。

横向联动，安排好各项活动。凝聚学校、社区、基地三方智慧，根据地域文化特色，按资源与时节创设岗位、按兴趣与能力分配岗位。穿针引线，重视岗前培训。辅导学生的语言表达能力、团队协作能力、应对突发事件。换位思考，珍惜劳动成果。志愿服务让学生亲身感受"助人""悦人""乐己"的劳动意义，如雀巢水资源项目、养乐多工厂、乡村少年宫、龙船文化节、慰问独居老人、爱心暑托班、乡村少年宫、图书管理员、挂职锻炼、阳光体育大联赛、社区平安志愿者、管乐艺术节志愿者。

（二）夯实自治区"教室""宿舍"，以劳促行

自我教育是进步的内部动力，任何教育最终必须变成受教育者自己的认知、情感、意志与行动。[3]教室和宿舍自治正是学习与教育的过程。人人是主人，人人有岗位，日常劳动训练培养习惯，以劳促行。

依据《中小学守则（2015版）》制定《上海市罗店中学星级班级评比条例》

及《班主任指导下的班级自管会》，引导学生认同公约并参与自治。首先，学生自荐或他荐在班级自管会中担任一个劳动岗位，如垃圾分类专员、媒体专员、报刊专员、节电专员。其次，班主任细化岗位职责、明晰行为标准，指导、评价学生的劳动行为。最后，在班级自管会统一构架上，依据班情增设、调整、细化岗位。学生通过具体的劳动岗位，学会自治、服务集体、发现并改进问题，集体观念与行为规范得到改善。

寄宿制使劳动实践教育有了更丰富的空间。在《罗店中学宿舍管理条例》的基础上制定《罗店中学星级宿舍评比办法》，细化劳动评分项目与标准，每日评价反馈，每学期奖励表彰。叠被、洗衣、拖地、清洁马桶等学生在家几乎不接触的劳动成了生活必修课，反过来又促使他们合理自治，即时间管理有效，生活作息有序，生活习惯良好，人际交往向善。

（三）探秘大学堂"社会"，以劳育心

纸上得来终觉浅，绝知此事要躬行。没有亲身经历，就无法洞悉现今就业的真实状况。走近匠人的劳动世界，才能触摸真实的劳动品质，以劳育心。

"古镇职业探觅"让零工作经验、零社会阅历的高中生在古镇来一场间接却又高效的职业体验。策划活动方案，召开预备会，设计访谈提纲，撰写访谈报告。锁定职业访谈对象，探寻不同工匠背后耐人寻味的劳动经历，凭手艺吃饭背后鲜为人知的艰辛。过把记者瘾，学生根据任务单完成一份职业人物生涯访谈报告、一组职业生涯访谈现场照片、一场生涯分享会作为劳动成果。

（四）智慧探究坊"实验室"，以劳尚美

新颖的研究性学习使劳动教育形象化、生动化和时尚化，在体验创造性劳动中传承民俗文化，掌握前人的文化成果，创立新知，以劳尚美。

1. 创罗溪庙会，设古镇作坊

我与古镇有约。罗溪庙会形象复刻古镇庙会情境，活灵活现展示"看、玩、吃"体验项目。各班集思广益，特色鲜明的作坊如花灯坊、小荷染坊、四联书院、版画室、龙船坊、花神庙、粽子荟应运而生。

2. 制花灯龙船，促文化传承

非遗传人朱玲宝指导学生制作花灯。选料、定型、扎制、粘贴、串珠及手绘，铁丝变为初具雏形的框架再到五彩缤纷的花灯，成就感油然而生。创新实验室里手工拼搭、涂色龙船模型让人跃跃欲试。

3. 文献浓缩今夕，地图能说会道

七百年古镇遗迹受到城市化冲击。学生以"龙船节"文化为突破口，查阅历史文献，搜集主要建筑物信息。此外，搜集古镇地理、水文、经济、工业、交通、文化艺术等信息，撰写调研小报告。学生逐步养成"计划先行、团队合作、知识产权、科学严谨"等处事态度，掌握"观察、分类、数据、信息、交流、论证、质疑"等学习方式，提高综合思维与组织管理等个人素养。

刘文俊等三位学生通过故址探究，开发"古镇电子地图"，荣获上海市青少年科技创新大赛社科类一等奖。ArcGIS软件将文字、图片、视频加载到地图，使"文化电子地图"动态直观，鼠标所到处把信息呈现在查找人面前。

三、多管齐下助力劳动实践教育有序推进

推进德育工作，一要促进学生树立核心价值观，二要促进学生能力的培养，三要在更大程度上促进学生"成人"。[4]

（一）自始至终注重劳动实践多维评价

学生在劳动实践中身临其境地感受、发现、思考、探究、分析、总结劳动价值，初涉劳动观念，悄无声息地实现由知到行的转变，切实引导其辛勤劳动、诚信劳动、创造性劳动。

一是坚持过程性与结果性相结合。表1反映的是星级班级、星级宿舍项目评比中的"劳动前准备，劳动中回答，劳动中反思"不同阶段的成果。此外，注重评价指标的可行性与可操作性，评价等级采取五级制评价，涵盖"自评""互评"两方面，分"好、一般、需努力"三级评价，初步的定性判断与定量分析帮助学生发现个性特点。

二是坚持整体性与个体性相结合。劳动评价量表个性化评价自我检验、劳动合作评价和有帮助或感兴趣的环节。表3关注评价过程中情感、意志、信念、能力等因素，评价指标反映问题、困惑、收获、帮助及需提高的方面，同伴和教师的个性化评语有助于提升思想道德水平。

表1 上海市罗店中学劳动实践自我评价表

劳动主题			
劳动前准备： （5—1分）		劳动后反思： （5—1分）	
参与活动： （5—1分）		劳动中回答问题： （5—1分）	
所学劳动知识：			
所学劳动技能：			
存在问题或困惑：			
自己需提高的有：			

注：5分：很满意；4分：较满意；3分：一般；2分：不太满意；1分：不满意。

表2　上海市罗店中学劳动实践合作评价表

讨论话题		自评			互评		
		A	B	C	A	B	C
评价内容	劳动互动表现/参与热情						
	劳动作品/成果质量						
	代表所在的劳动小组发言						
	提供的资料/材料						

注：A：好；B：一般；C：需努力。

表3　上海市罗店中学劳动实践过程评价表

利于自己的劳动环节	同伴评价	教师评价
1.		
2.		
3.		

注：说出劳动中自己感兴趣且有帮助的环节，并邀请同伴和教师进行评价。

（二）想方设法拓展劳动实践多元空间

将其他符合劳动教育目标与内容的校内外优质资源"为我所用"，着力形成符合高中生身心成长规律的实践空间，即主阵地、自治区、大学堂、探究坊，包括志愿服务基地、教室、宿舍、古镇、民俗实验室。从长远来看，利于培育学生的劳动创造力及劳动精神，萌发职业规划，明晰升学取向。

（三）因地制宜创设劳动实践的多样载体

劳动教育基于校情实际，借助实践课程，面向全体学生开展教育。无论是志愿服务，还是班级自管会岗位、星级宿舍评比，无论是职业访谈，还是研究性学习，都运用生动载体将劳动行为落到实处，让学生在实践中体会"劳动最光荣"，切实引导学生辛勤劳动、诚信劳动、创造性劳动。

四、整合驱动开拓劳动实践教育无限资源

劳动实践活动始终引导学生在共学、共做、共生活的三年中，身体力行地弘扬劳动之美，用伟大的劳动精神滋养生命健康成长。劳动教育一直在路上，永远处于进行时。

诚然，劳动实践教育实施仍需深入考虑。首先，横向和纵向教育目标和内容需细化，如确定分年级课程目标和课程内容。其次，劳动教育如何与研学旅行结

合，以开拓练兵场，如企业考察、职业体验、对话校友，让高中生走得更远，见得更多，想得更深。再次，教育评价反馈需完善，如劳动教育如何转化为学生的核心素养，记录劳动态度、劳动准备、劳动过程与劳动成果，全方位纳入高中综合素质评价系统。最后，鉴于高中生学习负担重，如何统筹学校、家庭与社会三方力量，以更有效地整合劳动实践与其他综合实践活动仍待摸索。

注　释：

[1] 杨江丁.劳动教育折射人生态度[J].上海教育，2019（9）：65.

[2] 教育部基础教育司.中小学德育工作指南实施手册[M].北京：教育科学出版社，2017：164.

[3] 周凤林.学校德育顶层设计18问[M].上海：华东师范大学出版社，2015：21.

[4] 周凤林.学校德育顶层设计论[M].上海：华东师范大学出版社，2017：129.

参考文献：

[1] 章滟，吴洁.劳动教育：植入创造幸福生活的基因[J].人民教育，2019（6）.

[2] 张人利.劳动教育的新探索[J].现代教学，2019（5A）.

[3] 周凤林.学校德育顶层设计实践案例[M].上海：华东师范大学出版社，2018.

[4] 张雯.灵魂的香味：中小学德育主任专业发展实践智慧[M].上海：上海教育出版社，2019.

[5] 苏军.由"农趣"想到"劳动"[J].上海教育，2019（12）.

不畏浮云遮望眼，只缘慧眼扩视界

——"亮眼睛摄影队"综合实践活动育人初探

上海市宝山区大华小学　徐　洪

从生活与教育的关系上说，是生活决定教育。从效力上说，教育要通过生活才能发出力量而成为真正的教育。[1]教育部研究制定的《中小学德育工作指南》细化了德育工作实施途径和要求，在六大实施途径中，该指南对"实践育人"途径进行了细化描述，强调了德育育人的实践性。实践育人目的是让学生通过参与实践活动获得道德体验，培养社会责任感、创新精神和实践能力，充分体现了"德育在行动"。

经过两年的尝试和探索，笔者所在学校上海市宝山区大华小学的"亮眼睛摄影队"实践活动课现已成为学校活动课中家喻户晓的热门课。参加此课程的学生学习并运用掌握的一技之长活跃在校园内外，部分学生在市、区级摄影比赛中获得骄人成绩。此课程的成功开设让笔者真切体会到陶行知先生的生活教育理论的内涵。

一、实践活动项目选择应源于需求

培养学生全面发展，就必须与社会生活和社会需要相融合。现代社会物质生活丰富，所以人们越来越努力追求高质量的精神生活。通过手机或相机镜头记录生活、发现传播生活中的美这种方式已经越来越普遍。在互联网迅猛发展的今天，摄影艺术更是有着深远的影响和意义。摄影作为一种集光学、电子、美术等综合知识的技能，可以说是现代人必须具备的一项基本素质。结合这一社会现象，学校通过学生自愿报名、家长教师多方审核的方式招募队员，组建成立"亮眼睛摄影队"，聘请校外专业教师利用社团活动时间进行摄影技术教学，并组织摄影队中的队员们以校园各类活动为平台进行实践操练。队员们在培训中学习专业摄影知识，在实战演练中提高摄影技能，从而获得一技之长，并更好地服务于他们的生活。

二、实践活动内容设计应突出"实"

"教学做合一"是陶行知生活教育理论的教学论。陶行知说:"教学做是一件事,不是三件事。我们要在做上教,在做上学。不在做上用功夫,教固不成为教,学也不成为学。"[2] 实践活动项目确定了,接下来的关键是通过精心设计把育人活动做实,真正体现"德育在行动"。

表1 上海市宝山区大华小学"亮眼睛摄影队"学习任务单

活动项目	活动目的	具体任务	活动要求
课堂学习	学技术鉴赏美	1.认真学习摄影知识、单反相机的使用方法及摄影技术。 2.学习欣赏优秀摄影作品,培养对美好事物的捕捉能力,提升对美的鉴赏能力。	1.自己准备一架单反相机,并妥善保存。 2.每周五下午按时到指定地点上课,遵守请假制度。 3.认真学习,主动探究,遵守课堂规则。
课外实践	练本领讲奉献	1.走到户外进行拍摄练习,主动为家人及他人服务。 2.承担学校活动拍摄任务,为学校师生服务。	1.课后勤练习,发现身边美。 2.积极主动在学校活动及生活中实践拍摄技术,讲合作,乐奉献。 3.合理处理活动与学科学习时间上的冲突,能自主。
学习评价	能自主创造美	1.每周至少精选一张摄影作品,自主提交。 2.每学期末进行一次自我小结,分享学习成果,交流学习体会。 3.每学年,根据个人学习成效重新进行等级认定,提升自我。	1.按时按要求自己提交作品,有责任心。 2.能进行自我肯定、剖析不足。 3.学会欣赏和分享。

"亮眼睛摄影队"的成立,首先是为本校一部分有兴趣或有特长的学生提供一个学习摄影基本知识,掌握摄影技能技巧,提高鉴赏美及创造美的能力的平台,给他们提供展示个性才艺的机会和空间,帮助学生发展特长。其次是通过"任务式"的实践操练活动,培养学生强烈的责任意识及自我管理能力,在这个过程中培养学生发现美、鉴赏美的能力,让学生在摄影学习活动中提升艺术修养并收获自信和快乐。具体如表1所示。

三、实践活动组织形式应多样化

形式多样的活动方式是实践育人活动取得良好成效的基础和有力保障,因此,活动需要精心组织和设计。

"亮眼睛摄影队"活动时间安排在周五下午社团活动课上,每周一次,每次一个小时,由外聘专业教师进行教学内容设计和教学进度安排。学校安排一名有学习需求和能力的教师对这支队伍进行协同管理,与此同时,该教师负责队员们实践活动的协调沟通与统筹安排。

（一）采取课内讲授和课外实践相结合的教学模式

"立足小课堂，走进大课堂"。专业摄影教师每周课内普及技术知识之后，带队员们走出封闭的教室，到校园的各个角落捕捉画面。有了技术的支撑，队员们发现镜头里的校园呈现出和平时不一样的美，对学校的热爱之情油然而生。这种课内和课外相结合的教学模式使摄影学习更直接、更活泼，同时帮助队员们建立摄影源于生活、用于生活的理念。

（二）采取"活动即历练平台"的训练模式

学校的活动丰富多彩，这也是队员们按动快门、历练摄影技术的良好平台。"亮眼睛摄影队"除了外聘专业摄影教师进行教学之外，校内由固定教师对这支队伍进行后期的管理。每次有学生活动，带队教师都会根据学生的课业情况，在不影响其正常上课的前提下，统筹安排队员们到活动现场进行拍摄，这既是对队员们学习情况的检验，也为队员们提供了一次次"真枪实弹"的现场实践机会。通过一次次的实战演练，队员们的摄影技术得到提升，他们对活动镜头的捕捉也越来越敏锐。同时，学校媒体报道所需照片均从队员们的作品中遴选，所以无形之中又给予他们肯定和鼓励，让他们体验到了成功的喜悦。

（三）采取走出校园实践演练的模式

走出校园，让学生把学到的技能在实际生活中运用。在假期社会实践活动、社区志愿服务活动、敬老活动、基地走访等活动中，都可以看到身背相机的小摄影师们忙碌的身影，队员们用镜头寻找、发现校园外的真善美。与此同时，让更多的人见证了他们的一技之长，这既让队员们产生了自豪感，也激发他们以更努力的姿态进行摄影学习和工作。

（四）采取"分级评定"激励方式

有了明确的要求，学生才会有不断前进的动力。所以，在摄影队成立之初，学校就摄影队的学习任务及必须承担的工作任务向每一个队员做了清晰的说明。带队老师对队员们的学习出勤、任务出席、作业完成等情况进行管理评定，同时结合队员们摄影作品完成质量以及每次工作时表现出的责任感进行综合评价，每学年对他们进行分等级认定并颁发"首席摄影师""一级摄影师""二级摄影师"等徽章。这一激励方式，形成了摄影队良好的学习风气及严明纪律，也激发了队员们学习、参加活动的积极性。

（五）开展教师助力发展模式

外聘摄影教师承担主要的摄影技术教育活动，需要校内摄影教师配合做好课后辅助的管理工作，如学生作品挑选、学生摄影作业讲评等，需要教师有一定的专业知识，因此开展师资培训也是非常重要的。所以，学校负责管理摄影队的教师既是管理者，同时他（她）自己也是一名受训者，在课堂中和队员们一起接受培训之外,每周由专业摄影教师单独对其授课培训。这一做法可解决队员们在非培训日遇到的"燃眉之急"。

四、实践活动的意义

"亮眼睛摄影队"的成立受到学生及家长的认可和支持,队员们引以为荣的同时,也发出了很多感慨。

A:虽然每次拍摄活动跑来跑去很累,但是看到自己拍的照片被用在学校公众号上,我心里真的很开心!我要更加努力练习拍摄技巧,争取拍出更多高质量的照片。

B:每次我背着相机穿梭在活动现场时,看到大家羡慕的眼神,我真的觉得自己很厉害!我将来长大了要成为一个真正的摄影师!

C:爸爸妈妈、亲戚们都喜欢让我给他们拍照,每次家庭活动时拍照成了最热闹的环节,大家都夸我拍的照片"有感觉",还封我为家里的"御用"摄影师呢!

从队员们的话语中可以感受到,"亮眼睛摄影队"带给他们的不仅仅是摄影技术知识,带给他们更多的是对自我价值的认识和肯定,他们在用小小镜头捕捉美好瞬间的过程中学会了欣赏、学会了创造、学会了责任和成长。

(一)美育熏陶,有利于培养学生良好的思想品德和高尚情操

由于摄影形象的真实性和可信性,创作者从中受到的教育较之其他手段而言会更有效,而真实生动的摄影艺术形象教育对培养学生正确的人生观和价值观是非常有帮助的。通过摄影作品和亲自参加拍摄实践,有意识地引导学生正确地观察社会,用相机去发现、捕捉身边的社会的真善美,这种教育效果是最明显的。

除了能培养和提高学生的审美能力、观察能力和反应能力之外,摄影还可以对学生的生活习惯、思想品格、行为模式产生积极的影响。如校外跟拍,培养吃苦耐劳精神和独立自理能力;集体跟拍任务,可以增强学生的团队合作意识和互相关爱的品性等。

(二)实践操作,有利于促进学生综合能力的发展和多项技能的掌握

摄影是一门综合性技能。通过摄影活动,可以培养学生观察、思维、想象的能力,培养学生的动手能力,也能培养学生的组织、表述、统筹、应变、合作、协调、独立工作等一系列的相关能力。如学生拍摄时需根据照片用途判断捕捉画面;学生根据自己对于相机设备选择和管理的需求与家长进行沟通;临时接受拍摄任务时需要学生统筹安排自己的课业任务,同时与相关老师进行沟通;拍摄任务中遇到突发状况需要学生正确应变……所以,学生们进行拍摄,并不是简单地按动快门,需要他们对时间安排、师生沟通协调等都有很好的统筹、沟通、应变等能力。

（三）自主管理，有利于学生积极健康心理的形成

积极心理有三个层面的含义：第一，从主观体验上讲，包括幸福、满意、快乐、乐观等积极的主观体验；第二，从个体成长而言，包括爱的能力、创造的能力、工作的能力等积极心理特征；第三，从群体水平上讲，包括个体作为公民的美德，比如宽容、善良、责任感等。"亮眼睛摄影队"的成员的选择都是基于学生的自我选择和认知，他们对所学有探求的欲望，他们明确学习的意义，所以在之后的学习实践活动中，学生不是消极被动的受教育者，而是自觉主动的参与者，是学习活动的主体。根据学生年龄特点、心理特征与水平创设符合适应学生需求的学习内容时，才能使学生积极参与，主动去获取知识，自觉进行技能训练，用积极的心态面对学习中的难题以及处理人际关系，创造性地完成学习任务。在这个过程中，学生可以逐步形成适应个人终身发展和社会需要的必备品格与关键能力。

（四）"职业"体验，有利于学生生涯教育的开展

上海市教育委员会《关于加强中小学生涯教育的指导意见》指出："指导学生探索了解自身的兴趣爱好、能力特长和个性特征，发展积极的自我概念和生涯规划意识，提升自我调控、人际交往和社会适应能力，并在不断成长中形成健全的人格，树立正确的人生理想和价值信念。"

"亮眼睛摄影队"不仅让学生接受专业摄影技术的学习，更是通过一次次真实的"摄影师"工作职业体验为他们提供与人交往、动手实践、动脑思考的条件与环境。在摄影知识学习的课堂中，学生们了解摄影在当今社会生活中的运用和意义；在摄影技能学习的过程中，他们认识了"光圈""镜头"等专业术语以及基本使用方法；在摄影作品赏析中，他们学会如何去发掘身边的美；在拍摄体验中，他们需要和工作对象进行礼貌的沟通；任务完成后，交流分享时，引导培养他们学会自我剖析……如上所述，摄影队给学生们提供的成长动力是源源不断的，学生们在这种沉浸式的角色体验中不断学习如何做好自己，不断由内而外挑战自我，获得真正的成长。

不畏浮云遮望眼，只缘慧眼扩视界。小小的镜头不但让孩子们捕捉、欣赏到了大千世界的无限美好，更重要的是它延伸了"小摄影师们"未来成长之路的无限可能。

注　释：

[1] 陶行知. 陶行知全集 [M]. 长沙：湖南教育出版社，1984：428.

[2] 陶行知. 陶行知全集 [M]. 长沙：湖南教育出版社，1984：126.

参考文献：

[1] 林崇德.21世纪学生发展核心素养研究[M].北京：北京师范大学出版社，2016.

[2] 王希永.实施积极心理教育的思考[J].中国教育学刊，2006（4）.

"德""教"细无声，"实""验"别样红

——"校内职业体验"育人实践探索

上海市杨泰实验学校　须宏明

德育是一个生态环境，冯秀军指出："学校德育环境的生态建构，就是通过有计划、有目的、有系统的实践干预和影响，努力协调与整合学校德育环境内部各种构成要素之间的关系，从而构建一个具有内在一致性的和谐的学校德育生态环境。"[1] 在这一生态环境中，实践体验是生态链的重要节点，是育人的重要阵地。以培养"会学习、会合作、会生活"的阳光学生为目标，上海市杨泰实验学校一直在探索"校内职业体验"的育人价值。

一、"职业体验"的背景

2014年9月，国务院印发了《关于深化考试招生制度改革的实施意见》，提出要规范学生综合素质评价。综合素质评价主要反映学生德智体美全面发展情况，是建立规范的学生综合素质档案，客观记录学生成长过程中的突出表现，注重社会责任感、创新精神和实践能力，主要包括学生思想品德、学业水平、身心健康、兴趣特长、社会实践等内容。《中小学德育工作指南》（教基〔2017〕8号）中指出："实践育人要与综合实践活动课紧密结合，广泛开展社会实践，每学年至少安排一周时间，开展有益于学生身心发展的实践活动，不断增强学生的社会责任感、创新精神和实践能力。"学校生活离不开德育，5年来，学校抓好"校内职业体验"，促进学生认识自我，激发潜能，主动发展，走向社会，在活动中培养兴趣，在社会实践中经受锻炼，全面提升各方面素质。

二、立足学校，"德""教"并重

"职业体验"立足学校，根据初中学生的特点，即遵循事物的固有规律，回归本源。以此为落脚点，"职业体验"重视德育内容的系列化、德育效果的长程化。

（一）以"德"为纲，系列统筹

一个生态体系，一定是由各种生态资源构成的。德育生态有三个序列：行为

规范管理序列、思想政治教育序列和思想道德教育序列。[2] 关注德育工作的序列，回归德育的"真"，将其适当地分解融通在实践体验中，可以很好地引导学校更大限度地达成"职业体验活动"的育人价值。

学校"职业体验"的名称叫"今天我当家"，根据实际情况，给在校初中生提供了几十种职业体验岗位，既有校长助理、书记助理，又有门卫助理、保洁阿姨等。每个学生都必须参加，以班级为单位，轮流当家。轮到班级，学生一天时间不上课，只做实践体验和当家班级，学校提前提供岗位选择套餐，班级利用班会课、午自习等充分酝酿，让全班每一个学生根据自己的特点，选择适合自己喜欢的体验岗位，具体岗位设置及人数设计如表1所示。

表1 上海市杨泰实验学校职业体验岗位设置

岗位	工作内容和范畴	培养目标	人数
校长助理	校长工作	领导、统筹、阳光、自信	1
书记助理	书记工作	领导、组织、阳光、自信	1
副校长助理	教育、教学管理	领导、管理、规则、责任	1
小学教导助理	教导处日常工作	规则、自律、创新、阳光	2—3
初中教导助理	教导处日常工作	规则、自律、坚韧、创新	2—3
办公室主任助理	学校办公管理	协调、勤奋、勇敢、上进	1
人事助理	人事管理档案	梳理、仔细、责任、坚韧	1
档案室助理	档案室的管理	统筹、仔细、责任、向上	1
政教助理	政教处德育管理	管理、组织、担当、上进	2—3
大队辅导员助理	少先队管理及安排	组织、指挥、担当、自信	2
中队辅导员助理	班级管理	规则、坚韧、阳光、自信	1
年级组长助理	年级管理、协调	统筹、合作、耐劳、责任	8
厨师助理	厨房安排厨艺	勤劳、合作、责任、上进	3—6
后勤服务助理	保洁	勤劳、合作、自理、进取	3—6
图书管理员助理	图书管理及出借	助人、合作、向上、责任	1—3
门卫助理	安全、登记	防卫、尊重、助人、自信	1—3
文印室助理	文印、打字	勤劳、责任、耐劳、向上	1—3
卫生室助理	卫生包扎、护理	责任、关心、健康、向上	1
新闻小记者	写新闻	钻研、吃苦、自信、进取	1

在每个学期初，政教处、大队部负责做好一个学期的"职业体验"的主题设计、岗位设置和人数、不同年级的要求等，将学校三个序列内容纳入体系，形成序列化的安排，职业体验内容与学校主题德育内容有机地结合起来具体如表2所

示 2016 学年第一学期每周主题教育及职业体验内容。

表2 上海市杨泰实验学校每周主题教育及职业体验内容

周次	主题教育	职业体验育人价值
1	开学典礼倡议本学期主题是做一个彬彬有礼的杨泰人	做一个彬彬有礼的杨泰人
2	民族精神月	学习民族精神，增强民族自豪感
3	抓好行为规范	做好行规检查员，养成良好的行为习惯
4	争当文明礼仪员	争当文明礼仪员，养成良好的生活习惯
5	迎国庆	热爱祖国，养成良好的政治素质
6	过中秋节	热爱中华优秀传统文化
7	讲文明讲道德	做一个有道德的人
8	爱祖国、爱劳动、爱学习	养成热爱劳动、自主自立的生活态度
9	心理健康教育	养成良好的个性心理品质
10	期中考试	热爱学习、不怕困难的品质
11	11·9消防日教育	增强安全意识
12	科技节	勇于创新的良好品质
13	减少能源污染，维护地球清洁	保护环境，爱惜资源
14	从小做起，养成良好的生活习惯	从小做起，养成良好的生活习惯
15	法制教育	学法，形成规则意识和民主法治观念
16	感恩教育	懂得感恩，尊敬师长、尊重父母
17	挫折教育	做有坚强的意志品质和心理抗挫能力的人
18	迎接新年	做最好的自己——迎接新年
19	迎接考试	应对挫折的能力
20	诚信考试	形成诚实守信良好品质

（二）传承延续，长效求"得"

学校的"职业体验"立足于传承性、延续性，结合重要的金球文化节，力争在"前移""后续"上有所突破，关注其对学生成长的长效所"得"。如"做一个彬彬有礼的杨泰人"，已形成一个德育一体的主题分解体系，这样知行统一、纵贯横通的"职业体验"安排，重视长程化设计，立足于学生道德品质的培养、精神意志的引导、心理健康、生涯规划等的需要，为以学生终身健康发展为目标的学校德育教育搭桥铺路、添砖加瓦。

三、与时俱进 "实" "验" 兼行

"让每个杨泰人精神起来"是学校的办学风格，"实""验"兼行的"体验活动"也体现了这一特点。

"实"即以落实活动、落实德育为主题的活动；"验"即体验和感悟。具有"杨泰"特色的一系列学生活动，特别是"体验活动"，有助于学生理解日常生活道德规范，形成良好的行为习惯和品质。

（一）"当家"后，说体验

每次当家活动结束时，班主任老师带领学生填好探究表，并到结对师傅那里填好反馈表，然后在班级内进行小组讨论，小组派代表分享体验心得，使学生进一步认识到活动的价值和实践的重要，体会到运用知识解决生活实际问题的能力，激发学生的体验兴趣。

（二）回到家，要"当家"

每次活动前，学校提前告知家长，甚至邀请个别志愿者参与活动，并提供建设性意见。活动过后做好跟进教育，要求家长和学生交流活动的心得，还要设计自己家里的"今天我当家"活动，让活动延续到校外，学生们很乐意在家里体验"今天我当家"。

（三）小组议，有评价

在全面推进综合实践活动课程实施的同时，依据综合实践的要求，学校也及时出台了《杨泰实验学校"今天我当家"实践活动评价方案》，学生首先进行自我评价，接着由搭档师傅评价，然后在班级小组进行交流体会，小组派代表交流体验心得，班级老师总结，回到家里与家长交流体验过程。每个孩子在不知不觉中快乐成长。作为开展实践活动课程评价研究与实践的指导性意见，由于评价措施得力，极大地促进了综合实践活动课程的顺利实施。

"职业体验"关键要通过不同的自我实际体验，去"做中学""玩中学""错中学"配套一系列的教育。学生通过体验，不断增强社会责任感、创新精神和社会实践能力。

四、成效与展望

（一）活动成效

1. 构建了现代体系下"职业体验"育人机制

在开展职业体验活动的过程中，教师们始终把"立德树人"作为一切活动设计的根本任务，围绕这一根本任务设计内容，经过5年多的研究实践，已经摸索出一条日趋成熟的实践之路，开发了适合中小学生学习、体验的职业体验学校基地，并纳入学校综合社会实践课程。

2. 搭建了学生职业体验拓展平台

中学生职业体验拓展以学生职业体验为切入口，引导学生职业发展的基地，填补了生涯规划教育的系统性空白。在职业体验过程中，学生们培养了人际沟通能力、组织协调能力等，在体验中不断反思、感悟，逐渐厘清人生目标，激发学习动力，帮助他们实现全面而有个性的发展，从而形成了学校的"先体验、再感悟"的育人模式。

每次职业体验后，学校及时要求同学们写出体验收获和感悟，谈谈对自己职业规划的启示，对实践和未来有了进一步的认识。下面摘录2021届七（2）班许同学的体验收获和感悟：

今天我在校内担任了校长助理一职，这让我对于未来自己职业的畅想与规划有了很大的改变。原先我以为校长的工作就是只要每天在办公室里批批文件、会议室里开个会、抽空去每个班级转一圈就好了，但事实与我的想象大相径庭。因此现在无论如何我须尽快强大起来，读上好高中、上好大学，因为只有这样，我才能在未来让我的梦想变得不只是梦想！

（二）反思

学校职业体验的体系有待进一步完善，岗位还可以增加，甚至可以拓展到校外基地，让学生喜欢体验，真正提升实践育人的价值。

校内职业体验实践活动，创造了一个良好的德育生态环境。为学生提供社会实践活动的机会，使之对职业有初步的感受和认知，学生的创新精神与实践能力在职业体验中能够一步一步地得到提升，学生在丰富的职业体验中获得全面发展和成长，为适应经济社会发展对多样化高素质人才的需求打下基础。在践行社会主义核心价值观，着力促进每一个学生的终身发展的路上，我们将一直走下去。

注　释：

[1] 冯秀军. 现代学校德育环境的生态建构[J]. 教育研究，2013（5）：104-111.

[2] 邹昭. 建立中学德育体系的思考[J]. 学校党建与思想教育，1999（12）：30-32.

参考文献：

[1] 曲正波. 中职学校职业体验中心建设的实践与探索[J]. 职业，2019（18）.

[2] 睢定忠. 城市中小学劳动教育的校本化实施路径：上海市沙田学校劳动教育探索[J]. 人民教育，2019（10）.

[3] 张玲. 体验式德育课程：播下道德素养发展的种子[J]. 中国道德，2016（2）.

纸上得来终觉浅，绝知责任要躬行

——小学生红色文化实践活动的组织与实施

上海市宝山区和衷小学　朱琳萍

教育部于2017年8月发布的《中小学德育工作指南》是深入落实立德树人根本任务的重要文件，明确了新形势下中小学德育工作的指导思想、基本原则和德育目标。该文件在"总体目标"开头就指出："培养学生爱党爱国爱人民，增强国家意识和社会责任意识。"而其六大"实施途径和要求"中的一个板块"实践育人"指出：开展各类主题实践。利用爱国主义教育基地、公益性文化设施、公共机构、企事业单位、各类校外活动场所、专题教育社会实践基地等资源，开展不同主题的实践活动。

小学生正处于快速成长期，正是培养、树立正确价值观念的关键期，因此，利用红色文化资源、开展红色文化活动、发扬红色文化传统、传承红色文化基因对正处在性格形成和成长重要阶段的小学生有着不可估量的价值。红色文化实践活动是围绕、依托红色文化资源开展的各类社会实践活动，包括红色文化调研、参观红色文化圣地、体验红色文化生活等多种形式[1]。本文以小学生红色文化实践活动育人过程为视角，对实践育人活动的有效组织和实施进行了较为深入的分析，提出小学生红色文化实践活动的德育功能。

一、实施背景

（一）红色文化实践活动增强小学生社会责任感与使命感

红色文化实践活动融合了中华民族的传统美德、伟大的革命精神和责任担当意识，为小学教育提供了丰富鲜活的素材。小学生通过红色文化实践活动将理论与行为相结合，检验自己的认识，开展自我教育和相互教育，真正将社会发展所需的知识要求、价值观念、道德规范内化为素质要求，外化为自觉行动，最终实现知行统一。更重要的是，还可以很好地培养和锻炼学生的实践能力，同时可以加深学生对社会的了解，培养学生的社会责任感与使命感。在教育学中，社会责任感则强调个体在对自己、他人、社会的行为中需承担责任的意识[2]。

（二）办学理念指导下学校实践活动体系化

上海市宝山区和衷小学的学生们有着一个充满诗意的名字——小绿萝，这个名字源于令人神往的绿萝花语：坚韧善良，守望幸福。其一，绿萝是一种生命力极其顽强的草本植物，被称为"生命之花"。其二，绿萝最大的心愿就是能够开出美丽的花朵，它们为着这个梦想而不断努力，期待着幸福的到来，就好像人无论遇到什么困难，都不放弃自己的理想一样。本校在"为每一个孩子的幸福人生奠基"的办学理念指导下努力促使学校德育内容全面化，实践活动体系化，实现了"为孩子的幸福人生奠基"的教育价值追求。由此，本校实践活动结合重大传统节日，整合有利资源，针对不同年龄段的学生提出不同的要求，开展不同层次的实践活动，做到月月有活动，周周有主题，使实践活动经常化、系列化、特色化。

（三）学校地理位置凸显实践活动特色化

和衷小学位于长江港口，海军驻军部队较集中的区域，包括和衷小学学生中军人子女占有一定的比例，基于这些因素和有利的红色文化资源，学校积极开发了红色文化实践活动体系，凸显了实践活动特色化，旨在加强"红色文化教育"，红色文化教育承载着革命历史、革命精神，蕴含着丰富的价值理念和精神力量，是对学生进行德育的重要载体。

二、实施内容

（一）建立实践活动组织架构

和衷小学强调，组织学生参加实践活动必须精心组织实施，落实好必要的安全措施，确保学校红色文化实践活动安全有序进行。和衷小学建立了由党支部校长室为领导的活动组织架构（见图1），德育室作为协调指导活动部门，负责通知学校调整课程安排，督查实践活动时间、内容和效果等情况，明确参与组织活动人员的责任，确保实践教育活动丰富多彩，增强实践活动的针对性、趣味性和实效性，形成学校、家庭、社会共同支持学生参加实践活动的良好育人环境。

（二）实践活动板块分类

如表1所示，和衷小学实践活动每学期列入学校工作计划，每学年至少安排一周时间，具有较为详尽的实践活动方案。实践活动的设计从人身安全、自主能力、团结意识等诸多因素考虑，遵循科学合理性、内容丰富性、活动趣味性、教育有效性四个原则设计实践活动。

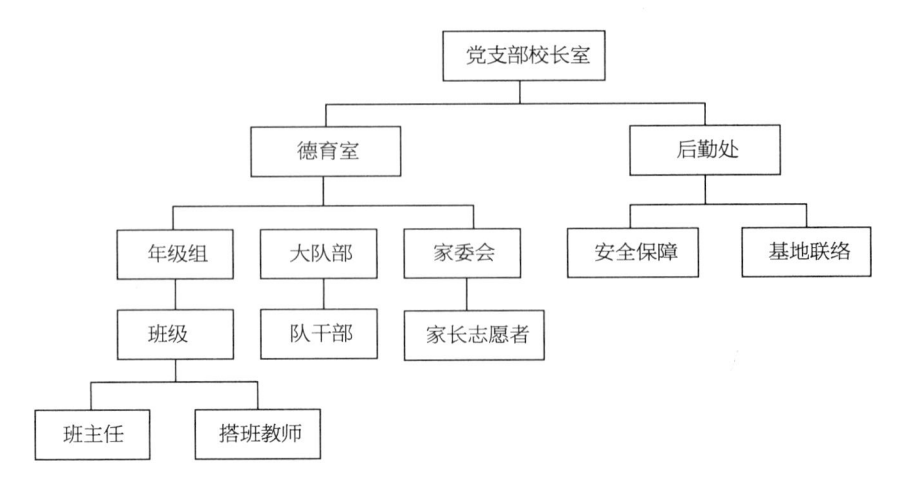

```
              党支部校长室
           ┌──────┴──────┐
         德育室          后勤处
      ┌────┼────┐     ┌────┴────┐
    年级组 大队部 家委会  安全保障  基地联络
      │    │    │
     班级 队干部 家长志愿者
   ┌──┴──┐
  班主任 搭班教师
```

图 1　上海市宝山区和衷小学红色文化实践活动实施组织架构示意图

表 1　上海市宝山区和衷小学实践活动板块分类一览表

板块	目标	具体内容	年级
小脚丫之旅（欢乐之旅）	丰富生活内容 拓宽学生视野	春秋游/夏令营/观看影视剧	全校学生
小公益之旅（爱心之旅）	学习助人为乐 体验公益魅力	阳光爱心小站活动/社区公益劳动/学雷锋义卖活动/重阳节尊老活动/春节慰问行动/植绿护绿/环境保护	全校学生
小红军之旅（红色之旅）	培养爱国情怀 承担社会责任	消防安全/"非遗"传承/各类红色文化场馆参观活动/博物馆参观/部队、军舰参观	全校学生
小达人之旅（体验之旅）	感悟生命意义 学会换位思考	假日小队活动/少先队组织工作/小绿萝执勤工作/班级小岗位等	全校学生

（三）红色文化实践活动基地选择

近两年来，和衷小学把实践活动进行梳理与整合，重点厘清了红色文化实践活动的具体实施过程和方法，以"传承不朽革命精神　增强社会责任意识"为目标，引导学生树立"国兴我荣，国衰我耻"的民族责任感与使命感，将个人前途与国家发展紧密地联系起来。

和衷小学为每一个年级的学生选择了不同的红色文化实践活动基地（见图2）。这些基地都是学校周边的"红色文化资源"，符合实践活动的科学合理性，更具有不可替代的教育性。在这些红色文化的熏陶下，近两年来，红色文化实践活动串起学校红色文化教育的系列活动，开辟了学校思想道德教育的新空间。

```
一年级 ──→ 上海海军博览馆
二年级 ──→ 上海淞沪抗战纪念馆
三年级 ──→ 宝山烈士陵园
四年级 ──→ 消防站
五年级 ──→ 海军××部队（嘉兴舰）
```

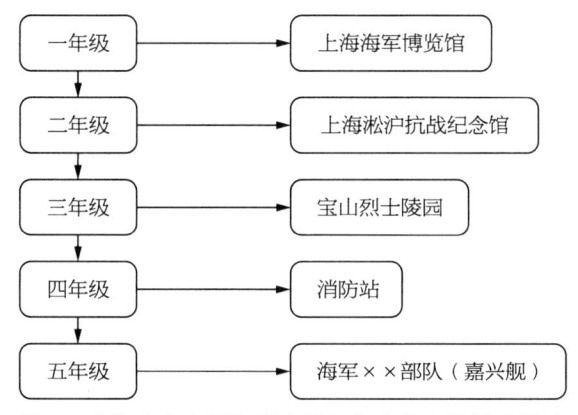

图2　上海市宝山区和衷小学红色文化实践活动基地

（四）活动目标与形式

梁启超先生曾说过："少年兴则国家兴，少年强则国家强。"小学生不仅是国家的未来，更是民族的希望。在小学阶段开展红色文化实践活动，进行红色文化教育，培养学生良好的行为习惯和社会责任担当，引导学生树立社会主义核心价值观，对弘扬优秀传统文化，传承中华民族精神具有重要意义。

学校思想道德教育工作以"红色文化实践活动"为一个教育载体，分年级安排红色文化实践活动基地，制定实践德育目标和红色文化教育活动形式（见表2），活动之后及时做好评价和反馈。

表2　上海市宝山区和衷小学红色文化实践活动目标与主题活动一览表

年级	基地	目标	主题活动
一年级	上海海军博览馆	1.了解中国古代海军历史与中国近代海军发展史。 2.激发和培养学生的爱国情怀。	诵读红色童谣
二年级	上海淞沪抗战纪念馆	1.全面了解抗战时期发生在上海的两次重大战役"一·二八""八·一三"淞沪抗战和上海人民14年的抗战史实。 2.有效地激发革命精神和爱国情感，培养学生的荣辱感，增进为祖国强大而努力的责任感。	观看红色影视
三年级	宝山烈士陵园	1.了解革命英雄先进事迹和感人故事。 2.让学生们牢记历史，缅怀革命先烈，学习人民英雄坚贞不屈的精神，增强学生的使命感。	诵读红色诗歌
四年级	消防站	1.了解消防设施设备，丰富消防知识。 2.学习消防员纪律严明，舍身奉献的大无畏精神。	培养小讲解员
五年级	海军××部队（嘉兴舰）	1.了解海军的日常生活，见识中国军舰装备及祖国日益强大的海军部队。 2.在这样一次国防教育中激发学生们的爱国主义情怀、社会责任担当和使命感，明白要为中国的强大贡献自己的力量。	传唱红色歌曲

三、实施方法

(一)活动形式多样性

实践是检验真理的唯一标准,体验是收获真知的不竭动力。尤其是小学生的认知水平还不能完全把课堂上学到的理论知识同行为认知联系起来,所以,实践活动就是一个很好的桥梁纽带。学生通过用自己的眼睛去看、用自己的耳朵去听、用自己的头脑去分析,动手动脑,可以增强感性认知,把外在教育要求内化为自我发展动力,自我发现,自我提高,培养良好的情操和意志。因此,组织设计合理的、多样化的活动形式显得尤为重要。学校把五次红色文化实践活动以五种不同的形式来表现:诵读红色童谣、观看红色影视、诵读红色诗歌、培养小讲解员、传唱红色歌曲(见表3)。每一次的活动都给学生带来强烈的体验感,从中接受红色文化教育,传承红色文化精神。

表3 上海市宝山区和衷小学红色文化实践主题活动过程一览表

活动形式	活动过程		
	准备工作	主题活动	反馈巩固
诵读红色童谣	学唱童谣"我是小海军"。	参观海军博览馆,了解海军部队的发展; 唱童谣"我是小海军"。	交流活动感受,激发学生爱国情怀和责任担当。
观看红色影视	学生在家选择观看一部关于抗日战争题材的红色影视作品。	参观淞沪抗战纪念馆,全面了解抗战时期发生在淞沪的两次重大战役"一·二八""八·一三",激发传承不朽革命精神。	召开主题班会,交流红色影视启发和参观感受。
诵读红色诗歌	班主任进行诗歌的选择; 学生诵读红色诗歌; 全班诗歌朗诵训练。	徒步到"宝山烈士陵园"进行缅怀先烈祭扫活动; 诗歌朗诵,向革命烈士们表达深切的怀念和敬仰之情。	交流参观感受,增强学生的责任感和使命感。
培养小讲解员	查阅消防站的相关知识; 学习消防安全相关知识。	参观消防站; 参与消防安全知识讲座与互动。	学生在班级里学做小小讲解员,讲解消防知识和防火灾的注意事项; 年级组织消防安全知识竞赛。
传唱红色歌曲	师生学唱一首红歌。	在每年4月23日中国海军建军日前后组织五年级学生参观海军部队军舰; 全体师生高唱红歌。	交流参观后感受; 年级组进行唱红歌比赛。

(二)活动过程有序性

活动的有效性一定是经过不同层次的渗透,逐渐让学生在体验中感知,在感知中获得。我们每一次红色实践活动过程按三个步骤来完成:参观前准备工作、参观中主题活动和参观后反馈巩固。

1. 准备工作

在进行红色文化实践活动之前，班主任要求学生们查阅关于该基地的相关资料，对其建成背景、主题内容等有初步的了解和认识。

根据计划确定的活动形式，事先做好传唱童谣、红歌、诗歌、观看影视等准备工作。

2. 主题活动

由基地解说人员带领学生参观场馆，在参观中踏红色足迹、听红色故事、忆红色历史、传红色文化，引导学生认知、思考、感悟，前事不忘，后事之师。

在参观中还以童谣、红歌、诗歌等形式表达对英雄先辈的敬仰，激发青少年铭记历史，从文化基因传承中汲取智慧和力量，继承荣光。

3. 反馈巩固

通过主题班会的形式让学生们交流活动感受，巩固活动所思所悟，激发学生的爱国情怀和责任担当。

学校、年级、班级组织知识竞赛、观后感、影评、红歌比赛等形式，对活动做出进一步的巩固和反馈。

学生们在五年小学生涯中经过这样的五次红色文化实践活动，学习军人吃苦耐劳、乐于奉献的精神，进一步培养学生的纪律性和责任感，使学生成为追求理想、勤奋学习、体魄强健、勇于创新的一代新人。

四、实施成效

（一）开发实践活动校本课程

红色文化生生不息，红色传统代代传承。红色文化实践活动有它独特的课程价值，学校深挖红色资源，着力构建小学生红色教育校本课程。学校把实践活动在已有的基础上系列化、模式化，加大红色教育课程开发力度，现在校本课程《"小绿萝"红色旅途记》已初具雏形，形成了富有学校特色的校本实践活动课程。

（二）构建多元化德育平台

构建多元化的德育平台是在实践活动的基础上对学生开展鲜活教育最大的"红利"。让学生思想道德教育从校内延展到校外，加深学生对社会、对祖国、对历史的了解，培养他们的社会责任感。学生参加"红色"实践之旅，从中进一步认知和了解社会；磨炼意志，提升品质；检验并丰富自己对知识的认知；不断积累经验，提高素养。

（三）红色精神植根于学生

红色场馆的陈列展示内容，凝固了革命精神，见证了中国共产党的历史，是超越时空、感知史实的客观载体，诠释着革命先辈和中国共产党人的理想信念、爱国情怀、革命精神和道德情操。所以，通过系列红色文化实践活动，红色场馆传承的精神和丰富的文化内涵已经深深植根于每一位学生的心中，他们是弘扬红色文化的倡导者、宣传者，他们内心具有满满的民族自信心与自豪感，将不断丰富社会主义核心价值观的内涵，从而努力做社会主义核心价值观的践行者！

注　释：

[1] 李一楠.以红色社会实践活动推进大学生社会主义核心价值观教育的理性审视[J].思想理论教育导刊，2019（2）：78.

[2] 王道俊，郭文安.教育学[M]，北京：人民教育出版社，2009.

参考文献：

[1] 陈步云.高校实践育人机制研究[D].长春：东北师范大学，2017.

[2] 呼和.大学生社会实践育人机理及运行机制研究[D].北京：北京科技大学，2018.

[3] 吴勇林.以"红色引擎"驱动德育特色发展[J].中国德育，2018（21）.

[4] 王玮.初中历史教学中培养学生社会责任感的实践研究[D].呼和浩特：内蒙古师范大学，2017.

[5] 中共成都市成华区委宣传部.深化红色文化教育　引导青少年成长[J].先锋，2019（6）.

[6] 龙红梅.实践体验是收获真知的不竭动力：暑期百色"红色之旅"社会实践活动[J].智库时代，2018（28）.

天行健，君子以自强不息

——高中学生自我管理能力培养机制的架构和运作

上海市吴淞中学　丁　玲

《周易》中说："天行健，君子以自强不息。"天（即自然）的运动刚强劲健，君子处事也应像天一样，自我力求进步，刚毅坚韧，发奋图强。高中阶段是激发人强烈的进步心，培养人自我管理能力的重要时期。高中生自我管理是根据高中生的身心特点和发展规律，由学校通过机制架构和实施，有目的、有计划、有组织地引导高中生在学习生活中发挥主观能动性，积极参与自主管理、自我发展的实践活动。在活动的过程中，形成自我教育、自我管理、自我约束的自觉性，使高中生由他律转化为自律、由单纯的"自转"转化为"自转"与"共转"有机统一，从而发展个体潜能，促进综合素养的全面提升。

一、实施背景

（一）学生自我管理机制的架构和运作是推进德育改革、全面提升教育质量的需要

当前，学校德育大多采取"就范教育"模式。强调受教育者接受教育者的要求，按照教育者要求来发表言论和采取行动，忽视受教育者的自我学习和自我评价。在工作中往往"以管代教"，只重视教育要求的正确性，而忽视教育的针对性。在教育过程中学生的主体性被忽视，学生的积极性、主动性和自觉性容易受到压制，而教育最终目标也必然大打折扣。在我们强调学生课堂主体性作用的当下，德育也应构建以学生为主体的德育模式，有利于培养适应改革发展需要、具有较高思想道德素质的人。

（二）学生自我管理机制的架构和运作有助于解决学校德育工作中遇到的实际问题与困惑

"知行不一"是德育比较突出的问题。高中生的世界观、人生观和价值观已初步形成，有了一定的是非判断能力，但是"他们处于想独立而不能独立，希望自由又不会自由的阶段，在行动中表现出既懂事又不懂事，自觉又不自觉，有主见

又无主见,能自制又不能自制的矛盾现象"。[1] 由于我们的教育经常忽视学生的主体性,忽视学生自由择善,处于青春期的学生往往明知故犯。加强学生自我管理能力是增强学生自主发展能力,增强德育实效性的有效途径之一。

(三)开展高中学生自我管理机制架构和运作研究是实现学生自我发展的需要

高中生在自由、开放和竞争的社会中不断成熟,他们对社会上纷繁复杂的新事物、新问题已不再轻信和盲从。他们的主体意识、参与意识、独立意识、自主意识都明显增强。在日常表现中,他们的主动性、创造性非常活跃,这有利于学生才能的发挥和个性的形成。学校发挥学生自我教育、自我管理、自我发展的作用,其目的就是要调动学生参与学校教育教学和管理活动的积极性,使学生在参与的过程中实现自身发展。因此,教育者要着眼于学生的自主发展,关注学生未来发展的需求,充分利用和调动学生的主体意识、自主意识和参与意识,提高其道德自觉性。

二、概念界定

学生自我管理内容分为三个部分:学生的学习管理、班级管理和自我管理。学生自我管理指的是"形成良好的学习习惯、生活习惯与行为习惯,具有基本的自理能力、自治能力和独立生活能力,使学生能够愉快地学习、健康地成长,在德智体诸方面得到全面、和谐的发展。"[2]

高中生自我管理是根据高中生的身心特点和发展规律,由学校通过机制架构和实施,有目的、有计划、有组织地引导高中生在学习生活中,发挥主观能动性,积极参与自主管理、自我发展的实践活动。在活动的过程中,形成自我教育、自我管理、自我约束的自觉性,使高中生在由他律转化为自律的过程中走向自我管理,发展高中生的个体潜能,促进其综合素养的全面提升。

三、实施内容

(一)构建协同管理机制

学生自我管理能力培养机制的架构和运行是一项系统性工程。我们强调的学生自我管理,并不是对学生的放任自流,也不仅仅是班主任、德育处的常规管理工作,而是在全校达成全员管理、全过程管理、全方位管理的共识下,将既有的体系相对完善的学校管理和学生创新的体现时代个性的自我管理有机结合。这对学校和教师都提出了更高的要求。因此,学校构建了由校长室领导,德育处总体协调,学生发展中心、校团委、各年级组分工合作的学生自我管理能力培养协同管理机制(见图1),确保工作的顺利有效开展。

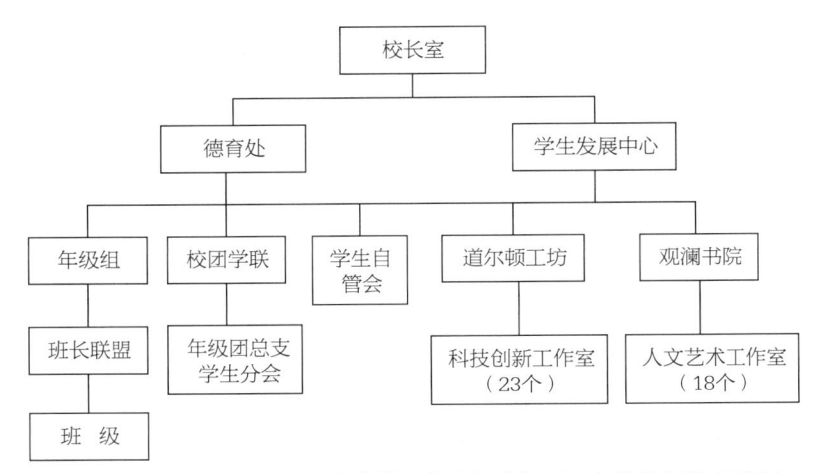

```
                    ┌─────────┐
                    │ 校长室  │
                    └────┬────┘
              ┌──────────┴──────────┐
         ┌────┴────┐          ┌─────┴──────┐
         │ 德育处  │          │学生发展中心│
         └────┬────┘          └─────┬──────┘
      ┌──────┼──────┐         ┌─────┴─────┐
   ┌──┴─┐ ┌──┴─┐ ┌──┴──┐  ┌───┴────┐ ┌────┴───┐
   │年级│ │校团│ │学生自│  │道尔顿  │ │观澜书院│
   │组  │ │学联│ │管会  │  │工坊    │ │        │
   └──┬─┘ └──┬─┘ └─────┘  └───┬────┘ └────┬───┘
      │      │                │           │
   ┌──┴─┐ ┌──┴────┐      ┌────┴────┐ ┌────┴────┐
   │班长│ │年级团 │      │科技创新 │ │人文艺术 │
   │联盟│ │总支学 │      │工作室   │ │工作室   │
   │    │ │生分会 │      │（23个） │ │（18个） │
   └──┬─┘ └───────┘      └─────────┘ └─────────┘
      │
   ┌──┴─┐
   │班级│
   └────┘
```

图1　上海市吴淞中学学生自我管理能力培养机制的架构和运行示意图

（二）形成分层推进机制

很多学校都十分重视学生自主管理能力的培养，并形成了一些有效做法，但大多数停留在班级的自主管理，或组织学生干部参与学校检查评比等简单的管理工作。这就将学生自我管理简单化为自觉遵守日常行为规范。高中生的自我管理能力应当包括自觉形成良好学习习惯、生活习惯与行为习惯，以及自主学习、自主探究、自主合作、自主创新等更高层次的能力。基于这一认识，学校从校级、年级、班级三个层面开展学生自主管理能力的培养。在校级层面，通过年级组、校团学联、学生自主管理委员会，组织学生自主管理日常行为、自主策划开展各类大型活动。通过学生发展中心，依托道尔顿工坊和观澜书院开展学生研究性学习工作室自主管理。年级层面，通过"班长联盟"、年级团总支、年级学生分会定期召开工作例会，对校园内热点、焦点问题进行讨论，对学校教育教学工作提出意见和建议，推进各班自主管理的交流与合作。班级层面，依托班级团支部，结合自身特色开展学生自治自管，推动自主发展。这种多层级的学生自主管理机制的形成，有效填补了学校条块化的教育教学管理体制的空缺与死角，同时又为学生自主管理能力的培养搭建了生态型、系统性的平台。

（三）打造特色课程支撑机制

道尔顿工坊和观澜书院是吴淞中学近几年精心打造的学生科创能力和人文素养培育的研究性学习基地，共设有科技、艺术、人文、体育等各类研究性学习工作室40多个。其中国家级研究性学习工作室1个，上海市级研究性学习工作室5个。从工作室的课程内容上看，提升人文底蕴、培养自主探究、增强自觉担当和推动主动创新成为共性内容；从组织管理上看，各个工作室均采用导师带领下的学生自我管理模式，开展各类探究学习活动。各个工作室的学生自主制定工作室章程，确定研究发展方向。每学期开展星级工作室申报评选活动。这些内容丰富、广受学生喜爱的研究性课程构成了学校促进学生自我管理、自主发展的特色课程体系。

四、实施成效

经过近三年的实践探索,学校基本上架构了培养高中学生自我管理能力的运行机制。学生的自我管理不仅体现在对自身学习、生活的自主管理,还表现在积极参加学校教育教学各项管理工作,在促进学生综合素质能力全面提升的同时,也融洽了师生、生生关系,推动了学校新发展。

(一)自主管理让学生更快成长

1. 班级管理——让学生"自转"。 自主管理让学生自己制定《班级公约》,民主选举班干部,自主开展班级文化建设,自主策划组织社会实践活动……学生学会了"自转"。自主管理让学生的个性特长得到充分发挥,也让班级有了个性特色。在"一班一品"创建活动中,各个班级结合自身特点建立各具特色的实践活动小组,形成了有班级特色的品牌活动,让学生在自主管理活动中获得更快成长。例如,2017届高三(7)班以志愿服务实践活动为载体,开展班级学生自我管理建设。活动中基地联络、分工协调、组织管理都由学生负责,学生自我管理全覆盖,综合能力全面提升。志愿服务活动中的自我管理模式还被推广到班级的各项工作中,从卫生工作、安全工作,到晨读、自修、班会等,学生总是积极策划,踊跃参与,让班级展现出蓬勃向上的气息。

2. 学校管理——让师生"共转"。 在研究过程中,学校依托团委、学生会、学生自管会、班长联盟等学生自主管理组织,开展了一系列特色活动。这些活动紧紧围绕社会主义核心价值观教育,聚焦社会热点和焦点,贴近高中生学习、生活实际,让学生的自主教育与学校教育实现"共转"。如"人人都是志愿者"志愿者服务活动、"与校长面对面"、教学管理"金点子"征集、"做学校的主人"优秀学生提案评比等活动,围绕学校重点工作,关注师生焦点话题,注重学生自主管理能力的培养,让学生自主策划方案、自主组织安排,自主解决实际问题,鼓励学生的自我激励和评价,在提升学生自主管理能力的同时,有效促进了师生"共转"。

(二)自主管理让教学管理更高效

1. 基础型课程——学生上讲台。 在语文、数学、外语、政治、历史等学科基础型课堂教学活动中,鼓励学生走上讲台,参与教学活动。如语文课堂上每天进行2分钟演讲,历史课堂上讲述"历史上的今天",政治课堂上"学生导学",数学课上"我来讲错题"等,鼓励学生发现问题、分析解答问题,并与同伴分享。学生走上讲台,创造了一种新鲜、轻松、活泼的教学气氛,有利于师生、生生沟通，有利于调动学生的积极性、主观能动性和创新精神，激发学生追求探索知识的兴趣。

【案例1】　　　　　　什么样的早读课更高效？

高二年级"班长联盟"对学校早读课进行了调查。调查群体为来自3个年级的108名学生。调查结果表明，多数学生支持早读课自行开展。108位同学中有77位选择了自己默读，有101位觉得应该自己复习文科内容。由于每天背诵要求的不固定，班主任很难了解学生今天最需要做什么，但如果把每天早读的任务定位死，那么效率会大打折扣。很多同学都希望在早读课进行自主管理，比如让课代表根据当天背诵及默写要求自行安排早读课。结合调查数据，"班长联盟"向学校提出调整建议，并得到学校的积极回应：

1. 各班早读课调整为早自修；
2. 以"学生为主，班主任为辅"，同学们根据需要自主开展晨读或自学活动；
3. 通过课代表加强组织管理。

2. 研究性课程——学生是主体。学校依托道尔顿工坊和观澜书院两个学生研究型学习基地，开设了40多个研究性学习工作室。工作室的建设发展贯彻学生自我组织、自我管理、自我学习、自我教育的思想。每个工作室有一名教师担任导师，主要承担指导工作。每学年初，学生通过学校的选课系统，自行选择加入工作室。工作室章程和活动内容均由学生自行确立，学生担任负责人。不少普通学生通过活动锻炼，展现出较强的组织管理才能。通过参加工作室的各类探究活动，学生的自我管理意识增强了，自我管理能力提高了，个人的综合素质也得到很大的提升。

3. 教学管理评价——学生唱主调。学校对教师的评价采用教师互评、部门评价、学生评价和家长评价相结合的多维评价机制。其中，学生评价占据相当重要的地位。每个学期结束，由教导处按照人数比例向学生发放《教师教育教学学生评价表》，从师德师风、教学基本功、教学内容、教学方法、教学管理、教学效果等多个方面对每位任课教师进行量化打分。学生评价作为学校评先评优、职称评审的重要参考依据。同时，学校还汇总学生意见并反馈给每一位教师，促进教师教育教学的不断改进。

（三）自主管理让校园生活更和谐

食堂饭菜不合口味，宿舍管理不到位，图书馆没有我想看的书，篮球场关门太早……这些是学生常常吐槽的学校生活问题。随着学生自我管理能力培养研究的开展，这样的吐槽在吴淞中学很少，甚至没有。因为学生自主管理已经深入学校的后勤管理中。在学生参与管理的过程中，学校后勤工作水平有了很大提升，学生对学校后勤保障工作也有了更多的了解和理解，使校园生活更加和谐。

【案例2】　　　　　　　　　　小卖部的管理

高二（4）班的潘晟同学，随机挑选了高一、高二两个年级共108人参与对校园内的小卖部进行调查，调查发现：

1. 学生前往小卖部消费的时候，零食占据了主导地位，学习用品的比例较低，主要原因是同学认为学习用品品种少、价格高。

2. 中午是学生去小卖部消费的首选时间段，体育课后的比例也会比较高。此外，中午时间段的客流主要集中在12:45之前。

3. 有相当部分学生表示，小卖部应增加奶茶、汉堡等食品；也有三成左右学生认为，小卖部应该增加一部分日用品，这一诉求主要来源于住宿生。

4. 三成左右同学表达了对小卖部卫生环境的担忧，希望可以改善。五成左右同学认为，到小卖部购买商品时秩序较乱，经常拥挤。

小卖部经营情况统计表

主要问题	人数（人）	占比
开放时间问题	35	32.4%
环境安全问题	54	50%
食品卫生问题	36	33.3%
经营品种问题	40	29.6%

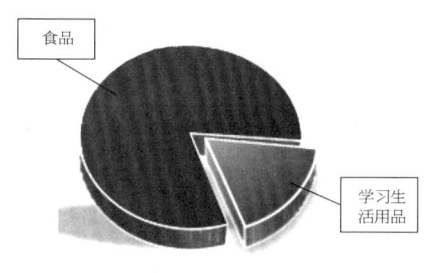

小卖部经营商品占比图

基于学生现实需求及相关规定，学校对小卖部的管理进一步强化：

1. 加强开放时间的管理，尤其是早操时间段及眼保健操时间段；

2. 改善周围环境，在客流量大的时候，加强疏导，避免过于拥挤。必要时采取不同年级分流的措施；

3. 商品结构调整，增加日用品及学习用品的比例，降低膨化食品、糖果等不健康食品的比例；

4. 学校卫生室、学生会定期开展小卖部环境卫生检查。

"天行健，君子以自强不息。"学生作为学校的培养对象，作为社会的后备力量，既是学校生机勃勃的主体力量，也是社会新鲜的血液和蓬勃发展的源泉。他们只有在有意识、有目的，自觉树立起主人翁意识的时候，才能最大限度地挖掘自身潜能，充分发挥学习的主观能动性，使自己既成为优秀的学习者，实现知识与技能的积淀，又能迅捷地成长为合格的社会成员，为社会积极健康和谐的发展注入生机与活力。希望在全校师生共同努力下，通过学生自主管理能力培养机制的构建和运作推动学生的全面发展、学校的持续发展及社会的和谐发展。

注　释：

[1] 吴余良.自组织理论视野中的中学班级自主管理探究：以南昌县四所中学为例[D].南昌：江西师范大学，2009：2.

[2] 吴志宏，冯大鸣，周嘉方.新编教育管理学[M].上海：华东师范大学出版社，2000：227-228.

参考文献：

[1] 刘帅帅.高中学生自主管理探究[J].新课程（中学），2016（10）.

[2] 陈利荣.高中生自主管理策略研究：有感于汉寿一中学生自主管理[J].新课程：下旬.2016（11）.

[3] 杨淑敏.高中生自主管理的实践研究：三项自主管理活动透视[D].上海：华东师范大学，2006.

[4] 樊德雨.高中生班级自主管理的现状调查与对策研究：以江苏省H中学为例[D].成都：四川师范大学，2016.

马有千里之程，寻志而往

——以学生志愿服务为载体的初中自主管理模式实践探究

上海市淞谊中学　钱　璟

一支有责任心、有奉献精神的学生志愿者队伍，是有别于以往以班级选举制形式推选的或教师指定的小干部队伍的，他们更有责任感，更有主动参与管理的意识。在志愿服务的过程中，他们发挥模范带头作用，体现自律与示范，不断提高自身组织能力、实践能力。

随着世界经济的迅猛发展，社会需要综合型人才，教育的目标已从过去的单一的知识传授转变为提高学生综合能力，培养其成为适应时代需要的复合型人才。[1]初中生的年龄特点决定了他们不再像小学生那样"唯老师是从"，更愿意积极地在老师和同伴面前展现自己的能力，得到自主管理的机会。

一、问题的提出

（一）自主管理对当下青少年发展的重要性

学生积极主动地参与管理活动，能够促进学生发现自我，更好地了解自己的优缺点，懂得扬长避短。我们鼓励学生通过参与志愿活动，接受磨炼，从而提高自我管理能力。同时一味地靠命令，学生在内心并不认可的话，学生执行就没有积极性，面对出现的困难和问题也不会用心思考、认真面对，更不会长期坚持，不断改进。想要在学生中顺利实施并取得良好效果，就需要足够的认同感、接受度。所以创新自主管理的载体是势在必行的，以学生志愿服务作为自主管理的载体是十分值得探索的。

（二）当前初中阶段自主管理面临的困境

1. 班主任对于自主管理的意义认识不足

班主任迫于考试分数的压力，以考试成绩为中心开展工作，忽视学生其他能力的发展。[2]同时个别班主任观念陈旧，对学生的管理仍采用强制型、传统型管理，追求绝对的权威，这一做法客观上迫使学生被自上而下的命令所驱使，约束了学生的主观积极性。此外，大部分班主任老师对于培养学生的自主管理虽然感兴趣，却没有管理理论基础，缺乏良好的方法与相应的管理技巧。

2. 家长对于自主管理理解片面

家长盲目地望子成龙，对于考试成绩的过度追求导致了只重视孩子的学业发展，而忽视孩子其他方面的能力发展。同时，成年人"管好自己不得罪别人""影响学习的事情不去做"等错误观念也严重影响着孩子。

3. 学生自主管理能力差异显著

学生习惯了父母为自己安排一切，导致自我管理能力较差。同时，升学压力导致繁重的各类学习班占满学生的业余时间，使学生疲劳不堪，无心参与学校事务。

二、情报综述

（一）目前学校内部志愿者活动开展的状况

由于学生年龄特点等原因，初中学段学生极少开展志愿服务活动，研究初中以志愿服务为载体的自主管理模式的意义在于既能填补此项空白，同时也积极探索新时期德育的方法与手段，以新方式代替传统德育方式，增强德育的实效性，更能够为初中学生升入高中后的社会实践综合评价打下扎实的基础。

（二）我们探究的视角

1. 志愿服务是公民社会的重要内容，是社会文明的重要标志

公民社会是一个公民广泛参与、社会高度自治的社会，纵观欧美一些发达国家，志愿服务已经成为社会文明的重要组成部分和重要标志。[3]

2008年的北京奥运会、2010年的上海世博会的成功召开都助推了志愿服务的广泛开展和认同，志愿服务已经成为一种精神。

2. 志愿服务是道德教育的重要载体

2017年入学的新高一年级开始增设"综合评价"，将学生参与社团活动、公益活动、志愿服务等活动的次数和持续时间作为思想品德的评价记录起来。意图就在于把一个学生从平面的分数塑造立体的人，使其树立正确的人生观、价值观，核心在于培养学生德、智、体、美、劳全面发展。但初中生年龄小，能力有限，参与社会活动的机会有限，那么在学校范围内给学生创设机会，从身边熟悉的岗位做起，感悟志愿服务的精神，正是我们尝试的价值所在。

三、实践与收获

（一）探索学生自主管理的新载体

全校1025名学生早晨入校，由原本直接进入教室，改为分别在学校大、小

食堂候场后统一时间进入教室。这一改变，导致原本两名值勤老师已经不足以完成任务，故布置各班推选一名学生组建成值勤队。

但由于值勤队员是由班主任委派，考虑到班级荣誉，必然由已经承担了一定的班级管理任务的班干部兼任。客观上的任务繁重造成了学生主观上的积极性不高，经常不到岗。因而及时改变方法，组建一支志愿者队伍，才是实行学生自主管理的有效保障。

（二）探索不同类型的志愿者服务

1. 现行行为规范志愿者工作的产生

将自愿参加的同学吸纳，并在全校范围内补充征集志愿者加入之后，大家将一周值勤过程中的问题一一罗列，并讨论寻找解决的办法，如表1所示。

表1 上海市淞谊中学早晨入校管理问题与解决对策

问题	对策
1.从小食堂进入教学楼，会经过露天篮球场，下雨天的时候同学会淋雨。	遇到下雨天，大食堂提早五分钟就餐，走完后小食堂的同学经大食堂绕道进入教学楼。
2.大食堂的队伍如果都从南边出门，会影响排队的同学。	后三组同学为了不影响排队同学由后侧绕行。
3.没有统一的标志，同学没有办法辨认出行规志愿者。	制作统一的挂牌，佩牌上岗。
……	……

结合大家遇到的实际问题，重新规划入校路线，设置岗位，制作挂牌，行规志愿者以一种崭新的形象出现在大家面前。

2. 志愿者分类

志愿服务并非阶段性活动，应当加快构建学校志愿服务自主管理体系，成立自主管理委员会，设立新的、长期的志愿服务岗位，明确服务内容与职责，形成长效机制。[4]如表2所示。

表2 上海市淞谊中学志愿者岗位职责

岗位	职责
学生自主管理委员会职责	由政教处负责指导，实行动态管理。 设主任一名，向政教主任直接汇报工作；每个年级设副主任一名。 制定学校、班级自主管理的指导思想，规定自主管理的项目；对组员如何开展自主管理进行培训等支持，每周召开例会，反馈检查中存在的问题；每月对自主管理实施过程与效果进行评价和监督，每学期搭建一次自主管理学校层面的交流平台。
人员组成	通过在学生中公开招募产生志愿者，经过政教处培训后统一佩牌上岗。

(续表)

岗位	职责
具体职责（总）	发扬志愿服务的精神、有志愿服务的意识，及时发现问题，并独立思考找出解决方法。遇到比较难处理的问题，可以在例会上提出，共同商讨解决的办法。
岗位职责	常规志愿者： 负责检查学生的仪容仪表及两操情况。对于学生红领巾佩戴、校服穿着等方面的问题及时纠正，对于不文明的情况及时劝阻。 卫生志愿者： 负责检查各班教室卫生及包干区卫生，在校园内巡视检查卫生情况，看到纸屑垃圾及时清理。 行规志愿者： 负责早晨入校秩序维护、课间文明休息。 礼仪志愿者： 在学校大型活动如艺术节、体育科技节、家长开放日、校园开放日等活动中负责维持秩序、引导、接待。

（三）成效初显现

1. 制定流程

学生自主管理就是个体在教师的引导下，在学习、生活实践过程中，积极主动地对自己进行管理，需要在教师的指导、组织、协调下完成。因此，给予指导性的工作框架体系，是为了帮助志愿者更好地完成志愿活动。如图1所示。

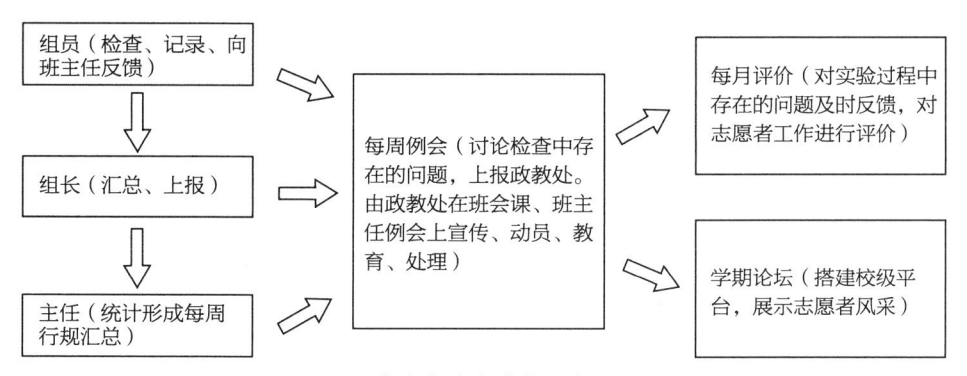

图1 上海市淞谊中学志愿者工作流程

2. 创生制度

为做好各个岗位人员的选拔，创设了《淞谊中学志愿者招募细则》《淞谊中学主题活动志愿者竞聘规则》。其中一些长期服务的岗位需要学生自身的毅力与坚持，而校园开放日等项目活动更需要志愿者的应变与沟通能力。

此外，建立《淞谊中学志愿者工作日志》《淞谊中学志愿者活动考核与奖励制度》等过程性的检查和评价机制，规范了志愿者的行为，同时提高了工作效率。如案例1所示。

【案例1】　　　　　《上海市淞谊中学志愿者招募细则》

为规范我校志愿服务、志愿者招募及录取程序，有效运用志愿者资源，保证志愿者队伍整体素质，进一步推动志愿服务的规范化、制度化，特制定本制度。

一、招募原则

在招募志愿者的过程中遵循自愿的原则，吸引有责任感、有素质并有服务意识及意愿的个人加入志愿者队伍，积极参加学校志愿服务。

二、基本条件

1.具有志愿精神

2.具有强烈的服务意愿

3.具有良好的沟通能力

4.具有自我管理的能力

5.有毅力，能够坚持完成志愿服务

6.愿意与同伴合作

7.有参与志愿服务的时间

三、招募流程

凡符合条件者均可报名，报名后由政教处进行面试，面试合格者列入校志愿者库并参加培训。如图2所示。

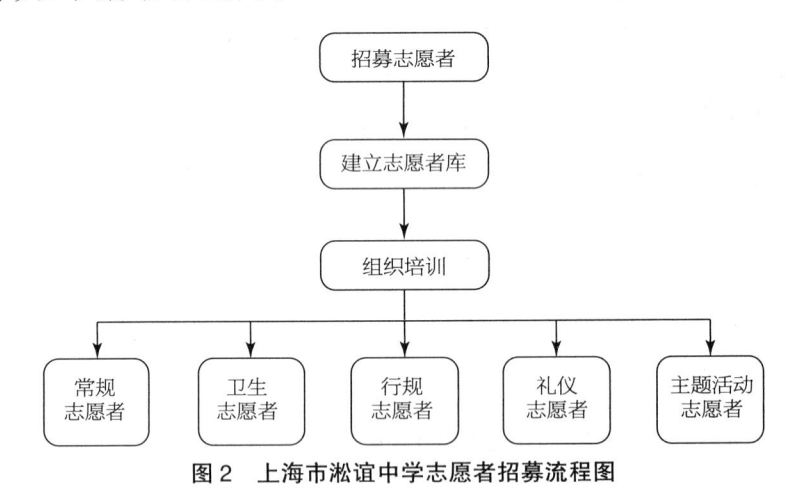

图2　上海市淞谊中学志愿者招募流程图

（四）志愿者服务经历对学生志愿者自我效能感的影响

1.志愿者自我评价与认识

自我效能指一个人在特定情景中从事某种行为并取得预期结果的能力，它在很大程度上指个体自己对自我有关能力的感觉。自我效能也是指人们对自己实现特定领域行为目标所需能力的信心或信念，简单来说就是个体对自己能够取得成功的信念，即"我能行"。

学生志愿服务，对他们而言，培养了团队合作精神，锻炼意志品质，增强社会责任感，促进道德内化。自我效能的提升会增加志愿者的自信，增强各方面的能力，获得自身的成长发展。

2. 家长对志愿服务的反馈

最初，一些家长反对志愿者活动，很大一部分原因在于他们认为："孩子到了学校就是学习的，学校能让孩子学好，考个好的高中就可以了。"但是我们通过调查发现，往往这样家庭走出来的孩子，身上存在许多的问题，如学习不积极，自主管理能力差，并未达到家长所想的，将精力都用在学习上。

学校八年级某班有一个学生，出生在健全的知识分子家庭，从小就是祖辈们的心肝宝贝，饭来张口，衣来伸手，没有一点点的自理能力。按照父母的逻辑，什么都给你弄好了，学习上总应该名列前茅，但是事实上恰恰相反。而孩子什么都不要自己干，多出来的精力就用在干坏事上，成了一个教师听到名字就头疼的学生。好在孩子喜欢参加活动，在2019年的艺术节上，自告奋勇地担任艺术节的志愿者，负责台前幕后的串联工作，工作能力在活动中发挥得淋漓尽致。事后跟家长沟通，家长也很惊讶孩子的表现，渐渐地放手让他在家里管理自己的生活，安排自己的学习和活动，孩子目前有了一定进步，至少在行为规范上不再是老师提到就头痛的孩子。可见，需要家庭教育和学校教育的高度统一，才能发挥自主教育、自主管理的最大作用。

四、反思与规划

（一）教师是自主管理的指导者

脱离教师指导下的自主管理是举步维艰的，教师既不能因为有了学生的自主管理，就成了旁观者；也不能够只进行表面化的自主管理。这两种极端都会让自主管理名存实亡，而应当通过自己对学生自主管理的观察，及时发现存在的问题，积极组织、协调，在例会时提出问题供大家思考，并共同找出解决的办法。在讨论的过程中，尊重学生的意见，绝不可轻易介入并武断决定，将自育自管的主动权交给学生。[5]

（二）完善的选拔、培训制度保障自主管理的有效开展

设立选拔细则，保障志愿者服务；制定相应的制度，规范学生行为，配合志愿者工作。针对不同志愿者类型有针对性地开展培训，使其获得技能，增强解决问题的能力。增加不同形式的培训，将历届志愿者服务过程中的案例印制成册，由受训志愿者进行角色扮演，一同商讨解决问题。多样化的培训也可以增加培训本身对于志愿者的吸引力。

（三）评价与考核体系激发志愿者的服务热情

完善志愿者考核制度、建立科学的评价体系、采用多样化的激励方式能够完

善志愿服务并使其长期有效开展。在志愿者服务期满时出具"志愿服务证明",对于工作特别认真负责的学生授予"优秀志愿者称号",适当的奖励能激发他们的工作热情。增加过程性评价,适时的表扬会让他们感觉到自己的付出是有效的,是值得的。

(四)家长的理解与支持是成功的催化剂

让家长了解致力于志愿服务不会耽误孩子的学习,反而对于孩子的自主能力乃至终身发展有积极的促进作用,从而得到家长的支持和认可。

学校教育的最高境界是自我教育、自主管理。"自育自管"的思想古已有之,孔子强调"修己为人",将"修己为正"作为自主管理的总的指导原则,主张"吾日三省吾身",不断地加强自我管理和修养,进而达到"修身齐家治国平天下"。以志愿服务为载体的自主管理模式就是自育自管的有机结合,是一种重要的表现形式。虽然我们的志愿服务刚刚起步,但是坚持走下去,必然能够推动学生自主管理的发展,激发学生的潜能,为学生的终身发展奠定良好的基础,从而培养社会合格公民。

注　释:

[1] 时小燕.我国志愿服务的现状及对策分析[D].南京:河海大学,2007:22.

[2] 魏书生.班主任工作漫谈[M].桂林:漓江出版社,2008:15.

[3] 张锐.对学生自主管理的基本理解[J].天津教育,2008(6):56.

[4] 梁绿琦,余逸群.志愿社区:中国社区志愿服务研究[M].北京:中国青年出版社,2009:5.

[5] 郑立平.把班级还给学生:班集体建设与管理的创新艺术[M].北京:中国轻工业出版社,2011:47.

参考文献:

[1] 刘晓玲.浅谈中学"班级自主管理"建设:以广州市西关培英中学为例[J].中国教师,2013(10).

[2] 张仕进.创建初中生志愿服务体系的实践探索[J].现代中小学教育,2014(7).

[3] 任竹青.志愿精神与社会主义核心价值体系[J].现代交际:下半月,2011(10).

[4] 葛敏,周南平.论志愿精神培育与文化素质教育创新[J].社科纵横,2011(2).

乘风破浪会有时，滴水汇流成沧海

——"十个'好'，伴成长"行为规范教育实施研究

上海市宝山区水产路小学　朱艳青

以学校文化的引领来构建学校行为规范教育（简称"行规教育"）校本课程，在实施中铸造学校特色品牌，有利于学生行为习惯的养成，有利于提升德育的效能。上海市宝山区水产路小学以"小水滴精神"引领构建行规教育分层目标，以"十个'好'，伴成长"行规校本课程为载体，以"高参与"行动策略为指导，循序渐进推进行规教育实施，不断呈现行规教育与学校文化的融合，使一颗颗小水滴折射出五彩之光，汇聚成大能量，逐步呈现学校的品牌特色。

一、"小水滴精神"引领下的行为规范教育目标体系的构建

（一）构建行为规范教育的目标体系

1. **学校总目标引领下的行规总目标的构建。** 学校的总目标是在学校常规管理的基础上，通过学校群体的共同努力而形成的具有全面性的、多元性的、稳定性的学校文化模式，具有学校文化特色。它也是学校德育目标制定的依据。在制定行规总目标时，必须建立在对学校发展规划、上一层级育人目标等相关内容充分理解和准确把握的基础上，并且始终要围绕学校的办学目标展开。只有以学校目标为中心，才能让大部分的教师认同，体现其价值，从而提高行规教育的可行性。"小水滴精神"是学校的校园文化精神，学校以此为依据，进行行规总目标的构建，如图1所示。

2. **行规总目标引领下的行规分目标的构建。** 行规的总目标具有高度的概括性与抽象性。因此，在具体实施中，还需要将其分解成具体的、可操作的、有标准的、分层次的目标体系，让操作者——教师，实践者——学生，能一目了然。学校将"小水滴十个'好'"行为规范目标体系分为分层育人目标（见表1）、发展目标、教育目标（见表2）、年级分层目标。这种既有高度又有梯度的目标体系，较好地服务于总目标，使总目标得以贯彻落实，并取得良好的效果。

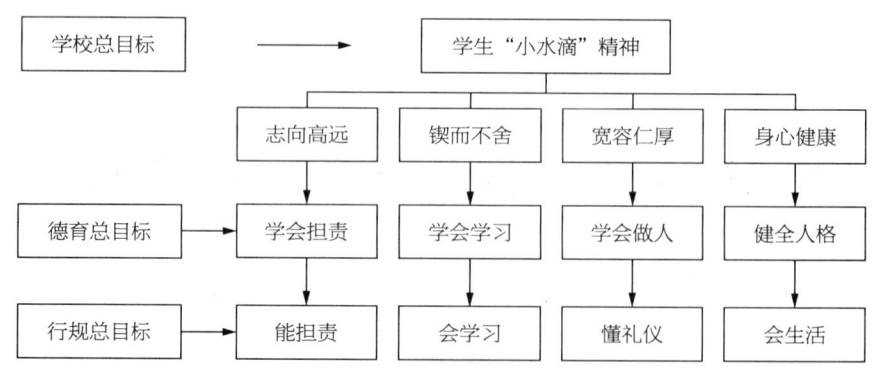

图 1 上海市宝山区水产路小学行为规范教育总目标体系的构建示意图[1]

表 1 上海市宝山区水产路小学行规分层育人目标

基础性目标	重视养成教育。通过对低年级学生进行日常行为规范训练，培养学生良好的学习习惯、文明习惯、生活习惯，具有初步的生活自理能力与自我管理的能力。
针对性目标	继续实施养成教育，加强对学生爱国主义、集体主义、文明礼仪、责任教育等为重点的品德教育，指导学生初步树立正确的人生观、价值观，学会明辨是非。在行规训练中增强学生的体验感悟，自我管理、自我教育功能有明显进步。
高层次目标	以水产路小学小水滴精神为目标，树立热爱祖国、理想远大的人生态度；塑造勤奋学习、追求上进的人生品格；培养品德优良、团结友爱的人生道德；形成体魄强健、活泼开朗的人生状态。学生具有一定的道德认知水平和道德实践的自觉性，自主能力强。

表 2 上海市宝山区水产路小学行规发展目标和教育目标

行规总目标	行规发展目标	行规教育目标
懂礼仪	做知礼守礼，进退有方的人	走好路、说好话、行好礼
会生活	做富有活力、自理自立的人	正好装、吃好饭、做好操
会学习	做勤奋学习、追求上进的人	上好课、读好书、写好字
能担责	做胸怀他人，关心社会的人	担好责

各层级的目标制定，都依据青少年成长的规律，立足学生行为习惯的养成，良好道德品质的形成。它们密不可分，缺一不可，从宏观到微观，为行规教育者提供操作依据，使之明确教育方向。

二、"十个'好'，伴成长"行为规范教育校本课程依托下的阶段实施

"十个'好'，伴成长"行规校本课程紧扣行规目标体系。依托行规校本课程

的实施，能科学系统地实现行规目标与日常抓手的有机对接，便于班主任操作，利于学生实践，能提高行规教育的有效性与实效性。下面以"吃好饭"为例，学校遵循学生的认知规律，遵循学生生活的逻辑，通过深入浅出的道德的、科学的、生活的教育，以正确的价值观引导学生，逐步呈现从认知到内化，从实践到导行的过程。

（一）第一阶段：认知辨析——掌握行规教育目标

在这个板块中，课程根据不同年级的特点，开展"故事园"或"知识园"的学习，认知的基础上进行"我会说"，进行辨析讨论，具体内容见表3。

表3　上海市宝山区水产路小学十个"好"，伴成长"吃好饭"内容（1）

年级	故事园（知识园）	我会说
一年级	《小米粒成长记》	看看图中小朋友用餐前、用餐时、用餐后的表现，你是生气还是高兴，想想该怎样帮助让你生气的小朋友？
二年级	《大公鸡与漏嘴巴》	看图说说如何合理归还餐具？
三年级	《习爷爷"庆丰店买包子"》	看图说说他们这样用餐对不对？
四年级	《我们每天需要的营养》	改变挑食浪费的习惯，需做到哪些方面？
五年级	《舌尖上的浪费》	你知道什么是"光盘行动"吗？"光盘行动"的宗旨是什么？

通过故事园（知识园）展示生活内容，讲述行规教育故事或为学生提供丰富的生活信息，融入生活体验；通过"我会说"进行自由讨论，在参与互动中获得体验，明确所要训练的行为礼仪的目标。引导学生说真话、说心里话，教师才能因材施教，有效指导行为。

（二）第二阶段：明理导行——促进行为礼仪养成

在此项板块中，开展"我会读"——读行规儿歌，在此基础上开展"我能行"活动：或是做一做，或是小调查，或是开展行规教育实践活动，具体内容见表4。

表4　上海市宝山区水产路小学十个"好"，伴成长"吃好饭"内容（2）

年级	我会读	我能行
一年级	排队洗手取餐盒，礼让二字记心中。珍惜饭菜莫忘记，归还餐具有序来。	进行合理摆放餐具的比赛。
二年级	细细嚼，慢慢咽，文明用餐记心间。吃好饭，放餐具，合理归位真整齐。还餐具，齐心来，我是班级小主人。	共同制定归还餐具的要求，并张贴在班级行规栏进行评比。
三年级	用餐时，坐端正，口含饭，不交谈。用餐后，勤整理，这样做，真文明。	"吃好饭"小标兵在行动：开展班级用餐文明指导。

（续表）

年级	我会读	我能行
四年级	一日三餐不可少，按时定量要记牢。不挑食来不浪费，科学饮食身体棒。	调查班级午餐浪费现象，寻找原因，共同制订对策。
五年级	舌尖浪费真可耻，"光盘行动"要支持。珍惜粮食从我起，帮助弟妹我能行。	指导一年级同学尽量"光盘"，开展辅导用餐后的感受交流。

儿歌是对一项训练内容的高度概括，浓缩了各年级段行为礼仪的目标。把行规目标编成了朗朗上口、易于学生记忆的儿歌，布置于学校的每一条走廊，让学生能天天见，时时记；而实践导行，则偏重于实践活动，让学生通过自我教育、自主管理的形式，促进学生对行规的认同感和执行力，巩固行规分层的实效。

（三）第三阶段：多元评价——激励学生自我完善

在评价板块中，从个人、班级和学校三个层面开展学生评价。个人层面，根据课程实践内容，班主任组织学生对照课程实践内容开展《小水滴十个"好"》评价手册中多层面互动评价；班级层面，以小组合作评价方式开展"每月一评价"，对"行规小标兵"进行表彰奖励；学校层面，总护导和红领巾监督岗日日查，每周颁发班级"荣誉小勋章"。

课程、生活的呈现形态主要是学生直接参与的认识感悟、实践体验、游戏、实践等，但学习、体验后更应注重通过自主性、过程性、互动性评价来检测课程学习的实效。通过互动评价，让学生不断熟悉行规要点，引发学生内心的而非表面的道德情感、真实的而非虚假的道德体验和道德认知。

三、"高参与"行动策略指导下的行为规范教育推进

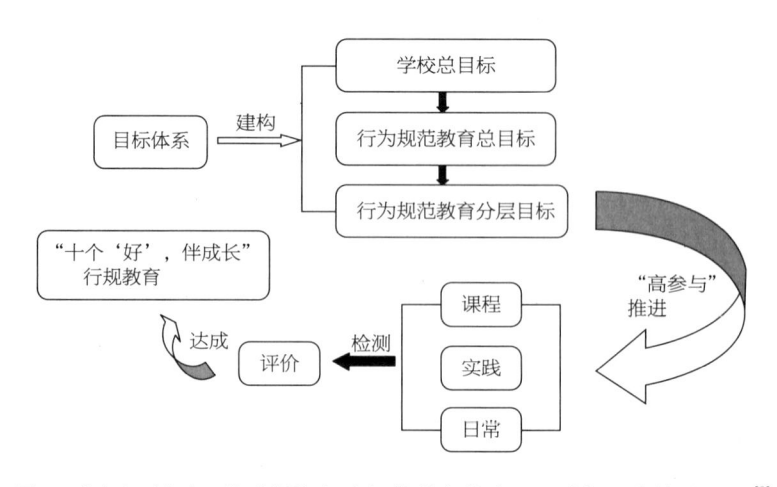

图2 "十个'好'，伴成长"行为规范教育的分层设计与实施的流程图[2]

学校在实施"十个'好',伴成长"行规教育的过程中,注重行规教育的分层设计、实施与评价,见图2。中小学德育梯次目标体系的构建是中小学德育体系建设的重要组成部分,对于实现中小学德育的科学化、规范化具有重要的意义。[3]因此,首先,学校以"小水滴"精神为引领,构建"十个'好',伴成长"行规教育目标体系,以顶层设计进一步细化学校精神文化,充分发挥行规目标的作用,最终呈现行规教育的效果;其次,以目标为依据编写"十个'好',伴成长"行规校本教材,以"高参与"为行动策略,有效设计推进方案,"高参与"是学校工作推进的行动策略,也成为行规教育实施的途径,在行规教育课程、德育活动、日常教育中进行"高参与"任务设计,让教育者及受教育者参与意识强烈、参与热情高涨、参与程度深入;最后,强化评价激励,营造行规教育氛围,使教师在行规教育中不断明晰学校文化,提高育人水平,使学生在学校文化影响下不断朝着目标努力,促进习惯培养。

(一)高参与课堂中的案例研究

在行规教育的课堂中,班主任精心设计教案,进行案例研究,找到推进"高参与"课堂的有效策略。如小徐老师在执教四年级"吃好饭"一课时,首先联系生活实际,主动吸引学生参与。引入学生最感兴趣的话题,让学生初步了解到不能挑食,要均衡营养的道理。其次,小组合作讨论,以任务驱动学生参与。"交流课前收集的资料、了解食物中含有的营养素种类及缺乏营养素的危害、制订营养午餐菜单",通过任务驱动的方式,领取任务、参与学习。然后,通过击鼓传花问答的方式巩固所学内容,帮助学生了解偏食、挑食的危害。最后,布置课后任务,促使学生参与。布置小组合作任务,让学生以小组为单位,调查班级午餐浪费现象,并商议初步的对策,把小组合作学习的方法和氛围延续到了课堂之外,并通过这样的主动调查,明白平时自己在午餐时浪费食物的情况是不应该发生的,初步了解吃饭时应该不挑食、不浪费。

(二)高参与活动中的目标融合

加强学生日常行规教育,最终归结并且始终依赖于学生的生活实践,必须让学生亲身经历,才能收到实效。因此,在每学期学校开展德育实践活动、少先队活动时都融入"十个'好',伴成长"的行规目标。如在广播操比赛中评比"做好操"小标兵;"向国旗敬礼"中评比"行好礼"小标兵;诗歌诵读比赛活动中评比"说好话"小标兵;爱粮节粮周活动中评比"吃好饭"小标兵……行规目标融合主题实践活动,过程训练融合评价激励,促使学生积极参与、高频次参与、深入参与行规活动,帮助学生懂礼仪、会生活、会学习、能担责。

(三)高参与互动中的方法指导

在项目实施过程中,家长的参与使教育成果得以延伸和巩固。因此,学校把行规教育与家长学校培训课程相结合,关注亲子沟通中学生学习习惯的培养。"孩子言行不一致，怎么办？""孩子作业拖拉，怎么办？""孩子学习不专心，怎么办？"……让家长一起来指导学生"说好话""写好字""读好书"等，帮助家长掌握指导方法，提升教育能力；在日常行规教育中，融入家长评价环节，促进家长的高参与，让家长时刻关注学生行规表现，明确行为习惯的养成是学习效率提升的有效方法，从而形成教育合力，共同承担起行规教育的责任。

小水滴汇集成海需要历经艰难险阻，悉心管理、精心设计、细心打磨是他们乘风破浪的助力，学校将在"高参与"行动策略上不断进行系统化、科学化的研究，使"十个'好'"陪伴小水滴快乐成长，最终使它们滴水汇流成沧海。

注　释：

[1] 张雯.灵魂的香味：中小学德育主任专业发展实践智慧[M].上海：上海教育出版社，2019：62.

[2] 张雯.灵魂的香味：中小学德育主任专业发展实践智慧[M].上海：上海教育出版社，2019：69.

[3] 郭岩荣，郭增良.浅析中小学德育梯次目标体系的构建[J].学周刊，2017（19）：122-123.

参考文献：

[1] 胡力.小学分层递进德育体系构建研究：以湖南大学子弟小学为例[D].长沙：湖南大学，2012.

[2] 贾永春，徐晶星.学校行为规范教育课程的设计与实施[J].现代教学，2014（Z2）.

[3] 杨卫东，肖好军，杜春兰.文化建设助推学校发展　养成教育铸造特色品牌[N].中国教育报，2014-05-14.

天生我材必有用，千金散尽还复来

——构建大拇指评价体系，与学生生活无缝对接

上海市宝山区第二中心小学　陈　琦

笔者所在学校上海市宝山区第二中心小学，原名庙行中心校，是一所具有80年历史的乡镇中心校。十几年前，区域内一批批的孩子纷纷放弃近在家门口的学校——上海市宝山区第二中心小学，而选择到其他距离较远的学校就学。在这十几年中，学校始终坚持育人为本、德育为先，大力培育和践行社会主义核心价值观，以培养学生良好的思想品德和健全的人格为根本，以促进学生形成良好行为习惯为重点，构建了以"欣赏教育"为核心的大拇指评价体系。渐渐地，学校实现了"生源大流失"到"生源大回流"的逆转。

一、研究过程

（一）初探

1. 寻找理论支持

美国心理学家威廉·詹姆斯，认为"人性最深刻的原则就是希望别人对自己加以欣赏"[1]，我们每个人何尝不是如此呢？无论是从教育过程还是从学生终身发展来看，学生内部动力机制的形成和成功心理发展是事关当前教育质量、事关学生社会发展的核心问题。尤其是面对学校生源处于劣势的事实，欣赏教育就是把提升每一个孩子的自信、保护学习生活的积极性作为"慧教"的入口，欣赏孩子的每一点进步，让孩子永远充满自信。因为我们知道在学生身上，存在着不可估量的潜在能力。

2. 推行育人主张——欣赏教育

为了让欣赏教育理念走入每一个教师的内心，影响教师的行动，学校采用"轰炸式"的理论学习，迅速转变教师们的教育理念；学校用"滚雪球"的推进方式，慢慢影响教师的教育行为；学校组织全体教师举行了一次次"欣赏是一首诗——教育沙龙"，一个个真实的案例感染了每一个与会者。教师们都真真切切地体会到，欣赏教育不仅让学生在学校的学习生活历程充满生机和活力，为学生的

终身发展除形成了良好的行为习惯、态度及个性品质外，更重要的是让每一位教师感受到职业的幸福感，一个思维角度的转变、一个处理方式的变革，甚至一个眼神、一个细微的动作都会带来全新的变化，而这种变化是以往教育过程中从没有过的，是一种从未感受过的快乐和成功，教师们用心体会到付出也是一种幸福，用行动实践快乐！

（二）聚焦

这几年学校开启了欣赏教育，逐渐形成了"五个最"评价的核心理念，它是"欣赏教育"的凝练，贯穿于日常课堂教学评价。目前，学校的大拇指评价，折射出关注细节，自主自信的风貌；折射出陪伴和理解，宽容的文化氛围；折射出对学习习惯养成和性格培养的重视；折射出全体师生"和谐向上、尽责超越"的坚韧和执着。

二、行动策略

有一句不容忽视的老话：世界是被 C 等生驱动的，这不是没有道理。因为很多引领成功的特质从未被纳入学校的评价体系。未来我们关于这个世界的知识及我们的思维方式，都要发生根本性的变化。为未来而教，成为我们的终极目标。

（一）策略之一：融合于学生学习、生活全领域

学校把"让孩子健康快乐成长"融合于学生学习生活的每一个环节，让模糊了时空边界的行为培养更好地适合每一个学生，努力让我们的大拇指评价随时随地，以不同的方式在不同的空间得以发生，教师不再单一评价孩子思维敏捷、才能出众，而更多去评价孩子坚持不懈、认真思考的学习品质，智力因素评价让位于非智力因素评价，让每一个孩子明白，在成长过程中学会通过"用心、努力、坚持、真诚、认真"，做最好的自己，努力阐述"课堂是一种知识的学习，更是一种品行的养成"的育人理念。

学校把大拇指评价融入课程之中。我们对所有课堂的关注点进行全面拓展和衍生，我们强调，在课堂学习中，学会对自己实践的负责、对自己情绪的调适、对自己任务的尽责，我们期待孩子们在课程实践中练就的习惯、品行能伴随孩子的一生，养成的自信成为帮助孩子战胜困难的基石。

学校把大拇指评价融入家庭之中。我们提出了"教育合伙人"这个概念，开启家校共建的新模式，为孩子的健康成长创设和谐统一的绿色生态学习生活环境。我们充分发挥教育合伙人——家长的作用，请家长在改编的"学生记事本"上，每天对孩子做作业的过程从五个维度开展评价，引导家长不仅看重学生作业的量和质，更看重学生面对作业的态度和习惯，鼓励学生从小养成做事细心、认真、尽责的习惯，要具有尽自己所能做好每一件事的心态，从作业中学会做事，学会

做人；我们开展童心阅读活动，用文学的魅力去影响和规范孩子的行为，滋养孩子的内心世界。家长每天对孩子在家阅读的情况从三个维度开展评价：利用闲暇及时阅读；及时分享阅读感受；主动积累合理运用，在统一的教育活动中培养孩子的阅读兴趣，在每天的家校互动评价中促进学生健康成长。

（二）策略之二：设计和使用个性化的成长手册

学校充分发挥大拇指文化的影响力，除了在家庭评价中用好两本手册之外，还借助深受学生喜爱的"大拇指储蓄银行"活动，编制"大拇指银行存折"，实行综合评价制度，强调存入智慧、存入品格，收获成长，个性化的评价手册，让评价散发魅力之光，让我们的成长：（1）有记忆：这里拥有孩子最美好的记忆；（2）有榜样：这里拥有孩子自身榜样的示范、精神的引领；（3）有归属：这里成为孩子思想的归属、精神的归属。

（三）策略之三：开发和建设个性化的技术平台

2011年至今，学校基于"绿色指标"，参照课程标准，围绕学校大拇指评价的核心理念，开发和建设了具有学校"大拇指"文化特色的学业质量评价体系。

1. 过程表现评价——"小思徽章"平台

学校借助"小思徽章"平台，建构过程性评价体系，设计了学校独有的五大维度，26枚章，对学生的全方位表现进行关注。教师通过手机终端扫一扫学生徽章，及时对学生在校的各种表现给予点评。与此同时，家长也会即时收到孩子获得的奖章的信息，清晰地了解孩子当天在学校中的具体表现，起到指导家庭教育的作用。学校借助信息技术的强大功能，通过数据集成、数据分析，及时了解教师关注哪些行为奖章，忽视哪些行为习惯？了解哪些学生一直被关注、哪些学生一周内被零关注等，通过数据分析进行有效诊断、实时干预、适时调整，努力让过程性评价更全面更及时，让学校的教育更有针对性。

2. 阶段表现评价——基于标准的SHINE分项评价平台

阶段性评价即对学生在一个阶段的表现进行评价，既能让学生反思这一阶段的表现，也为教师设计下一阶段教学措施提供参考。

学校开发建设了基于课标的学科分项评价平台。2016年9月，学校认真梳理市教委颁发的《中小学德育工作指南》，语、数、英、音、体、美、自然，分年级、分学科、分项目撰写评价指标，并开发完成了网络评价平台。

该平台分别从检测模块、预期要求、评价维度、大拇指诊断评价和大拇指改进意见等维度进行等第标准制定，上学期期末，学校就运用该平台，对学生进行了全学科分项检测。对每一个孩子在每一门学科每一个项目的诊断结果进行具体描述并给出相应的改进意见，让孩子的成长分析更加具体可视，让等第制评价真正地落到实处。家长拿到孩子的厚厚的SHINE分项评价手册后纷纷表示：这是一个全面的"体检报告"，针对亮点和痛点，让每一个孩子了解自己，做最好的自己的主人；定位自己，知道如何一步步提升和完善自己；展示自己，在同学和教师的关注中吸收更多的精神力量。

值此，学校的两个评价平台已经形成一整套既反映教育内容，又反映教育方式，既体现教育目的，又体现人的个性化发展性的评价体系。它提炼出了一系列影响学生学业质量的关键因素，构建了以关注学生健康成长为核心价值追求的绿色指标体系。评价，让分数隐身，让素养凸显。

学校回顾了"大拇指评价改革"的整个心路历程，寻找学校变化发展的原因，觉得成功的原因聚焦于三句话：每个人都是重要的！每个人都能发挥作用！每个人都能带来变化！她影响着我们每一个人的思维和行为方式，成为我们的共同价值观，这是立足二中心本校生成的与众不同的文化内涵，她带给我们最大的文化感动，就是承认并尊重个体的差异，包容个体的不同，发挥个体的创造，让每个个体的价值得到最大程度的发挥！几年来，大拇指文化让这里静悄悄的发生着点点滴滴的变化，这种变化流淌在每个人心中的感动，不是抽象的概念，而是体现于每个人的行动中，不断地滋养、不断地生长、不断地扩展。

（四）策略之四：启动星级家庭评价指南

为进一步贯彻落实习总书记关于"重视家庭建设，注重家庭、注重家教、注重家风"的指示精神，在家校沟通、教子方法、育人相处、终身学习等方面引领家长积极实践，学校启动了以家庭为单位，以评选"星家庭"为载体，继续实施牵手教育合伙人的项目，在过程中使更多的家庭与学校紧密联系成为育人的共同体，提升家校合作的力度，营造学校健康发展的良好环境。

学校把星级家庭的评选与学校大拇指核心文化欣赏教育紧紧相结合，打通大拇指评价和星级家庭评选的壁垒，让它们多者合一，发挥最大的示范辐射效果。如表1呈现了学校星级家庭的标准以及与小思徽章兑换的数量。

表1　宝山区第二中心小学星级家庭大拇指、小思徽章兑换标准

	礼仪之家	智慧之家	沟通之家	健康之家
标准	能关注到孩子成长中生活学习的各方面的行为习惯，并加以引导，孩子在守时惜时、责任意识、态度端正、善于自我管理、情绪调适等方面有明显进步，而且对学校、班级工作，保持热情，支持工作，参与活动，出谋划策，解决困难。	关注孩子教育过程中的科学性、艺术性，方法符合孩子成长的规律，对孩子的帮助很大。清醒地认识到孩子成长需要家长的陪伴，不为自己忙找借口，不以进了理想学校而松懈。注重家庭学习氛围建设、与孩子共读一本书，学习气氛浓郁。	主动和教师、家长、孩子沟通，在孩子的教育中相信教师，出现问题，及时商讨、善意建议，体谅对方，不影响班级团结。	积极锻炼身体，参与体育课程及相关的体育活动，家庭成员有良好的个性人格，情绪稳定，胸怀坦荡，乐观豁达。具有较好的自控能力。

第一章 学校发展

（续表）

	礼仪之家	智慧之家	沟通之家	健康之家
家庭打卡内容	1.每天出门和孩子道别，下班回家孩子主动与你打招呼。 2.每天发现孩子一个有进步的行为习惯。 3.每天和孩子聊一下一天中最开心的一件事。	1.每天陪伴孩子进行亲子共读10分钟。 2.每天和孩子一起游戏5分钟。 3.每天听孩子聊聊他最感兴趣的事情5分钟。	1.每天坚持对家庭记事本进行客观评价。 2.每周和任课教师进行一次任何方式的沟通。 3.当自己的孩子与其他孩子之间出现了矛盾，主动和教师、孩子家长进行沟通商讨，换位思考。	1.每天陪伴孩子运动时间10分钟。 2.每周陪伴孩子运动时间不少于2小时。 3.每学期帮助孩子掌握一项运动技能。
小思徽章	3枚行规徽章	3枚阅读小能手徽章	3枚善于表达徽章	3枚运动小超人徽章
级别	校级	金星家庭	银星家庭	铜星家庭
		收全4颗单项之家	收集任意3颗单项之家	收集任意2颗单项之家
	大拇指	20枚	15枚	10枚
	班级	收集任意3颗单项之家	收集任意2颗单项之家	收集任意1颗单项之家
	大拇指	15枚	10枚	5枚

通过这样的对接、评价、激励，让家长从教育理念、教育方法上和学校更好地无缝连接，让他们更充分地拥有知情权、议事权、监督权、评价权、知晓权、话语权等多种权力，成为学校的教育合伙人，形成家校更为牢固的合力。

注　释：

[1] 李文凤."欣赏教育"办学特色的思考与实践[J].北京教育（普教版），2014（5）：34-35.

参考文献：

[1]张蕾.家长学校的问题与对策研究：以湖南省永州市蘋洲中学家长学校为个案[D].北京：中央民族大学.2007.

[2]李洪曾.家庭教育指导的目的、任务、性质与渠道[J].山东教育：幼教刊，2004（Z3）.

[3]潘培春.积极开展家庭教育的指导工作[J].教学与管理：小学版.2003（2）.

[4]李文凤.让教育在欣赏中微笑[J].基础教育论坛：小学版.2014（7）.

[5]王丹.从文化到课程：学校内涵发展的必由之路[J].中国教育学刊.2012（11）.

[6]刘志宏,杜桂兰.校园文化建设:特色学校建设的本质与核心[J].教育理论与实践.2012(5).

[7]许红燕.拓宽欣赏舞台　感知文化内涵:浅谈小学美术欣赏教育[J].黄河之声,2013(17).

[8]李会玲.基于中华文化视野下的幼儿美术欣赏教育探究[D].济南:山东师范大学,2012.

[9]高细媛.欣赏的教育意义:兼论杜威的相关教育思想[J].教育研究与实验,2012(4).

第一章
学校发展

一片丹心天地间，携手同行共育人

——"大能人工作坊"协同共育模式的探索和实践

上海市宝山区同泰路小学　张海霞

《中小学德育工作指南》明确提出，要积极争取家庭、社会共同参与和支持学校德育工作，加强对家庭教育的指导，构建社会共育机制。个人、家庭、学校、社会多足"鼎立"的共育，形成"大德育"格局[1]。家校社协同共育，形成一个强大的教育磁场，让所有参与者实现精神共振，产生潜移默化的"不教之教"的良好效果，更有着辐射社会并提升全民素养的重要功效。

笔者所在学校上海市宝山区同泰路小学多年来一直开展小能人教育，秉承"承小能人之志　扬大能人风采"的校训。2016年以来，学校探索构建以"大能人工作坊"为载体的协同共育模式，把家长和其他社会有识之士纳入学校合作伙伴范围，纳入协同育人的共同体中，形成学校教育、家庭教育、社会教育和谐共育的局面。

一、"大能人工作坊"协同共育模式的内涵及特点

苏联著名教育家苏霍姆林斯基认为，只有学校和家庭、社区志同道合，坚持一致的信念，开展一致的行动，学生才能获得全面和谐的发展。"协同共育"的关键在"共"上，学校教育与社区、家庭教育之间是互相并存、互相补充的共同体关系，多元主体共育运行，才能实现效果的最佳。

（一）三位一体，学校为主，融合资源，志同道合

为解决现实中家校社协同教育存在的沟通低效与合作连贯性差的问题，基于学校教育处于家校社协同教育的枢纽地位，学校探索适合于本区域的家校社协同共育模式——"大能人工作坊"，并创建相应的机制和策略引领协同教育发展。

"大能人工作坊"以学校为主导，融合家长力量、社会资源，使家校社三位一体，形成同心同向全方位的协同共育模式。教师、家长以及关心"小能人"成长的社会人士都是"大能人"，这样的一群"大能人"对教育都有一份独特的热情，有一个朴素的梦想——让每个小能人健康快乐成长。

155

（二）目标统一，良性互动，求同存异，同心同向

在信息化迅速发展的今天，"大能人工作坊"打破了校园与社会的围墙，强化了"大教育""大德育"意识，优化整合各种德育资源。"大能人工作坊"主要有以下三个特点。

1. 教育目标的高度统一

"大能人工作坊"从学校学生即小能人健康成长的目标出发，三者的教育目标是高度的统一，彼此增强主体意识和开展品德教育的责任意识与义务感，彼此合作，优势互补。

2. 教育机制的良性互动

教师、家长、社会人士通过良性互动，使学生接受社会正能量的综合作用，激励自身树立起符合社会道德标准的正能量气场。"大能人工作坊"的成员从普通的一个社会人加入"大能人工作坊"的那一刻，会重新思考自己的行为和角色，因为他身上承担着教育的责任，家庭、学校、社区等责任主体的互动，促进策略的互动和结构的进一步优化。

3. 教育方法的求同存异

社会、家庭与学校各有其不同的组织形态与特点，共育是要利用各自的育人优势，形成优势协作的局面。在"大能人工作坊"实践中，三方教育方式不断优化与互补，从而增强德育的实效，但是三方又保持各自的特色与优势，这使"大能人工作坊"显示出勃勃生机和力量。

二、完善"大能人工作坊"协同共育模式的组织架构

从《中小学德育工作指南》对构建社会共育机制的要求来看，共育包含学校与家庭教育、社会教育的协力合作，是全员育人、全程育人、全方位育人的德育格局的体现。把家长、社区引入学校，以什么形式、建立什么样的组织、承担什么样的职责来参与学校的教育教学管理，这是协同共育最关键的实施要素[2]。

（一）建设队伍

首先就是组建"大能人工作坊"队伍，学校德育组向全校教师、家长发出"招募令"——大能人工作坊欢迎您！同时我们向社会人士真诚发出邀请，加入"大能人工作坊"，成为"德育合伙人"[3]。从起初的50人到100人……队伍在壮大，目前"大能人工作坊"成员378人，其中家长308人、教师45名、社会人士25人。

（二）完善机制

"大能人工作坊"协同共育模式采用"三五制"，具体就是指"三级管理"，学校、年级、班级组建三级"大能人工作坊"，按照"能人推荐、自愿报名、选举确定"的工作原则，经过层层推荐和民主选举，成立了班级、年级、学校三级"大

能人工作坊"。各级工作坊的成员及工作职责如表1所示。

表1 上海市宝山区同泰路小学各级"大能人工作坊"一览表

各级大能人工作坊	成员	工作职责
校级"大能人工作坊"	学校校长、书记、教导主任、德育教导、家委会代表5名、社会人士3名	指导各年级组"大能人工作坊"开展工作，对工作坊协同共育模式的构建进行总体规划、全面指导、过程监督等。
各年级"大能人工作坊"	学校中层领导、年级组长、年级任课教师代表3名、年级内各班家长代表3名、社会人士2名	在年级组层面推进工作坊工作，指导各班"大能人工作坊"工作及过程管理。
各班级"大能人工作坊"	正副班主任、班级授课教师、家长代表5名、社会人士1名	在班级层面推进工作坊工作。

"五组联动"是指每一个层面工作坊包括五个职能组，即督学组、学习组、活动组、宣传组、安全组，各组在工作任务各有侧重的同时发挥监督、参与、沟通等共性联动职能。

督学组：参与学校、班级管理，为学校、班级发展献计献策，督学组的工作职能分两大类：一是结合学校家长开放日等平台，和教师携手组织家长进入班级、学校，走进课堂，参与听课观课，了解学校教育教学最新信息；二是及时将来自家长、社会的合理化建议及意见向学校和班级反馈。

学习组：为学生、家长提供多途径的学习方式，提升学习能力，学习组的工作职能分为两类：一是通过讲座、交流互动对家长开展心理、家庭教育等方面的培训，提高家长家教理念和能力；二是开展"大能人讲堂"活动课程，丰富学生的知识面，提高动手实践的能力。

活动组：挖掘工作坊成员的自身资源，发挥社会资源优势，开展"大小能人携手行"活动，组织学生和家长走出校园，到社会中参加丰富多彩的实践活动，促进校园文化建设。

宣传组：注重沟通，营造优质学习氛围，组建班级日常的QQ群、微信群，向家长发布相关消息；每次班内活动结束后协助教师整理过程性资料，汇集成册形成档案。

安全组：爱心志愿者，为学生健康成长护航，工作职能分为两大类：一是大能人志愿者护导岗，每日上、下学时间进行交通疏导，共同创造平安便利的接送环境；二是组织各类外出实践活动时协助学校和班级制定安全措施，提供安全保障。

三、探索"大能人工作坊"协同共育模式的五大策略

协同共育要成为教育常态，必须有相应的策略为保障。学校探索出推进"大

能人工作坊"工作的五大策略。

（一）策略一：互粉——家校社"共育责"

启动"大能人工作坊"的第一步是进行文化构想，设计了寓意"家校社牵手　能人成长"的会徽，明确了"一群人　一条心　一个梦"的工作目标。协同理念融入每一位工作坊成员的精神血脉，自觉与学校站在一起，家庭、社会、学校互相关注，互为坚定的支持者，互为忠实的"粉丝"，增强了大能人的责任感和使命感。

（二）策略二：互融——家校社"共育心"

"大能人工作坊"提出"1+X"的工作要求："1"是指5个职能组在每一年里做好一件事，如志愿者执勤1次、参与校内的实践活动1次、给学生们上1节课、帮助教师组织1次家长会、组织1次家长读书论坛等活动；"X"是指除了以上1项硬指标工作外，能够X次走进校园，协助班级、学校做其他事情。每年的开学初由各级各组自己制订计划，由大能人工作坊协同教育指导中心统筹安排。这样既不增加成员负担，又能确保工作有序开展。

（三）策略三：互动——家校社"共育能"

"大能人工作坊"开展"大小能人携手行"综合实践课程，主要参与策划校内外学生实践活动，从根本上解决了学校力量不足、资源短缺、安全压力过大等现实问题。"大能人工作坊"组织学生们走进农村，了解中华民俗；走进敬老院，帮助孤寡老人；走进气象局，探究气象的奥秘；走进蔬菜大棚，感受现代化的农业科技；走进消防大队，体验消防队员的工作和生活……"大能人"走进校园，和学生们一起：在教室里包饺子，在校园里种树，在操场上组织亲子运动会……

（四）策略四：互学——家校社"共育志"

学校外来务工子女占学生总数的比例达65%，家长的文化层次不高，改变家长的教育观念，提升其素养，不是一蹴而就的。读书是最简单易行、最长久、最经济的成长方式，"大能人工作坊"向全校的家长提出：必须阅读！不能犹豫，只能行动！在"大能人工作坊"指导下，各年级、各班宣传部开展"家长读书会"活动，工作坊成员以身作则，把自己的读书记录、读后感想率先发在QQ空间、微信朋友圈里，全校形成读书的好风气。

学校开展"330活动"，人员缺乏、资源薄弱是校方最大的困难，但通过"大能人工作坊"的资源共享，使得难题得以解决。大能人走上讲台，开展"大能人讲堂"活动，交通、法制、裁剪、服饰、文明礼仪、插花艺术、风筝扎制等主题，形式灵活多样，内容丰富多彩：学有所成的大能人讲述自己求学创业的艰辛经历，告诉学生学习的重要性；身为医生的大能人，为学生讲解冬季预防感冒的知识；心灵手巧的社工，教学生包水饺、做寿司、摆拼盘……

（五）策略五：互撑——家校社"共育行"

"大能人工作坊"组建了一支"大能人志愿队"，把志愿者精神内化于心，外现于行。"大能人志愿队"需走进校园：学生们演出，大能人来化妆；学生们队列比赛，大能人来当评委；学生们参加运动会，大能人来呐喊助威；学生们举行教室文化评选，大能人来帮助美化环境；学生升旗，大能人来拍摄照片、制作微视频……"大能人工作坊"各部门联动互撑，建立了四个德育实践基地：同泰敬老院，炮兵预备役高炮基地；炮台湾湿地公园；同济路消防站。

四、"大能人工作坊"协同共育模式的初步成效及后续思考

经过三年"大能人工作坊"协同共育新模式的探索和实践，逐渐树立"人人都是教育者"的全教育观，营造良好的德育环境，实施科学立体的协同育人行动，助推着学校工作不断实现新的跨越。下阶段，学校将推进"大能人工作坊"协同育人的课程内容建设，"大小能人携手行"主题活动和"大能人讲堂"分年级、分层次形成连续性的课程序列，确保协同育人的科学性。

学校、家庭、社会协同育人是深化教育领域综合改革，落实立德树人根本任务的时代要求。希望"大能人工作坊"能凝聚更多的人关注教育，创新协同育人模式，切实推动协同育人工作科学、持续、健康发展，取得实效。一片丹心天地间，让我们携手同行托起"小能人"的美好明天。

注　释：

[1] 尹艳秋.大德育格局：社会与学校协同共育[J].江苏教育，2018（47）：18.

[2] 万小平.新课程下构建学校、家庭、社会三结合的育人网络：提高学校德育工作的实效性[J].课程教育研究，2012（16）：13.

[3] 霍建英.家校共育构建"德育合伙人"模式[J].辽宁教育，2019（4）：16.

参考文献：

[1] 杨雄，刘程.关于学校、家庭、社会"三位一体"教育合作的思考[J].社会科学，2013（1）.

[2] 孙东.关于构建家庭、学校、社会三位一体德育立交桥的思考[J].现代职业教育，2016（10）.

[3] 王志强.浅谈新课改下学校、家庭、社会的协同教育[J].中国校外教育：上旬，2014（8）.

[4] 王合亮.谈小学阶段学校、家庭、社会的教育形式的结合与创新[J].知音励志，2016（21）.

人尽其才家校协，悉用其力悦趣显

——"协作育人"活动途径之"悦趣化"项目实施

上海市宝山区大场中心小学　胡文仪

为认真落实习近平总书记系列重要讲话精神特别是关于"注重家庭、注重家教、注重家风"的重要指示，教育部发布了《关于加强家庭教育工作的指导意见》，指出了要充分发挥学校在家庭教育中的重要作用，加快形成家庭教育社会支持网络。这与《中小学德育工作指南》中"协作育人"的实施途径不谋而合。所谓协同，是指协调两个或两个以上的不同资源或个体，共同完成某项任务或实现某个目标的过程。该指南明确了"协同育人"就是要积极争取家庭、社会共同参与和支持学校德育工作，引导家长注重家庭、注重家教、注重家风，营造积极向上的良好社会氛围。

一、实施背景与构想

上海市宝山区大场中心小学，位于宝山区南大路，地处城乡接合地区，是外地民工子女汇集地，当地人都戏称为上海新的棚户区。学生家长受教育程度较低，普遍缺乏参与学校教育的意识。那么如何加强家校之间的沟通与交流，畅通家校联系渠道，真正体现"协同育人"的含义，我们尝试立足于家庭辅导与学校教育相结合，把新媒体作为推进家校合作持续发展的有力抓手，通过依托网络，开展"悦趣化"项目实践，为家校合作架构了更方便、更快捷、更及时的互动平台，开创了"协作育人"的新局面。

所谓悦趣化活动项目，就是强调以学生为中心，并融合数字游戏的创新活动方式。因此，我们尝试从构建新媒体的管理体系入手，制定相应的三类管理制度，组织三层培训机制，搭建三种媒体平台和线上线下课程及电子评价档案，建立一套比较系统的、可操作的数字化、悦趣化的家校协作体系。充分利用新媒体技术，鼓励家长一起参与学校的教育教学，帮助学校不断矫正和完善原有的开发思路与模型，充分利用家长资源提供的充分的后援保障，家校携手，社区共建，使学校与家庭共同学习、一起成长，不断开创家校合作的新局面。

二、实施过程

现代学校制度是一种以学生发展为核心、适应现代社会发展要求、强调校内和校外协作关系的制度安排。家长、教师协作，顾名思义是由家长和教师共同组成的一个教育协作性组织，目的在于沟通学校与家庭、社区的联系，创造一个有利于未成年人成长的良好环境。家长、教师协作作为学校管理的一个组成部分，已成为现代学校中不可或缺的一环。家长、教师协作不同于传统家长会，它更强调以"协作"为目的，以制度保障家长参与学校事务为核心内容。[1]

（一）建立长效机制，增进有效合作

为保障家校有效合作新机制，学校建立长效沟通机制，实现双方合作共赢。通过构建三个层面的管理机制、完善三类管理的制度机制、组织三层维度的培训机制，丰富家校协作机制的建设与运行，有效将学校与家庭、社会紧密联系起来，具体如表1、表2和表3所示。

表1　宝山区大场中心小学家校协作机制建设运行之构建三个层面的管理机制

管理机制	参与人员	具体要求
领导层面	校长、中层领导、优秀班主任、家委会骨干成员以及现代教育技术骨干教师	做到管理到位，职责分明，机制保障，规范实施，考评落实
参与层面	班主任和家委会骨干成员	率先成为推进学校信息化家校合作项目建设的积极参与者
辐射层面	各学科任课教师及家长	将积累的经验推广与辐射，形成教育合力

表2　宝山区大场中心小学家校协作机制建设运行之完善三类管理的制度机制

制度机制	具体实施
人员保障制度	确保家长可以参与学校、班级重大问题的决策、更重要的是在家长与学校之间起到了桥梁作用
例会制度	领导小组会议，交流实施进展情况，调整实施方案，部署学校信息化家校合作工作措施和发展方向
	家委会例会，总结前阶段工作内容，梳理实施中遇到的问题，探讨后阶段改进实施方向
资金保障制度	投入部分资金，调动家长参与学校活动的积极性

通过学校的渠道让家长深度和主动地参与教育决策过程，构建家校合作长效育人机制，推进家校协作新生态。

表3 宝山区大场中心小学家校协作机制建设运行之组织三层维度的培训机制

培训机制	面对群体	培训目的
教师培训	全体教师	多层次的强化分层培训，便于对学生、家长的指导
家长培训	全体家长	了解开展信息化家校合作活动的目的和意义，明确如何通过网络，用文字、图像、博客、论坛多种形式交流心得，相互交流
学生培训	全校学生	明白如何建立自己的空间，发表日志；明白如何进入"云课堂"自主学习，如何在教师和家长的帮助下，参与学校电子校刊的创编

二、搭建媒体平台，推动有效衔接

在时代飞速发展的今天，教育信息化给家校合作提供了多元化的平台。各类平台的搭建、软件的开发研制，增加了家校合作的悦趣性，给协作育人提供了更广阔的空间。

（一）班级、校园网站

大场中心小学利用网站让平台成为师生之间、教师与家长之间、学生之间互动与交流的一座桥梁。

校园网站中，"校园新闻"及时传递着校园新闻和最新消息；"雏鹰展翅"记录了学生参加的各项活动及点滴体会，"星光灿烂"及时为家长学生们提供了种类丰富的学习资源，"心灵驿站"则集知心问答与心理辅导于一体，关注学生们的心灵成长和内涵发展；"家校互动"让家长可以随时随地地参与学校管理，形成教育合力，真正融入学校的建设和发展；"论坛信箱"为家长、学生们提供了一片畅所欲言的快乐天地……

校园网中家长们还通过"班级主页"的链接，尽情浏览所有班级的主题网站。每个班级都根据各自的特色创建了班级网页，如表4所示。

表4 宝山区大场中心小学"书香"特色班级网页命名介绍

一年级	书趣苑	书香苑	书雅苑	书林苑	书韵苑
二年级	百草阁	劲松阁	逸林阁	灵鸟阁	
三年级	香梅坊	幽兰坊	青竹坊	金菊坊	
四年级	韵墨居	雅纸居	玉砚居	艺书居	妙笔居
五年级	翰润轩	墨海轩	毫趣轩	玄珠轩	行云轩

以班级为单位建立的班级网站，展示班级风采，记录了班级成员的活动点滴，增进了家长与学校、教师的沟通，有助于全面了解学生、班级的情况，参与班级

的管理，是学生、教师、家长的交流平台和沟通渠道。

近几年来，我们充分利用网站让平台成为师生之间、教师之间、教师和家长之间、学生之间互动与交流的一座桥梁。

（二）飞信、微信、QQ群

教师通过飞信、微信、QQ群等现代化通信工具，打破了校园封闭的格局，突破了时间和空间的限制，及时便捷地与家长进行交流沟通。

各班班主任都会通过网络，不定期地组织召开"群内家长会"，通过这种即时、互通、便捷式的沟通方式，家长们能够清晰地了解孩子的在校表现，而教师也可以即时解答家长、学生的各种疑问。每学期也组织一次"网络小论坛"活动，大家以此平台围绕孩子成长主题，探讨家庭教育良方，交流育儿经验。这些活动，现在已经成为群里家长们"共知的约定"。当然有时家长也会在群内自发组织"家长沙龙"，每当学校、班级要举办什么活动，家长们更是积极参与策划，通过网络平台为班级出谋划策，家长们积极配合学校教育，共同促进学生的成长和进步。

（三）电子校刊

创建家校合作的电子书刊，校刊的组稿和编辑着眼于学校家庭教育特色、日常活动以及教师、家长在实践中的思考和探讨，是大场中心小学校园文化建设的重要载体。分别设立了"一季芳菲""小荷风采""砚边墨花""花开的声音""桃李花枝俏"等主题版块，主要刊登校园时事要闻、学校课程设置及文化建设、温馨教室的创建、学生佳作、家长信箱、心灵驿站等内容。各大栏目均向师生、家长开放，大家可随时向学校投稿，体验信息交互所带来的悦趣。

三、构建课程体系，实现有效成长

为了拓展"协作育人"的空间，我们以市级课题《数字化平台下的"乡村学校少年宫"悦趣化活动项目研发》为引领，实施线上线下"双路径"，线上开通"Star Family"乡村学校网上少年宫，线下开拓以书法教育延伸的社团群，构建"悦趣化"课程体系，形成互动互补的家校教育新生态。

（一）线上少年宫——互联网+形态的孩子学习的新天地

互动、智能的"Star Family云课堂"突破了时空限制的全方位互动性学习模式，随时随地进行同步和异步教学及培训，提供了自由的交流环境，方便家长、教师和孩子们之间的互动。每个孩子，可以和爸爸、妈妈一起，也可以邀请好朋友一起登录少年宫网站，选择心仪的项目，参加短期或长期的网络社团。在体验的过程中，还可以将自己的作品上传、分享。云课堂处理好了实体与虚拟之间的关系，在时间与空间上实现了校内到校外的跨越，让更多的孩子体验优质的活动资源。

便捷、共享的"Star Family直通车"涵盖了书画乐园、语言乐园、逻辑智园、运动乐园、音乐乐园、交往乐园、创意乐园八大乐园，共计20个社团活动。每个活动项目均包括"科目介绍""课程索引""作品展示""课程发布"等板块。小伙伴们足不出户，便可在网站上完成各类课程的体验。

多彩、自主的学生"Family电子护照"，与"Star Family直通车"的内容相配套。每个学生可以在小学五年的10个学期内合理规划，每学期选择两个项目进行体验。"Family电子护照"将成为五年级孩子毕业的一份特殊礼物：孩子们将少年宫活动中喜欢的作品、父母的寄语、老师的评价、同学的留言编辑成独特的文字与旁白特效、丰富的注释功能、个性多彩的艺术相框，配上动听的背景音乐，制作出属于他自己梦想和魔幻的超级达人电子相册。

（二）线下社团群——课程延伸形态的孩子实践的体验场

除了网络少年宫的各类社团外，我们在线下开设了30多个社团，重点打造了翰逸神飞社、书言故事社、书漫动画社、书舞韵动社、书印墨迹社、书韵剪纸社、书趣童画社等八大实体社团，尝试捕捉"书法创意"的元素，充分挖掘书法的趣、雅、韵和道。

学校的多个社团参加过上海市教育博览会，并在与台湾台北建安小学、杭州骨干教师代表团、广东名师团以及安徽、徐州等地学校的多方交流活动中受到师生们的欢迎。书言故事社、稚雅书法社联合把书法与创意课本剧表演、课外阅读及古诗吟诵相结合，在书法学习中感悟古典文化，在诵读表演中寻找传统美德。课本剧《公仪休拒收礼》在区校园情景剧大赛中获一等奖；课本剧《我是小小骆宾王》在中小学生创新学习"我爱中华诗词美"展示活动中获上海市精彩一课；课本剧《游子吟》参加"2015中小学生古诗词综合艺术展演"获上海市二等奖……学校各个社团参加了市、区级的多项比赛均取得了良好的成绩。

线上线下互动互补，满足了孩子们不同的需求，让每一个孩子都能收获不一样的体验。小伙伴们在这里放飞梦想，体验成功，分享快乐……

四、实施成效

经过实践探索，学校基本架构了"悦趣化"家校协作育人新生态的运行机制。借助网络这一媒介，加强了教师和家长之间的交流沟通，加强了家长对孩子的指导。孩子们可以通过网络在任何地方与老师进行感情交流，与家长说说悄悄话，通过网络获得学习指导，记录自己成长的经历。新生态的家校协作育人模式，使家校教育不再受时间和地域的限制，成为一个跨越时空的心灵平台，更是推动了学校教育、家庭教育、社会教育的有效衔接。

（一）丰富协作育人新手段

协同育人，其实就是教育的逻辑起点。一个孩子的成长行为往往是个体内在系统、家庭教育系统、学校教育系统、社会教育系统相互作用的结果。学校更应发挥育人主导作用，对工作进行合理分工，对资源进行有机整合，通过有效协作，共同实现育人的目标。[2]家校协作新生态使家庭教育和学校教育在目标上统一要求，时空上密切联系衔接，作用上协调互补，在丰富家校合作形式的同时，充分发挥教育的整体功能，形成优化的教育合力，达到家校合作教育的最优化。

（二）提供协作育人新体验

教育的目的是为了"育人"，教育的内容是关于"成长"，教育的方式离不开"协同"。协同育人需要突破局限，放大格局，以全方位生活的目光看待整个世界，理解各方需求，共生共建，共享共荣。"悦趣化体验"课程项目随着时空的拓展，可以从校内到校外，可以从学校延伸到家庭、社区。以互动方式分享经验，以互动交流促进家校之间的合作。它使家校教育不再受时间和地域的限制，成为一个跨越时空的心灵平台；它更是增强家长与学生、家长与老师、家长与家长之间的良性互动，成为家校之间沟通的最佳平台。

注 释：

[1] 耿申. 将家校协作、合力育人纳入制度化轨道 [J]. 北京教育：普教版，2013（12）：5.

[2] 冯长宏. 协同育人：回归教育的逻辑起点 [J]. 江苏教育，2018（47）：1.

参考文献：

[1] 郭英俊. "家校社"一体化的德育协同长效机制探究 [J]. 福建基础教育研究，2019（6）.

[2] 唐澜. 中职学校家校合作协同育人的现状与问题研究 [D]. 桂林：广西师范大学，2019.

[3] 马福兴，高艳，刘学军. 和谐达家校共育 协同促儿童成长：基于研究的家校协同育人初步探索 [J]. 基础教育参考，2019（9）.

[4] 张文兰，牟智佳. 悦趣化学习的研究现状与热点分析：基于国内外期刊数据库论文的分析 [J]. 现代教育技术，2011（6）.

郡亭枕上看潮头，恰似一江春水向东流

——基于"学校教育+"效应下的协同共育

上海市宝山区新民实验学校　蔡晓燕

现代教育的集合点，从场域划分来看，主要是家庭教育、学校教育、社会教育。家庭教育的亲缘性、亲情性、终身性特点与学校教育的融通性、专业性、全面性优势互补，而社会教育的综合性、实践性、开放性是对前两种教育的资源互补，三种教育场域在"学校教育＋"的效应作用下融会贯通、优势互补、协同共育，对培育学生的核心素养的价值引领，发挥多场域下的协同共育即家庭养育、学校培育、社会孕育。

一、实施背景

（一）"学校教育+"是顺应当代多元教育的趋势

2017年8月17日，教育部发布了《中小学德育工作指南》（教基〔2017〕8号）的文件（以下简称指南），提出了协同育人是教育的必然趋势，完善家校合作机制、加强家校沟通、办好家长学校是学校教育在家庭教育指导工作中的具体内容；建立多方联动机制和安全管理机制是学校教育在社会共育机制的重要保障。

（二）"学校教育+"构筑起家庭和社会的有效衔接

《上海市中长期教育改革和发展规划纲要（2010—2020年）》中明确指出："完善学校、家庭、社会'三位一体'合力育人机制，推动学校教育、家庭教育、社会教育有效衔接。"学校、家庭、社会必须在教育目标上达成一致，在时空上无缝衔接、积极互补，形成以学校教育为主体、家庭教育为基础、社会教育为依托的教育格局，发挥教育的整体效应。[1]

二、概念界定

"学校教育＋"是学校教育中的人格教育、道德教育、情感教育等内容延伸到家庭教育之中，融入社会教育里的教育集合，经历和融合了学校教育的转化、家庭教育的强化、社会教育的感化三个重要教育阶段。

三、实施内容

（一）构建协同育人"三同体"机制

理想的协同育人构建，在理念上同向，在联动机制上同力，在总体规划上同步。同向即树立协同共育理念，家校社会协同共育的核心内涵是运用积极共育原理，以追求学生核心素养的提高和全面发展为共同的教育愿景。同力即建立家庭社会合力联动机制，体现学校教育的融通性、专业性、全面性，培养学生的学科素养、人文素养、道德素养；体现家庭教育的亲缘性、亲情性、终身性，构建学生情感世界、家庭伦理、良好品格；体现社会教育的综合性、实践性、开放性，培育学生社会意识、社会责任、社会角色，三位一体的联动机制为学生的成长同心协力。同步即制订家校社会共育发展规划和工作计划，保障三者共育目标的同步实现和落地生根。

（二）构建协同育人"三育人"途径

传统的学校教育是以"围墙式"教育为主，过于强调学校在学生成长过程中的唯一性和不可替代性，把教育变成了学校的"专制"，把学生变成了学校的"专利"。集中式的教育模式将学校教育孤立起来。在明确了学校教育、家庭教育、社会教育必须相扶相持的思路后，学校成为学生教育的主阵地，家庭成为学校教育的联动军，社会成为学校教育的检验场。

以如笔者所在学校的德育途径框架图（见图）为例，学校开展的"五心"教育从学校出发，通过社会教育的融合影响到家庭教育的联动强化，最终实现学生五心品格、健全人格、核心素养的形成，通过三者的互融共生实现学校对学生的培养目标即五心学子。

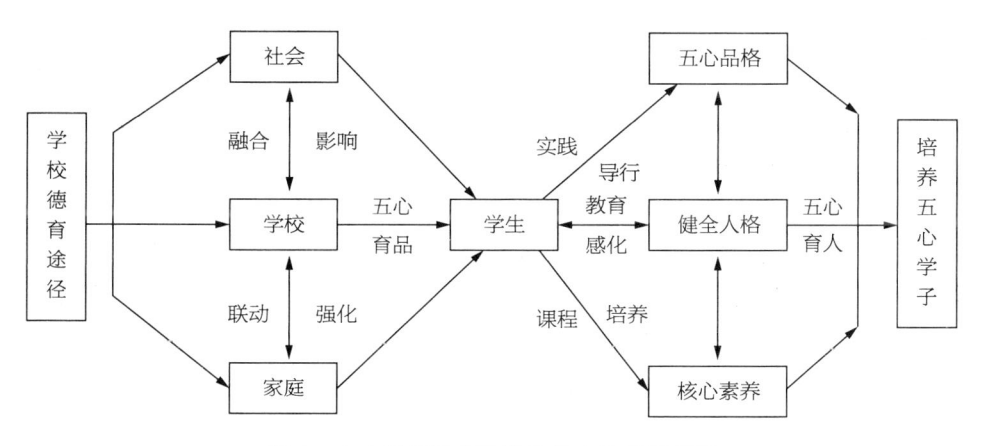

图1　宝山区新民实验学校德育途径框架图

（三）构建协同育人"三位一体"

1. 学校教育与家庭教育的协同育人

当前，在学生健康成长与和谐发展方面，家庭教育和学校教育在功能定位和资源分割等方面存在边缘化与边界不清晰、权利责任义务不明确等问题。[2] 倘若学校教育和家庭教育彼此分离，功能相抵，协同育人就变成了无稽之谈。当然，家庭教育和学校教育的协同不是将学校该承担的教学责任也无限制地下放到家庭，让家长来承担教学任务或本应该由学生来完成的其他任务。如目前家长比较反感和呼声最大的网络学习问题，从家长的角度考虑，倒是希望孩子能够腾出时间做学习的事，而不受其他任何干扰；从学校角度来看，这是学生的学习内容之一，家长毫无抱怨的理由；从教育部门角度来看，希望学生能够掌握学习外的其他技能（安全隐患、生存技能、交往技能等），这些也不违背教育法规。站在哪个角度看都是对的一方，究竟问题出在哪儿？好的初衷为什们收不到应有的教育效果反而成为隔阂？笔者认为这是三者的教育目标不一致造成的，同向的教育目标才能收获相同的教育效果。

无论是哪种职业，都需要接受岗前培训才能胜任工作，而唯有"家长"这个岗位是没有专业培训就"上岗"的，家长伴随孩子成长过程中出现的问题见招拆招。缺少系统性和专业性是家庭教育面临的现状，所以，学校就自然而然承担了培训家长的重任。如何对学生进行学习习惯的培养，如何应对叛逆期的情绪问题？家长学校的出现和多元家庭教育课程的实施很好地减小了家庭教育的盲区，学习型家长和学习型家庭在这样的教育环境下互相依存，为此，建立家庭教育与学校教育两者互相依存的同盟者关系是极为重要的。

父母在学生的成长过程中是第一责任人，家庭是学生原生态教育的第一站，家庭教育对学生人生的影响是终生的，会潜移默化地影响学生的一生，尤其是在生活方式、价值判断、人格塑造等方面的影响更直接。学校教育和家庭教育的价值方向一致才会在协同育人的道路上成为同行者。

2. 学校教育与社会教育的协同育人

学校教育虽然具有融通性、专业性、全面性，但是它存在教育广度上的局限，教育需要的是育人内容的多元化、育人活动的校本化、育人途径的多样化，这就决定着学校需要打破有限的"围墙"式教育资源，从学校实际需要出发，因校制宜，因生制宜，充分发掘和有效利用来自社会的教育资源。从现实可能性出发，充分挖掘社会教育基地的优势项目，建立劳动实践基地、革命教育基地、学军基地、科学教育基地等，开展适合学生特点的劳动教育、革命精神教育、传统文化教育，使刻板的教育内容变得生活和更加吸引学生，学校通过与社区、社会的联动机制盘活学校教育途径，寻求学校育人方式的校外延伸，多方整合，携手实现对学生的道德培养。

3.家庭教育与社会教育的协同育人

社会教育属于综合教育、终身教育,是多领域共存的公共空间,能对学生产生积极或消极的影响,社会教育需要建立在家庭教育、学校教育的基础上,引导学生客观而正确地看待各类社会现象和社会问题,在体验社会角色中学习、掌握社会规范,提升社会适应能力与交往能力,正确判断和评价社会现象。家庭是社会最小也是最重要的细胞,和谐社会的营造正是由这一个个单独的细胞组成的。家长在社会生活中所表现出来的行为问题直接影响学生的社会行为。

家长要用自己的实际行动引导孩子遵守社会公共秩序、社会规章制度,将家庭教育与社会规则教育结合起来,为学生未来的社会融入做好引路人。

四、实施成效

学校、家庭和社会紧密合作就能形成一股强大的教育力量,织成一张巨大的教育网,而在学校、家庭和社会三者之间,学校要发挥主导作用,宣传正确的教育思想和主张,传递科学的教育方法,家庭教育要发挥纽带作用,确保学校教育与家庭教育同步,社会教育要发挥联动作用,发挥基地教育资源优势,为学校教育提供后台服务,三者既是协同关系又是相互辅助,只有发挥家庭教育、学校教育、社会教育协同共育作用,这样的教育才是完整的。

(一)增进家庭、社会对学校教育的认同和理解

1.协同教育有助于形成良好的家校关系,提高教育的满意度

良好的家校关系一定是建立在双向沟通和互相支持的基础上的。学校教育不仅仅局限在学生学业指导上,还包括了对家庭教育的指导。家长的教育理念、对孩子的教育期待、家庭教育方式甚至是家庭氛围都影响着家校之间的关系,也影响着学校教育的成效。家庭教育和学校形成合力,有助于学校和家长彼此间的理解和信任,让家长参与到运动会、节庆日、仪式教育等活动中感受孩子的成长;学校通过微信活动推送让家长了解学校活动开展情况,感受到学校对学生多方位培养;组建家长志愿者和家长委员会,让家长参与学校管理,建立对学校文化的理解和认同。

2.协同教育有助于形成畅通的社区联动,增强教育实效

马克思认为:"人的本质是一切社会关系的总和。"社会教育是家庭教育和学校教育的延续和发展。社会教育是对学校教育的补充,我们可以从社会教育中得到学校教育和家庭教育所不能给予的教育。学校因地制宜地开发学校周边的社会资源,为学生的多元发展和社会融入打通渠道,让学生从学校教育中放飞出来,在社会化的大学堂里接受道德教育。

(二)增强家庭、社会对学校教育的整体效应

1.家长和学校是教育的同盟者,家长必须先充分认清自己的角色,明确自己

在孩子成长发育中所起到的关键作用，主动承担起对孩子的教育责任，和学校教育站在相同的立场，这样才能发挥学校教育和家庭教育的整体作用。作为家长，主动与教师进行有效沟通，积极参加家长会，正确看待教师对孩子的客观评价，努力配合学校对孩子进行思想教育，以便有针对性地实施教育。作为学校，站在家长的立场考虑，以尊重、信任的盟友关系共同对学生进行教育，通过家长学校带动家长树立科学的教育思想、教育理念及教育方法。如笔者所在学校的家庭教育课程设置，分别从学习习惯、行为习惯、营养与健康、亲子沟通四个维度开展家长学校课程，确保家庭教育与学校教育的高度统一和整体效应，具体见表1。

表1　宝山区新民实验学校家庭教育课程设置

类别	课程内容	课程建议	备注
学习习惯培养	学习准备期的学习适应	新生进校开展学习准备期的学习后，根据学生的学习适应情况、学习表现、学习习惯、学习环境营造等开展家庭微学程	一年级
	科学学习指导	培养良好的阅读习惯，家长应该从哪些方面入手	
		如何教孩子写好一手漂亮的字	一年级
		语文教育中的人文素养培养，如何用好英语学习软件，数学学习中的习惯培养	
		邀请学习成绩好，学习态度积极的学生的家长介绍家庭学习方法	
		学习咨询开放日	一学期/次
行为习惯培养	文明举止与家庭教育	家长的哪些言行会影响孩子文明的行为，对孩子会有哪些不良影响	
	自理能力与自强能力培养	案例分析的方式	
	规则意识的培养	规则意识对学生的学习和行为的影响，如何培养规则意识	
	感恩态度的培养	与实践性的活动相结合，谈感恩教育对孩子的道德培养	
营养与健康	合理饮食与生长关系	根据学生的早餐情况进行调研，了解学生的饮食情况，进行营养学的介绍	
	青春期的家庭教育	男女生的交往及男女生生理变化而产生的心理问题，作为家长如何引导孩子度过青春期	四年级、五年级
	游泳中的注意要点	游泳对学生生长发育的重要作用及注意事项，建议家长配合的要点	四年级
	体育课中的安全防范	体育课意外伤害的防范与危险预警	
亲子沟通	如何管理自己的情绪，有效沟通	根据不同性格的孩子所暴露的学习问题或沟通问题，家长如何化解与孩子间的语言交流危机	
	法制安全宣传	邀请地段民警开展法制类课程宣传	

2. 社会教育是培养爱国、爱民族的情感以及高尚品德和社会责任感的"大课堂",所以学校应当充分调动社会力量,组织和带领学生参与社会实践活动。要从校外教育基地中深入挖掘具有地域特色的优秀文化、革命传统、人文底蕴等,整合各方教育资源有针对性地对学生开展道德思想教育。学校的社会实践流程见图。

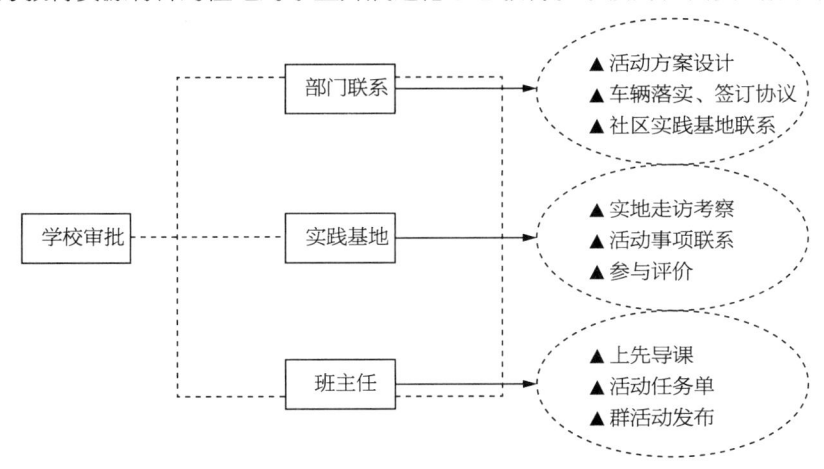

```
                    ┌──→ 部门联系 ──→  ▲活动方案设计
                    │                   ▲车辆落实、签订协议
                    │                   ▲社区实践基地联系
                    │
     学校审批 ──────┼──→ 实践基地 ──→  ▲实地走访考察
                    │                   ▲活动事项联系
                    │                   ▲参与评价
                    │
                    └──→ 班主任   ──→  ▲上先导课
                                        ▲活动任务单
                                        ▲群活动发布
```

图 2　宝山区新民实验学校社会实践流程图

总之,学校教育、家庭教育与社会教育这三者之间有着不可分割的紧密联系。其中,家庭教育能够决定学校教育的起点,而学校教育需要家庭教育提供支撑,社会教育能够提供良好的教育环境。三者是相互独立又相互联系的,学校教育发挥主体作用,健全学生人格,培养正确价值观;家庭教育发挥联动作用,将学校教育在家庭中加以延续,形成教育的一致性;社会教育发挥辅助作用,为学生提供实践与服务,强化从个体到社会人的过渡。

注　释：

[1] 教育部基础教育司.中小学德育工作指南实施手册[M].北京：教育科学出版社,2017：201.

[2] 中小学德育[J].华南师范大学杂志社.教育科学出版社,2018：13.

参考文献：

[1] 吴丽娟,黄莹,贾嘉.家庭教育、学校教育和社会教育的共生关系研究[J].中外企业家,2018（24）.

[2] 孙茂安.关于学校、家庭、社会"三位一体"教育合作的思考[J].中国校外教育,2016（29）.

[3] 韩云洁.素质教育中学校社会家庭三结合协同教育探析[J].阿坝师范高等专科学校学报,2014（3）.

[4] 任茹慧.家庭教育、学校教育和社会教育关系探析[J].青春岁月,2017（15）.

育德有方，治行为上

——学校"家长讲堂"建设与实施

上海市宝山区鹿鸣学校　李　静

笔者所在学校上海市宝山区鹿鸣学校学生的家庭文化背景较好，家长素质普遍较高，在广泛的职业领域内取得了一定成就，对学校课程设置及孩子的学习规划很重视，具有参与学校教育的愿望和能力。基于此，学校自2015年9月开办以来，就开设"家长讲堂"，进行家长课程资源的研究与实践。

一、缘起：尝试中的不尽如人意

学校为开设家长课程提供教室、体育馆、舞蹈室等各类场地，每周二15：40-16：20如期进行，每学期每班安排8节左右。但是，在"家长讲堂"开展的过程中，学校遇到了诸多问题。

首先，时间安排有冲突。家长参与"家长讲堂"的热情很高，但是大部分家长的工作模式导致其空余时间与学校开放时间不匹配，家长即使有意愿，可因工作原因而无法参加。

其次，课程质量参差不齐。家长素质普遍较高，但大多不具备教育学方面的专业知识，在教学上是"外行"，对教学目标的制定、内容难易度的设置、教学环节的设计、教学语言的使用等把握不准，教学效果上就打了折扣。

第三，教师参与度不够。"家长讲堂"主要是由各班班主任负责跟进。班主任事务繁杂，而学校对于每班"家长讲堂"的开展并没有强制性规定，因此有些班主任并不会积极发动家长，比如这个学期没有约满8节课，就给学生上自习。在课程质量上，班主任也没有足够的时间和精力去把控全部8节课。

第四，课程具有零散性。"家长讲堂"在小学部开设，内容丰富多彩。但是，因为各班"各自为政"，即采用班主任发动本班家长在本班上课的模式，缺乏系统性。

第五，家长资源不稳定。学生在校时，家长乐于给自己的孩子和同学做讲座或提供其他形式的课程。学生毕业离校后，原有的课程资源可能就会流失。

二、探寻：从经验走向科学

德育是一个多因素相互作用的过程，其成效是诸多因素综合影响的结果，要把诸多德育因素有机结合，形成一股合力，共同实现育人目标，就需要德育管理。

我们深刻地认识到，开展"家长讲堂"，开发与利用家长课程资源形成家校合力，仅仅凭借学校过往的管理经验以及家长的热情是不够的，还需要构建与此相配合的、科学的管理机制。

三、实践：有效管理提高育人效能

依据管理学基本理论，结合学校德育工作实际，我们开始梳理影响"家长讲堂"开展的诸多因素，探索性地构建科学的管理育人机制。

（一）目标管理

德育管理首先要确定目标，以目标为导向，协调校内外的一切德育力量，形成合力，向统一的方向前进。学校对学生的培养目标是：大爱的心灵、大智的头脑、大气的胸襟、大勤的双手。学校所有的教育行为都要以此目标为引领。

我们开始在"家长讲堂"进行前，通过家长会、《新生家长手册》等渠道向家长进行宣讲，征询家长意见，将家长所授课程的目标期望与学校的培养目标进行整合。

我们不仅关注学生知识的获得，更重视学生品格的培养。在手工课堂上，我们希望学生获得勤动手、互合作的体验；在航模课堂上，我们希望培养学生热爱科学、创新探究的精神；在烘焙课堂上，我们希望看到学生将自己的成果与朋友、亲人分享；在职业讲堂上，我们希望学生能够认识自我，存养立志并为之奋斗。

随着"家长讲堂"的持续推进，我们的发展思路越发清晰：

第一阶段以"学生兴趣"+"家长资源"为主导。将学生的兴趣和家长可提供的课程相匹配，调动学生与家长的积极性。

第二阶段立足于"目标引领"+"多元培育"。围绕学校"大爱、大智、大气、大勤"的培养目标，以"仁爱·礼仪·博雅"为抓手，注重对学生进行全方位培育，逐渐形成较为系统的课程体系。

第三阶段强调"实践体验"+"个性发展"。充分发挥家长的多元优势，为学生提供多样的实践基地，在体验中提升学习效果，引领学生发现连接课堂学习与现实世界的"桥梁"，满足学生的个性需要，令他们的学习充满价值。

（二）组织管理

组织管理即通过建立组织机构，规定职务或职位，明确责权关系，以使组织中的成员互相协作配合、共同劳动，有效实现组织目标的过程。学校专门成立了"家长讲堂"工作小组，邀请专家指导，吸收家长代表参与，融教师、专家、家长为一体，三方共同为家长参与学校课程建设与实施出谋划策，使"家长讲堂"有效运行，保证德育目标实现。具体如表1所示。

表1 上海市宝山区鹿鸣学校"家长讲堂"工作小组职责一览表

成员	工作职责
校长	提供指导性意见，全程监控活动质量，评价活动效果。
书记	提供指导性意见，全程监控活动质量，评价活动效果。
副校长	协调配合班主任、学科教师及家长完成教学任务，全程组织活动。
教导主任	协调配合班主任、学科教师及家长完成教学任务，课堂质量监控。
政教主任	负责设计活动方案，邀请家长，协调组织学生参与活动，收集、留存材料。
办公室主任	组织联系，提供后勤保障。
专家	组织培训活动，加强课堂质量监督。
班主任	联系家长，协调教学时间，审核教学内容，做好准备工作，听评课，收集资料。
任课教师	完成对家长的教学指导工作。
部分家长	准备教学内容，开展教学活动，撰写教学体会。
网络管理员	活动全过程的照相和录像，留存影音和视频资料，协助家长搜集教学素材。

经过不断磨合，组织成员间的合作机制日益成熟，学校整合资源，规划课程；专家组织培训，监督指导；教师全程跟进，辅助支持；家长准备内容，开展教学。为"家长讲堂"的顺利、有序运作提供了组织保证。

（三）队伍管理

德育队伍是德育任务的具体执行者，他们的观念、态度、专业能力决定了德育工作的效果。要打造出精品的"家长讲堂"，必须加强对教师和家长联动共组的队伍管理。

1. 转变教师育人观念

当今世界，教师不再是"知识权威"。家长素质普遍较高，其拥有的知识、技能、经验、职业等多方面优势是教师无法比拟的。教师原有的理念要转变，要增进教师对新时代、高素质家长的了解，提高合作意识，推动教师不断研究、反思、进步。

同时，"家长讲堂"的开展不应该只是班主任的任务，所有的老师都应该参与进来，共同为家校共育出谋划策。学校发动全体教师参加"家长讲堂"，根据自身的特长，每个学期至少跟进一节课。这样既能减轻班主任的负担，又能让任课教师发挥自身的学科优势，配合家长打磨出优质课堂。

2.提高家长教育水平

大部分家长拥有专业知识与技能，但是苦于不知如何讲授。因此，学校首先组织教师和家长进行培训，开展研讨活动，提升技能，总结经验；其次，每堂课都由教师跟进，反复打磨教案和课件，随时帮助家长解决教学上的问题；最后，工作小组随机听课，对课堂质量进行把控、监督和评价，了解学生的学习效果，及时反馈和公布。

这支育人队伍为了共同目标凝聚在一起，在合作过程中不断发展提升，营造开放、对话、协作、成长的育人文化，提高了育人效能。

（四）过程管理

任何活动都是由先后有序的不同环节构成。德育过程管理是德育管理者为落实德育计划、实现德育工作目标，对先后有序的德育过程诸要素加以检测、改善、控制，使之达到良好状态的过程。[2] 经过不断的探索与实践，学校逐步形成了"家长讲堂"过程管理的基本路径，如图1所示。

图1 上海市宝山区鹿鸣学校"家长讲堂"过程管理流程图

资源调研 → 课程编制 → 教学准备 → 教学实施 → 评价反馈

首先，学校通过家长会、家访等，向家长宣传"家长讲堂"，发放征询单，了解家长的特长爱好、职业才能。在此基础上，以学校育人目标为引领，以学校"三元素品格教育"的核心"仁爱·礼仪·博雅"为抓手，整合资源，编制课程。如图2所示。

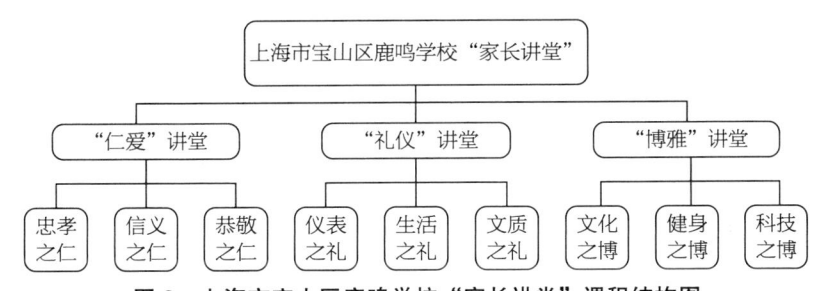

图2 上海市宝山区鹿鸣学校"家长讲堂"课程结构图

具体课程目标及内容如表2所示。

表2 上海市宝山区鹿鸣学校"家长讲堂"课程内容一览表

要素	内容具体表现
仁	忠孝之仁：热爱祖国　忠于人民　孝顺父母　敬重长辈 信义之仁：诚信相待　关心友朋　帮助他人　懂得感恩 恭敬之仁：尊重生命　敬畏自然　尽心学习　尽力做事

（续表）

要素	内容具体表现
礼	仪表之礼：仪态大方　衣着整洁　举止文雅　按规行礼 生活之礼：语言文明　食相文雅　珍惜物品　勤俭节约 文质之礼：尊重礼俗　观赏彬彬　爱护公物　尊重规则
博	文化之博：广博阅读　视野高远　情趣高雅　爱好艺术 健身之博：积极锻炼　讲究卫生　心理健康　个性健全 科技之博：热爱科学　动手动脑　追求真理　尊重创新

每学期初，班主任确定8位家长作为授课教师，协调上课时间、地点与教学内容。经学校允许，在不影响常规教学的前提下，可利用午会课、班会课、快乐30分等时间开展"家长讲堂"，一堂课的时长也可在40分钟内灵活处理。学校为每位授课家长配备一名教师，负责课程指导和教学组织服务。工作小组随机听课，监控课堂质量，了解学生学习效果。采取教师、家长、学生等多主体评价方式，通过座谈、填写评价单等方法，进行评价反馈，评选受学生欢迎、教学效果好的课程，并在全校推广，通过学校主页、微信进行宣传、表扬。

四、展望：反思中提升管理智慧

通过不断研究与实践，学校初步建构起"家长讲堂"的科学管理模式，合理配置德育要素，提高了家校共育实效。各行各业的家长走上了讲台，截至2019年6月，共开设608节课，打磨出精品课64节。

学校既将家长"请进来"，也让家长带着学生"走出去"。家长以活动指导者、信息提供者、场地介绍者等多种角色介入课程中，带领学生走进社会，大大拓展了课程实施的空间。目前，应家长邀请，我们参观了家长工作单位，如上海市深海博物馆、上海市地质博物馆等，下一次的参观活动也在接洽中。

学校在推进"家长讲堂"科学化管理的过程中，还有诸多不足。接下来，我们将从以下方面进行改进。

（一）优化课程内容

围绕学校"仁·礼·博"的德育目标不断优化课程内容，提高课程质量，并结合学校的"学生生涯教育"项目，通过聆听父母的生命故事、采访父母的生活历程、体验父母的工作岗位等方式，引导学生提升自我认识，促进社会理解，开展自我规划。

（二）改进选课方式

能否在全校层面提供课程菜单，采取"走班制"方式，让学生自主选择？学校邀请专家、教师、家长等，召开座谈会讨论，征询意见。从主观上讲，这样的开课方式最能满足学生的个性需求，更具灵活性、自主性。但是，一方面，不同年龄段学生的心理特点和认知水平不同，假如一年级、四年级学生选上同一节课，教学设计、教学方法等不易确定，影响教学效果；另一方面，家长给自己的孩子上课更有"积极性"。因此，我们计划在年级层面开设课程超市，提供选课菜单，让本年级的学生自主选课，既可资源共享，又贴合学生的接受水平，能最大限度地发挥"家长讲堂"的效用。

总之，在"家长讲堂"建设与实施的过程中，学校要积极发挥德育管理的作用，以目标为导向，用组织来协调，靠队伍来执行，抓过程来落实，不断总结经验，反思得失，改进管理举措，完善管理机制，保证与提高德育质量，实现德育功能，增强育人实效。

注　　释：

[1] 赵志军.德育管理论 [D].长春：东北师范大学，2005：9.

[2] 赵志军.德育管理论 [D].长春：东北师范大学，2005：73.

参考文献：

[1] 朱友梅.管理学视野下的当代高校实践德育模式研究 [D].苏州：苏州大学，2010.

[2] 沉浮.学校德育管理概述：学校德育管理论纲（一）[J].荆门大学学报：哲学社会科学版，1997（1）.

[3] 沉浮.学校德育管理的相关问题述略：学校德育管理论纲（二）[J].荆门大学学报：哲学社会科学版，1997（2）.

[4] 沉浮.学校德育管理过程：学校德育管理论纲（三）[J].荆门大学学报：哲学社会科学版，1997（3）.

[5] 沉浮.学校德育目标管理：学校德育管理论纲（四）[J].荆门大学学报：哲学社会科学版，1998（2）.

[6] 马忠虎.基础教育新概念：家校合作 [M].北京：教育科学出版社，1999.

[7] 刘宗南.家校合作教育的理念与思维 [J].教学与管理，2010（24）.

[8] 李臣之，王虹."校本课程"开发：实践样态与深化路径 [J].教育科学研究，2013（1）.

第二章

班级建设

小来思报国，共圆中国梦

——让爱国主义情怀与蓬勃青春共振

上海大学附属中学　刘乾琪

对中国人来说，清明节是一个重大的春祭节日，于家则祭奠祖先，是感恩他们对家族的贡献，于国则缅怀先烈，是爱国主义情怀的一种体现。在生命之花竞相绽放的明媚春天里，中国人传承着古老的祭祀传统，践行着生命传递的意义。

笔者所在学校为上海大学附属中学。清明节对于附中学子来说还有一层特殊的意义——缅怀追思钱伟长先生。钱伟长先生是我国著名力学家、应用数学家、教育家，同时也是附中第一任名誉校长，他作为一位杰出科学家的创新精神，一代知识分子的桀骜风骨和一个忠诚爱国者永远以祖国命运为先的爱国情怀，让每一位附中人敬仰。因此，学校抓住清明节这一契机，以"追思—礼敬—传承"为主要抓手，围绕钱伟长先生生平事迹深入挖掘，旨在通过系列活动的开展，让爱国主义情怀镌刻在新时代青年的心灵深处，也因此生生不息地传承。

一、目标与思路

（一）活动目标

2019年9月10日，习近平总书记在全国教育大会上发表重要讲话，他指出，要坚持立德树人，要在厚植爱国主义情怀上下功夫，让爱国主义精神在学生心中牢牢扎根，教育引导学生热爱和拥护中国共产党，立志听党话、跟党走，立志扎根人民、奉献国家。"让爱国情怀与蓬勃青春共振"清明节系列活动开展的目标是落实立德树人这一教育的根本任务，使学生通过以"追思—礼敬—传承"为主要抓手的清明节系列活动，从学习认知、体验感悟和实践探寻三个维度，引导学生以钱伟长先生生平事迹为主线，学习历史、缅怀先烈、传承精神、奋斗未来，让信仰之火熊熊不息，让爱国主义情怀融入青年学子们的血脉，激发出激昂蓬勃的青春力量。

（二）设计思路

"纸上得来终觉浅，绝知此事要躬行"，德育只有在实践活动中才能被学生自觉接受，内化为行为，有目的、有计划、系统地开展活动，才能让德育在培养学生良好品德、发展个性特长、锻炼意志品质等方面起到应有的作用。

在《课程与教学的基本原理》中，泰勒详细讨论了课程目标的选择和课程内容的组织。泰勒认为，教育者应参考不同学生的学习经验来选择和组织学习的内容，即对实践活动的课程内容进行总结，选择那些具有一定价值意义的内容加入综合实践活动课程中，体现课程活动的科学性，抓住学习者的学习兴趣，部署并选用学习内容，以实现具有积极作用的活动课程。[1]因而，设计清明节系列活动时，学校抓住三个关键词：很上附、很丰富、很精心。

很上附——具有针对性。活动要有感染力，必须具有鲜明的针对性。历久弥新的清明节连接了古今，沟通了青年学子与先辈及革命英烈的对话，为中华民族精神的传承搭建桥梁纽带。每逢清明，各校学子都会用自己的方式向先辈祈祷，向英烈致敬，上大附中的清明节系列活动也应该有着属于学校特有的烙印。一直以来，有一位伟大的爱国主义者陪伴在我们的身边，他就是"中国近代力学之父"，上大附中第一任名誉校长——钱伟长先生，追思钱老、礼敬钱老、传承钱老，是每一个上附人应尽的义务。因而，本校确定清明节系列活动将围绕钱伟长先生生平事迹开展。

很丰富——具有多样性。活动要达到理想效果，其开展的内容、形式、组织方式必须具有多样性。为了保证清明节系列活动的多样性和系统性，根据不同年级学生需求，将活动分为三个阶段：第一阶段为追思，侧重于学生的学习认知，了解钱伟长先生的"人生力学"；第二阶段为礼敬，侧重于学生的体验感悟，组织学生参与祭扫活动并在各年级开展相关的主题活动，让学生在体验中感悟；第三阶段为传承，侧重于实践探寻，在躬身实践中，让伟长精神生生不息地传承。

很精心——具有整体性。活动是否有效，还要从整体性来把握。整体性是指德育的内容、活动过程、教育力量都要成为一个系统，整体统筹指导德育工作，才能达成德育目标的有效实现。从活动的酝酿、设计、准备阶段，学校积极争取社会力量，利用上海大学优质资源，采取"请进来、走出去"的方法，将德育渗透由封闭转为开放。同时，整合了校内一批特色教师组建微团队进行指导，提升活动开展的有效性，并利用学生干部资源深入学生群体中开展调查，设计出真正被学生所喜爱的活动，让每一个学生都全身心地投入清明节活动中来。三管齐下，协同努力，让活动更加精心。

最终，"让爱国情怀与蓬勃青春共振"清明节系列活动确定为：以"追思—礼敬—传承"为主要抓手，从学习认知、体验感悟和实践探寻三个维度围绕钱伟长先生生平事迹来开展。

二、过程与方法

（一）具体实施过程

1. 前期准备

组建特色教师微团队。从本校教工团中挖掘一批有特长的青年教师，组建微团队进行研讨，对于活动开展的各个环节进行指导，保证活动开展的有效性。

充分发挥学生干部的作用。学校的德育活动是以学生为主体的，所以不管是活动酝酿、设计、组织和参与都应该以学生为主。准备阶段，学生干部做好调查工作，为内容设计做好铺垫；收尾阶段，做好活动效果的反馈及活动建议的梳理等工作。

对接社会资源。积极发挥上海大学基础教育集团的资源优势，对接上海大学钱伟长学院，与高校合作共建，让德育活动走出校园，更加完整。

2. 活动开展

追思——追根溯源，回顾"人生力学"。从学习认知的角度出发，让伟长故事在学习中清晰。通过开展班级主题晨会以及聆听上海大学钱伟长学院主题讲座，让学生了解伟长先生"委屈不曲，荣辱数变，老而弥坚人生的完美力学"，感受伟长先生"无名无利无悔，有情有义有祖国"的爱国主义情怀。

礼敬——慎终追远，坚定爱国初心。从体验感悟的角度出发，让学生在体验中感悟。本校师生代表和上海大学钱伟长学院师生代表一同前往滨海古园，向钱伟长夫妇塑像进献鲜花，致以最崇高的敬意，在本校伟长广场举行隆重而庄严的钱伟长祭献活动。同时，根据不同年级学生需求设计相应的主题活动：高一年级开展青春主题歌会，学生们以昂扬向上的面貌唱响新时代的青春强音；高二年级选取与钱老相关的优秀文学作品进行诵读，学生们用最质朴的语言、最平实的情感读出每一段文字背后的价值，向钱伟长先生致敬；而高三年级则是立下鸿鹄之志，不辜负钱老的谆谆教诲，不忘初心，砥砺前行。

传承——爱国精神，共振蓬勃青春。从实践探寻的角度出发，让传承在实践中升华。以钱伟长先生的故事为主线，追随红色校友的脚步，开展社会实践活动，并以此为主题拍摄《助梦师》原创纪录片，在保留传统文化厚重感和质感的基础上，以学生们喜闻乐见的形式，弘扬和传承钱老严谨求实的科学品质、开拓进取的创新意识和赤胆忠诚的爱国情怀，让它变成一种强大的力量影响和激励一代代上附人，让爱国主义情怀与蓬勃青春共振。

（二）特色做法

学校顺应课程改革和发展的趋势，探索德育活动课程化的有效途径，将内容不一、形式多样的活动按照课程理念加以整合，使之成为较为稳定、便于实施的课程，更好地促进学生综合素养的全面提升。

传统节日课程是学校在德育活动课程体系中的一部分。"中国节日"文化是中国传统文化的重要部分，饱含着民族精神的优秀传统，是一笔无与伦比的文化财富，有助于建立学生的文化自信，进而传承节日文化的道德理念和价值观念，弘扬节日文化精神[2]。中国有很多的传统节日（中秋节、清明节、春节、端午节等等），每个节日都承载着丰富的人文教育资源与传统历史文化，而家国情怀在传统节日中更是得到了延展和传承。学校以中国传统节日为抓手，整合节日资源，设计主题为"传统节日中的家国情怀"系列课程，通过课程的开设，涵育学生基本素养，增强学生文化自信，更好地弘扬中华民族的精神、激发爱国的情感。

清明节系列活动是传统节日教育课程中的一个组成部分，每个年级将课时统一设为3课时，分两周来完成学习任务。在课程结束后，每位同学提炼出自己的学习实践后的微感悟并进行分享。

三、成效与展望

（一）活动成效

1. 教师微团队在探索中成长。在开展微团队活动的过程中，教师们始终把"立德树人"作为一切活动设计的根本任务，围绕这一根本任务设计课程内容，共同解决课程问题，进一步提高了团队教师的育人能力。

2. 学生干部团队在奉献中收获。经历了活动开展过程中的磨炼，充分发挥了学生干部在学生群体中的中流砥柱作用，构建起了学生与教师之间的桥梁，提升了学生干部的自主管理意识和自主管理的能力。

3. 上附学子在实践中传承。在进行某些活动时，学生进入角色后会不知不觉地接受实际活动中隐含的影响，由量变发展到质变，最终实现质的飞跃[3]。清明节系列活动的开展，基于上附学子的现实需要，从不同的维度出发设计主题活动，学生们不仅仅对伟长先生的生平事迹有了更全面的了解，并通过亲身的体验，用替代性的经验去感悟伟长先生的爱国主义情怀。

2017届1班孙溪谈自己的学习感悟时讲道：钱伟长先生的故事，是我听说过的最令我敬佩的故事。当一个人为了一件事种下一个梦想，这梦想萌生了多少力量、多少勇气！挑灯夜读也好，刨根问底也罢，让我崇敬的是那份敢想、敢做，那是梦想的力量！

2019届4班蔡龙昊激励上附学子，要把钱伟长先生的精神当作我们学习的动力。我们相信，现在不断拼搏、不断向上，充满了浩然正气的附中精神一定是伟长先生所希望看到的。

（二）未来展望

学校以传统节日为契机开展相应活动，并将德育活动课程化。"让爱国主义情怀与蓬勃青春共振"清明节系列活动的开展，让上附的学子们走近了钱伟长先生，感受到了亘古绵远的爱国主义情怀，并自觉传承和发扬。

活动的开展取得了一些成效，但仍然需要不断改进。一方面，在纵向组织结构上，活动内容丰富，但在横向组织结构上，还可以做进一步的整合；另一方面，泰勒认为，评价的目的是全面去检验学习在实际中的效果。换言之，评价是找寻学生的学习经验真正带来多少效益的过程[4]。所以，课程评价体系要进一步完善，明确课程评价的方法、指标等内容，形成更加有效的评价反馈信息，更好地发挥活动育人的作用。

未来，上大附中将继续落实新时代立德树人的根本任务，肩负起塑造灵魂、塑造生命、塑造新人的时代重任。

注　释：

[1] 泰勒.课程与教学的基本原理[M].施良方，译.北京：人民教育出版社，1994：36.

[2] 李哲.关于文化自觉和文化自信有关问题的思考[J].河北省社会主义学院学报，2015（2）：78-79.

[3] 张瑞卿.隐性课程的特质与功能初探[J].江苏教育研究，2000（3）：17.

[4] 泰勒.课程与教学的基本原理[M].施良方，译.北京：人民教育出版社，1994：36.

参考文献：

[1] 刘华霞."人格成长生态圈"模式下的社会实践活动课程开发[J].上海教育，2018（Z1）.

此中有真意，不辩不多言

——低结构理念下开展垃圾分类主题活动的探索

上海市行知实验中学　张　群

主题活动是有效的德育手段，因其贴近学生的生活，具有丰富的趣味性，而受到广大班主任和学生的欢迎。在建班育人过程中，笔者常常会以主题活动为载体，来督促学生形成道德规范，提高德育的实效性；同时，注重将主题活动与当下的社会热点相结合，与时俱进地开展德育活动，使德育焕发出无穷的魅力。

一、探索的缘起

2018年年底，在"垃圾分类"这个话题尚处于萌芽阶段的时候，笔者意识到这是一个非常贴近生活的育人主题，如能带领班级学生关注垃圾分类，并促进学生掌握垃圾分类的必要知识，那么，在培养学生具有社会小公民的责任意识、履行公民义务的同时也是在做一件利国利民的实事。2015年修订的《中华人民共和国教育法》第六条明确指出："落实立德树人的根本任务，把增强学生社会责任感、创新精神、实践能力作为重点任务贯彻到国民教育的全过程。"

教育部于2017年8月17日发布的《中小学德育工作指南》中将生态文明教育列为五项德育内容之一。"加强节约教育和环境保护教育，开展大气、土地、水、粮食等资源的基本国情教育，帮助学生了解祖国的大好河山和地理地貌，开展节粮节水节电教育活动，推动实行垃圾分类，倡导绿色消费，引导学生树立尊重自然、顺应自然、保护自然的发展理念，养成勤俭节约、低碳环保、自觉劳动的生活习惯，形成健康文明的生活方式。"看来，"垃圾分类"这个话题还真是既"时髦"又"接地气"呢！

二、探索的依据

通过对《中小学德育工作指南》的细致学习，笔者了解到德育目标和内容可以通过六大途径来落实，而"垃圾分类"这个主题更适合以"活动育人"这一途径来达成，由此笔者开始了以垃圾分类为主题的活动育人的探索。

那么，怎么做才能达成笔者的目的呢？解读相关政策？学生一定会觉得枯燥；观看相关新闻？学生在家中就可以做到，没必要特地占用在校时间；了解国外的一些成熟做法？好像与学生的实际生活还相去甚远。什么样的活动形式才会真正走入学生的内心，使活动育人切实有效呢？

答案只有一个，那就是学生"自己"的活动，不是教师苦口婆心的说教，而是学生通过自己的探索得来的知识才能内化于心。《荀子·儒效篇》指出："不闻不若闻之，闻之不若见之；见之不若知之，知之不若行之；学至于行而止矣。"英语中也有这么一句谚语：I hear and I forget. I see and I remember. I do and I understand. 可见实践出真知才是颠扑不破的真理。

由此，笔者决定在带教的2018级预备新生班级以低结构活动为理念、以小组合作为形式，开展主题活动，推动实行垃圾分类，以期在响应政府号召的同时引导学生通过分工合作建立小组合作意识，通过自主探索的方式最有效地掌握垃圾分类相关知识，并能成为家庭中的垃圾分类知识小宣传员。

（一）低结构活动

"低结构活动"的理念借鉴自上海市芷江中路幼儿园的优秀教学研究成果，该研究以大量翔实、有力的实例证明了"在这样的低结构活动中，幼儿自主地建构着真正属于他们'最近发展区'的经验与概念，让幼儿充分体验探索与发现的乐趣，享受学习与成长的快乐。在这样的学习中，可以真正培养幼儿的学习兴趣与正确的学习态度，提升幼儿的学习能力学习品质，让幼儿获得可持续发展的学习与成长动力。"[1]

在中国知网上以"低结构"作为主题词进行搜索，一共有69篇相关结果，都是关于幼儿活动的，虽然目前没有将"低结构"用于初中德育活动的相关研究，但由上文可知，低结构活动的内在育人方式及目标与培养学生形成正确的世界观、人生观和价值观有着密切的联系，并与引导学生乐于从探索中获得成长所需经验是不矛盾的，甚至是高度统一的。而上海市复兴高级中学陈永平校长在总结该校从课程到学习的探索时，也运用了"高结构设计，低结构实施"[2]这十字箴言，可见在中学阶段"低结构"对于班级德育活动还是有用武之地的。

"让幼儿在一个开放的环境中积极主动地探索，从而在'好奇—探究—发现—惊喜'的过程体验中积累经验、习得规划、获得智慧"[3]，是上海市芷江中路幼儿园所秉承的低结构活动的主旨，而笔者所尝试的适用于初中生的低结构活动则具备如下过程：教师/学生任务发布—学生小组承包—小组合作设计、实施—教师总结评价。

（二）小组合作

"合作学习"这一概念起源于公元1世纪，古罗马昆体良学派主张：学生们可以从互教中受益；发展到20世纪70年代，合作学习形成了更明确的目的——培养学生协作能力和未来竞争力；提高小组合作学习效率。[4]

除了学科课堂教学，将这一理念用于班级德育活动，同样能发挥它生生互动、互相协作、互利共赢的特点，在小组合作形式的德育活动中，学生的主体性得到最大的发挥，学生独立解决问题的机会多，因此认知能力得到真正的培养。

三、探索的落实

2018级新生入学后，笔者就有意识地以低结构活动理念引导学生以小组合作形式开展主题活动。

开学伊始，笔者提出的主题活动任务是促进同学间互相认识、增加互相了解，承包该任务的是启迪小队。让笔者感到惊喜的是，启迪小队以"我是一个多才多艺的中学生"为主题、以"红蓝对抗"的形式开展活动，同学们既展示了自己的丰采，又感受了互相竞争的兴奋。不得不说，这种酷炫又刺激的方式不但很好地达到了活动目的，也让笔者了解到了"00后"多才多艺、乐于表现自我的特征。

随后，Happy小队承包了班规制定主题活动，将班规制定和所学的英语课文结合起来，指导同学们做出了中英文版或纯英文版的班规。

还有圣诞party、元旦晚会等，都让学生明白了如何以小组合作形式自主设计和实施一次主题活动。

以上实例总体而言是独立的、"乐"大于"教"的，那么就"垃圾分类"这个主题开展活动的话，要做到寓教于乐似乎不那么容易。果然，第一阶段的垃圾分类主题活动开展呈现出了简单化、说教化。

（一）阶段一：放任自流

实例1：说教式

第一次垃圾分类主题活动由星海小队负责。黑板上写了"垃圾分类——逐梦中队主题活动"几个大字，活动开始后主持人低着头朗读准备好的稿子，声音不够响亮，有几个学生窃窃私语："他在说什么？我听不见。"读完稿子，主持人宣布开始"红蓝对抗"，两方成员根据之前听到的内容回答问题，答对的一方加分。刚才几个窃窃私语的马上大声喊叫："刚才我听不见，不公平！"最终，活动在吵吵嚷嚷之中结束了。

笔者作为一个参与者坐在后排，发现有时候听不清主持人的话，注意力不经意就被边上做小动作的学生所吸引，漏听的内容就更多了，那么对于学生来说，这次主题活动的效果就可想而知了。

这是第一个"吃螃蟹"的小组，他们查到那么多资料，已经付出了很多时间和精力，虽然这次活动还存在一些问题，但是笔者仍赞赏和鼓励了他们，以保护他们的活动积极性，同时也给其他组留下更多思考的空间。

实例2：说教式升级版

第二次垃圾分类主题活动由Rainbow小队负责。他们事先借好了话筒，因而主持人的声音响亮，同时也使用 PPT 辅助，便于同学们从视觉上把握相关内容，之后的"红蓝对抗"秩序井然。

Rainbow 小队吸取了星海小队的一些经验教训，这次的活动效果改善了。然而，两次活动的总体设计思路没有变化，可见这一阶段的低结构活动虽然没有限制学生活动的自主性和积极性，但因为学生的见识有限、思路狭窄，又容易受同伴影响，学生的活动体现不出多样性和创造性，正如《让孩子表现自己　让教师发现孩子》一书所说："当教师不设目标的时候，无论是教师还是幼儿最终都会变得随意散漫，漫无目的。"[5] 书中给出的解决方案是"设定一个比较宽泛的、隐性的目标"。[6] "这种将活动目标隐含于观察重点之中，但又不因此将幼儿活动局限于教师预设的做法……更容易激发幼儿的多元探索与发现、多样的表达与表现，是更尊重、更适合幼儿的活动。"[7]

对于以垃圾分类为主题的活动，活动目标即使不诉之于口，也是显性的，亦即了解各种垃圾如何分类、养成垃圾分类好习惯等，实例一和实例二之所以效果欠佳，原因在于两个小队没有将通向目标的路铺好、桥搭好。这也让笔者领悟到即便是低结构活动，教师也不可一味地放手让学生去摸着石头过河，而应让学生了解到有各种过河方式，至于选哪一种或哪几种，就看各个小组的设计了。由此，低结构活动进入第二阶段，笔者引导学生们用"头脑风暴"的方式尽可能多地呈现活动内容、思考如何达到寓教于乐的目的。

（二）阶段二：铺路搭桥

实例 3：舞台表演式

海阳小队是班中最热衷舞台剧表演的小组，他们曾经自编自导自演的舞台剧《丑公主》因情节一波三折、人物塑造到位、台词幽默搞笑而得到了全班同学的一致好评，这次他们继续发挥优势，用一个个或声情并茂或令人啼笑皆非的小品让同学们来感悟、来纠错，学生一会儿在严肃庄重的氛围下感悟着垃圾分类对环境、对地球、对人类的重要性，一会儿在捧腹大笑中指出一个个表演中的错误观念和错误做法。

这次主题活动让学生对垃圾分类的意义和方法有了更多的认知，海阳小队找到了非常适合他们的一种方式来开展主题活动，对其他小组开展后续的活动有了很大的启发，各小组纷纷开动脑筋，想想还能怎样把好玩的活动形式融入垃圾分类的主题下，看来低结构活动的开展已初见成效。

（三）阶段三：融会贯通

实例 4：游戏式

向阳小队接过了垃圾分类主题活动的接力棒。他们仍延续了之前"红蓝对抗"的形式，同时把运动、记忆和快速反应能力结合在一起，两方各一位选手在讲台上抽出一张写有垃圾名称的纸片，然后一边跑向教室另一头的四个分类"垃圾桶"，一边思考手中的"垃圾"是属于哪一类，待到将手中的"垃圾"投放到相应的"垃圾桶"之后，再快速跑回起点换下一位队友参与。

这个竞赛游戏让学生们欲罢不能，以至于下课的铃声响了，班级里还继续热火朝天地比赛着，笔者也就没再画蛇添足去评价，学生们的热情参与已经说明了一切。

找对了开展低结构活动的方法，对于笔者是一个极大的鼓舞，对于学生来说，他们开展主题活动更有底气，也更有想法了，这样的德育活动真正达到了促进学生乐于探索并从中获取成长经验的目的。

四、总结和反思

笔者通过一步步设问，一步步求解，找到了适宜于开展以垃圾分类为主题的德育活动的途径——借用低结构活动理念，结合小组合作形式引导学生开展一系列以垃圾分类为主题的德育活动，从一开始的完全放手不做任何规定，到后来帮助学生拓宽思路，集思广益想出各种各样的活动方式，学生们在设计和实施主题班会活动时就越来越有创造性和有效性了，及至学校、社区发放垃圾分类宣传单的时候，他们早已对各种垃圾应如何分类了如指掌了。经实践证明，小组合作和低结构活动可以非常好地融合在一起开展有效的德育活动，培养学生保护自然、保护地球的世界公民意识和心怀家、国、天下的社会主义接班人情怀的育人目标也在德育活动中"润物细无声"地达成。

当然，这些实践活动还有待进一步夯实理论基础，形成有规划的系列活动，才更有实用价值。其中，特别需要注意的一点是应当变每次活动后的教师评价为学生的自我评价和生生互评，唯有如此，学生的思考才会更深入，情感才能得以内化，德育活动才能落地，才会更有实效。

要让学生知道竹子的挺拔，就带着他们去竹林里转转；要想让学生知道花开的美丽，就让他们去花园里欣赏欣赏……无须太多的语言、不要艰涩的道理，只要让他们去体验、去感悟、去成长。

此中有真意，不辩不多言。

注　释：

[1] 郑惠萍.让孩子表现自己　让教师发现孩子：以幼儿自主学习为核心的低结构活动探索[M].上海：上海教育出版社，2017：1.

[2] 陈永平.高结构设计　低结构实施：复兴高级中学从课程到学习的探索[M].上海：上海教育出版社，2018：4.

[3] 郑惠萍.让孩子表现自己　让教师发现孩子：以幼儿自主学习为核心的低结构活动

探索 [M]. 上海：上海教育出版社，2017：1.

[4] 王坦. 合作学习的理念与实施 [M]. 北京：中国人事出版社，2002：32.

[5] 郑惠萍. 让孩子表现自己　让教师发现孩子：以幼儿自主学习为核心的低结构活动探索 [M]. 上海：上海教育出版社，2017：21.

[6] 郑惠萍. 让孩子表现自己　让教师发现孩子：以幼儿自主学习为核心的低结构活动探索 [M]. 上海：上海教育出版社，2017：22.

[7] 郑惠萍. 让孩子表现自己　让教师发现孩子：以幼儿自主学习为核心的低结构活动探索 [M]. 上海：上海教育出版社，2017：24.

参考文献：

[1] George M. Jacobs, Michael A. Power, Loh Wan Inn. 合作学习的教师指南 [M]. 北京：中国轻工业出版社，2005.

[2] 刘斌，石丽. 德育活动课读本 [M]. 北京：机械工业出版社，2013.

[3] 汪秀丽，李雪梅. 德育活动课程化设计与实施 [M]. 北京：北京师范大学出版社，2018.

[4] 张敏. 核心素养理念下的小学德育活动课程设计 [M]. 沈阳：辽宁师范大学出版社，2018.

路漫漫其修远兮，吾将上下而求善

——小学生"友善"价值观教育活动初探

上海市宝山区泗塘新村小学　杨晓华

人生观、价值观教育是对学生思想的教育和人格的塑造，不同于文化知识的教育，具有鲜明的指向性，形象性和活动性。小学生的思想品德教育常常存在理论灌输、方式单一、脱离实际等问题，不能很好帮助学生理解和内化。笔者希望通过一系列主题教育活动，让社会主义核心价值观融入小学生的日常学习和生活中，为他们的成长指引方向。

一、活动设计的缘由

《中小学德育工作指南》（教基 [2017]8 号）指出，小学高年级的德育目标是教育和引导学生形成诚实守信、友爱宽容等良好品质，引导学生自觉遵守爱国、敬业、诚信、友善作为公民层面的价值准则，将社会主义核心价值观内化于心，外化于行。

笔者发现当前的小学生多以自我为中心，自我意识很强。只懂得爱自己、不懂得爱别人的现象又很普遍，他们缺少一份对同伴的关心，对师长的关爱，不懂得在集体中生活学习应该团结友爱、互助合作的重要性。在这种背景下，对小学生进行友善价值观的教育就显得尤为重要。

友善是指公民之间互相尊重、互相理解、彼此宽容、关心互助，从而形成的一种全民融洽相处、平等友爱的和谐局面[1]。友善价值观包括与人为善、谦虚礼让、和睦相处的态度；推己及人、助人为乐、济人于难的品格；宽而不纵、见义勇为、立己达人的责任。[2]

笔者选取的本校 2019 届五年级二班共 26 名学生，其中 17 名学生 10 周岁，9 名学生 11 周岁。根据著名发展心理学家让·皮亚杰的认知发展理论，六七岁至十一二岁的儿童处于认知发展四阶段中的第三阶段，即具体运算阶段。这个阶段儿童有守恒性、脱自我中心性和可逆性，但思维活动需要具体内容的支持。因此，这一时期是儿童价值观形成的重要时期，心理发展具有很大的可塑性，是培养良好道德品质和行为习惯的好时机。

笔者选取小学五年级学生为目标，以"友善"作为活动主题，设计了适合这一年龄阶段学生认知和行为能力的活动，帮助他们深入、全面理解"友善"的内涵，树立正确的友善价值观，并且在学习生活中践行友善价值观。

二、活动目标

1. 使学生认知上理解"友善"的内涵，能清楚分辨友善和不友善的行为和思想。
2. 使学生情感上认同"友善"意义，感悟友善对待他人的重要意义。
3. 使学生行为上落实"友善"价值观，学会用友善的心态和情感与他人交往。

三、活动过程

（一）话题讨论，认识友善

本活动围绕"最受欢迎的人"这一主题展开。通过"你最喜欢我们班的哪些同学？为什么？"的提问，学生们互相讨论和自由发言，发现和赞赏他人身上的闪光点。教师和学生共同归纳受欢迎同学的一些良好品质，如温和善良、乐于助人、团结同学、文明礼让、尊敬师长等，并以板书的形式呈现出来。让学生直观地了解什么是友善，怎样的品质受人欢迎，让学生对"友善"的内涵有初步的认识。

（二）友善度测试，了解友善

考虑到学生年龄和认知水平、个人隐私以及测试的真实性，测试采取不记名、不公开的自测方式。选取了18道友善度的心理测试题，学生只需根据自身实际，简单地用"√"或"×"表达自己的观点，然后再根据三条评价标准，进行友善度的自我评估。进行测试前，教师需要对学生进行恰当的引导，告诉学生这个测验就像游戏，只是帮助他们了解自己的友善亲切程度，结果如果不够友善亲切，那也不能说明自己就是个恶人。善心善意是需要耐心培养的，万一发现自己友善度比较低，也不必郁闷，正好给自己一个机会虚心学习，追求进步！

测试结束后回收测试问卷26份，结果如图1显示，大多数学生的友善度是较高的，占比76.9%；个别学生对他人的容忍度较低；只有一位学生结果显示容忍度低。学生可以通过简单的自我测试进行自我反省，明白自己的友善程度，从而找出自己的不足加以改正。

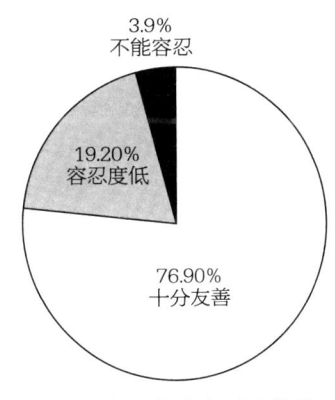

图1 学生友善度测试结果

（三）寓言故事，认同友善

《温和友善的力量》讲了一则故事。一天，太阳和风争论谁比较强壮，风说："当然是我。你看下面那位穿着外套的老人，我打赌可以比你更快让他把外套脱下来。"说着，风便用力对着老人吹，希望把老人的外套吹下来。但是它愈吹，老人愈把外套裹得更紧。后来，风吹累了，太阳便从云后走出来，暖洋洋地照在老人身上。没多久，老人便开始擦汗，并且把外套脱下。太阳于是对风说道："温和友善永远强过激烈狂暴。"

寓言短小的篇幅，精炼的语言，拟人的手法，表现力却十分丰富。不仅受学生的喜爱，还能让他们在潜意识里明辨是非，懂得温和、友善的人才有力量，进一步感悟友善的意义：与人交往一定要语调温和、态度平和，要多一些宽容和仁慈。

（四）演演唱唱，感悟友善

六尺巷的故事十分符合"友善"这一主题，典故如下：清康熙年间，张英担任文华殿大学士兼礼部尚书。他老家桐城的官邸与吴家为邻，两家院落之间有条巷子，供双方出入使用。后来吴家要建新房，想占这条路，张家人不同意。双方争执不下，将官司打到当地县衙。县官考虑到两家人都是名门望族，不敢轻易了断。这时，张家人一气之下写封加急信送给张英，要求他出面解决。张英看了信后，认为应该谦让邻里，他在给家里的回信中写了四句话："千里来书只为墙，让他三尺又何妨？万里长城今犹在，不见当年秦始皇。"家人阅罢，明白其中含义，主动让出三尺空地。吴家见状，深受感动，也主动让出三尺房基地，"六尺巷"由此得名。

对于10岁左右的小学生而言，只是听别人讲故事，对内涵的理解是肤浅的。为此，笔者找到了故事的漫画版本，引导学生改编漫画为剧本，分角色进行表演。无论是参加情景剧表演的学生，还是台下的观众们，都能在这一过程中轻松愉快地感悟到换位思考的重要意义，明确与人交往，要设身处地地为他人着想，而不是站在自己的角度来揣摩对方的心理。

世界著名音乐家贝多芬说过："音乐应当使人类的精神爆发出火花，音乐比一切智慧、一切哲理都具有更高的启示。"音乐不仅能陶冶人的情操，更是一种适合而通畅的载体，能充盈学生的内心世界。为了加深学生对"远亲不如近邻""退一步海阔天空"的理解，领悟礼让乃中华美德，笔者通过学生喜爱的演唱形式，让学生在浓浓的充满意境的歌词"我家一条巷，相隔六尺宽；包容无限大，和谐诗中藏。一纸书来只为墙，让他三尺又何妨？街坊邻里长相敬，一段佳话永流芳"中，感受到友爱，宽容的力量，从而把友善传递下去。学生在欢声笑语中进一步明白友善待人是化解矛盾的基础；友善可以转变一个人对你的态度；友善，可以使大事化小，小事化了，友善不仅能善待他人，同时也能使自己收益。

（五）读倡议书，践行友善

倡议书，作为一种广而告之的书信，能推动学生践行友善。大队委员带领学生逐条宣读《友善倡议书》，如下文所示，旨在激起每个学生的响应，最大范围引起共鸣，让学生重视誓言内容，从自我做起，从身边的每一件小事做起，重视友善待人。

友善倡议书

友善待人，是中华民族的传统美德，也是做人的根本。每个人都应把友善作为待人处事最基本的信条。在这里，我们向全体少先队员发出倡议：行动起来，让我们一起，做友善待人的先行者，让我们自觉做到以下八条。

一、待人真诚，表里如一。
二、言行一致，不说谎话。
三、信守诺言，说到做到。
四、勇于认错，虚心改正。
五、独立完成作业，决不抄袭。
六、乘车主动买票，绝不逃票。
七、不打架，不骂人，不给别人起外号。
八、当别人深处困境时，伸出手来帮一帮。

亲爱的少先队员们，让我们行动起来吧，从我做起，从现在做起，从身边的每一件小事做起，把"友善"的传统美德发扬光大，让"友善"之花开遍整个校园！

上海市宝山区泗塘新村小学五（2）中队

四、总结与反思

以传统的古板固化的宣传模式对小学生进行社会主义核心价值观的教育效果肯定是不理想的。采取灵活多样的方式，增强活动中的趣味性和实践性，才能加深小学生对于友善价值观的理解。活动内容应当与小学生的具体生活相贴近，切忌宏观空洞、虚幻不实的价值观宣传，应当将其内涵予以细化，融入具体活动中。《六尺巷》的故事对于小学生来说比较陌生。让学生主动参与、体验，把漫画改编成情景剧和歌曲演绎的方式，生动有趣、通俗易懂，幽默诙谐，贴近孩子的生活，这种问道于先贤的方式让学生们觉得核心价值观并不只是简单的口号，而是源于自古以来中国人信奉的价值取向和做人准则，承载了人们的美好愿景，引发学生们的思考，深化对友善的理解。

可能除了父母，在小学生的眼中，老师就是他们的"偶像"，在言谈举止等许多细节上都会存在模仿的心理，有较强的亲师性。充分发挥教师的引导带头作用，促进友善这一核心价值观的落实，应当从小抓起，因为小学生具有极强的可塑性。教师，尤其是班主任的引导带头作用，对于小学生核心价值观的确立有着重大意义。笔者作为班主任，在平时的教育教学过程中，时刻注意自己的一言一行，除了言传，更重身教，以自己的言行对学生开展友善价值观的熏陶和培育。团结，帮助每一位同事；尊重，礼待每一位家长；关心，爱护每一位学生，旨在成为学生践行友善价值观的榜样。中华民族传统历史悠久，"仁者爱人""博爱之谓仁""人性本善""己不所欲，勿施于人""勿以善小而不为，勿以恶小而为之"等都可以和友善价值观进行结合，发挥传统文化的影响力，让学生在潜移默化中明之理，导之行。这次活动《六尺巷》的歌曲是由戏曲进行改编，学生演唱起来没有那么朗朗上口。因此，歌曲采取了师生合作演唱的方式，在排练过程中，教师为学生逐句解读歌词的意义，指导声调的抑扬顿挫，等等。这其实也是教师与学生们进行良好的沟通和加深对故事内涵的理解的一个过程。

从孩子自身特点出发，让他们在不同的活动中多参与、多体验，让友善价值观根植于心中，进而为转化为行动奠定良好的基础。此次活动内容比较全面，形式多样，各环节衔接自然，时间设计合情合理。通过本次活动，学生懂得什么是友善，为什么人与人之间需要友善，懂得友善是团结互助，友好和善在生活中的重要性，学会做一个受大家欢迎的小学生。

"友善"价值观的培育是一个长期的系统性工程，需要家庭教育、学校教育、社会教育相结合。一次活动的教育效果可能随着活动的结束而昙花一现，必须加上后续有效的措施加以巩固，如帮扶活动，慰问孤老活动，爱心义卖活动，学雷锋活动，社区志愿者服务，环保小达人活动等。不断丰富友善价值观的内涵，与己为善、与人为善和与自然为善。只有坚持不懈地落实每一次教育活动，关注每一个教育细节，才能让友善价值观深入学生的内心，化为自觉的友善行为。探索研究友善价值观在小学阶段的培育之路也需与时俱进，持之以恒。

注　释：

[1] 王翠华.论社会主义核心价值观之友善[J].湖北社会科学，2014.（5）：10.

[2] 夏晓红，李轶璇，孙大永.积极培育和践行友善价值观[J].中国高等教育，2015.（8）：17.

参考文献：

[1] 赖秋涌.加强"友善"教育　培养核心价值观[J].小学生：中旬刊，2017（7）.

[2] 何兴泉.如何在小学教育中培育和践行社会主义核心价值观[J].吉林教育，2015（7）.

[3] 罗丹.友善价值观培育研究[D].北京：中央民族大学，2017.

[4] 刘金花.儿童发展心理学[M].上海：华东师范大学出版社，2006.

天生我材必有用，知行合一"模范"来
——"情""境"相融培育初中生良好品质

上海市天馨学校　刘逸群

《中小学德育工作指南》指出，初中学段需"掌握促进身心健康发展的途径和方法，养成自主自立、意志坚强的生活态度，形成尊重他人、乐于助人、善于合作、勇于创新等良好品质"。良好的品质会对人的一生产生深远而持久的影响。它是一种积极的力量，能促进青少年身心健康发展，形成健全的人格。初中生处于青春期，正是良好品质形成的最佳时期。社会主义核心价值观"爱国、敬业、诚信、友善"正是个人良好品质的浓缩与凝练。学校和教师必须运用社会主义核心价值观培育初中生的良好品质。而课堂教学正是引导学生理解和践行社会主义核心价值观，继而形成良好品质最主要、也是最直接有效的途径。瑞士发展心理学家让·皮亚杰认为，儿童通过与同伴合作，相互学习、相互影响，能集思广益，使学习效果更佳[1]。培育初中生良好品质，不仅需要家校的教育和指导，更需要"模范"的感染与引领，榜样的作用是巨大的，伙伴的影响更是不容忽视的。

一、基于教材，认识"模范"概念

"最好的教育就是无所作为的教育：学生看不到教育的发生，却实实在在地影响着他们的心灵，帮助他们发挥了潜能，这才是天底下最好的教育。"[2]教育的最终目的是培养学生健全的人格，这和《中小学德育工作指南》中提到的"尊重他人、乐于助人、善于合作、勇于创新等良好品质"是息息相关的。沪教版牛津英语7B第五单元Model students的教学目标是通过三位模范学生的事迹，引导学生正确认识自我，辩证看待"模范学生"；培养学生尊重他人、乐于助人、善于合作、勇于创新的良好品质，以积极乐观的心态投入今后的学习生活，树立合理目标，不断完善自我，实现自我价值。

二、立足学情，拓展"模范"内涵

课前，笔者围绕"Model"这一话题对班级学生进行了访谈。通过访谈发现，学生对于"Model"的认知较为局限，对于Model的内涵理解也不完善，甚至有一定的偏向性。大多数学生简单地认为"模范学生"仅指学习成绩优异的同学。学生也无法正确认识自我和看待他人。他们认为自己离"模范"的距离太远，对于自己想要成为 Model 的愿望不够迫切；自己也没有真正思考过成为 Model 的途径是什么；看待和评价班中其他同学的标准也较片面。基于此，笔者以《中小学德育工作指南》中"形成尊重他人、乐于助人、善于合作、勇于创新等良好品质"为本课的教学目标，通过创设情境和设计形式多样的活动，让学生走进生活，学习身边的榜样；正确认识自我，努力完善自我，并联系国家与社会，形成强烈的使命感和社会责任感。

三、知行合一，践行"模范"标准

为了引导学生深刻认识理解《中小学德育工作指南》中"尊重他人、乐于助人、善于合作、勇于创新"的内涵，笔者以"Model"一词为核心词汇，将课堂教学分为三个环节。

（一）情境引入，学习"模范"

美国激进建构主义代表人物恩斯特·冯·格拉塞斯费尔德指出："我们应该把知识与能力看作个人建构自己经验的产物，教师的作用将不再是讲授'事实'，而是帮助和指导学生在特定领域中建构自己的经验。"[3] 在此定义之下，笔者认为，教师应帮助学生创设情境，引导学生自主学习、发现和探究，最终自己得出结论。课文学习前，通过提问"我们可以向谁学习？"，引入本课的核心词汇"Model"。再通过一系列图片，激活学生思维，让学生畅谈"模范学生"应具有的品质，获得对"模范"一词的基本认知。课文教学通过听力，介绍模范学生的事迹，帮助学生在情境中理解"模范学生"的含义，最终由学生自主总结、归纳，如表 1 所示。

表 1 学生对"模范学生"课文内容的概括

Characters	Difficulties	Strong Points
Peter	busy	always helps his classmates
Kitty	Maths is difficult	never gives it up
Jill	live far away from school	never late for class

美籍匈牙利数学家乔治波利亚说过："学习任何知识的最佳途径是由学生自己去发现，因为这种发现，理解最深，也最容易掌握其中的内在规律、性质和联系。"[4] 本堂课中，笔者运用课文文本激发学生对"模范学生"的深层思考。学生通过回答"Are model students perfect?"，得出结论"busy, maths is difficult"和"live far away from school"是 Peter、Kitty 和 Jill 遇到的困难或存在的不足，即"Difficulties"，每个人都会遭遇挫折，每个人也都有缺点和

不足，但课本中的主人公们却没有因此逃避或轻易放弃，而是以积极的心态想方设法克服困难。"助人为乐""吃苦耐劳""知难而进"正是他们的优点，也是值得我们学习的地方。

从课文内容出发，再联系到自己和班中的同学，学生们认识到，"模范学生"并不是完美的学生，"Model"也决不仅仅代表学习成绩，而是每个人的优点与长处。只要正确地认识和完善自我，扬长避短，积极乐观地面对学习生活，每个人都可以是"模范学生"，也都能实现自我价值。

（二）实践探索，理解"模范"

苏联著名教育家列·符·赞可夫说："教学一旦触及学生的情感和意志领域，触及学生的精神需要，便能发挥其高度有效的作用。"[5]基于学生对"模范"一词有了正确的认识，笔者引导学生联系实际，走进生活，以小组为单位，投票选出班中的"模范学生"，罗列对方的优点，以报告的形式向全班同学呈现。学生评选出的"模范"，有作为班级表率的班干部，有乐于助人的普通同学，还有运动会上为班级争光的后进生。通过互动，学生做到了"善于合作"。在寻找身边"模范"的过程中，学生辩证分析他们的性格特点，加深了对"模范"内涵的理解，学会"尊重他人"，体会到"乐于助人"的高尚情操。

（三）放眼社会，内化"模范"

格鲁吉亚教育学家Ш·A.阿莫纳什维利的合作教育理论指出，教师要"在教学教育过程中，应该使学生始终伴有自我选择感"[6]，换言之，教学要基于学生的立场，巧妙运用合作学习的模式，使必需的学习任务变为学生内在的自觉要求。在课堂教学的最后环节，笔者引导学生对"Model"一词进行更为深入的挖掘。课前预习任务要求学生查阅为国家、社会乃至人类做出贡献的"模范"。学生的答案丰富多彩、震撼人心：登月第一人阿姆斯特朗、"杂交水稻之父"袁隆平以及英雄机长刘传健等。学生们发现，Model不仅指模范学生，还有许多为国家和人民做出贡献的Models。之后，笔者结合近期热点新闻，通过视频与图片，向学生展示四川凉山森林大火中的消防战士为了国家财产和人民安全，不顾安危、勇挑重担，甚至献出了年轻而宝贵的生命。通过观看视频和互动交流，学生意识到"模范"也是普通人，"模范"们兢兢业业地完成本职工作，正是在为国家与社会做出贡献。作为学生，我们理应热爱生活，刻苦学习，我们每个人都可以是"模范学生"！至此，"模范"一词已不单单是本课的教学内容，更是学生们内心深处积极向上的正能量。

四、学思践悟，共同成长

《中小学德育工作指南》指出，"外语课要加强对学生国际视野、国际理解和综合人文素养的培养"。作为一名英语教师兼班主任，笔者深刻意识到德育教育绝不止于课堂，更需要日常潜移默化的熏陶。本堂课后，笔者对班中部分同学进行了访谈，表2为访谈的部分内容。

表2 课后访谈内容汇总

访谈对象	学生特质	教师提问	学生回答
学生A	中等生，缺乏自信，认为自己成绩一般，得不到师生认可。	上完课后，你对于"模范"一词有何新的认识？	我之前认为，模范学生就是指成绩好的同学。现在我明白了每个人都有闪光点。我擅长体育，能在运动会上为班级争光，相信我也能成为"模范学生"。
学生B	优等生，但性格内向，不积极参与班级活动。	上完课你有何收获？	我发现自己身上也存在问题。虽然我学习成绩名列前茅，但我胆子小，对于班级事务不敢畅所欲言。今后我会努力改进。
学生C	后进生，对待学习缺乏毅力，有畏难情绪。	谈谈你上完课后的感受。	看了消防战士的视频我很震撼，我该学习他们迎难而上的精神。今后，我要每天按时完成作业，在薄弱学科上花更多时间，争取有所进步。

从访谈内容可见，通过"模范学生"一课，学生理解和内化了"模范"一词，建立自我认同感，自信心明显提升；能准确、清晰地认识自我，并下定决心不断提升与完善自我。

在完成课堂教学后，笔者有如下三点体会。

（一）"模范"是学生成长的内在驱动力

德国教育家斯弗兰茨·恩斯特·爱德华·斯普朗格曾经说过：教育之为教育，正在于它是一个人格心灵的"唤醒"，这是教育的核心所在。[7] 通过"模范学生"一课，学生能清晰、全面地认识自我，辩证看待自己的优点和不足，接纳自我，建立自信；懂得尊重他人、乐于助人、善于合作、勇于创新，有强烈的使命感和责任感，主动深入生活，关注人类和社会发展。"模范"一词的感染力和号召力巨大。学生们争做"模范"，根据自身存在的不足，确立合理的目标和努力的方向，日渐完善自我，有了不小的进步。虽然不少学生之后偶有反复，但只要经过师生的指点，又能重燃斗志，迎难而上。学生们不再仅以学习成绩论英雄，对待他人和看待事物都更为全面、客观，整个班级形成了和谐融洽、拼搏奋进的良好风气。"模范"的价值追求与社会主义核心价值观的意义高度契合。"模范"行为就是在践行社会主义核心价值观。他们是旗帜，是标杆，是灯塔，始终督促自己奋勇向前，并以强大的人格力量号召全社会。

（二）每个学生都有成为"模范"的可能

苏联教育家苏霍姆林斯基曾说过："每个学生身上都有闪光点，都有可能在某一学科、某一项活动、某一种本领上做得比别人好。"[8] 每个学生都是独一无二的，处于青春期的学生更是渴望得到别人的肯定。本堂课评选出的"模范学生"基本涵盖了班中不同类型和特点的学生。他们在全班同学面前被提名、肯定，得到大家的认可和老师的赞赏，自信心得到很大的提升，之后更是有了一系列令人欣喜的变化：后进生对待学习比过去更为努力刻苦；班干部以身作则，愿意为班级出谋划策；同学间的关系也更融洽了。每个学生都有成为"模范"的可能。教师作为学生人生道路上的引路人，要善于观察每个学生，挖掘他们的特点，放大他们的优点，及时予以肯定和表扬，才能让每个学生都成为更好的自己。

（三）发挥主观能动性，发展健全人格

在本堂课中，学生通过教师创设的情境，自主学习、探究和讨论，并最终认识、理解和内化了"模范"一词，达到了较好的教育教学效果。只有学生发挥主观能动性的课堂，才是高效的课堂。笔者趁热打铁，在"模范学生"一课后，又多次利用教材，引导学生主动参与课堂教学和讨论，帮助学生进一步塑造健全的人格。"The happy farmer and his wife"一文中，讲述了贫穷的农民夫妇不慕富贵，相反，他们认为忙碌而简单的生活也是幸福、有价值的。结合这篇文章，笔者对学生进行了心理健康教育。引导学生阐述"幸福"的内涵，分享自己的"幸福时刻"，理解幸福无关金钱和权利，并学会珍惜当下，努力过得幸福。笔者也运用"In the future"一文进行了生态文明教育。邀请学生畅谈人生理想和人类发展，引导学生树立正确的理想和信念，热爱地球家园，关注人类文明和发展，并为之付出努力。学生也各抒己见，认真剖析《北风和太阳》《蚱蜢和蚂蚁》等经典寓言故事中的角色，并以此树立正确的是非观。渐渐地，学生成了学习的主体，自主参与课堂学习和讨论，并联系个人实际和社会现实，相信他们定能树立正确的三观，形成健全的人格，突破小我，成就大我。

注　释：

[1] 董大校.数学教学中的"同伴影响法"探究[J].楚雄师范学院学报，2009（6）：93.

[2] 闵聿婕.教育：心灵碰撞[J].江西教育，2017（17）：73.

[3] 梁立新.协商与合作的场域：建构主义理论指导下的中小学体育课堂[J].基础教育研究，2012（9）：34.

[4] 吴栋成.引导学生"发现学习"的教学策略[J].西藏教育，2015（1）：18.

[5] 刘晓晓.激发体验　深化抒发：情感在语文教学中应用策略四部曲[J].中学教学参考，2012（28）：47.

[6] 祁玉娟，陈梦稀.阿莫纳什维利的自由选择原则初探[J].当代教育论坛：宏观教育研究，2007（5）：128.

[7] 肖梅，王洪泽.在高中英语课堂教学中进行"唤醒"教育的实践与思考[J].江苏教育研究：实践，2015（25）：69.

[8] 宫玉花，赵春旺. 让每一个学生都有 "成功点" [J]. 内蒙古教育，2007（10）：41.

参考文献：

[1] 边玉芳. 同伴对儿童发展的作用：儿童同伴关系系列实验 [J]. 中小学心理健康教育，2013（6）.

[2]（美）约翰·杜威. 民主主义与教育 [M]. 王承绪，译. 北京：人民教育出版社，1990.

[3] 吴力. 初中英语教学中如何落实教学情感、态度和价值观目标的实践研究 [D]. 长春：东北师范大学，2007.

[4] 粟景妆. 斯普朗格：德国现代教育体系的开创者 [J]. 教育与职业，2013（19）.

[5] 郑建. 浅谈布鲁姆掌握学习理论 [J]. 外国教育研究，1990（1）.

一物一件，当思来之不易

——勤俭节约教育系列活动的设计与实践

上海市宝山区祁连镇中心校　王　佳

垃圾桶里，用了一点儿就丢的铅笔随时能见到，没打几个草稿便丢弃的纸张更是多如繁星；午餐时，剩饭剩菜几乎能把桶装满；出教室上课时，教室里总有那星星点点的灯火仍旧亮着；路过厕所，甚至能听到如泣如诉的哗啦啦的水声；教室里，学生攀比衣物的话语声不断出现……现在的学生怎么了，生活条件的优越似乎成了他们奢侈浪费的借口。

勤俭节约是中华民族的传统美德。三国时期，诸葛亮写给儿子诸葛瞻一封关于治学修身的家书——《诫子书》，书中写道："夫君子之行，静以修身，俭以养德。"习近平总书记在参加十三届全国人大二次会议时也说道："艰苦奋斗、勤俭节约，不仅是我们一路走来、发展壮大的重要保证，也是我们继往开来、再创辉煌的重要保证。"

作为教师，对学生的勤俭节约教育一直在进行着，可效果不显著，如何增强学生勤俭节约的意识，并把勤俭节约的美德付诸行动，是我们需要思考和探索的。

一、增强勤俭节约的意识

意识是行为的先导，只有具有勤俭节约意识的人才有会相对应的行为，所以要培养学生勤俭节约的品质，就要从良好的意识开始。

（一）文化渲染

我们应在校园和小学生中大力倡导勤俭节约光荣、铺张浪费可耻的良好风气，广泛开展节约资源科普教育，使学生在各种喜闻乐见的活动中，掌握节约资源与垃圾分类回收再利用等一些基本知识和方法，形成人人参与、人人节约的良好校园新风[1]。

渲染氛围，通过板报、园地，不时更新勤俭节约的小故事、古诗、名言等，让学生知道勤俭节约不但是中华民族的传统美德，也是小学生应当具有的美德。

学生在收集资料的同时也是一种学习，每周更换的勤俭节约的相关内容，丰富了学生的知识量,同时让他们的脑海中时刻有这样一根勤俭节约的弦。

(二)思想浸润

利用班队会、晨会、午会,在教学过程中运用多种方法对学生进行启迪、培养。例如,通过社会调查、故事搜集、生活场景创设、榜样引领、课堂辩论等方式,引导学生参与到课堂学习中去,在不知不觉中受到勤俭节约教育的熏陶。同时,多学科渗透联合开展节俭教育[2]。

思想的浸润是需要过程的,学生的勤俭节约思想会逐步印刻在脑海中。笔者最多利用的是主题班会,深挖食物、物品的来之不易,引导学生认识资源的短缺引发的后果,继而就如何做到勤俭节约展开交流讨论。让学生明确勤俭节约应从自身做起,从小事做起,树立勤俭节约的意识。

除了课堂,更要善于抓住每一个教育契机。午餐时,当有学生肆意浪费时,要让学生明白,小小一粒米是农民通过耕地、播种、浇水、施肥、收割、打碾等一系列劳作,付出辛勤的汗水收获的成果。那些浪费粮食的行为,浪费的更是劳动者的成果和辛勤付出。

二、重视勤俭节约的体验

(一)图书漂流和捐书活动

每个学生都有许多闲置的书正悄悄地躺在家里的某个角落,被他们所遗忘。每学期,笔者都在班级中进行图书漂流活动,孩子会把家中闲置的书籍带到班级中,让它的价值得到更多的发挥,同时自己也能阅读到其他学生所带的书籍,一定程度上也达到了勤俭节约的效果。每年学校会组织捐书活动,给予贫困地区的孩子,让书籍发挥最大的力量,让更多爱知识的学生能借此得到更多的阅读资源。

(二)旧物品DIY亲子活动

很多时候,学生在校内能做得很好,而出了校门,则会暴露出一些不良的行为习惯。笔者认为,要充分发挥家长资源,让家长明白勤俭节约的重要性,并付诸行动。设计多种形式的亲子活动是一种有效途径。

让学生和家长参观本校科技室,了解变废为宝的相关作品,然后两个家庭一组,选择材料进行变废为宝的小发明。旨在培养学生变废为宝的能力,这也是勤俭节约的一种途径。

(三)旧衣换蔬菜活动

旧衣物除了捐赠,还能做什么呢?在家长志愿者的积极配合下,本校联合邮储银行上海普陀区支行、人人一亩田有机农庄、上海绿梧桐公益促进中心,结合上海市垃圾分类活动,在本校操场上,开展了一次旧衣换蔬菜活动。

成长伴随着更替,不仅是人体细胞内的更替,更是肉眼所见的长大,而衣物在个体成长中会不停地替换。那旧的衣物就会成为废弃物,也会占据家里的空间。

本校教师提前3天通知自愿参加旧衣换蔬菜活动的学生，每人整理出三件旧衣服，就可以换得绿色有机蔬菜一份。通过旧衣换蔬菜活动，使学生懂得了整理和"舍得"，同时既减少了垃圾的产生，又帮助了需要帮助的人们。

三、评价勤俭节约的行为

学生勤俭节约美德的养成需要经过一个漫长的、不断巩固的过程，因此需要给予多元的评价来激励学生养成的良好美德。

笔者采用的是多元评价机制，分三个维度，通过自评、组内互评、教师评议的方法对学生勤俭节约的养成情况进行鉴定。按照评价要求，每天放学前，让学生对自己一天的行为进行评价，每周做一次小结与反思，做得好的继续保持，做得不好的继续加油，每周颁发勤俭节约章、勤俭节约进步奖，每学期选出三名"勤俭节约之星"。

评价原则是：每天就午餐是否光盘、是否节约水电、对自己物品是否节约再利用三个方面进行评价，采用自评与互评相结合的方式，等级评价包括优、良、合格，对应3星、2星、1星，每个学生一周计算一次总星数。

在实施过程中，可以和学校的红领巾导行员的岗位结合起来，督促检查，把结果纳入班级每日管理评价中，并在校内评价榜公布。

作为教师，我们在平时的言语中可以多进行勤俭节约的表扬，督促学生养成良好的勤俭节约的品德。

四、思考与延伸

在勤俭节约教育系列活动中，笔者根据实际情况，采取层层递进的方式，对学生进行教育，如图1所示。

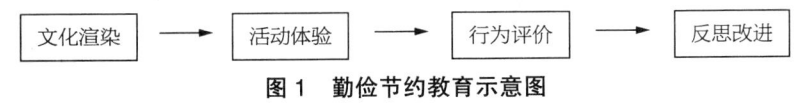

文化渲染 → 活动体验 → 行为评价 → 反思改进

图1　勤俭节约教育示意图

文化渲染时，学生了解了我国老一辈更多的勤俭节约故事，毛泽东主席的补丁衣、周恩来总理的菜单条都给学生留下了深刻的印象，中外有关勤俭节约的名言也能不断在学生的脑中浮现，学生们思想上对勤俭节约的认识在不断提高。

在实施过程中，笔者发现思想教育时要根据突发事件和学生共同问题及时开展，做出调整。在学校里，学生在节约水电方面都能做得很好，也会互相提醒，出教室及时关灯，水龙头不再不停"哭泣"。可在节约粮食上尚有待加强，因为挑食现象较明显，很多学生无法做到光盘行动。在一次讨论会上，有学生提出可以把菜给爱吃还吃得下的学生，这倒是一个好方法。可对于那些大家都不喜欢吃的怎么办呢？我班的小冯同学真是一位细心又善于观察的孩子，她发现打扫我们楼层的阿姨会来要我们多出来的没有人要添加的饭,询问之下知道我们学校和她家小区有几只流量狗和猫,她自己家也养狗。因而小冯提议实在吃不下的可以让家里养小动物的学生带回家,免得浪费。开始的时候,学生比较腼腆,不好意思带回去,之后陆续有几个同学迈出了第一步,后来发现很多同学都抢着装未吃的剩菜剩饭。难道有这么多人家里养动物?经过对班级学生家庭养宠物情况的了解,原来有好多学生是觉得好玩。在经得家长同意后,有4位同学可以把这些饭菜带回家,减少了一定的浪费,也让学生在一点一滴的小事中做到勤俭节约。

"勤俭节约之星"的评价能很好地反映出学生在校勤俭节约的情况。每周末利用放学前的几分钟时间,让学生自评、互评,并进行教师评价。虽然短短的几分钟评价时间,但是学生们都很用心,学生看到其他同学、教师对自己的评价,也知道应着重在哪方面多花点时间,更加重视起来。每周挑四五位学生交流,教师也适当交流,也可以趁家长送学生来校的机会,隔三岔五地请家长交流。每周在全班选出评价得星最高的学生,颁发表扬信。学生自己的事情自己做主,请班干部统计出每月、每学期总评价最高的学生,颁发"勤俭节约之星"。当然考虑到部分学生很难得到这个奖项,因而还设计了一个"进步之星",自己和自己比,充分激发学生的积极性。

但在评价过程中也会出现一些问题。例如,评价内容有时需要更新,勤俭节约不止争星榜中的三点;部分学生"两面派",在校与在家表现截然不同,那么教师、班干部可以多关注这些学生,也请家长多关注;低年级在完成这张评价表时有些许难度,可以设计成他们喜欢的花儿朵朵开、成长树等。无论是哪种教育,都是需要大家同心协力、持之以恒来完成的,有时思想上能充分认识,可做起来就是另一回事,把勤俭节约养成一种习惯,这需要每位同学、教师、家长用心经营这份争星榜。

弘扬和传承上下五千年伟大中华民族勤俭节约的传统美德,在校园内营造厉行节约、拒绝浪费的浓厚氛围。充分利用教育阵地,使学生认识到节约不仅仅是一个人、一个家庭节约开支,更是一个节约日渐枯竭的资源和社会财富的全球问题。每一所学校都是传承文化、培养优秀人才和社会主义建设接班人的阵地,立足学校,都要教育学生树立勤俭节约意识,弘扬勤俭节约精神。

"静以修身,俭以养德","德者皆由俭来",古代贤哲有关节俭的哲理正在焕发出新的生机和活力。勤俭节约是一种习惯,需要教师运用各类活动,加强家校联合,相信通过学校节俭教育的持续开展,学生一定会养成良好的节约习惯,这不仅有益于自己,更有益于家庭、国家,乃至全球。把勤俭节约精神贯彻到底,而不是风过了无痕,要在思想上持之以恒地教育,更要坚持不懈地付诸行动。一物一件,当思来之不易,让我们争当勤俭节约的模范!

注　　释：

[1] 费达.弘扬中华传统美德　营造新型校园文化：让节俭养德全民节约行动走进高校[J].学理论，2015（17）：208.

[2] 高继刚，陈会刚，于建勋.开展节俭教育　培养学生良好品格的实验研究[C].国家教师科研基金科研成果：华夏教师篇卷2，2013：44.

参考文献：

[1] 曲伟平.如何对小学生进行勤劳节俭教育[J].牡丹江教育学院学报，2001（3）.

[2] 单欣玲.试论幼儿勤俭节约、乐于助人美德的培养策略[J].学周刊，2017（9）.

[3] 李婧.新时期大学生勤俭节约传统美德教育回归研究[J].法制与社会，2013（33）.

问渠那得清如许，唯有沟通活水来

——借助"妈妈心灵成长坊"，提升家长亲子沟通能力

上海市宝山区罗泾中心校　王幼文

随着经济发展和社会的进步，人们的生活节奏越来越快，年轻的父母们为了生计忙于工作，无暇顾及家中孩子。然而，正处于生理和心理发展关键期的孩子，特别需要父母的关心、帮助和理解。而父母对孩子的影响往往是以亲子沟通为途径实现的。因此，研究亲子沟通对于孩子的健康成长有着重要的意义。

一、"妈妈心灵成长坊"的由来

本校外来学生所占比例很大，外来学生的妈妈（简称"外来妈妈"）所受教育普遍较低。很多妈妈反映"我很爱孩子，但是孩子却觉得我不爱他、不关心他……""我每次教育他，说不上三句话就要动手……"这说明妈妈进行亲子沟通的效果不太理想。

根据这一现状，笔者召集一部分缺少沟通方法的外来妈妈，成立了"妈妈心灵成长坊"，期待运用团体动力学理论提升她们的亲子沟通效能。团体动力学不是通过上课、做讲座来让对方感受、学习，而是在一群人中通过他们的互动彼此给予力量，彼此给予方法、技巧。这种方法更适合本校的外来妈妈们，使之更乐于接受。我们是怎么就此开展研究的呢？

二、探索

笔者以本校部分外来妈妈作为研究对象，采用问卷调查的方法分析她们的家庭亲子沟通现状，针对她们的问题和需求进行课程设计，然后开展活动，并运用行动研究法来分析成效和不足之处，最后进行反思。

（一）本校"外来妈妈"亲子沟通的现状及原因分析

本次调查采用分层随机抽样方式，抽取了学生与家长各300人实施问卷调查，回收有效问卷295份和281份，回收率分别为98.3%和93.7%。调查结果中，家长自评的亲子沟通类型和孩子他评的结果存在差异，具体见表1。

表1 上海市宝山区罗泾中心校二年级部分家长与孩子在亲子沟通类型评价上的比较

评价人	亲子沟通类型			
	多元型	保护型	放任型	一致型
家长自评	47.3%	7.8%	8.5%	36.4%
孩子他评	33.1%	16.7%	20.4%	29.8%

家长自评的亲子沟通类型主要是多元型（47.3%）和一致型（36.4%），大部分家长认为在与孩子沟通过程中看重积极的沟通和表达，同时较少施加压力；此外，还有一部分家长认为在亲子沟通过程中应采用保护型或放任型。但孩子他评的亲子沟通类型与家长的评价存在很大差异，他们认为在亲子沟通过程中多元型（33.1%）和一致型（29.8%）没有那么多，而保护型和放任型的父母更多。这些数据揭示了本校大多数外来妈妈家庭中的亲子沟通存在一定问题，她们认为对待孩子是民主、尊重的，但孩子的感受并不一致。而影响本校外来妈妈亲子沟通能力的原因，有三个方面。

1. 外来妈妈受教育程度不同会影响亲子沟通方式

笔者将外来妈妈受教育程度分为5类：小学、初中、职（技）校、高中和本科，从选取的问卷中可以看出，这5类受教育程度占有率分别为18.1%、29.5%、34.5%、16%和1.8%。显而易见，受教育程度越高的妈妈与孩子的沟通方式就越理想，因为这些家长懂得换位思考，会考虑给孩子带来的感受，因此孩子往往在问卷中给予其较高评价或在亲子沟通过程中有较好体验；而受教育程度较低的妈妈与孩子的沟通过程往往不太理想，她们不会换位思考，用自己的方式与孩子沟通（或管教），使得孩子的感受较差，感觉得不到尊重。

2. 外来妈妈对孩子的期望会影响她们的亲子沟通能力

父母对孩子的期望有强烈的暗示和感染作用。这是一种心理定势，妈妈对孩子的期望值高，她们就会暗示孩子朝着自己所期望的方向去努力。本校部分妈妈反映"我小时候读书不好，希望孩子能认真读书，这样能有出息！""每天我忙东忙西，什么也不让他做，就让他好好读书"……她们疑惑的是自己对孩子的期望不比别人少，可为何孩子的表现会不尽如人意呢？笔者认为，这里所说的期望要符合孩子的个性特点，是长远目标与阶段目标相结合，即可望又可即，而非不管不顾孩子的兴趣、爱好，把自己的意愿强加给孩子，给孩子造成心理压力，使其时刻感受到压力，而造成沟通不畅。

3. 外来妈妈对生活的满意度及自身情绪会影响亲子沟通能力

具有乐观、积极、愉悦心态的家长在引导孩子树立正确人生观、价值观方面有更大的感染力。家庭教育中，妈妈扮演的角色直接影响着孩子的身心发展，因此，妈妈们应自觉克制负面情绪，控制不良性格，用乐观向上的心态去感染孩子。

倘若她们对自己的生活不满意，常在孩子面前抱怨生活不公，甚至将负面情绪在孩子面前发泄，那孩子还能成为一个积极乐观的人吗？显然不能。你要培养孩子成为一名具有什么品质的人，那你应该先成为具有该品质的人。

（二）团体动力学与亲子沟通

1939年，美国著名心理学家库尔特·勒温提出了"团体动力学"这一概念。在文章中，他对团体中各种潜在动力的交互作用、团体对个体行为的影响和团体成员间的关系等做了本质性的探讨。勒温的团体动力学研究以现实生活为背景，以解决实际问题为导向，具有很强的应用性，其核心是对于行动研究的关注。勒温基于场论提出了团体动力学理论。根据这一观点，团体的行为和个体的行为相似，也是以所有发生影响的相互依存的事实为根据的，这些事实相互依存，构成了团体行为的本质。在团体中，只要有他人在场，个人的思想行为就会受其他人的影响，会和独自一个人时不同，而研究这种团体影响作用的理论，即团体动力学。[1]

亲子沟通，即父母与子女间信息交流的过程。亲子沟通的质量会直接影响孩子的心理健康成长，良好的亲子沟通与孩子的自尊、同一性发展以及道德推理能力的发展都是密切相关的。而本校的外来妈妈，普遍文化程度较低，在亲子沟通方面有很多困惑和问题。因此，要把有这一问题的妈妈们聚集在一起，从这一"场域"入手，让她们在群体的氛围中互动，达到彼此帮助、分享、探讨，提升自身亲子沟通能力。这种影响是一个循环的过程，是外来妈妈这一群体活动的内部力量。因此，笔者认为，探索如何提升外来妈妈的亲子沟通能力，可以运用团体中的内聚力促使外来妈妈们在参与各项团体活动中学会和掌握一些亲子沟通技巧，来与孩子重新探讨更加有效的亲子沟通方法。

（三）家长亲子沟通的问题和困惑

本文以"妈妈心灵成长坊"为载体，探索团体动力学理论提升外来妈妈亲子沟通的方法和策略。通过调查，笔者整理分析了这一团体在亲子沟通方面的问题和困惑。家长对活动内容的需求分为三类：（1）对亲子沟通技巧的学习，包括如何与孩子进行融洽的言语沟通，如何在有分歧时能恰当地处理矛盾，如"我想知道怎样与孩子谈学习问题，又不让他产生抵触情绪"；（2）对亲子沟通观念的改善，以及与孩子的非语言沟通，如"我想了解一些心理学方面的知识，更好地与孩子沟通"，"我想与孩子成为朋友，该怎么做"；（3）对自我成长方面有所期待，希望用实际行动影响孩子。

三、实践

（一）构建"妈妈心灵成长坊"课程框架

这一课程共3个模块、9个专题，共计40课时。通过自我成长、言语沟通、非言语沟通三个模块分别实施,如表2所示。

表2 上海市宝山区罗泾中心校"妈妈心灵成长坊"课程框架

模块	专题名称	课程目标	备注
开班仪式			2课时
自我成长	认识我自己	正确认识自己,了解自身的优缺点,积极肯定自己。	4课时
	欣赏我自己	充分认识自身优势,增强自信心;不因劣势怀疑自己。	4课时
	增值我自己	分析自身优势,进一步探索潜能,得到成长。	4课时
言语沟通	让赞美入心	了解赞美的重要性,体验赞美别人给自身带来的愉悦及受到赞美时所受的鼓舞。	4课时
	懂得批评的艺术	知道批评带给别人的负面情绪,体验受到批评的感受,认识尊重孩子的重要性。	4课时
	谈话的秘诀	学习一些亲子沟通的方法与技巧,进一步拉近与孩子的距离。	4课时
非言语沟通	肢体语言的魅力	知道非言语沟通在亲子沟通中的重要性,了解非言语沟通的方法。	4课时
	懂得倾听	了解倾听的重要性,学会并懂得倾听。	4课时
	家庭氛围营造	知道家庭氛围会影响孩子的心态,用心去营造良好的家庭氛围。	4课时
结业典礼			2课时

(二)提升家长亲子沟通能力的策略

1. 策略一:"角色互换"

家庭教育中,强调要相互尊重、理解、信任和关心。父母要尊重孩子的人格,与孩子相互沟通,给孩子鼓励和正向引导。在沟通中,家长既是长辈,更是朋友,要站在孩子的角度,才能发现他们的内心世界,切忌急躁、粗暴。通过参与活动,外来妈妈们知道了与孩子发生矛盾或冲突,可以采取"角色互换"法,站在孩子的角度去感受和处理问题,体会孩子的情感世界,就能冷静、理性地处理问题。应该说,家长想要增进与孩子的沟通,"角色互换"是很有效的一种方法。她们要从孩子的角度出发,思考孩子面对此类问题时的情感,挖掘行为动机,才能更好地沟通,形成良性的亲子沟通关系。

2. 策略二:"我—信息"

家庭教育中,不要过分强调负面情绪,而忘记传递正面情绪。"我—信息"指的是非责备的行为描述,内在一致的感受和具体明确的影响[2]。非责备的行为描述是指描述行为而不是贴标签。行为是某一动作，而贴标签是将"我—信息"变成"你—信息"。内在一致的感受是指内心和言语表达出来的感受是一致的，真实的。具体明确的影响是指传达出的语言是明确和具体化的。例如，当妈妈辛苦工作一天回到家后被孩子拉着做某件事，此时妈妈通常会传达一个包含"你—信息"的言语给孩子（你能不能懂事一点？），而这并不是有效的解决办法，如果将其转化成"我—信息"的言语（我今天工作很累，现在想休息一下！），孩子接收到的信息就完全不一样了，这对亲子沟通的结果同样有重要的影响。

3. 策略三："积极倾听"

积极倾听是指不予批判，不给建议，不在过去和未来，就在当下。[3]当孩子表达出负面情绪时，妈妈要试图理解"情绪"背后的意思，并能转化为语言告诉孩子进行求证。在这个过程中，妈妈不需要发出自己的信息，如评价、意见或质疑等。在以下亲子沟通过程中，我们可以使用"积极倾听"法：（1）当出现了问题，且这个问题归属于孩子时；（2）当孩子碰到难题，出现负面情绪需要宣泄时；（3）当孩子表达出来的意思奇怪或难以理解时。"积极倾听"，可以帮助孩子缓解不良情绪，最终找到解决问题的方法，让亲子沟通更加畅通。如，当孩子缺乏学习目标，没有动力时，妈妈不必苦口婆心地说服孩子要认真学习，可以采用"积极倾听"，引导孩子在倾诉中找到学习的目标和动力，这样会收到很好的效果。

四、结语

在课程开展过程中，笔者一直在摸索实践着。这一活动的最终目的是让家长的亲子沟通能力得到提升的同时，自我也得到成长。因此，笔者会一步步在实践中去应用、验证所提炼的策略与方法，力求找到更合适、能切实提升家长亲子沟通能力的有效策略。

当然，这一过程还需不断去完善，形成有规划的系列活动。下一阶段笔者的思考是：在亲子沟通过程中，怎样更好地运用团体动力学理论开展活动，让家长能够更主动、积极地参与活动，使其与孩子间相互影响、相互促进，达到更好的效果？

亲子沟通，是一个任重而道远的话题，家长与孩子间想要实现更为紧密、有效的亲子沟通，就需要我们用心去观察，去发现，与孩子共同沟通、探讨。

问渠那得清如许，唯有沟通活水来！

注　释：

[1] 申荷永.团体动力学的理论与方法[J].南京师大学报：社会科学版，1990（1）：101.

[2]袁桂平，刘春志.青少年亲子沟通策略探析[J].现代教育科学，2008（12）：52.

[3]吴寒斌，陈勃.掌握主动倾听的艺术 增强亲子沟通的成效[J].基础教育研究，2005（6）：23.

参考文献：

[1]刘海鹰.改善青少年亲子关系的干预研究[D].济南：山东师范大学，2007.

[2]王争艳，刘红云，雷雳等.家庭亲子沟通与儿童发展关系[J].心理科学进展，2002（2）.

[3]梁东标，汤礼深.学校团体心理辅导丛书：亲子心理辅导手册[M].广州：广东教育出版社，2003.

[4]方晓义，张锦涛，刘钊.青少年期亲子冲突的特点[J].心理发展与教育，2003（3）.

[5]孟育群，徐岫茹.改善亲子关系的方法[M].北京：新世界出版社，2005.

[6]陈敏丽，凌霄.中小学生亲子沟通方式调查研究[J].教育研究与实验，2013（3）.

[7]周圆.团体辅导：理论设计与实例[M].上海：上海教育出版社，2013.

工欲善其事，必先利网器

——借助互联网构建新型家长会

上海市宝山区求真中学　程建英

当前社会飞速发展，"互联网+"融入了各行各业之中。作为社会的一个重要组成部分，教育也不例外，课堂教学、家庭教育、课外学习等都可以见到网络和多媒体技术的引入与应用，让现代教育的方方面面发生了不同于传统的变化。苏联著名教育家苏霍姆林斯基曾说过："学校和家庭是一对教育者。"[1]家长会作为家校联系的方式之一，也应该适应新时代的发展，有所创新。教师应该做大胆的尝试与改革，让家长会适应时代发展，发挥好家长会应有的作用。

一、家长会存在的问题

一直以来，家长会的主要形式仍是集中召开，不可否认这种家长会还存在诸多问题，使学生对家长会反感、家长参与度不高。比如经常有些人把家长会戏称为学生成绩的"新闻发布会"，灌输教育大道理的家长"培训会"，历数"差生""罪状"的"告状会"……为此，笔者也进行了调研与总结，得出家长会主要存在的几个方面问题。

（一）家长会形式陈旧，次数偏少

家长会召开时，多数的教师会选择类似于课堂教学的方式。台上，班主任和各主科老师轮流上台，一股脑儿向家长交代班级情况，提出要求并布置任务。台下，家长们像学生一样正襟危坐，聆听讲话。家长会召开的次数，一般为每学期一到两次，对于学生平时学习中遇到的一些问题不能够及时和家长进行沟通。

（二）家长会内容单一，枯燥乏味

通常家长会的安排是，班主任先简要介绍班级情况，并重点介绍学生的学习或考试成绩。然后各主科老师依次上台，对所教科目的成绩进行说明，并总结、表扬、批评，最后老师反复向家长强调成绩的重要性，同时指导家长在家里如何抓好这一科目。

（三）家长会教师控制，主体缺失

会前，从家长会的时间、地点、形式到开会内容全由班主任来决定，家长只能根据安排来参与，学生则往往被排除在家长会之外。在这样的家长会上，很多教师可谓是苦口婆心、循循善诱，忽视了家长作为家长会参与主体的感受、体验和需求。在这个过程中，家长基本上无参与度可言，始终处于被动状态，因而很难与教师产生共鸣。

二、家长会存在问题的原因分析

造成上述家长会存在问题原因是多方面的，社会、学校、家庭是学生教育的三个重要环境，家长会作为三者沟通的桥梁，三个方面只有形成有效的配合才能更好地发挥作用，笔者从以下几个方面对家长会存在问题的原因进行分析。

（一）学校对家长会的顶层设计不够

现代教育需要家庭、社会和学校共同努力，学校只是教育环节的一个部分，家庭教育也是其中的一个部分。家长会是教师和家长互相交流的平台，目的就是对学生进行更好的教育。因此各级主管部门非常重视学校的家长会，要求学校定期开家长会。而有的学校对家长会的重要性认识不足，存在应付情况，导致家长会只是为了完成上级任务，开过会算完事，这样慢慢地让教师和家长对家长会也失去兴趣。

（二）班主任对家长会的版本设计不足

家长会通常是期中考试前后召开，因此成绩往往是家长会的主要内容，学生各科成绩、上课表现等更是家长会的重中之重。讨论的内容主要是如何在家长配合教师的情况下，使学生的学习成绩有所提高，却对学生其他方面很少提及，尽管在家长会最后略微提及了一些，但远远不够。在学生的身体素质、心理健康方面，有时只是简单地举例树典型，让家长以此为鉴。

（三）家长主动参与积极性不高

一些教师把学生家长看成被教育或培训的对象，双方是"教育者与被教育者的关系"，而不是"教育的合作者"或"教育的共同体"，因而缺乏民主、平等的精神，限制、束缚了家长的参与。家长会上家长很少有发言机会，大多数时间家长如同学生一样，听班主任及各主科教师的讲话。尽管家长会上有个别家长进行发言，但每个孩子的情况是不一样的，反映的问题也会不一样，进而使得家长在家长会上的参与度较低。

三、网络时代家长会的改进策略

随着时代和网络技术的发展，新时代"催生"家长会的新变革，需要借助网络创新家长会。

（一）家长会的次数日常化

家长会的召开受到时间的限制，可以借助网络把家长会的内容融入日常活动中，把家校沟通变成一种日常交流。比如，利用专业机构共建专用APP，在平台上展示学校动态、班级情况、学生状态等信息。家长观看以后，在平台上发表观点和意见，提高家校沟通的互动频率和有效性。

1. 精心制作班级网页

笔者把班级网页栏目以展示班级动态为主，通过图片、文字展示班级各项活动中学生的风采，展示学生的学习成果和作品。通过视频制作，学生干部代表对班级前阶段的情况做总结，分析班级发展的长处和不足，帮助家长们更全面、客观地了解班级的发展情况。制作学生朗诵课文、学生演课本剧、学生齐唱班歌或校歌等视频，通过台上学生们一个个投入的表演，家长观看后，感知学生在学校的学习是充满色彩的，在学到知识的同时，还发挥了学生自身的特长。利用这个网页家长可以随时去了解孩子在校的学习、生活。

2. 创建班级家长微信群

教师建立家长微信群，通过信息发布、文件共享、群空间等多种功能实现教师与家长间的对话，避免了双方面对面的交流困境。家长之间、家校之间相互交流非常方便和快捷。家长们关于孩子各方面情况的交流变得非常的活跃，不同的家长有不同的教育思想和方法，各有所长。教师和家长也会及时将各种信息发布于群空间内，实现资源共享。

（二）家长会的内容主题化

家长会设计有针对性的专题，并围绕专题进行精心策划并筹备主题内容。笔者以当前学校和家长面临的某一重点、难点或热点问题，作为家长会的核心研讨主题。笔者在深入了解本班学生的家庭状况和家庭教育情况的基础上，利用网络精心收集一些内涵丰富、事例典型、方法科学、具有较强的感染力和引导力的素材作为交流内容。或邀请部分家长与大家分享经验，力求使经验交流的内容鲜活、生动、接地气。家长在交流中取得了较为实用、有效的教育方法。主题家长会具有一定的深度与广度，不少过去的困惑，在专门的深刻探讨、研究中得到了有效的化解，产生了一些意想不到的效果。笔者根据初中不同年级教育教学的特点确定家长会的主题，如表1所示。

（三）家长会的形式多样化

形式多样化的家长会，体现了教师与家长之间交流的多样化。家长会的形式有互动型、亲子型、展示型、报告型等。

第二章 班级建设

表1 初中不同年级家长会的主题

年级	专题	主题	家长与学生的反馈
预备	小升初衔接问题	亲子家长会"新起点"	家长：能更好地指导孩子尽快适应初中的学习生活
	好习惯养成	网络家长会"和陋习说拜拜"	家长：说教不如身教，改变自己的不足，做孩子的榜样
	家长职业分享	视频讲座：营养均衡的膳食	学生：我原来只喜欢吃肉，不喜欢吃蔬菜水果，以后多吃蔬菜水果，让身体营养更均衡
初一	责任心培养	亲子家长会"集体的事情一起做"	学生：我在家负责家庭垃圾分类，定点投放垃圾
	感恩教育	亲子家长会庆祝"母亲节"	学生：在这个特殊的氛围下，我终于说出了妈妈我爱你
	家长沙龙——我的教育观	讨论型家长会"如何管理孩子用手机"	家长：孩子的自控力不够，不能放纵溺爱孩子，还是要管理好手机
初二	爱国主义教育	网络家长会"红军精神放光芒"	学生：在生活中要有不怕吃苦、不怕累的精神，向红军叔叔学习
	与青春期同行	视频讲座：指导家长开展性教育	家长：总是对孩子回避这个问题，今天学习了，可以和孩子开口这个话题了
	和谐家庭关系的建立	亲子家长会"语言沟通艺术"	家长：孩子不听话，我们常常是冷战，其实是我和孩子沟通不畅
初三	努力迎中考	亲子家长会"爱拼才会赢"	学生：我和父母一起定下我的中考目标，挑战市重点高中
	共同定位	传统型：报考志愿填写指导	家长：上冲下保，选择孩子喜欢的学校
	家长心理教育指导	视频讲座：中考前家长如何解压	家长：做好孩子的坚强后盾，不给孩子添加压力

1. 视频微讲座

利用班级家长微信群进行直播，邀请家长或教育专家进行微讲座，笔者事先了解学生家长的情况，合理利用家长资源，定期开展家长职业经验交流；了解家长对家庭教育的认识，了解家庭教育案例及体会；就如何积极配合老师和学校等进行交流，有的家长利用生动案例讲真实体会，获得家长们的掌声和共鸣。家长们在交流中相互理解，取长补短，端正教育学生的思想，改进家庭教育方法，从而提高了家庭教育的质量。

2. 亲子家长会

让孩子一同参加家长会，可以提高家长会的质量和效果，避免传统家长会的单面性。因为召开家长会的最终目的，是想更好地教育孩子，而教育学生尊敬家长，是搞好家庭教育的重要环节。笔者让孩子请家长入座、给家长端一杯茶，向家长介绍本班同学，介绍本班近期发生的好人好事、近期学习情况等；家长欣赏了孩子近期的作业、小制作以及在校内的表现等。家长一进教室就有一种颇具亲情的感觉。家长和孩子彼此真诚地交流着，不再仅仅是学习，而是更多地关心孩子的人生态度、情绪和心理等。

3. 网络型家长会

网络式家长会以网络和多媒体技术为支撑，它具有特殊的优势，如互动时间更加灵活、交流氛围轻松等。在参与对象上，根据家长会的需要选全体家长，或是针对部分家长召开家长会；在召开时间上，可以定期组织集体研讨，也可以随时留意和解答家长的疑惑。家长之间可以相互交流家教经验，或单独与教师进行思想交流。

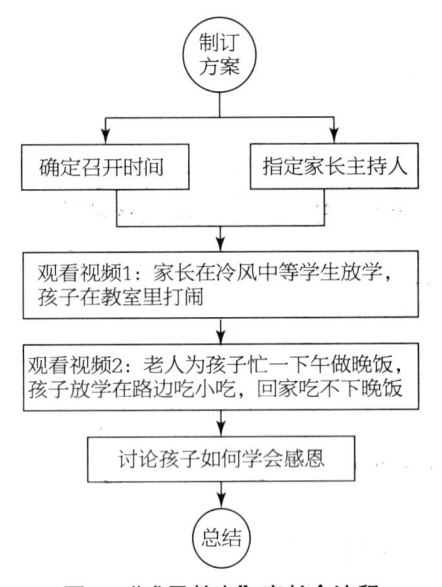

```
制订方案
  ├── 确定召开时间
  └── 指定家长主持人
      ↓
观看视频1：家长在冷风中等学生放学，孩子在教室里打闹
      ↓
观看视频2：老人为孩子忙一下午做晚饭，孩子放学在路边吃小吃，回家吃不下晚饭
      ↓
讨论孩子如何学会感恩
      ↓
总结
```

图1 "感恩教育"家长会流程

四、笔者的反思

现代教育需要家庭、社会、学校三个方面共同努力，目的就是对学生进行更好的教育，借助网络使家长会的每一位参与者都能成为受益者。

（一）教师——提升班主任专业素养

家长会转变了教师的教育理念，班主任工作不再只是停留于埋头苦干，要不断创新，班主任在家长会的创新实践中，通过发现问题、解决问题、积累经验、从中感悟班主任专业发展的内涵，意识到班主任应尊重家长，主动承担起指导家庭教育的责任，从而让班主任主动对学生的成长负责，关怀学生的心理生活、道德情操、审美情趣，关怀学生的精神家园。

（二）家长——改变教育孩子的方式

家长会的目的是帮助家长并与家长合作完成家庭教育的任务，家长要自我形成正确的家庭教育观念，学会正确的家庭教育方法。在家里做孩子的榜样，改掉自己的陋习，不沉迷于手机和电脑。注重培养孩子的良好生活习惯和学习习惯，能够多给孩子一些温暖和关爱，多与孩子沟通，定期检查孩子的作业，指导孩子的学习和生活，帮助孩子解决学习中的困难，抽出时间陪孩子参观旅游，为孩子创造良好的成长环境和融洽的家庭气氛。

（三）学生——促进健康快乐成长

家长会淡化了学生的学习成绩，注重从学生自身发展的视角进行多元评价，教师和家长教育理念的改变，落实了孩子的德育教育。孩子养成了良好的习惯，树立了自信心、责任心、学会在集体中与同学相处。孩子通过家长会这个舞台，展示了自己的才能，得到老师和家长的鼓励与肯定，在某个点上慢慢形成了自己的兴趣爱好。同时学生也不再害怕开家长会，并乐意参加家长会。

让更多的家长和学生参与到网络时代下的家长会中，真正在教师、家长、学生之间架起一座沟通的桥梁。如何利用网络开好家长会，还需要大家深入研究与探讨。

注　释：

[1] 温元菊.班主任家访的艺术性浅谈[J].中国体卫艺教育论坛，2007（Z1）：57.

参考文献：

[1] 仇雅琳."互联网+"时代下家园合作创新模式的建构[J].教育参考，2017（6）.
[2] 李小红，刘嫄嫄.学校家长会：问题与改进策略[J].中国教育学刊，2011（12）.
[3] 梁峰.别开生面的网络家长会[J].中小学信息技术教育，2003（7）.
[4] 陈新福.微信：建构起家校联系的新态势[J].河北教育：综合版，2017（4）.

梨花风起正清明，学子寻春尽出城

——中学生清明主题教育活动承载的家国情怀反思

上海大学附属学校　王晓音

清明时节雨纷纷，路上行人欲断魂。提起清明，现代人们自然会想起返乡扫墓、踏春出行。但起初清明只是一种代表时间坐标的节气名称，而不具有任何仪式或文化意义，只与气候、农事相关。随着时间演变，原来严谨、肃穆的种种礼仪、习俗，不便为专业祭祀群体之外的大众所严格遵行，逐渐增加了诸如春游等"不逾矩"的娱乐，清明至"明代以后成了一个以上坟祭祖及踏青游乐为特色的民间节日"[1]。随着社会发展，清明节除了尊祖敬宗之外，逐渐发展成为我国传统文化的重要载体。2006年，第一批国家级非物质文化遗产名录公布，春节、清明节、端午节等传统节日被列入"非物质文化遗产"的保护行列。

一、承载教育意义的清明节活动

为缅怀先烈、感恩家庭、砥砺自我，笔者所在学校上海大学附属学校组织清明节系列活动，主要包括挖掘整理清明知识、祭扫烈士陵园、参加家庭清明活动、体验清明文化等，组织发动学生走出课堂，以亲手实践、亲眼看见、亲身体会的实践形式对学生进行爱国教育、感恩教育、思想教育。

（一）回溯传统，源远流长

教导学生自主搜集清明节历史演变的相关材料，由教师进行监督指导，将成果以多媒体形式在班级进行展览讲解。我国传统的清明节大约始于周代，已有二千五百多年的历史。先时仅作为记录农事的二十四节气之一，后与时间邻近的上巳节、寒食节合而为一。在元代以后融合上巳节、寒食节的清明节，同时也兼具它们的特点，嬗变成为一个既祭祖扫墓亦踏青游乐的大型节日。通过资料整理，学生们对清明节的悠久历史有了比较深入的了解。

（二）知往怀今，祭奠先烈

学校组织学生参观上海淞沪抗战纪念馆，接受爱国主义教育。在纪念馆里，同学们安静、有序、认真地参观馆内陈列的各类文物、史料、图片，伫立在抗战时期往来的电文、手令、军事地图、军械、军服等文物前，真实地体验到当年的战场的情景。大家深刻地感受到抗战英雄们为了国家的尊严和独立，不计个人生死的英雄气魄和爱国情怀，同学们深受感染。有学者提出，仪式与文本是文化记忆的两大物质媒体。且由于文本教育的枯燥乏味，在效果上远不如仪式那样直接，而作为文化记忆的节日庆典通过把扩张的情景制度化而保证文化的意义的传播[2]，故而在参观完上海淞沪抗战纪念馆的文本后，300多名师生来到了宝山烈士陵园以扫墓仪式缅怀先烈。全体师生排着整齐的队形，礼仪队手擎着党旗、团旗、队旗，肃静地站立在烈士纪念碑前，向英烈们默哀致敬，尔后深深地鞠躬。学生代表向英烈敬献花篮并做了题为"缅怀革命先烈，珍惜幸福生活"的精彩发言。全体同学庄严宣誓：好好学习，不负先辈，珍惜生命，努力奋斗，为实现中华民族的伟大复兴，为实现伟大的中国梦而努力奋斗！

（三）怀念先祖，尊重家长

清明前后，学校鼓励学生积极参加家庭清明祭祖活动。对于现代中国人来说，"尊祖敬宗"更多是一种传承的文化信仰。由"清明节"祭祖传统中体现出的中国人"敬天法祖"的思想，本质上就是一种以"祖宗教育"为核心的独特文化[3]。一方面，家族的血脉要延续，每年的清明节要有人去给祖先扫墓，这种链条式传递催生了传统的孝道，而且建立个人的人生责任感，成家立业，光宗耀祖。另一方面，"同姓组成家族，异姓组成国家"，一国即一家。因此，祖宗信仰也在相当程度上为中华民族的凝聚提供了精神动力。学生通过祭祖的活动，感恩为自己带来生命与依托的祖先及家庭。

（四）亲力亲为，感受清明

鼓励学生借助网络、书籍、家人等多方面协助，了解清明的相关知识，在探寻中深刻地认识清明文化，以多样丰富的活动将清明文化具象出来，如表1所示。

在活动中，学生们显得十分认真和投入。大家进一步认识了清明节丰富的内涵，以踏春出行求生者的平安、康健、如意、快乐是清明节的一个方面，清明节另一个主要的旨趣是生者对死者的缅怀[4]，通过参加扫墓祭祖，追思先人，同学们懂得珍惜和感恩。通过清明习作和参加清明诗歌歌会，激发了学生们对传统文化的热爱。

表1 上海大学附属学校七年级（二）班清明节系列活动概览

序号	活动形式	活动内容	活动效果
1	知识竞赛	把全班学生分成六组，围绕清明节由来、习俗、食品、节气、清明节纪念方式等开展趣味知识竞赛。	通过知识竞赛，让学生了解清明节的日期、清明节的别名；随着网络发展，清明节有了不同的纪念方式；全国各地清明节的食品和习俗。

（续表）

序号	活动形式	活动内容	活动效果
2	诗歌朗诵赏析	鼓励学生寻找资料，制成PPT，上讲台介绍与清明有关的诗歌。	学生的积极性高涨，他们介绍了多种清明诗歌文化，通过诵读，拓展了清明文化视野。通过描绘清明时节的诗词，了解古人在此节日的景象。如学生们诵读南宋吴惟信《苏堤清明即事》，学生们好像穿越到南宋都城杭州的清明游乐之景："梨花风起正清明，游子寻春半出城。日暮笙歌收拾去，万株杨柳属流莺。"民众倾城而出寻春游乐，杨柳依依，莺啼声脆，梨花风起。
3	"清明节文化小报"创作展评	全班分成六个小组，每个小组在一节课内设计完成的一份"清明节文化创意小报"；各小组成员明确文字、设计、绘画、创意、宣讲等角色，大家分工合作，共同完成作品。	在课堂上推选一名学生代表讲述小报的设计构思、中心思想、主要内容，通过这种形式把清明节的相关文化介绍给学生。由大家评选出优胜清明节文化小报一、二、三等奖。
4	清明文化主题作文	组织发动学生们趁热打铁，记录所思所想所感，或是诗歌、散文，或是议论、叙事。	用文字记录学生们的成长经历，让牺牲精神、感恩教育、生命价值、团队精神深深扎根在学生们的心灵深处。

二、清明活动后的思考

风起于青萍之末，对于教育来说，本是从一桩桩的小事而渐见功效。习近平总书记提出："中国有坚定的道路自信、理论自信、制度自信，其本质是建立在5000多年文明传承基础上的文化自信。"传承数千年的清明节，无疑也是文化自信的一部分。笔者所在学校上海大学附属学校组织的清明节系列活动，是对学生中华民族文化自信的一种培育。对于教育的成效，有以下四个方面。

（一）实践爱家爱国教育

中华民族历来重视家庭，重视家族传承，重视亲情。在清明时节祭祀先人、先贤、先烈，教育学生不忘根本，培养感恩意识，是中华民族重视孝道、重视家庭之人文精神的彰显和体现。中华民族不仅重视家庭，还强调家国一体。传统文化强调忠孝等伦理道德观念，就是希望把人们塑造成有教养、讲仁义、忠孝两全的君子；我们反对封建愚忠，但教育学生做到新时代的忠孝两全，强烈的国家观念、浓厚的爱国主义情感就顺理成章地产生了[5]。清明时节，教育学生在为祖先扫墓祭祀之时，同时给为中华民族独立自由和人民解放、为祖国繁荣富强和人民幸福献出宝贵生命的无数先烈扫墓、表达哀思，时时念及我们今天所享受的家庭温馨、社会和谐、国家稳定、经济富足、精神愉悦等一切便利生活，都是无数革命先烈用汗水乃至鲜血和生命换来的。在每次扫墓祭祀活动中，对学生们来说都是一场无言的教育。

（二）体味中华传统文化教育

清明主题活动潜移默化地渗透感恩慈孝文化。孔子曰："生，事之以礼；死，葬之以礼，祭之以礼。"清明节祭拜先人，一来表达对先人的追思和感恩，二来祈求先人保佑全家平安健康，是一种文化在家庭与社会中的传承[6]。由此，清明节是开展传统文化教育的良好时机。中华民族有重视血缘亲情、家族宗教、敬祖崇宗的传统习俗，这种风俗习惯在清明节中表现得更加明显。杜牧那首千古绝唱的"清明"诗——"清明时节雨纷纷，路上行人欲断魂。借问酒家何处有，牧童遥指杏花村"，也温情而细腻地表现了诗人在清明之际远在他乡，不能回到故土去祭拜祖先，与亲人相聚的乡愁与惆怅。通过主题教育活动，让学生们对清明节的意义有了更深刻理解，增加了对中国传统文化、习俗的兴趣，将感恩慈孝等传统美德发扬光大。

（三）学生综合能力不断提升

活动紧紧围绕育人的核心目标即培养学生综合能力而展开，锻炼了三种能力。

一是提高学生的历史材料整理和使用能力。学生收集到的资料出人意料的丰富，包括网络资源、收集的剪报、学习材料的摘抄，甚至还有革命前辈的老照片等，可以看出，学生找到了获取信息的多种途径，具有一定的自我探究的主动性。在面对初步收集来的凌乱、无序的资料时，笔者引导学生们思考"如何让你的资料条理清晰"，他们马上动作起来，后来的资料大为改观、脉络清晰。例如，有的学生将原本杂乱无章的一堆图文，整理成《清明节来源》《清明节古诗词》《清明节图片》等。

二是锻炼学生的交流与合作能力。清明节主题活动为学生们创造了更多的交流机会和交流题材。学生在课堂上要交流清明节的历史、发展、习俗、文化、饮食，在小组内讨论清明文化小报制作，在诗歌学习中碰撞思想。在清明主题活动中培养了学生们交流的能力和团队合作的能力。

三是培养学生的独立思考能力。通过清明节主题教育活动的开展，感觉学生们更加成熟了。学习革命先辈的崇高品德，祭奠亲人祖先，是生命教育的生动课堂。清明文化熏陶和作文的写作，学生们的独立思考能力进一步提升，他们的文章中有思想、有感恩、有内容、有体会。

（四）激发学生的团队合作精神

清明节不仅是一个节日，也是一种情感，更是一种文化。如何让传统文化更好地照进现实，迸发出更多生机和活力，值得我们思考。通过分组查阅资料、分组现场评比清明文化小报，培养了学生们分工合作的团队精神，为学生们提供了锻炼和展示的平台，增强集体荣誉感。主题活动使一大批学生受益、能力发展迅速。但也有个别学生置之不理、茫然无措，对这些学生不仅要加强指导，还要发挥小组成员的力量，让小组的成员互相尊重、包容、帮助，让每一个学生都得到发展，达到整体提高素养的目的。

此次活动仍有不足之处，即在结束后，对整个活动缺少系统的总结和评价。学生活动应该有始有终，开展客观评价和调查有利于总结经验教训，为以后的各种主题教育活动提供帮助和借鉴。比如，我们可以制作活动评价表或问卷调查，组织学生、家长和教师进行客观评价，包括学生在活动中的表现如何，个人承担了什么任务，做出了哪些贡献，小组伙伴的评价，家长对活动的认可度，总的收获等。希望下一次的活动更加精彩纷呈，能对学生们的健康成长大有裨益。

注　释：

[1] 杨琳.中国传统节日文化[M].北京：宗教文化出版社，2000：222.

[2] 扬·阿斯曼.有文字的和无文字的社会：对记忆的记录及其发展[J].中国海洋大学学报：社会科学版，2004（6）：73.

[3] 何仁富."清明"的信仰价值与生命意义[J].中国民政，2019（8）：12.

[4] 岳向荣、岳向华.清明放假思"清明"：清明节的来历、节俗及其文化内涵[J].中国教师，2008（4）：59.

[5] 周义顺.社会主义核心价值观规范路径探析：以发挥清明等传统节日文化价值功能为载体[J].毛泽东邓小平理论研究，2018（8）：63.

[6] 萧放.清明文化的当代价值与实践传承[N].中国艺术报，2019-04-10.

参考文献：

[1] 洪欣荷，高梦宇.清明节文化传承与传播方式创新的思考：以电影《寻梦环游记》为借鉴[J].吉林省教育学院学报，2019（5）.

[2] 朱小明.清明节的三重内涵及其思想阐释[J].阳明学刊，2016（00）.

[3] 黄钟信.小学课外活动课程增进德育实效性研究[D].广州：广州大学，2017.

莫为艰难遮望眼，风物长宜放眼量

——榜样力量渗透的实践与感悟

上海市杨泰实验学校　许　萍

德育工作是小学教育过程中的重点内容，良好的德育对于促进学生形成正确的人生观，世界观和价值观，具有十分重要的作用。《中小学德育工作指南》对在学生中开展心理健康教育提出了要求：开展认识自我、尊重生命、学会学习等方面教育，引导学生增强调控心理、自主自助、应对挫折、适应环境的能力，培养学生健全的人格、积极的心态和良好的个性心理品质。作为一名小学数学学科的一线教师，希望能将自己所学倾囊相授，希望自己的学生能学有所成，可是如果面对的是一群没有积极的心态，不具备良好心理品质的学生，那么教学效果也就无从谈起了。因此，在引导学生学习知识之前，应先做好德育工作，落实好心理健康教育。小学生年龄尚小，正处在身心发展的重要时期，他们对这个世界的人和事的认识与理解还不深，没有突出的心理问题，应该抓住这样的教育时机，以积极的取向引导学生认识世界、认识同伴，帮助学生积极地面对自己的人生。在长期的教育教学实践中，笔者发现小学生的心理健康教育要从细微处入手，找到他们心灵的共鸣点，用一种感同身受的方式帮助他们建设一个积极向上的心理阵地。

俗话说，榜样的力量是无穷的。小学生年龄小，模仿能力强，往往更容易受外界的影响。生理学研究表明，少年儿童（3～15岁）大致可分为三个年龄阶段，相当于幼儿园阶段、小学阶段、初中阶段，其中7岁儿童的大脑质量约为1280克，约占成年人大脑质量的90%，他们的形象思维水平不断提高，也初步具备了明辨是非的能力。[1]因此，具体、形象、富有激励性的榜样人物，无疑能为学生的健康成长指明方向，在模仿和效法的过程中，潜移默化地在榜样身上吸取力量，获得启发。

笔者所在的学校是上海市杨泰实验学校，学校从1998年办学初期开始就与曹燕华乒乓训练学校合作办学，在体教结合的办学道路上已有20多年的办学经验。笔者也有幸接触到了这样一群"特殊"的学生，他们不仅每天要完成4个小时的专业乒乓球训练任务，还要和同年级的孩子一样完成义务制教育阶段的所有学习课程，并统一参加市、区及学校的学业考核。这些学生来自五湖四海，小小年纪就离开父母，进入寄宿制学校学习和训练，学习是艰苦的，周而复始的训练又是非常枯燥的，一个小挫折可能就会带给他们很多负面的情绪，如果有一个他们内心认同的"榜样"，就可以安抚他们的情绪，带给他们无穷的力量，对自己为之奋斗的目标充满期待。所以，树立好榜样，帮助学生积极面对学习和生活是至关重要的。以下是笔者在实践中的一些具体尝试和感悟。

一、换位思考，了解学生的真正需求

学生在学校教育中具有不可忽视的主体性，我们要认识到现在的学生都是00后，那些我们熟知的像邱少云、刘胡兰这样的英雄人物，像雷锋这样的无私战士，不一定能引起学生的共鸣。因此，我们要了解现在学生的心理状况，了解什么样的人会带给他们学习和超越的动力，从而找到他们前进的方向。

学生们面对日复一日挥汗如雨的训练生活和一丝不苟的学习生活，坚持一天两天是很容易做到的，但这样紧张的生活常常也会让一些年纪尚小的孩子产生消极畏难的情绪。为了给小运动员们营造积极向上的学习训练的氛围，学校重视榜样力量的感染。在文化布置上，引导孩子们学习身边优秀的榜样：在学校进门的展柜里，摆满了大大小小的比赛奖杯；在教学楼的各个楼层，有金球廊的布置；在通向训练馆的走廊和楼梯上，挂满了这么多年来优秀学生的照片和简历介绍。其中最引人注目的就是我们优秀的乒乓国手——许昕，他也是从这里走进了国家队，走向了世界。这些为了理想来到这里的孩子，所有的学长就是他们身边最生动、最有力的榜样。在上海市杨泰实验学校和曹燕华乒乓培训学校20周年联合庆典上，许昕和另外一名乒乓国手赵子豪来到同学们身边，用亲身经历向这些学弟学妹们传递积极的能量。孩子们每一次轻轻地走过长廊和楼梯，每一次渴望的目光在照片上的停留，都会在心里燃起星星之火——摆在面前的一切，不管是学习还是训练，虽然都是强有力的挑战，但总有一天，自己的照片也要挂在这面墙壁上。这些无声的榜样力量向学生传达了一种不轻言放弃、不轻易言败的信念。

二、身体力行，从最简单的日常开始

从本校走出了很多品学兼优、具有坚强意志品质的学生，在历届的高考中，已有很多优秀的学生考进了上海交通大学、上海财经大学、华东师范大学、上海体院等高校。今年的夏天更是捷报频传，本校培养的张誉文同学被北京大学录取，杨韵仪同学进入国家女队，另有学生考进了上海交通大学、华东师范大学、宁波大学等，拿到录取通知书的那一刻是激动人心的，但是这薄薄的纸张背后是智慧与汗水的浇灌。

之前教过一个学生，接手他所在的班级已是五年级，马上面临小学毕业考，但他的各科成绩实在是不太理想，数学成绩经常在及格线以下。通过和他之前的教师以及教练进行沟通，我发现这个学生训练十分刻苦，训练成绩相当不错，他的数学成绩是在四年级的时候突然下滑，之后有点儿一蹶不振的感觉。但每次看到班级其他学生取得好成绩，他总流露出羡慕的眼神，我想他的内心一定也很无奈。由于是住校生，父母远在江西的老家，借着一次他生日的机会，让他给我介绍了他心目中的"偶像"，他说想和自己的"偶像"许昕一样，不但能在国际大赛上取得好成绩，还能进交通大学深造。他心中这个小小的火种，一定不能熄灭了。接下来的日子，日常训练照旧，但每天下午和晚场训练之间，挤出仅有半小时的休息时间，作为教师，自己有义务帮助他从头梳理四年级的知识要点。他珍藏着和许昕的合影，把许昕签名的照片小心地夹在自己的日记本里。每当心里想退缩的时候，许昕那有力的笔迹、温和的笑容都会成为他面对困难的最强有力的武器。时间一天天地过去，从完全听不懂课堂新授的知识点，到开始和老师有了眼神的互动，再到勇敢地举手发言，他的进步一点一滴地积累着，慢慢地成绩也追赶上来了。

实践证明，榜样既可以激发学生愉快向上的情感，又可以促使他们抵制现实环境中消极因素的影响和干扰，心中有了榜样，就有了心理认同，就有了一致的前进方向和奋斗目标。但要把榜样精神化为相应的行为习惯，这中间有个反复而艰难的过程，所以树立了榜样，还需要教师的耐心引导，在不断的反复中螺旋式上升，逐步形成稳固的优良品德。

三、坚持不懈，一步一个脚印实践

树立了榜样，有了好的示范和引领，接下来就是一步一个脚印，踏踏实实地实践。随着小学生年龄的不断增长和经历的日渐丰富，他们的认知水平也在不断提高，同时他们的模仿行为一般来说也会呈现出"由近及远、由小到大、由无意识的模仿到有意识的模仿，由游戏的模仿到生活实践及学习知识技能、思想品德的模仿，由外部特征的模仿到内部特质的模仿"的规律。可见，通过对榜样的学习，要引导学生对榜样产生正确地认识，并且能够积极地改变自己在日常学习和生活中的行为，坚持不懈地实践下去，直至自己也取得一定的成功的体验，让榜样发挥更大的作用。

泰戈尔说过："信念是鸟，它在黎明仍然黑暗之际，感觉到了光明，唱出了歌。"心理健康教育的重要之处就是在天还没亮之前，让学生相信光明的存在，拥有寻找光明的信心，从一种被动的等待变成一种主动的探索，每一点细小的积累，都有可能成为迈向成功的钥匙。

把每一件平凡的事做好就是不平凡，把每一件简单的事做好就是不简单。看似每一天的学习训练都不起眼，但恰恰是这些点点滴滴的积累，帮助每一个学生找到了改变自己的方向和方法。2018年正值上海市第十六届运动会，曹燕华乒乓培训学校（以下简称"曹乒"）的学生大都有比赛任务，这些学生分布在小学初中各个年级，训练任务相当紧张，可是学习也是一刻不能松懈，就在如此艰难的条件下，学生们一个个都铆足了劲，不但没有落下学习，还以优异的赛场表现带回了一个个奖杯。在今年的全国第二届青年运动会和上海市乒乓球锦标赛上，曹乒选手又是屡获佳绩，学生们稚嫩的脸庞上露出了灿烂的笑容。

正是有了这些活生生的榜样在身边，对学生们有着耳濡目染的影响。也许一天两天的变化是不明显的，但是日积月累的效果还是显著的，就像是自我修炼的一个作品，经过每一天的雕琢，总有华丽转身的一瞬间。这些伴随着学生们每天学习生活的点滴，让我们看到了学生们悄悄地转变，这些转变都是鼓舞人心的。

由此可见，贴近孩子学习生活实际的榜样能更真切地对学生能力和品质的发展产生重要的影响。叶澜先生说过，当学生茫无头绪时，你能否给予启迪？当学生没有信心时，你能否唤起他的力量？你能否从学生的眼睛里读出愿望？你能否听出学生回答中的创造？你能否觉察出学生细微的进步和变化？作为学生成长道路上的领路人，我们更需要用一颗敏感而细腻的心去关注学生，关注他们生活中的点点滴滴，关注他们心灵的每一声呢喃细语，关注他们每一个细小的生命需求。[2] 面对一群处在天真烂漫时期的孩子，良好的心理健康教育就好像是滴滴雨露，渗透在学校生活中的每一个角落。

德育工作本身就不是一蹴而就的事情，心理健康教育是一个长期浸润的过程。每一个孩子都是未来的希望，树立一个优秀的榜样，是他们成功的关键因素。在德育渗透的过程中，要站在学生的角度，从学生的心理出发，找到他们真正的需求，激起学生的心理认同，才能最大限度地发挥德育工作的作用。让我们站在每一个细微之处思考问题，让德育工作见于小，德育效果显于大。

注　释：

[1] 王晓名.小学生榜样教育法探微[J].西昌师范高等专科学校学报.2003（3）：149.

[2] 马芹.不学不成，不问不知：小学数学中问题设计的一点思考[J].新课程：中.2011（3）：59.

参考文献：

[1] 叶圣陶.叶圣陶教育名篇[M].北京：教育科学出版社，2007.

[2] 李伯黍，岑国祯.道德发展与德育模式[M].上海：华东师范大学出版社，1999.

[3] 郭菊.积极心理学取向下的小学心理健康教育模式研究：以内江市为例[D].成都：

四川师范大学，2014.

[4] 贺奕.小学生榜样教育困境及理论应答[D].长春：东北师范大学.2012.

[5] 孙利芳，黄锐.心理健康教育在小学德育中的运用[J].教育观察：下半月.2016（8）.

[6] 万成.小学生榜样教育的几点思考[J].教学与管理：小学版.2010（9）.

[7] 吴榕升，张晟铭，沈佳鑫，等.青少年榜样与偶像教育的融合探究[J].海峡科学.2017（10）.

千挫万折我不怕，任尔东西南北风

——在"多元互动"教学方式下进行挫折教育的途径初探

上海大学附属学校　李莹清

据统计，中国青少年自杀率居全球第一，16%的中国学生考虑过自杀。南京市某研究所于2001年以南京小学生为对象进行了一项调查，样本容量为2000，调查结果表示，近四成的受访者有过轻生的念头。[1]此外，另一项调查以上海的孩子作为研究对象，样本的容量为2500，调查结果显示，超过20%的孩子曾经想过要去自杀；约15%的儿童还认真策划过自杀行动；约5%的孩子已经实施了自杀行为但是却未成功。[2]

新闻中真实的案例和触目惊心的数据让我们胆战心惊，在惋惜这些美好生命逝去的同时，我们却发现儿童自杀的直接原因竟看起来都如此"常见"："没收手机""被老师批评""考试作弊被发现""感受不到父母的爱"……

教育部于2017年8月出版的《中小学德育工作指南》中对儿童心理健康教育提出要求，即开展认识自我、尊重生命、学会学习、人际交往、情绪调适、升学择业、人生规划以及适应社会生活等方面教育，引导学生增强调控心理、自主自助、应对挫折、适应环境的能力，培养学生健全的人格、积极的心态和良好的个性心理品质。笔者认为，小学阶段是学生个性形成的关键时期，作为教师，对小学生进行挫折教育，提升抗挫能力是务必要完成的重要任务。

一、从两个维度构思课程

笔者针对所执教的三年级学生性格特点，在明确"挫折"与"挫折教育"含义的基础上，运用"多元互动"教学方式设计了一堂名为"你好，挫折！"的挫折教育课程，旨在让孩子们在这样一节精心设计的课堂中感受不畏挫折、勇于克服挫折的精神品质，学会调节心态，勇于面对挫折，初步掌握战胜挫折的方法。

（一）明确"挫折"与"挫折教育"

根据心理学的解释，挫折其实就是一种紧张的状态，或者是一种消极的反应，其出现在一定程度上需要人们的主观推动，往往是人们为了开展某种活动而遇到的干扰。[3]英国哲学家培根说过："超越自然的奇迹多是在对逆境的征服中出现的。"笔者认为的确如此，挫折的存在具有一定的客观性，虽然我们主观上想要避免，但总是无法回避，而且其两面性也较为明显。挫折虽然是一种挑战和考验，会使人感到困窘，但它也可以帮助人超越惰性，促使人奋发前进。

"挫折教育"这一现象在西方发达国家已经成为广受关注的社会问题，他们一致认为"挫折"不完完全全代表沮丧，更加不会引起人们的反感，换个角度来对待，将它当成素质教育中的重要组成部分，进而在此基础上帮助孩子们树立他们最正确的人生观和世界观，以及自信心与适应社会的能力。[4]我国教育界对挫折教育也有一定的研究成果，李海洲、边和平提出挫折教育是建立在马克思主义人生观的基础上，将教育学作为基本内容，同时融入心理学与人生学。挫折教育将现代思想教育原理与机制进行结合，研究挫折产生的主要原因，人们应对挫折的举动、对挫折的预防心理、可承受范围，以及青少年应对挫折的主要途径与方式，等等。综上所述，笔者认为，挫折教育主要指教育者根据不同教育对象的特点，使用恰当的教育方式，引导受教育者客观地看待挫折，同时教授他们正确对待挫折的最佳方式，从而培养良好的心理品质，更好地适应社会与生活。

（二）"多元互动"教学方式

"以教师为中心"是传统的小学教学思想，课堂上普遍采用由教师到学生的"单向灌输式"教学方式，学生失去学习的主体地位，缺乏自主性、能动性和创造性，受制于教师，只能被动地接受知识。[5]这样的教学方式显然不适用于提倡素质教育的今天，近些年来，许多学者、教师都在不断尝试着新的教学方式，在这样的背景下，"多元互动"应运而生。

"多元互动"是随着互联网的兴起而出现的一种新型教学方法，最初于2004年由湖北广播电视大学施斌教授提出，至今经过了十多年的教育研究，其概念也在不断优化。笔者结合了多位学者对"多元互动"的含义界定，认为"多元互动"中的"元"即"要素"，是指跟学习有关而又能相互作用的各种教学因素，包括教师、学生、教材、教学环境等。"多元互动"的"互动"是指以和谐教育思想为指导，充分利用各种跟学习有关而又能相互作用的教学因素，促使学生主动地学习与发展，进而达到高质高效的教学效果。教与学过程的多元性具有多向性、相互性、自主性特征。"多元互动"，一是从互动的要素来看，存在着师生互动、生生互动、学生与教学资源互动；二是从互动的形式来看，互动是多元的，存在着问答、讨论、角色扮演、游戏等。

从中国知网上"多元互动"教学方式的相关论文来看，学者们主要对该方式在专业学科上的运用进行研究，但我们可想而知，这样一种既充满乐趣又可以寓教于乐的教学方式也十分适用于挫折教育。

二、以四大板块进行实践

笔者在尝试的过程中，摆正自己引导者的位置，将课堂交还给学生，尽可能多地设计了互动要素与形式，让学生全身心参与课堂。本次活动设计主要分为四个环节：感受挫折、认识挫折、面对挫折和亲近挫折。

（一）游戏热身，感受挫折——师生互动要素结合游戏、问答形式

结合三年级学生的心理特征和性格特点，笔者以游戏及问答形式进行师生互动，设计了课堂的第一个环节——"表情变变变"，组织孩子们开展了热身游戏，通过五官来表现不同情绪下的不同表情，例如：眉开眼笑、勃然大怒、哈哈大笑、闷闷不乐、伤心欲绝等，课堂气氛果然一下子就活跃了起来。

紧接着，笔者引发孩子们回忆，让孩子们说说自己什么时候会眉开眼笑，什么时候会勃然大怒。有的孩子说结交好朋友时会眉开眼笑，有的孩子说遇到不公平待遇时会勃然大怒……每一个孩子都在积极思考着。

再进一步，笔者又向孩子们提问：那么什么情况下你会闷闷不乐或是伤心欲绝呢？经过思考，笔者让孩子们在课前下发的"真心话"纸片上写下最令自己感到伤心欲绝的一件事，或是还未发生的，自己最害怕会发生的一件事。

三年级的孩子在心智上还处于较为幼稚的阶段，所以笔者通过游戏的方式导入主题，让他们一下子就将思想集中到课堂上来。此外，孩子们成长的过程中必定出现过受挫的情绪，但他们不一定能分清，所以，通过这样的热身游戏，可以让孩子们初步感受什么是挫折。

（二）新闻讨论，认识挫折——师生互动要素结合讨论形式

2019年4月17日，一名17岁少年与母亲在卢浦大桥上发生激烈争执，随后跳桥身亡，该新闻一时间震惊社会。笔者以此为切入点，与孩子们进行课堂讨论，设计了"新闻直播间"环节。在带领孩子们了解完新闻后，笔者循序渐进地抛出了四个问题逐一讨论：（1）这个小哥哥可能会遇到什么问题？（2）这样的问题你在生活中是否也遇到过？（3）当你遇到这些问题的时候，你通常是怎么解决的？（4）如果遇到和爸爸妈妈意见不一致的时候，你们觉得用什么方法来解决问题比较好？

这些简单易懂的问题让课堂讨论气氛十分热烈，在笔者的引导和鼓励下，孩子们在一环接一环的讨论中不断思考，积极发言，更加深入地认识了何为挫折。

（三）树立榜样，面对挫折——学生与教学资源互动要素结合观后感形式

"多元互动"是在互联网的摇篮中诞生的，在教学中离不开多媒体教学素材，所以笔者在设计"励志电影院"环节的过程中查阅了大量的网络视频素材，在诸多勇于克服挫折的典型模范中挑选了澳大利亚演讲家尼克·胡哲的事例来向孩子们传递榜样的力量。

平时上课时，班里的孩子们就对视频等多媒体素材表现出浓厚的兴趣，果不其然，在观看尼克·胡哲的故事时，他们个个聚精会神，再加之尼克·胡哲身有特殊残疾，孩子们对他更是充满了好奇和敬佩。

1982年12月4日，没有双手双腿的尼克·胡哲来到这个世界，他的父母看到他的时候，已经是他们生命中极大的挫折了。但他的父母选择了勇敢面对，将这个孩子抚养长大。后来的尼克，不仅能生活自理，而且成为一名成功的演说家，微笑着讲述他一路走来的经历。他始终保持着一颗乐观的心，感恩于自己的生活。

在观看完视频后，大多数孩子的脸上浮现出敬佩的表情，笔者趁热打铁，以"尼克·胡哲，我想对你说……"为题展开自由发言，孩子们踊跃举手，用稚嫩的语言表达了对尼克·胡哲的崇敬之情。

励志演讲者尼克的故事，使学生深刻感受到，勇敢面对挫折对人的成功发挥了不可估量的作用，可以激发正视挫折的力量和信心。

（四）反思自身，亲近挫折——生生互动要素结合互助形式

课堂的第四个环节——"吐露真心话"。首先，笔者以自身为例，向学生分享了童年的一次受挫经历。接着，笔者让学生再次翻开"真心话"纸片，请几位同学分享了自己写在纸片上的挫折经历。随后，笔者让全班同学集思广益，为他们提供克服挫折的方法，同学们你一言我一语，集思广义。最后，笔者让学生同桌交流，互相帮助，勇敢地分享自己战胜挫折的方式，并想办法为对方排忧解难。

这个环节的设计是为了在缩短师生心灵距离的基础上，引导孩子们将刚才的观后感与自身生活相联系，用从榜样身上感受到的勇于面对挫折的精神来解决自己的问题。

三、反思与体会

笔者对这节课的设计基本上顺应了三年级学生的心理特征，安排了多层环节，在"多元互动"教学方式中融入了多种要素和多样形式，很好地吸引了学生的注意力，较好地完成了教学目标，让学生们学有所获。

课后，笔者也收到了家长的主动反馈，其中一位父亲这样说："本来一直纠结怎么和孩子讲前几天上海那个大哥哥跳桥自杀的事，今天和他聊起来，原来你在课堂上已经给他们讲过了，还讲到了要勇于克服挫折，谢谢你的教导！现在孩子接触的东西多，成熟得早，童年的教育影响一生，共同努力吧！"

作为一名教师，传递的教育能使学生受益，同时又能获得家长的认可和支持，无疑是一件值得欣慰的事，但笔者明白：对小学生的挫折教育任重而道远，通过一次挫折教育不可能让孩子们完全懂得如何去战胜挫折，更需要教师用敏锐的神经去感知孩子们的情感需求，将挫折教育如春风化雨般渗透到平时学习生活的点滴中去。

在挫折教育方面，运用"多元互动"教学方式是笔者的初次尝试，通过课后反思，笔者认为在以下三个方面值得改进：第一，结合三年级的学生已有一定自学能力的学情，更多地将课堂放手，让学生以分组的形式自行查找资料、排练情景剧等，以更多元的形式丰富教育内容，提升孩子们自身的抗挫能力；第二，更多地融入学生日常学习教材，例如语文教材，其中包含了许多与挫折教育有关的名人故事、名言警句及古诗文，让学生在接受挫折教育的同时对知识点有更牢固的掌握；第三，与体育教师联手合作，设计一些适合特定年龄段的稍具难度的体育项目，让学生在体验项目的过程中从身心两方面提升抗挫能力。

清朝诗人郑板桥以一首《竹石》赞美了岩竹经过了无数次的磨难，长就了一身挺拔的姿态，磨炼出从来不惧怕来自东西南北的狂风的坚毅品格。笔者希望未来的接班人也能够像岩竹一样，从小培养出"千挫万折我不怕，任尔东西南北风"的顽强意志。

注 释：

[1] 西西，建平. 心理危机低龄化亟待关注 [N]. 扬子晚报，2001-06-15.

[2] 凯瑟琳·麦克劳克林. 上海儿童自杀率高 [N]. 参考消息，2004-12-12（8）.

[3] 李海洲，边和平. 挫折教育论 [M]. 南京：江苏教育出版社，2001：21.

[4] 王耘，叶忠根，林崇德. 小学生心理学 [M]. 杭州：浙江教育出版社，1993：4.

[5] 范立敏. "双主并重 多元互动"高效的语文课堂教学模式探析 [A]. 第四届世纪之星创新教育论坛论文集 [C]. 北京：北京中外软信息技术研究院，2016：1.

参考文献：

[1] 施斌. 论多元互动教学模式 [J]. 湖北广播电视大学学报，2004（4）.

[2] 李瑶. 小学语文教学中挫折教育策略研究 [D]. 海口：海南师范大学，2016.

[3] 吕坤. 中小学体育教学中的挫折教育应用研究 [D]. 大连：辽宁师范大学，2011.

[4] 赵秀花. "多元互动"教学模式初探 [J]. 甘肃教育，2015（6）.

[5] 陈素况. 小学生抗挫能力培养途径探微 [J]. 小学教学参考，2018（12）.

端午临中夏，爱国情复长

——主题式系列微型班会课的开展

上海市宝山区红星小学　朱　静

一直以来，笔者所在学校上海市宝山区红星小学十分重视爱国主义教育。社会主义核心价值观中的"爱国"两字，意在激发学生的爱国主义热情，增强民族自豪感和光荣的责任感，继承和发扬光荣的革命传统，为振兴中华而发愤图强，为了伟大祖国更加辉煌灿烂的明天而时刻准备着。

传统节日是中国传统文化的代表，是中华民族智慧的结晶，也是"非物质文化遗产"。传统节日文化的传承需要不断发掘其本身所蕴含的爱国元素，才能让人们在休闲快乐中感受其精神内涵。因此，以传统节日开展丰富多彩的活动来激发学生的爱国情怀是必需的与重要的。

一、端午节微型班会课的构思

《中小学德育工作指南》明确告诉我们，德育目标和内容可以通过六大途径落实到学校教育的各方面和各环节中。"活动育人"更让我们聚焦于中华传统节日，突出其教育意义和德育效果。

那么，怎样才能达到"活动育人"的德育目标呢？笔者了解到端午节的文化精神是中华文明多种要素的荟萃，展现出了屈原强烈的爱国主义精神和刚正高洁的人格风范。[1] 笔者觉得巧借这个重要节日，开展"端午节"为主题的系列微型班会活动，对学生进行爱国主义教育是合适的，能让他们了解端午节丰富的风俗文化，并萌发出爱国主义情感。

（一）微型班会课

微型班会课就是围绕一个话题，通过讲述、交流、讨论、活动体验等各种形式，促进学生自我认知的提升，具有切入点小、时间短、时效性强、形式灵活多样等特点。[2]

小学生的年龄特点决定了他们的注意力集中的时间较短，辨别能力不够强，而对学生良好的道德品质的培养是从知到行的内在转化的过程，微型班会就能凭借其短小精悍、易于操作的特点，牢牢把握教育的"最佳关键期"。

微型班会课要选择学生喜闻乐见的形式，并用最小成本达到最大的教育效果。本次"端午节"为主题的系列微型班会活动的开展，笔者就指导学生采用故事讲述、视频欣赏、活动体验、交流讨论等形式来推进。

（二）主题式系列班会

班会是小学德育活动的传统形式，有计划地组织与开展班会活动是班主任的一项重要任务。微班会的时间较短，一般为10~15分钟。而传统的主题班会课，常常因准备时间长、实施时间长，还由于可能出现的"过分准备"，难免有人质疑。但是传统的班会课因时间充足，围绕主题，开展的形式会更多样，内容选择也更丰富些。"端午节"是中国的传统节日，与此有关的内容是很多的，具体涉及端午由来故事、端午诗词、端午风俗习惯等。因此，笔者有了自己的想法：开展端午节主题系列微型班会活动，改变一贯的单一性主题班会为系列性的微型班会。

（三）小队合作

笔者所带的班级有4个小队，主题活动的准备就要求以小队形式合作开展前期的准备工作。

"合作学习"是20世纪70年代初兴起于美国，并在70年代中期至80年代中期取得实质性进展的一种富有创意和实效的理论。《国务院关于基础教育改革与发展的决定》中专门提及合作学习，指出"鼓励合作学习，促进学生之间的相互交流、共同发展"。[3]

除了学科课堂教学，将这一理念用于班级德育活动同样能体现它生生互动、互相协作、互利共赢的特点。由于是小规模的团队，减少了大集体的压力感，队员和队员之间能更加充分地交流。

二、端午节微型班会课的实施

2019年端午节前夕，笔者就开始组织班级开展端午节主题系列微班会活动。

（一）小队活动策划，提升队员能力

班级中的4个小队在之前的各种少先队活动中已经多次开展过合作活动，基本已经形成了小队队员之间和谐、稳定的凝聚力。在本次端午节要开展微型班会的主题提出后，各个小队都积极响应，认真投入活动的前期准备中。尤其是小队的灵魂人物——队长，更是组织队员出谋划策，合理分工，以保证微型班会的顺利召开。米老鼠小队主要是准备端午传说的介绍，小队9个学生，经分工后，通过图书馆、网络、书店等各种途径进行故事的搜集，并进行了筛选；星天小队主要是负责端午习俗的介绍，8位学生在网上很容易就找到了资料，他们立刻动脑筋，有的画、有的写，准备以各种形式来展示。飞天龙小队和杉树小队是负责古诗词的介绍和端午心愿卡的制作，他们更是发动了家长志愿者，一起热烈讨论，

不断修正可行的方案，与家长一起，就有了强大的精神支柱，这无疑也给了队员们动力，鼓舞了他们的士气。

小队活动的策划，各小队队员参与的积极性较高，不但人人有事做，而且人人乐分享，这样，既锻炼了每个队员，又在准备活动中提高了队员们的能力，培养了合作创新的精神。

（二）微型班会课，以"微"育人

经过精心的策划准备，围绕"端午"这一主题，制定了时间跨度较长的有系统性、整体性、计划性的系列微型班会主题活动规划。虽然每次微型班会的内容选择各不相同，但综合起来，就是让学生们在系列化的微型班会活动中了解中国传统文化知识，激发爱国情怀，让德育入情、入心、入行。

1. 故事讲述、视频欣赏——以"微"入情

第一次的微型班会活动，米老鼠小队和飞天龙小队给大家讲述了精彩的端午节传说故事，播放了孩子制作的"端午节"由来PPT和精彩的动画视频。曾在上海市"小青蛙讲故事"比赛中获得二等奖的队员除了绘声绘色地讲故事之外，还加上了丰富的表情、略显夸张的动作，深深吸引了其他队员们的目光。飞天龙小队播放的端午节的传说动画视频再一次让队员们重温了屈原的故事，视频放完，可教室里却久久安静着，队员们依然沉浸在故事的情境里，个个神情严肃，都被这位因忧国忧民而得罪奸佞小人、最终投水殉国的爱国主义诗人深深感动。

这次的微型班会活动，不仅充分发挥了学生的主体作用，而且让学生置身于浓浓的故事氛围中，他们的心灵被触动，感受到了深深的端午爱国情。

2. 聆听习俗、直观触摸——以"微"入心

端午节题材的微型班会课，如果单纯依赖学生的视野和见闻是难以精彩的，于是星天小队得到了家长志愿者的大力支持。在家长的帮助下，星天小队的队员们在介绍端午节习俗时，并没有像第一次活动那样对着稿子念，他们借助PPT、微课件等现代化技术手段，声情并茂、生动直观地讲解了知识。各种端午习俗的介绍，令少先队员们大开眼界，其中最耳熟能详的便是赛龙舟和吃粽子。南朝梁人吴均的《续齐谐记》写道："楚大夫屈原遭谗不用，是日投汨罗江死，楚人哀之，乃以舟楫拯救。端阳竞渡，乃遗俗也。"于是，端午划龙舟的习俗便普及开来。[4]

笔者全程参与了活动，并带来了香包和艾草。队员们摸一摸、闻一闻、说一说之后，很快就对香包和艾草了如指掌。最后笔者利用微课讲解了如何做香包，在微课的清晰示范下，队员们跃跃欲试，对中华文化的热爱之情油然而生。

3. 体验交流，制作心愿卡——以"微"入行

"爱国"是社会主义核心价值观公民层面的第一要求，如何让端午节微型班会课达到预期的德育效果，杉树小队组织大家在第三次的端午微型班会课上进行了

以"学习端午精神"为主题的交流,他们播放了制作精美的PPT后,让大家在班会课上围绕"学习端午精神"这一主题畅所欲言,大家在自由交流中表达了要付诸行动,好好学习,将来报效祖国的思想。接着,队员们动手制作了端午交流卡,并进行了美化,写上了交流感言,那一句句真诚的寄语无不表达了队员们的端午情怀。

第三次的微型班会课以小话题的形式让队员们一起参与并讨论交流,从而再次感悟到了端午节的"爱国"精神,这样把大道理寓于小话题、小卡片中,化教育于无形,指导他们的行为,正是微型班会课的魅力所在。

三、端午节微型班会课的启示

(一)微型班会课——有效发挥了育人功能

端午节主题系列微班会活动意在让学生了解端午的传统文化,培养学生的爱国情操,激发学生的"爱国"热情。笔者认为,学校是爱国主义情感教育的重要基地,"端午节"是中国传统文化的代表性节日,利用这个节日传承和弘扬中华民族的爱国美德是很好的德育契机,我们利用系列微班会的平台,能有效发挥育人的功能。

(二)微型班会课——有效促进了学生个体成长

通过小队合作开展微型班会课,培养了学生敢于向问题挑战,乐于合作交流的能力,也锻炼了学生们动手、动脑的能力,同时学生间的合作精神也得到了体现。本次主题微班会主要由学生通过小队合作完成活动任务,学生们在小队活动中自己分工、合作、讨论、研究,无不表现出了团结合作的精神,都感到受益匪浅。在活动的开展过程中,学生们对于资料的比较筛选能力也得到了提升,他们学会了去粗取精,去选择最合适的材料。虽然在微班会课的实施过程中,学生的活动主题组织能力还显得很稚拙,但他们在收集资料和整理资料的过程中认真参与的精神为以后的发展奠定了较好的基础。

(三)微型班会课——有效促进了教育与活动的整合

"一切都有可能成为教育资源",对于学生的教育应是细水长流的。教育与活动相整合,是开展教育、促进教学的有效手段。笔者通过指导学生开展一系列丰富、有趣的微型班会活动,传递了爱国情感,传授了中华民族的传统美德和源远流长的历史文化,并以此塑造学生的行为、品格和道德素养。笔者认为,作为教师,应该有一颗敏锐的心,有一双发现的眼,这样才能在生活中不断地发现教育的资源,而这些教育资源定会起到意想不到的教育效果。

(四)微型班会课——有效提升了班主任的专业素养

微型班会课的开展是一项塑造人的心灵和品格的系统工程,作为德育工作者的我们应该给学生机会,给学生舞台,以各种形式去开展活动,从细微入手,立足于"微小",着眼于"未来",努力做到以"微"见"效",引领班级朝积极向上的方向发展。微型班会课的开展不仅成就了孩子,更有效提升了班主任的专业成长。作为班主任,在微班会准备阶段要合理引导,精心设计;进行阶段要积极参与,宏观调控;总结阶段要及时启发,深化教育。教师只有在这三个阶段中准确定位,引导学生,深入学生,启发学生,才能让主题班会的教育功能"润物细无声"。[5]

聚焦中华传统节日教育,开展形式多样的微型班会活动,必能引领学生,达到意想不到的教育效果。

端午临中夏,爱国情复长。今日的活动与教育,必能让学生们的一颗颗赤子之心凝聚到一起,为伟大的中国梦而努力,也必会让我们的祖国永远屹立于世界民族之林!

注　释:

[1] 卢旭. 谈端午节的文化精神 [J]. 辽宁师专学报: 社会科学版, 2018(4): 40.

[2] 张明惠. 微班会的推进思路与策略 [J]. 教育研究与评论: 小学教育教学, 2018(1): 25.

[3] 王坦. 论合作学习的基本理念 [J]. 教育研究, 2002(2): 68.

[4] 胡文彬. 传统节日的文化内涵 [J]. 前进论坛, 2008(5): 35.

[5] 崔北元. 浅谈如何有效开展主题班会 [J]. 现代阅读, 2013(4): 81.

参考文献:

[1] 陈丹. 微课不"微","小"有作为: 社会主义核心价值观微班会的实践与创新 [J]. 小学教学研究, 2018(3).

[2] 章丽卫. 长线活动　磨砺小队合作力: 评《第一次赚钱》活动中学生小队合作力培养 [J]. 文理导航, 2013(9).

[3] 王玲云. 组建合作小队　打造班级共同体 [J]. 魅力中国, 2018(2).

[4] 叶剑虹. 巧借"端午节"开展爱国主义情感培养 [J]. 新课程: 上, 2017(10).

[5] 孙平. 刍议主题式系列班会课的开展 [J]. 学园: 教育科研, 2012(12).

[6] 马春耕, 刘玉兰. 中华传统节日: 端午节 [M]. 长春: 东北师范大学出版社, 2011.

[7] 何杰. 应该如何设计微班会 [J]. 班主任, 2018(5).

明月分外美，民俗实堪骄

——元宵节体验式班会的开展

上海市宝山区顾村实验学校　朱菊华

近年来，每当笔者询问学生"假期是怎么过的"，学生总是兴味索然地给出答案，甚至有人总结出"出门旅游人挤人，不如在家吃饭、睡觉、玩电脑"的度假体验。对于一些传统节日习俗，学生更给出了"听说过，没见过"的回答。笔者关注到，对于大部分中学生来说，节日与平时的双休日并没有太大区别。与传统节日相比，青少年学生更热衷于过万圣节、圣诞节等"洋节"。

中国传统节日是中华优秀传统文化的重要载体。《中小学德育工作指南》明确指出，"中华优秀传统文化教育"是中小学德育工作的一项重要内容，"开展节日纪念日活动"是"活动育人"的途径之一。2017年，中共中央办公厅、国务院办公厅印发的《关于实施中华优秀传统文化传承发展工程的意见》更是明确指出，应深入开展"我们的节日"主题活动。

传统节日的重要性与青少年对待传统节日的态度形成鲜明反差，在班级开展传统节日活动被各个中小学提上了日程。作为一名教师，笔者思考着，通过怎样的活动形式才能让学生真正感受传统文化的魅力？怎样才能激发学生对于传统节日的兴趣呢？笔者决定将"体验式班会"运用到日常班会中，用游戏的方法增加节日趣味性，以提高学生对传统节日的热情，让学生在潜移默化中传承优秀的传统文化。

一、策划

笔者设想以体验式班会课的形式开展元宵节主题班会活动，力求让学生在游戏体验中感受元宵节的魅力。

笔者所带的初二班级学生已经有了一些参与班会活动的经验，当提出元宵节主题班会的想法后，学生的兴趣点就被点燃了。按照惯例，学生自由组队，以小组的形式策划班会活动。

各小组自由组合完成后，笔者要求各组设计本次班会课活动的一个板块，发挥各位组员力量，组长整理总结后将活动计划交班主任审核。

三天后，各组的活动计划书放在了笔者的办公桌上。细读之后笔者发现，好几组的活动计划雷同，活动内容相似，实际操作性较差。尽管他们已经是初二的学生，在班会课活动组织过程中教师还是不能全盘放手。"要开好主题班会，班主任首先要尊重学生的主体地位，和全班学生特别是班委会成员一起进行主题班会设计，对学生好的创意要给予及时肯定。同时，班主任要给学生必要的指导。"[1]在思考过后，笔者组织各组长开了一个短会，会上指出了各组计划书存在的问题，要求各组之间通过沟通、筛选、整合的方法改进计划。经过两次的修改，学生的班会课活动方案可执行度得到了大大的提高，"热热闹闹过元宵"主题班会活动如期开展。

二、实施

（一）寻节：走进元宵节的故事

"走进元宵节"是第一组设计的活动。随着PPT的翻页，该组组员轮流上台，分别向同学介绍了元宵节的节日起源、历史发展、民间习俗、节日传说等，内容翔实而具体。

在这一环节中，笔者观察到台下学生对解说员的兴趣似乎大于解说内容，留心身边学生的轻声细语："这些内容我们老师差不多都讲过，我小学就知道不少了。""其实这些知识在百度上都有的。"

看来这一小组采用讲授法来介绍节日的方法效果一般，台下接受教育的学生过多关注了台上同伴的表现而忽略了内容，虽然与教师讲解相比，学生学习的积极性有所提升，但学生对元宵的认识还是流于字面，节日体验感不强。但是，细看内容，笔者发现这一组学生拓展了很多元宵节的知识，比如"元宵节"的名称就罗列了灯节、上元节、天官节、春灯节、小正月、元夕等好几种，可见学生的前期准备还是认真仔细的。

笔者及时对这一组的活动进行了鼓励和肯定，发现学生的亮点，引导学生开展积极的互评，这一方面保护了学生参与活动的积极性，又为下一环节的开展做了铺垫。同时，活动效果引发笔者思考：对于节日基本情况的介绍是必不可少的，但是能否改变"讲授式"的简介而运用其他方式，比如运用脱口秀、智力问答、相声等形式开展呢？在今后的类似班会课活动中，笔者将引导学生加以尝试。

（二）品节："飞花令"中识雅趣

随着第二组主持人"月上柳梢头，人约黄昏后"的开场吟诵之后，"飞花令——我和月亮有个约会"的活动拉开帷幕。

"飞花令"在近几年的综艺节目中被广泛应用，《中国诗词大会》更是让人们熟悉了这一古老的游戏。本次的"飞花令"以男生、女生大对抗的方式展开，男女生分别选出两人作为代表，要求男生、女生轮流说出含有"月"的诗句，当一方背不出诗时，可以给两次"后援机会"，从各自组中寻求答题帮助，最后战败方需唱一首和月亮有关的歌曲作为补救措施。

一时间，台上四位参赛队员投入PK，好词好句在教室里飞扬。从"今人不见古时月，今月曾经照古人"到"海上生明月，天涯共此时"；从"明月不谙离恨苦，斜光到晓穿朱户"到"三十功名尘与土，八千里路云和月"……观赛的同学和参赛的同学一起感受到了诗词的魅力。当一方队员有所迟疑不能作答时，后方阵营的同学积极救助，整个班级的学生一起投入诗词比赛之中。

笔者好奇班级的学生怎么会一下子"学富五车"，询问该活动组组长才知道，原来他们早就将"题库"发放给了全班同学。笔者不禁感叹该组设计者的策划能力，他将平时熟悉的方式移用到了本次班会中并且引入竞争机制，这让学生在积极参赛的过程中感受了古诗词的魅力，感受到了古人过节时的"雅趣"，真是值得表扬！

（三）过节：热热闹闹打灯谜

第三组的道具是密封的两个纸盒子，当这组学生将两个纸盒放在教室中央时，学生们窃窃私语，对此感到好奇。当两个盒子被一起打开，几十个小气球一起飞上天花板时，气氛一下子热烈起来。看看气球小尾巴上的纸条，同学们明白，这原来是元宵节改良版的传统游戏"猜灯谜"。

仔细阅读灯谜，一旦发现自己能够解谜，就到组织者队员那边确认，一经确认即可戳破小气球，活动限时十五分钟，结束后学生根据手中的灯谜纸数量评选班级"灯谜王"。一时间，猜中灯谜的欢呼声，噼里啪啦的气球破裂声在班级此起彼伏。

该小组将花灯变为气球，使得猜灯谜的游戏方便可行，猜谜活动有趣味而又不失传统，这一改，改得好！热闹场面感染了笔者，欢声笑语中学生真的体会到了元宵节的"闹"！此时已经不需要笔者的引导评价，学生早已沉浸在节日氛围中。

（四）享节：团团圆圆传文化

第四组设计的活动是"包汤圆"。笔者一度担心这一环节的可行性，但是当看到该组同学在五分钟之内布置好操作台时，自己的担忧化为惊喜。

一次性桌布、一次性餐盒，甚至一次性口罩在由多张课桌拼成的六个操作台上一一摆放，该组组员熟练地分发了事先在家准备好的馅料以及和好的面团，全副武装的全班同学一起跟着视频学起了包汤圆，笔者也加入其中。

身边的学生边包汤圆边聊着："包汤圆是奶奶的专利，吃汤圆是我的专利。今天我要让奶奶分享我的手艺！""我不太喜欢吃汤圆，不过以后我可以和妈妈一起做汤圆了！"眼前忽然浮现出学生和家人一起过元宵节的场面，文化的传承不就是在这种朴素而自然的节日活动中完成的吗？

三、小结

"明月分外美，民俗实堪骄"元宵节主题班会顺利结束。实践证明，将"体验"德育的思想融入班会课活动中，通过巧设各种体验情境，搭建育人平台，创设生活化的德育情境，让学生通过亲身体验和感受，形成积极健康的情感，实现道德成长的班会课形式，可以较好地让学生了解传统节日的历史渊源、精神内涵、文化习俗，达到增强学生对传统节日的体验感和文化感的效果。

"教育游戏在教育中闪出游戏的影子，在游戏中隐含教育的灵魂"[2]。"游戏体验法"让学生根据"活动—体验—领悟—内化—评价"的活动路径，做到了寓教于乐，游戏在放松身心的情况下发挥学生潜力，加强学生的参与度，在合作与竞争中培养学生的组织协调能力，使学生的独立性、主动性、创造性得到最大限度的发挥，能提高学生的综合能力。

不过，仅仅通过一次活动来激发学生对传统节日的兴趣、传承优秀传统文化，其作用毕竟有限。类似的实践活动应该应"节"而生，适时开展，形成一系列的教育活动。在班会活动中，让学生在活动的策划、实施、评价、总结中提高能力，在班会课的活动形式上，"我们应运用创造学的基本方法进行创造，那就是'加一加'，在别人的基础上增加新的做法；'变一变'，取他人的精华适当加以变化；'移一移'，将社会生活中的好做法移植过来"[3]。让学生在生活中学会学习，在学习中体验生活，这样更能让教育深入人心。

荀子曰："不登高山，不知天之高也；不临深溪，不知地之厚也。"不需要"高大上"的形式和"说教式"的煽情话语，简简单单的游戏体验式班会课更能深深地打动学生。

注　释：

[1] 刘烨，王笠春. 精彩的班会是学生美好生活的起点：访上海市普陀区德育特级教师工作室领衔人之丁如许[J]. 中国德育，2012（9）：15.

[2] 谢同祥. Edugame：让教育与娱乐走向融合的实践[J]. 现代教育技术，2006（6）：39.

[3] 刘烨，王笠春. 精彩的班会是学生美好生活的起点：访上海市普陀区德育特级教师工作室领衔人之丁如许[J]. 中国德育，2012（9）：15.

参考文献：

[1] 娄红玉，覃燕娜. 体验式班会课实施策略例谈[J]. 中小学德育，2018（8）.

[2] 浦慧慧. "体验式"德育活动的实践与探索[J]. 教书育人，2019（8）.

暮云收尽溢清寒，银汉有情转玉盘

——"走进中秋"综合实践主题活动的探索

上海市杨泰实验学校　沈舒于

中华传统节日承载着中华民族优秀的传统文化，是一笔璀璨的财富，这是千百年来积淀而成的。节日习俗源远流长，是华夏先祖的智慧结晶，也是悠悠历史的丰厚馈赠，蕴含着丰富的教育内涵和教育资源。中秋节因其文化内涵深厚且象征阖家团圆而深受学生喜欢。在开展热爱祖国文化、传承中华民族优良传统的过程中，笔者多以综合实践主题活动为载体，培养学生热爱节日文化，理解文化自信之"节日文化"的内涵，提高德育的实效性。

一、探索缘起

教育部于 2017 年 8 月颁布的《中小学德育工作指南》指出："中华传统节日和二十四节气作为传统文化的重要组成部分，是民间文化的重要载体，蕴含丰富的德育资源。学校在日常的教育中应重视民族传统节日的思想熏陶和文化教育功能，丰富中华传统节日的文化内涵，开展优秀传统文化教育普及活动，培育特色鲜明、气氛浓郁的节日文化。"[1]

农历八月十五，是我国传统节日中仅次于春节的重要节日——中秋节，一直以来都有团圆的美好寓意。然而随着西方文化的引入，很多孩子对圣诞节等西方节日说得头头是道，却忽略了我国的传统佳节。学生喜欢过中秋节，却对其知之甚少。虽然我们不排斥外来文化，但更应该保护和传承本民族的传统文化。

中秋传统文化的传统性和传承性，是一种真实的文化生活积淀，这和现今倡导的综合实践活动课程的文化性和生活性不谋而合。若学生能通过综合实践活动体验真切地感受、理解传统节日的文化内涵，继而热爱并传承传统节日文化，何乐不为？

二、探索依据

《中小学德育工作指南》指出，德育目标和内容可以通过六大途径来落实，而

"节日纪念日活动"这个系列主题以"活动育人"来达成更为合适。[2]

把"中华节日——中秋节"文化融入综合活动课程中,对于教育课程的完善和发展有促进作用,能够拓展学生的学习内容,培养学生的文化素养,增强民族自信,习得我国优秀传统文化。那么在现有的学校课程体系之下,传统文化以何种形式切入?传统的说教、填鸭式的德育理论的宣讲、播放现有的节日视频……手段很多,但是否能赢得当代学生的认同?是否会再次掉入走过场的怪圈中呢?

于是,笔者借鉴了江苏省常州市星河小学关于"中秋"主题节日的统整课程,在所带的三(5)班以新课程理念、综合实践课程理念、隐性课程理念为理论基础,科学构建中秋节日课程体系,积极渗透中华文化内涵,传承中华优秀文化。

新课程理念,即关注学生的兴趣、态度、经验和生活世界,倡导学生主动参与、乐于探究、勤于动手,培养学生收集和处理信息的能力,获取新知识的能力,分析和解决问题的能力,以及合作和交流的能力。以中华传统节日为主题的活动设计,旨在激发学生的爱国情怀,弘扬中华优秀传统文化。

综合实践课程理念,即主张实践性学习,关注学习方式的变革,面向学生完整的生活领域,推进科学与人文的融合,培植学校创新文化氛围。[3]在班级中开展"中秋"主题节日的系列,笔者一直在思考:(1)综合实践活动课程的目标是什么?(2)实现目标需要选择何种课程内容?(3)如何有效组织?(4)综合实践活动课程目标的达成度如何评定?

隐性课程理念,又名潜在课程,是学生学得的无意或无计划的知识、价值观、规范或态度;是一种校园文化建设,通过校园的氛围和风气对学生产生影响,最终实现一定的教育目的。[4]把"中华节日"作为一种隐性教育资源融入课程中,继而通过综合实践活动课程的显性化设计,使班级学生在体验中获得节日文化知识,感悟传统节日的文化内涵,进而传承节日文化,弘扬传统节日精神。

三、探索落实

中秋佳节月圆人圆,传说、风俗无不凝结着世人对美好生活的向往与追求。学生只有在真实的生活世界中参与、感受、体验、领悟,并从中得到各方面的发展,才能建构起真正属于自己的知识和能力。

(一)三言两语话中秋——知晓中秋节的风俗和来历

活动伊始,结合三年级学生的心理特征和知识储备,笔者以随机问答的形式进行师生互动,设计了课程活动的热身环节——"中秋知识知多少",组织孩子们开展了问答游戏。通过问答,调动了学生自主探索知识的兴趣与积极性,继而笔者传授了如何设计简单问卷、查找资料的方法,各小组自领任务进行下阶段的活动。

通过自主查找、搜集、整理资料,学生提高了信息整合能力,集思广益,发挥群体力量；在故事、资料的汇总及交流中，学生的兴趣得到进一步激发。这是一个"入门"环节，是使学生对中秋文化产生兴趣的初始阶段。因三年级的孩子好奇心强，对于周围的一切都有强烈的自主探究意识，所以笔者通过问答的方式导入主题，激发兴趣，引导其将自主设计、探索未知的意愿落到实处。

（二）情意绵绵诵中秋——可吟可创的诗词大会

我国的古诗词鲜明独特，是中华民族的精髓和文化历史的积淀，课本中也有较多古诗词是与习俗相关的，如《水调歌头》等。根据本班学生已有的诗词量，举办诗词大会，可吟可诵，可自由创作，拉近学生与传统习俗文化的距离，激发他们的认知兴趣，从而主动寻找更多描绘传统节日的古诗词，产生中华民族文化的自豪感。通过诗词大会，学生可感悟诗人借月圆之意抒发的信心感慨，可借纵横恣意的笔触展现出的博大胸怀，获知诗人们所向往的社会和谐、国家富强、人民安康的情怀。

（三）千里明月画中秋——制贺卡、手抄报

为了锻炼学生的动手能力、协作能力，学生可以根据自己的爱好与特长，组成相应的小组，分工合作，把搜集的资料以手抄报的形式展现出来。

"画月饼，贺卡送祝福"，表达对伙伴的感谢和美好祝愿。拟写祝福语，配上简单图画，涂上颜色，贺卡的收件人不定，可以是亲人，可以是同学，也可以是陌生人……

学生将在体验中获得的节日文化知识，感悟到的文化内涵，在生活中显化传递。画自己想画的、写自己想写的、传递自己想传递的……情感在此迸发，内涵在此升华，于无声中获知识，于无言中铸文化自信。

（四）花好月圆赏中秋——校内、校外齐上阵

综合实践活动的第四环节，校内、校外兼而有之，旨在加深学生对中秋节日文化的理解。

众所周知，学生习得的知识、传递的情感必将反馈于真实的生活世界。中秋自古被赋予独特意蕴，如今比较常见的是赏月、吃月饼、亲友团聚的场景，体会家庭和睦幸福的美好，这是培养学生的传统观念、重视亲情友情的好契机。因此，在真实、合理的生活情境下，笔者设计了多层次、多角度开展综合实践体验的活动。

在校内音乐课上，学唱一些与中秋有关的歌谣，为节日增添气氛，如《爷爷为我打月饼》《常回家看看》等；自然课上，了解月饼的知识。有条件或有兴趣的学生可以到校外考察月饼的制作方法，尝试亲手制作月饼，与家人分享；进超市，了解月饼种类，做个市场小调研；中秋夜，与父母家人品中秋美食，赏中秋明月，聊传说故事，增强彼此间的交流。

（五）海上明月共潮生——综合实践活动的评价标准

1. 评价办法及依据

结合班级"小组争星"星级评价制度，根据实际活动情况及效果，注重活动中学生的过程表现，以全面衡量活动效果。

2. 评价表

"暮云收尽溢清寒　银汉有情转玉盘"活动评价表，如表1所示。

表1　"暮云收尽溢清寒　银汉有情转玉盘"学生活动评价表

班级		姓名		活动时段	
活动主题	暮云收尽溢清寒 银汉有情转玉盘	个人评	小组评	家长评
	三言两语话中秋				
	情意绵绵诵中秋				
	千里明月画中秋				
	花好月圆赏中秋				
个人体会					

评价表说明：

（1）围绕教学目标组织学生对整个活动进行评价。
（2）评价可以用★表示，优秀3颗★，较好2颗★，一般1颗★。
（3）家长评价是评价学生在家进行的且家长了解的活动，不了解的内容可以空格。
（4）如果是小组活动，则对小组的评价也是对全组每一位学生的评价。

四、反思与思考

中秋节是我国传统节日中一个十分重要的节日，根据思维惯性，中秋习俗应该了然于心，但前期的问答中获知学生的知识储备却令笔者有些吃惊。

结合学生的实际，如何将中华传统文化通过传统节日传递给学生？是否要结合班级情况进行坡度式设计？是否要整合学科进行框架式设计？如何以推进传统文化教育为目标，以知晓中秋节日文化为抓手，以围绕学生兴趣点为导向，以培养学生能力为基础，从而激发学生的爱国情怀，最终树立学生的文化自信？笔者几经思考，整合学科设计综合实践课程，如图1所示。

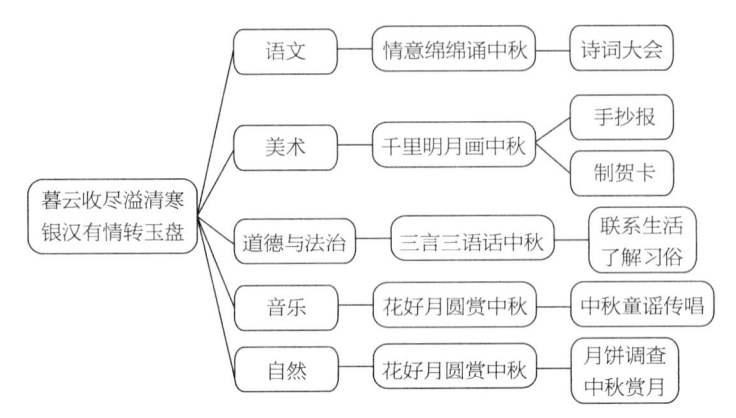

图1 "中秋"多学科统整项目课程下的多维度学习

笔者深知，统整课程下综合课程的学习应以人的发展为导向，由相关科目教师围绕主题并结合本学科特点合作进行设计，实现知识的脉络化和内容的融合性。将学科内容进行有效整合，跨学科、跨教师、跨资源，走出教室、离开课堂、走出学校，多学科并轨，引导学生在歌曲欣赏、文字诵读、人物感知等综合性实践活动中，通过多种形式了解中秋，培养学生的好奇心和思考探究能力，提升学生的综合素养，增强学生对中秋传统节日的认知。因此，各学科应当深入挖掘本学科蕴含的传统文化的学习内容与育人点，在综合实践中加以延伸、综合、重组与提升，使学生在深厚的文化背景中整体感受节日文化，提升综合能力。笔者的设计基本顺应了三年级学生的认知特征，安排了多个环节，吸引了学生的注意力，激发学生学习兴趣，较好地完成了综合活动课程目标，使其学有所获，情有所感。

笔者深切地感受到，在综合实践主题活动中仍然存在很多客观上的制约，需要做深入研讨，提高课程质量。

"暮云收尽溢清寒，银汉有情转玉盘"。作为教育工作者，坚定文化自信，引导学生理解文化自信之"节日文化"的内涵，拉近学生与传统习俗文化之间的距离，进而传承中华优秀传统文化，是我们应当做的。爱上中华习俗，爱上中华文化，爱上我们传承已久的中华情！

注　释：

[1] 教育部基础教育司.中小学德育工作指南实施手册[M].北京：教育科学出版社，2017：91.

[2] 教育部基础教育司.中小学德育工作指南实施手册[M].北京：教育科学出版社，2017：90.

[3] 郭元祥，伍香平.综合实践活动课程的理念[M].北京：高等教育出版社，2003：105.

[4] 靳玉乐.潜在课程论[M].南昌：江西教育出版社，1996：36.

参考文献：

[1] 张岱年，方克立．中国文化概论[M]．北京：北京师范大学出版社，2004．

[2] 中华人民共和国教育部．完善中华优秀传统文化教育指导纲要[N]．中国教育报，2014-04-02．

[3] 张金平．中国传统文化十六讲[M]．济南：山东人民出版社，2015．

[4] 潘奕好．"中国节日"在综合实践活动课程中的设计研究[D]．沈阳：沈阳师范大学，2019．

[5] 张晓双．小学传统节日文化课程开发与实施研究[D]．南充：西华师范大学，2016．

[6] 蒋银慧．在节日课程中体认传统文化种子："与月亮牵手"主题节日统整课程的实践[J]．基础教育课程，2018（9）．

第三章

教学收获

莫看江面平如镜，更看水底万丈深

——道德与法治《情绪的管理》一课中塑造健全人格的实践

上海市月浦实验学校　周　翌

道德与法治作为德育工作的主渠道，其教学目标是德育内容细化落实的重要落脚点，可以说，德育内容融入道德与法治教育教学的全过程。本文以统编教材道德与法治中七年级《情绪的管理》为例，说明在道德与法治课堂中如何实现德育目标，即让学生体会情绪表达对人际关系的影响，从而学会恰当表达自己的情绪，形成健全的人格、积极的心态和良好的个性心理品质。

在实现德育目标的过程中，学生存在知易行难的现象，笔者以《情绪的管理》的教学过程中两个片段呈现说明如何从学生已有的经验出发，通过对活动的设计，从而促使学生由知到行，实现知、情、信、意的统一。

一、人格教育是德育的重要内容

德育与智育、体育、美育、劳育互相渗透，相辅相成，为其他各育提供精神动力和价值方向，促进受教育者全面发展和丰富个性的形成，道德与法治（思想品德）课是学校德育的主导渠道[1]，其德育作用尤为重要。

根据《中小学生德育工作指南》，德育内容有心理健康教育的部分，其中开展人际交往、情绪调适以及适应社会生活方面的教育，引导学生增强调控心理、适应环境的能力，培养学生健全的人格、积极的心态和良好的个性心理品质。

本文以统编教材《道德与法治》中七年级"情绪的管理"中的第一课时为例，呈现在课堂教学中如何塑造健全人格。本课时的教学目标是学会恰当地表达自己的情绪，感受情绪表达对人际关系的影响，这正是增强学生调控心理、实现良好人际关系、培养健全人格的德育内容的应有之意。具体而言，通过对七年级道德与法治《情绪的管理》第一课时中的课堂两个主要片段的展示来说明课堂中教师的育人出发点和设计意图以及具体操作方式方法来实现德育目标，即让学生体会情绪表达对人际关系的影响，从而学会恰当表达自己的情绪，形成健全的人格、积极的心态和良好的个性心理品质。

二、德育的实践——案例呈现

（一）教学背景分析

1. 教材分析

《情绪的管理》为统编教材《道德与法治》七年级第二单元"做情绪情感的主人"第四课中的第二框内容。《情绪的管理》共两课时：第一课时，情绪的表达，在第一框青春的情绪学习的基础上，继续引导学生了解情绪，指导人与人之间的情绪会相互感染，维护良好的人际关系需要我们了解自己的情绪，并以恰当的方式表达出来；第二课时，情绪调节，在情绪表达的基础上，学会调节情绪的方法，并且运用这些方法去帮助他人改善情绪。[2]

2. 学情分析

埃里克森的八个阶段理论指出，十二三岁是孩子自我意识确定和自我角色的形成时期[3]，此时，他们逐渐疏远了自己的父母，从对父母的依赖关系中解脱出来，而与同伴建立亲密的友谊，而他们已有的情绪体验和情绪处理方式以及形成的个性特征对于构建良好的同伴关系具有重要的影响。

七年级学生整体上来说情绪体验虽然不够深刻却也更加强烈，易欣喜若狂，也易激怒，同时情绪也不够稳定，容易来得快去得也快，且情绪控制能力较弱[4]，在情绪表达和情绪管理上需要引导，通过课前的问卷调查也会发现，学生在处理生气这一情绪时的方式需要引导，使之能更好地驾驭情绪，建立和维护良好的情绪状态，在社会生活中实现良好的人际交往。

通过学习，学生对情绪影响因素、情绪的作用以及青春期的情绪特点有了一定的知识铺垫，同时学生已有丰富多样的情绪体验和情绪处理方式为本课教学提供了依据。

3. 教学目标

基于教材和学情，本课时教学目标制定如下：通过学习知道情绪的感染性，在情景模拟和探究分享以及分析问卷数据结果中体会情绪表达对人际关系的影响，从而学会恰当表达自己的情绪，形成良好的人际关系和健康的心理品质。

（二）教学片段展示

1. 片段一：我演你评

探究与分享：小平把自己的秘密告诉了好朋友，并再三嘱咐他不要告诉别人。可是过了几天，小平发现班里好几个同学都知道了自己的秘密。小平为此很生气。

展示如上情境，要求分小组讨论并表演：小平会以何种方式来表达自己的情绪？可能会带来什么样的后果？

学生回答（略）。

教师总结：就以生气为例，我们怎样表达这种情绪会有不同的影响，根据大家的概括，不合理的情绪表达方式会伤害自己的身体，也可能会影响其他人。所以情绪表达不仅与自己的身心健康有关，而且关乎人际交往。

设计意图：通过小组讨论并且表演"小平会以何种方式来表达自己的情绪，可能带来什么样的后果"这一活动，不仅调动了学生参与课堂教学的积极性，在"演"的过程中也直观体现了情绪表达，展示了学生真实、直接具体的表达方式，是充分尊重学生个性的体现，紧接着，在"评"中来讨论小平不同的情绪表达造成的后果，通过这种润物无声的方式让学生感受到处理情绪的不同方式造成的后果也是大相径庭的，所以为形成理性的情绪表达做了充分的铺垫。这样，体验感性情绪，形成理性的情绪表达，从而形成健全的人格的教学目标就呼之欲出，也就达成了德育的教育目标。

2. 片段二：有调查，有权发言

展示问卷调查中的问题"当我生气的时候，我做出的反应通常是（多选）"的学生答案数据汇总，如图 1 所示。

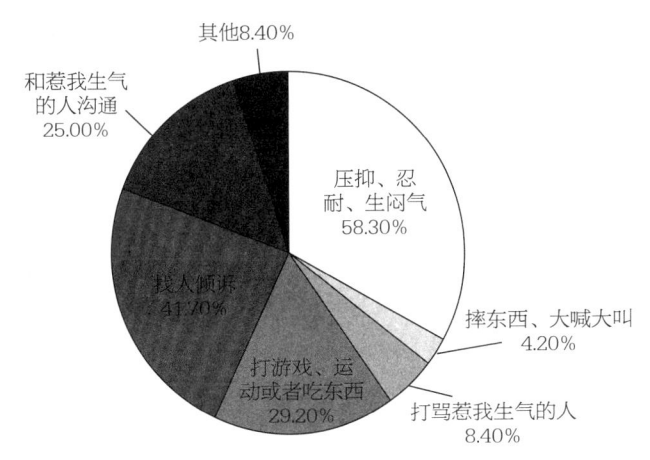

图 1　上海市月浦实验学校七年级学生关于如何处理生气情绪的问卷调查数据汇总

观看图表，教师就图表进行提问：同学们处理生气这种情绪的方式主要有哪些，请对这些处理方式进行简要评析。

学生回答（略）。

教师总结：同学们不仅评析了这些处理方式，而且还告诉我们哪些情绪表达方式是比较可取的。一般来说，恰当的情绪表达应该是不伤害他人、不伤害自己，同时符合社会规范的。在人际交往中，我们需要了解自己的情绪，接受它们，并学会以恰当的方式表达出来。

设计意图：纸上得来终觉浅，绝知此事要躬行，学生在日常生活中都有自己处理情绪的经验认识，这些经验认识通过问卷作为此环节的起点，同时引导学生认识到不同的情绪表达方式的影响也不同，进而培养学生恰当表达情绪，从而形成良好的人际关系和良好的心理品质，形成健全人格。为了更好达到由知到行，开展了"有调查，有权发言"活动，通过展示"当我生气的时候，我做出的反应通常是"的问卷调查结果以及对这些情绪处理方式的评价，让学生对此进行分析，无论学生处理生气这一情绪是怎么来操作的，但是他们对于情绪处理方式的恰当与否都能够很好地判断，他们思考和表达处理生气情绪的方式恰当与否的过程，也是他们进行价值判断和选择的过程。笔者在引导学生对于感性情绪表达的认识，并且指导学生在实际生活中应用，从而能够在实际生活中建立和维护良好的情绪状态，养成良好的心理品质，形成健全的人格。

三、教学反思

（一）溯本求源：从学生中来，到学生中去

课堂教学以学生为本，学生已有的经验水平是教师进行教学需要考虑的重要因素，也是制定教学目标的重要依据，即学情是教学的起点。本节课是培养学生掌握恰当表达自己的情绪的方式与方法，而学生已有的情绪状态是进行教学的重要依据，从这一角度出发，笔者使用了问卷调查的方式分析学情。

课前学生调查问卷内容如下所示。

1. 最近让我生气的一件事是_____

2. 当我生气的时候，我做出的反应通常是（　　　）。（多选）

　A. 压抑、忍耐、生闷气　　B. 摔东西、大喊大叫　　C. 打骂惹我生气的人

　D. 打游戏、运动或者吃东西　　E. 找人倾诉　　F. 和惹我生气的人沟通

　G. 其他

3. 在那么做之后，我会觉得（　　　）。

　A. 更加愤怒　　B. 变得平静　　C. 觉得压抑　　D. 感到愉悦

4. 我处理愤怒的方式对彼此（你和惹你生气的人）关系产生的影响是（　　　）。

　A. 让彼此更亲密了　　B. 没有影响　　C. 让彼此疏远　　D. 关系破裂

5. 这种处理愤怒的方式对解决问题产生的影响是（　　　）。

　A. 解决了问题　　B. 问题仍然存在　　C. 带来了更多麻烦

通过对问卷进行数据分析，不仅能够了解学生的情绪状态，而且应对情绪的方法以及对人际关系的影响也跃然纸上，课前的问卷调查不仅为完成课堂教学任务和达成教学目标提供了针对性的参照，而且充分调研学生已有的情绪表达方式也为本课教学难点的把握和突破提供了重要的数据，也为解决学生的实际问题提供了参考和依据。

（二）在体验参与中辨析明理

在片段一的教学中，以表演的方式来进行课堂活动，在进行各种不同情境表演后，进而提问：这些处理生气情绪的方法会有什么后果？

在片段二中，展示问卷调查数据，观看图表，同学们处理生气这种情绪的方式主要有哪些？接着请同学们对这些处理方式进行简要评析。

"演"——评议：表演同学之间具有普遍性问题的不同处理方式，针对不同做法予以点评；观察数据——评议，对这些学生实际情况的汇总梳理，不仅让学生意识到他们在处理问题上的共性，同时引导和分析某些处理方式的不足。在演（观察数据）、评的过程中，不仅能够让学生有话可说，有话能说，而且每个问题设计的目的性和针对性较强，以层层递进的方式进行提问，剥茧抽丝，从而在学生参与体验的过程中实现了体验和感受情绪，同时也让学生体会到不同情绪处理方式的影响，从而学会正确地表达情绪。在这个过程中，学生在回答中提升思维能力，辨析明理，并进行价值判断和选择，提升了学生的核心能力。

（三）知者行之始，促知行合一

"形成积极健康的人格和良好心理品质，为学生一生成长奠定坚实的基础"，这是德育总体目标的具体要求。在本案例中，实现"体验感性情绪，形成理性的情绪表达，从而形成健全的人格"的教学目标，也是落实立德树人目标的要求。

学生有着丰富的经验认知，也能判断其好坏与否，在具体课堂教学中，很多道理和知识学生都能够理解，但知易行难，完全做到指导自己的行为却因生而异。在本案例中，学生在稍加引导下就能够判断出情绪表达方式的妥当与否以及不同的表达方式的影响，但是涉及学生在实际生活中的情绪表达时，有时候还会陷入自己的习惯性情绪表达方式，所以知和行之间还存在一定的距离。对于学生而言，在后面的学习中还要不断操练如何在日常生活中学会恰当地表达情绪，进而在实际生活中不断指导自己的行为。教学中的教学目标不只是一节课就能够完成的，在教学中需要不断引导，以促进学生的知行统一。

注　释：

[1] 上海市中小学课程教材改革委员会办公室.上海市中学思想品德和思想政治课程标准：征求意见稿[S].上海：上海教育出版社，2004：6.

[2] 中华人民共和国教育部.义务教育思想品德课程标准：2011年版[S].北京：北京师范大学出版社，2012：56.

[3] 姚本先.心理学：心理学新论修订版[M].北京：高等教育出版社，2005：242.

[4] 上海市中小学（幼儿园）课程改革委员会.初中生心理健康自助手册：实验本[M].上海：上海教育出版社，2012：16.

参考文献：

[1] 毕桂君.新形势下如何在初中政治教学中渗透德育[J].学周刊：中旬，2016（8）.

[2] 蒲聪文.中学思想政治课如何强化德育功能[J].科学咨询：教育科研，2017（3）.

[3] 崔玉茹.思想政治课法治教育的实践研究[D].上海：华东师范大学，2012.

[4] 孙惠英.课堂教学中的情绪管理研究[J].中学政治教学参考，2012（18）.

[5]（美）约翰·戈特曼，（韩）崔成爱，（韩）赵碧.孩子，你的情绪我在乎[M].李桂花，译.北京：东方出版社，2018.

随风潜入"心"，润"德"细无声

——小学生"社会实践和服务能力"在"道德与法治"课中的落实

上海市宝山区实验小学　刘　芸

  2017年8月，教育部印发的《中小学德育工作指南》明确指出：坚持教育与生产劳动、社会实践相结合，坚持学校教育与家庭教育、社会教育相结合。注重知行统一，强化道德实践、情感培育和行为习惯养成。

  《中小学德育工作指南》还指出，要严格落实德育课程。"道德与法治"课是落实小学德育工作课程育人的主渠道，因此要充分发挥课堂教学教育功能，将小学德育内容细化落实到课程的教学目标之中，融入渗透到教育教学全过程。联系学生生活实际，挖掘课程思想内涵，精心设计教学内容，优化教学方法，发展学生道德认知，注重学生的情感体验和道德实践，化"道德教育"于无声之处，犹如那春雨般润物细无声。

一、培养小学生"社会实践和服务能力"的三个落脚点

  （一）用足教材实践。翻开教学课本《道德与法治》，我们会发现里面有诸如"做一做""活动园""小调查"之类的教学板块，这些内容是课堂内容的有效延伸与实践拓展，体现了实践性活动的特点。

  （二）参与家庭实践。让学生养成自己的事情自己做的良好习惯，养成为家人服务的习惯。引导学生在家中帮助家长做力所能及的事情，培养学生主动承担家庭责任、自觉分担家务劳动的习惯，学会主动关心父母长辈，培养感恩父母的情怀。引导学生在生活中发现、感悟和实践，这是生命成长的道德需要。

  （三）参与社会实践。走进社会并关注社会，是实践育人的根本途径。对小学生来说，社会体验实践活动的本质是社会交往性实践。引导学生通过社区服务、社会宣传、社会考察、职业体验，才能真正发展他们的社会责任感和社会生存能力。

二、课中有效落实"社会实践和服务能力"的策略

（一）营造实践指导场，促进能力提升

陶行知先生说过："教、学、做是一件事，不是三件事。""教、学、做"的核心是"做"。"做"对于学生来说就是参与、经历和体验，学生社会参与能力的培养必须引导学生在"活动"中学，在"做"中提升。[1]学生的道德认识、道德情感、道德意志和道德行为是在社会活动实践中形成和发展的。苏联教育家苏霍姆林斯基也曾说过："道德，只有当它被学生自己去追求，获得亲身体验的时候，才能真正成为学生的精神财富。"因此，必须加强学生的社会实践体验教学，教师可以把教学由课堂移向社会，把社会纳入课堂，把课堂知识教学与学生课外生活实践结合起来，促使学生在亲身体验及与他人的交往中提高道德认识，培养道德情感，锻炼道德意志，养成良好的道德行为。

1. 创设教学情境指导实践

情境以强烈的真实性、启迪性、情感性，使学生的感性认识上升到理性认识的情感体验，从而化为相似情境下的道德判断和道德行为。在教学中，教师可以借助实物演示、动手操作、录音录像、模拟生活、现身说法等方式来创设情境，让学生成为情境实践、感悟、研究的主体。如在一年级第一学期"吃饭有讲究"的课堂学习中，教师把学生置于他们生活中所遇到的情境中：教学始，创设了为家人选选菜的活动，并紧紧围绕此项活动开展学习，发现选菜中存在偏食的问题，积极引导学生发现问题、解决问题；指导学生选菜时要注意营养均衡、合理搭配，学习饮食营养的小知识。教学即将结束时，教师又引导学生进行生活实践，对于自己先前所选的菜进行合理的调整，把教育落到实处。课中建立了课程学习与现实生活的联系，并以游戏活动、对话交流为主要载体，帮助学生积累实践经验，习得方法，提升生活品质。

2. 巧用教材资源指导实践

利用教材资源，充分发挥学生的主体作用，将教材、学生融为一体。通过生动活泼的表演，变教材内容为活生生的生活情景，让学生在"准生活"模拟中强化感知，启迪思维，指导实践。如《上学路上》一课，上课一开始，教师就和学生即兴合作表演，再现生活情景，不仅将乘车安全中系好安全带的教育有意识地引入教学，而且渗透进了文明礼仪教育。孩子在与老师的互动、游戏中懂得了乘车安全和出门、进门打招呼的文明礼仪，非常自然，水到渠成。这样的教学设计不仅唤起学生的生活经验，又提升了其社会实践能力。

3. 再现生活情景指导实践

教师在教学中，要注意把课堂知识与课外生活实践结合起来。根据教学内容，让学生通过一定的生活实践去体验、感受、思考有关的道德问题，从而形成道德

观点和信念，并以此指导自己的行动。

在平时的学习生活中，教师发现学生浪费粮食的情况较为严重。因此，在教学《吃饭有讲究》一课时，教师抓住学生生活中浪费粮食的现象，由校内的浪费粮食，一步步延伸到校外，在课堂中再现情景，组织学生展开讨论，议议节约粮食的好方法，对学生进行节约粮食的实践指导。笔者认为，将学生生活中鲜活的事例引入课堂中，具有较强的教育针对性。

师：在我们生活中有一些小朋友不懂得珍惜粮食。瞧——

播放录像——照片：（1）饭粒掉在饭桌上；（2）米饭随意倒掉。

学生随即开始发出惊叹声，并开始议论：

生：他倒了这么多！

生：这碗饭都没有吃呢！

师：小朋友迫不及待地想议论啦！别急，还有呢，往下看——

（1）春游浪费食物的视频；（2）饭店吃饭时浪费的图片。

师：看着这四幅图，你想说什么？

生：他们太浪费粮食了！

生：倒了这么多饭，真是太可惜了。

……

（一石激起千层浪。孩子们很激动，对于浪费粮食的现象大加指责。）

师：但有的小朋友说，我实在吃不下了，怎么办？你有什么节约粮食的金点子吗？小组讨论，学生交流：

生：吃多少，盛多少；

生：吃饭时当心点，尽量别洒饭粒；

生：吃剩下的可以打包带回去，下顿再吃；

生：点菜时少点些，够吃就行。我们家有个规矩，谁点的菜，谁就负责把它吃完，不准浪费；

生：春游时带多了的好东西可以与别人分享……

课后，教师惊喜地发现，班级中学生倒饭的现象减少了，学生都用实际行动来验证自己许下的诺言：节约粮食！

课堂中，师生共同讨论的"金点子"从源头上杜绝"食物浪费"的发生，不仅在校内有实际意义，更延伸到课外，具体指导学生外出就餐的习惯。在课堂中营造实践指导的场景，不仅有助于学生解决问题，提升实践的能力，更能促进良好品德和习惯的养成。

（二）巧设小小评价表，促进行为养成

《中小学德育工作指南》指出：要协同育人，要积极争取家庭、社会共同参与和支持学校德育工作，引导家长注重家庭、注重家教、注重家风，营造积极向上的良好社会氛围。要加强家庭教育指导。所以，笔者提倡把教师评价和家长评价结合起来，建构起评价网络。只有既重视对学生在校内的表现，又融合家庭对学生的评价，使家庭道德教育与学校道德教育步调一致，将学生道德品质的养成教育贯穿于学生的整个生活中，使学生在长期的训练中形成良好的、自觉的道德行为习惯，才能全面地、积极地、发展地看待学生和分析学生。

在低年级的课程中，笔者发现教材为我们设计了很好的评价栏目，但单靠每节新课上的评价是不够的，要注重评价的过程，发挥家校评价的制度。因此，在学了《干点家务活》一课后，教师结合课上所学到的小本领，精心设计评价表，评价表的内容根据课堂所学而定，分别从"叠衣服""拣菜""扫地""洗手帕""倒垃圾"五个力所能及的家务活做起。当然，学生根据实际情况，还可以增加自己会做的小家务，以体现学生为主体的理念。教师不仅请学生自评，同时，也请家长参与到这次评价活动中，检测学生能否将课堂中的习得在生活中运用，服务于自己，服务于家人。

小小评价表，犹如小小助推器，家长欣喜地看到了学生每天的变化。好习惯的养成不是一蹴而就的，它需要一个过程，学生的劳动、服务意识也会在潜移默化的实践活动中养成，并让其受益终身。

（三）开辟教学活动场，拓宽实践活动

道德与法治课是多元开放的，就是要促进教学结构、教学形式、教学方法的转变，改变过去从教材到课堂封闭、单一的教学模式，多角度、多渠道地加强思想教育。在教学过程中，应让学生从课内走向课外，由学校走向社会，开辟广阔的教学阵地。因此，道德与法治课教学应努力与学校各项活动融为一体，在活动中渗透思想教育，使学生在课内习得的社会实践与服务能力得以运用和提升。

教师可以结合每周的行为规范目标，使课堂上的热情延伸到课外，经常进行课后导行训练、巩固，逐步养成良好的行为习惯。笔者要求班中每位学生早上见面互相问好，开展轮流值日班长制度，还结合双休日的小队活动，让学生参与社会实践活动。比如，在上完了三年级下第二单元《我在这里长大》后，笔者设计开展了"探——母亲河上的变化 叹——家乡上海的发展"主题实践活动。活动时，以雏鹰假日小队为单位，聘请校外辅导员协助开展。通过本次活动，不仅培养了学生的社会实践和探究能力，而且在活动中让学生感受到上海自改革开放以来发生的翻天覆地的变化，激发学生对家乡的热爱。在活动中，雏鹰假日小队实践活动得到了有效落实与指导，提高了学生社会实践的能力。

课内教方法，课后勤实践，才能真正让学生的能力得以提高。近几年来，笔者开辟教学阵地，开展了一些社会实践和服务活动。

表 1　一年级至五年级开展的社会实践和服务活动一览表

年级	课题	可开展的实践活动和服务活动
一年级（上）	玩得真开心	安全、有趣地参加一次游戏活动
	吃饭有讲究	为家人设计一份营养均衡的菜单
	快乐过新年	参与环境布置，迎接新年
	新年礼物	设计一份给亲朋好友拜年的礼物清单
一年级（下）	干点家务活	学习一项家务劳动小技能，并能做点家务活
	我们爱整洁	每日自查"三清"：桌面清、桌肚清、书包清
二年级（上）	周末巧安排	策划一次家庭双休日活动
	我是班级值日生	在班中寻找值日小岗位，并认真做好
二年级（下）	试种一粒籽	种颗种子，仔细观察变化
	我们有新玩法	设计一个新游戏，和小伙伴一起玩
	我的环保小搭档	在生活中做到垃圾分类
三年级（上）	走近我们的老师	完成一次采访老师的活动
	安全记心上	参观上海消防博物馆
	家庭的记忆	家史小调查
三年级（下）	请到我的家乡来	寻家乡新变化
	爱心传递者	参加一次献爱心的公益活动
	四通八达的交通	设计一次假期出游的旅游线路
四年级（上）	这些事我来做	主动承担家务劳动
	变废为宝有妙招	争做"垃圾分类"小达人，环保小卫士
四年级（下）	有多少浪费本可避免	生活中浪费现象的小调查，并提出改进意见
	我们当地的风俗	了解一种可传承的优秀传统文化，并学习实践
五年级（上）	传统美德源远流长	传承一条传统美德，并能在生活中践行
	富起来到强起来	制作《祖国巨变》小报，并展示交流
五年级（下）	公民的权利和义务	制定在海外遇险寻求帮助的可行性方案

　　引导学生在课堂学习的基础上，走进自然，走近社会。在生活中学习，在活动中发展，在社会中成长。通过基于社会参与的体验性教育活动，发展学生的社会责任感、社会交往能力，以及在社会情境中分析与解决问题的社会实践和服务能力，从而让良好的道德滋润学生的心灵。

注　　释：

[1] 金鸽.政治学科社会实践学习活动设计探究：基于学生社会参与能力的培养[J].教

育参考，2018（2）：44.

参考文献：

[1] 秦红. 小学德育新课程教学评价 [M]. 上海：上海教育出版社，2005（6）.

[2] 吴维屏. 小学品德与生活（社会）课程与教学 [M]. 北京：中国人民大学出版社，2010（7）.

[3] 孙建亲. 小学思品教学的发展性评价探索 [J]. 宁波教育学院学报，2006（1）.

打开世界一扇门，求知润德细无声

——对高中政治学科研究性学习中德育渗透的实践探究

上海市吴淞中学　赵树利

当前，基础教育正由"知识本位"向"核心素养"转型，十分注重学生个性发展，培养学生核心素养。而新课标理念对高中尤其是高中政治教学来说，提出了全新的要求，通过研究性学习渗透德育，"不仅可以帮助学生养成健康的人格，还可以帮助学生树立起正确的价值观，提高学生对政治形势的相关认识"。[1]这正是培养学生核心素养的有效途径。

研究性学习是学生在一定情境中发现问题，通过主体性的探究、研究求得问题的解决，从而体验和了解科学探索过程，养成自主探究、创新的意识和习惯，形成和提高创造能力，增长知识、积累和丰富直接经验的活动过程。它具有自主性、开放性、探究性和实践性等特征。通过研究发挥学生的自主性，使学生贴近社会，走进科学，参加实践，服务社会，在这种探索性学习过程中，是以学生的主体地位为依托，给予学生更多的参与机会，让学生亲身感受到知识的获得，从而培养学生的科学态度和探索精神。在研究性学习中没有失败者，因为它重在研究过程，而不在研究结果，这就能够激发学生的探索精神，点燃学生的智慧火花，积极主动地去探求未知世界，获得新的认识和体验，同时也为德育注入了新的机制和活力，润德无声，直指内心。

一、开展研究性学习德育渗透的动因

在高中政治学科开展研究性学习的德育渗透，是有其渊源的。

高中政治学科一直是中学德育教育的主渠道。从现阶段高中德育教育的现状来看，一方面，确实取得了一定的成效，为社会培养了高素质的人才，促进了社会的发展；但另一方面，仍存在方法缺乏创新、德育凸显不够、活动方式单调等问题，德育教育的成效仍存在着许多的争议。

而研究性学习作为我国承载素质教育的一个创新平台，是教育现代化和社会发展的需要。在高中开展研究性学习取得的成绩是有目共睹的，但笔者在一线也发现了高中阶段研究性学习开展遭遇的困境，诸如国家认识与学校运转的困境、"高考指挥棒与实施上的困境、社会的理解和支持困境"[2]、学校体制机制上的困境、教师教学上的困境、学生学习时间上的困境等。

从思想政治学科来说，上海从加强学校思想道德和政治教育工作出发，2015年在高中阶段开设社会调查课程，引导学生关注社会现实问题，走向社会开展调查，提高参与社会的实践能力，培养社会责任意识。然而，一些学校、教师在这一顶层设计的落实方面，既遭遇到习惯力量和应试教育的顽强抵抗，也面临客观条件限制、主观努力不足等方面的制约。

在从事教育工作时，笔者曾经历一学生因沉湎应试、嫉妒他人，出现了因小事而频频与同学发生争吵。这种现象引发的思考是：德育应有责任帮助学生和谐相处。有些学生对自己的认识模糊不清，以致在填报高考志愿时无所适从，任凭家长做主。这个事实也敲响了警钟：学校教育绝不能忽视和轻视对学生进行学会追求、主动发展的教育。

从普遍意义上看，当前的高中生自我意识还是比较淡薄，独立自主能力还是比较脆弱，主体人格的式微还是比较明显。根据这些客观事实，德育工作应责无旁贷地确立起时代的责任感和紧迫感，坚持把立德树人作为教育的根本任务，基于核心素养以培养"全面发展的人"为核心，帮助学生树立正确的世界观、人生观和价值观。从实现中华民族伟大复兴这个高度来回答要"培养什么样的人、如何培养人、为谁培养人"。通过开展政治学科研究性学习，能紧紧地把握时代脉搏，通过走进社会大课堂和个体内心世界，寓德育于各项生动活泼的活动载体中，获取亲身体验，逐步达到道德升华，使学生树立积极的人生观、价值观和世界观，于无痕中渗透德育教育，给学生未来的发展培养"政治认同、科学精神、法治意识、公共参与、责任担当、实践创新"的核心能力，让学生能寻求和正确选择自主发展方向、能开发自己潜能和生存价值。

二、推进研究性学习德育渗透的实践

当教育指向核心素养，学校的任务不再是一味灌输知识，而是给学生未来的发展提供核心能力。推进研究性学习的德育渗透就是基于核心素养为方向的教学改革。

德育过程是"以一定的思想品德为目标，由教育者和受教育者共同参与的活动过程"[3]。而研究性学习注重学生的综合素质提高，教学空间是开放的，要学生走出课堂和教室，迈入社会实践的大舞台；内容既可以是单个学科内的，又可以是大文或大理甚至是大综合形式，显示了重自主、重应用、重合作、重全员参与、重情感体验等价值取向。

（一）坚持"核心素养"理念，推进研究性学习的德育渗透

坚持"核心素养"的课程理念，积极转变思想：将"教科书是学生的世界"转变为"世界是学生的教科书"，将"带着知识走向学生"转变为"带着学生走向知识"，积极推进研究性学习，课前主要以时政调查进行自主学习，课中主要以小组探究进行合作学习，课后主要以课题研究进行深度学习。2018届学生韩嘉年等选择"宝山社会实践资源的利用程度与效果"调研，她们认为："这使我们经历了从学习体验、人生记录、成长足迹、生命感悟不断升华的过程……不仅让我们看到了我国现今的社会实践活动还有很大的发展空间和可继续完善规划的前景，更让我们明白了作为青年一代，需要更多地思考怎样才能为同学们提供全面的教育素材、资料和机会。"

（二）遵循学生成才规律，推进研究性学习的德育渗透

"莲发藕生，必定有根"；育人成才，必定有魂。推进研究性学习需遵循学生成长成才规律，因事而化、因时而进、因势而新，注重把课题研究与德育有机结合，在帮助学生掌握知识和能力的同时，也渗透行之有效的品德教育。2020届学生董寅初等参与《关于上海农民农户回流现状分析及改进措施课题研究》。他们感慨道："在研究性学习的过程中，我们更多地把这当作自己的历练或是能力的磨练，而不仅仅是为了完成而完成。在采访时，我们总惊讶于如此窘迫的生活条件与环境，为平时抱怨琐事而羞愧。在整个过程中我们从社交能力到责任心等各方面都有蜕变和提升。这才是最有意义的。"带着《城市边郊农民农权益改善》的提案参加首届全国模拟两会，在与会专家中产生强烈共鸣，全国侨联副主席杨玉环女士看了这一提案说：我们的孩子是风声雨声读书声声声入耳，家事国事天下事事事关心。有担当，有情怀。

（三）注重价值观念养成，推进研究性学习的德育渗透

价值观念养成是引领学生人生航向的定盘星，青年学生的价值取向决定了未来整个社会的价值取向，而高中生又处在价值观形成和确立的时期，抓好这一时期的价值观养成十分重要，就像穿衣服扣扣子一样，从一开始就要扣好。推进研究性学习和社会实践，是学生练就过硬本领的大熔炉，也是培养他们公共参与和责任担当，检验学生家国情怀的试金石。2016年，笔者推动了30多项学生课题研究，在参与模拟政协展示时我们拿出城市公厕改进的主题，《新民晚报》给予报道，学生获邀去上海东方广播做直播；这一主课题和相关子课题在上海市创新大赛中获奖；区政协委员和相关部门与课题组对接，准备在顾村和邮轮码头打造标准化公厕；2017年9月上海发布新版《公共厕所规划和设计标准》，其中"调整男女厕位比例、设置第三卫生间、设置男女通用厕间"等均是我们提案中的建议。同年，习近平主席也做出了系统推进厕所革命的指示。在研究性学习中，我们关注社会中的难点、痛点、盲点等，帮助学生增强政治认同、科学精神、法治意识、

公共参与。2017年，我们从50多份研究性课题中拿出《关于上海中小学教师男女比例失调对孩子健全人格培养的影响提案》，获专家好评。2018年9月以来，在教育问题上处于风口浪尖的莫过于新华社、人民日报关于"娘炮"评议，与我们的研究主题一致。

研究性学习的实践推进一直不拘一格：是文理兼顾，东西相通，校际沟联，和高考改革的理念、综合素质评价的指标等不谋而合。2017年，笔者指导学生课题获得美国匹兹堡国际发明展和世界创意节两项金奖。获奖的周煜恒同学感慨道："课题研究令我受益匪浅，甚至可以影响我的一生。一次次的比赛使我开拓了视野，看到了自己的不足，明白科技创新道路艰辛而漫长。同时锻炼了我的胆量，原本内向的性格现已变得自信开朗，也敢于自己独立面对挑战和困难。在研究过程中提高了我的思维和动手能力，善于思考和学会改变，哪怕在生活中对待任何事都会想方设法做到事半功倍。另外，通过与老师频繁的互动体会教师的不易，他一丝不苟、精益求精的精神触动了我，令人敬佩，也使我成为一名不轻言放弃的人，更教会我懂得感恩。"

三、完善研究性学习德育渗透的思考

新的课程观和学生核心素养的培育目标确立了高中政治研究性学习新的德育主体观，以师生双主体的互动丰富学生的德育体验，改善学生的学习和生活方式，促进师生的和谐发展。近年来，以政治学科推进研究性学习的德育渗透取得了一定的成效，但笔者也有了深度思考。

首先，研究性学习德育渗透的经常化、有形化、协调化。

要分阶段、分步骤地制定学科教学前、中、后有意识地进行德育渗透的具体阶段目标。遵循循序渐进、潜移默化的原则，坚持把课堂合作和课后研究作为德育的双主阵地，在课堂中贯穿德育，让学生在潜移默化中将德育要求内化成自身的要求，把德育渗透融入研究性学习的全过程。借助学校、社会和家庭的外力，同时依靠学生的内力和追求人生价值的动力，努力培养学生真诚待人、言行一致、学会负责的良好的行为习惯。

其次，研究性学习德育渗透的平台与评价。

有教育就会有评价。在研究性学习的德育渗透更强调以人为本，要轻轻走近，悄悄寻找，静静倾听，与学生成长性综合评价平台、社会、家庭等密切配合，积极发挥校内外、课内外的教育功能，互相配合，形成合力，共同育人，让学生在研究性学习过程中时刻沐浴在人文的阳光之中。

当然，研究性学习德育渗透与学科特征（如小学、中学和大学的衔接）、学生成长、学校文化的有机衔接，这些都是我们在实践中要继续探索的。

陶行知先生说："真教育是心心相印的活动，唯独从心里发出来，才能打到心灵的深处。"在政治学科的研究性学习中渗透德育，让学生通过研究，体验更为真切、更加到位，培养学生注意把知识转化为能力，兴趣转化为创新，思想转化为行动，帮助和促进他们"个个出彩，时时精彩，人生光彩"，让德育教育于无痕中走进学生心坎里。这种教育才是真正有效的教育，这也是高中政治学科进行研究性学习追求的价值所在。

注　释：

[1] 张鸿敬.关于高中政治研究性学习的思考[J].课程教育研究，2016（23）：78.

[2] 鞠勤，张澜.高考模式下科学素养培养的困境与思考：基于江苏高考改革实践的思考[J].华东师范大学学报：科学教育版，2018（3）：12.

[3] 刘志平.德育过程中学生主体性的几点思考[J].中学课程辅导：教学研究，2014（32）：77.

参考文献：

[1] 习近平.决胜全面建成小康社会　夺取新时代中国特色社会主义伟大胜利：在中国共产党第十九次全国代表大会上的报告[M].北京：人民出版社，2017.

[2] 高正荣.道德教育生态环境研究[D].南京：河海大学，2003.

[3] 樊志瑾.构建生态型德育　让学校成为师生和谐发展的家园[J].江苏教育研究，2006（8）.

[4]（法）艾德加·莫兰.社会学思考[M].阎素伟，译.上海：上海人民出版社，2001.

横看侧看，远近高低都是景

——多维教学提升思想品德课堂教学的育人功能

上海市虎林中学　顾海华

初中思想品德是一门浸润学生心灵、引领学生践行社会主义核心价值观的德育课程，是立德树人的主渠道之一。思想品德课在诸多学科教学中处于非常重要的位置，提升思想品德学科育人功能，这是本学科实施素质教育的新起点，也是中小学学科建设的重要举措。需要教师革新教学理念和教学方式，从多方面厚植学生成长沃土，为学生的全面发展奠基。

一、由思想品德课教学现状引发的探索

在新课程实施多年后的今天，思想品德课似乎无法发挥其应有的作用，仍然存在教师怕教、学生厌学思想品德课的问题。同时目前思想品德课是采取等级记分、开卷考的方式参加中考的，学生在思想品德学习上自然而然放松，而且学校也会因为教育主管部门对考学的相关考评弱化思想品德学科育人功能。那么，思想品德学科在这种情况下如何发挥和提高其育人价值呢？

对此，笔者曾深入课堂，既听同校教师的课，也不断反思本人的课，最后得出一个基本认识：思想品德课育人价值的发挥，不在于它考评的方式与方法，也不在于它学习时间的长短，关键在于落实者的观念和行动。是把课堂作为一种空洞理论的说教，还是把课堂作为学生知行统一的中介和桥梁，教师的教学理念不同、方法不同，学生的兴趣度和学科育人功能的达成度是不一样的。

为破解上述难题，笔者在近几年的课堂教学中积极探索，意识到"横看侧看都是景"，逐步形成了多维教学法，为激发学生的学习兴趣、提升学科育人功能找到了较好的路径，这种教学方法让学生在课堂中"活"起来、"动"起来，使学生得到思维的启迪、成长的启示，有助于学生形成健全的人格。

二、思想品德课堂多维教学法的运用实践

所谓多维就是以教师为主导、以学生为主体，以课堂和课外延伸为平台的多

样化多体验，多角度多思考。思想品德课的多维教学就是在教学过程中为实现思想品德课的教学目标和任务，遵循学生的道德认知规律，贴近学生生活的实际，构建一个立足于教材内容、教学形式、教学手段、教学评价多维设计的互动教学过程，实现教师、学生、教材、教学媒体、社会之间的多边互动，促使学生在教学过程中主动参与、乐于思考、勇于探索的自主学习和交互合作的学习状态，从而提高教学效率，提升其育人功能。

（一）多维思考教学内容，提升育人的针对性

《上海市中学思想品德和思想政治课程标准（征求意见稿）》指出："建立融合、开放、发展的课程资源观，整合并优化校内外各种资源，充分发挥课程资源的教育功能，丰富教材内容，有效落实课程目标。"[1]在思想品德课的教学过程中，教师应善于根据社会的发展变化、特定的教学境况及学生学习的实际状况，灵活和有创造性地使用教材，对教材的内容进行适当的取舍、改变和补充，摒弃"教教材"的旧观念，树立新教材观，把教材"本土化"，符合学生的需要和贴近学生的实际生活，让学生感觉教学内容可亲近、可接受、可理解。

例如，七年级有一课是《学会孝敬父母》，备课时需要知道现在的学生对父母的想法和态度。在与学生的交流和观察中发现，有部分学生对父母很不以为然，在父母检查作业时竟然以"你什么都不懂为由"拒绝给父母查看；当父母来校时，孩子与父母的交流经常演绎为你一句我一句的争辩，毫无尊重可言。

于是笔者对学生的生活进行了了解，其中最重要的原因是学生生活环境的问题。学校所处老城区，且是上海市经济相对落后地区，由于区域条件的限制，学生家长的学历较低，绝大多数家长是初中及以下学历，部分家长提前退休或下岗，有的家长则以低保为生，对待生活缺乏进取心。这导致了在教育孩子的能力和以身作则方面都有所欠缺，所以很多学生在心底里瞧不起父母。

孝敬父母是中华民族的美德，是每个公民应该懂的道理和具备的行为。如何让这些学生理解我所讲的道理，并能辅之以自觉行动呢？分析了教学对象的生活环境后，笔者发现，要让他们做到教材上所提到的尊重、体谅、理解、慰藉父母，首先要从学会"欣赏父母"开始。备课时笔者就对教材进行了处理，在引导学生们知道父母对我们有生育之恩、养育之恩后，课程教学就从同学们去寻找父母的优点，学会"欣赏父母"开始。在孝敬父母要求中增加了"欣赏父母"，引导学生善于发现父母身上的优点，一旦欣赏了，自然就能尊重、理解父母了。

教师若不了解学生实际，按部就班地组织教学，不仅会导致教学效益低下，还会出现令人难堪的尴尬。因此教师把教材内容融入学生的生活中创设教学情景，对教材进行多维的设计处理体现了既源于教材，又不拘泥于教材，学生必定乐于接受，有助于促进教学目标的实现。

（二）多维设计教学形式，提升育人的适度性

英国学者麦克菲尔指出，任何道德教育课程如果局限于教室里，不指向社会现实，实质上不是道德教育，是非道德教育。[2] 思想品德课堂教学形式应该不拘泥于传统的课堂讲授模式，在教师主导的前提下，可以是主题辩论、模拟法庭、主题探究等形式，甚至把课堂移出教室。因此，教师应针对不同课程和不同学生，灵活运用不同的教学形式组织课堂教学，当教学形式适合学生时，教学目标的达成度就会大大提升。

例如，学习六年级第一课《我们的学校生活》时，以新生入学面临的不适和困惑为背景，设计了"校园情况知多少"知识竞赛和"校园探秘大行动"等系列课堂教学活动。从校史、学校获奖记录、知名校友、开设课程、办校特色、学校规章制度到发展宏图……鼓励学生走出教室，到图书馆查找资料，走访校长、教师、科室主任，到实验室调查。向高年级学生了解，自主编写校园报告。在教师的组织和指导下，学生对新学校有了系统的认识和了解，再探讨中学生活新变化和如何应对初中生活面临的新挑战。在向生活世界回归的过程中，知识和生活的融合，既增长了学生的智慧，又培养了学生的情感、态度和价值观，学科育人价值得到了显性的表现。

在思想品德课的教学过程中，教师不能将教学形式仅限于课堂教学，必须建立多维互动的教学形式，把教材、教学与学生、学校、家庭、社会实际有机结合起来，才能使思想品德课堂更具生命力，更具魅力，享有舒适度。

（三）多维运用教学手段，提升育人的趣味性

多维运用教学手段是指在课堂呈现时，根据学生的认知规律和教学内容，利用多种教学手段精心组织教学。新课程倡导的课堂是生动的。思想品德课本身理论性强，趣味性少，如果不精心选择讲道理的方式，学生在学习中会觉得枯燥无味，更谈不上实现育人价值。这就需要教师设计多样的教学手段，优化组合声、光、音、像、图、动、画、文字等最新信息资料，呈现教学所需"鲜活"情境，使抽象的思想观点、道德规范、道德概念具体化和形象化。让学生在课堂内外动起来，促进各项教学活动走进学生心灵。

例如，在学习七年级《让生命焕发光彩》时，生命的话题对于初一学生来讲是一知半解的，如何把严肃的话题浅显地让学生理解，需要把握学生的心理特征，精心多维设计好教学手段。

首先，用事实讲道理。在引导同学理解如何面对平凡的生活时，笔者利用了教材32页何其芳的诗歌《生活是多么广阔》，先一起朗诵，然后请同学们思考如下问题。其一，这首诗把我们的生活比作什么？为什么把生活比作海洋？诗中告诉我们"生活"的内容有哪些？其二，怎样去寻找快乐？宝藏在哪里？让学生归纳出：有一颗快乐的心，一双善于发现的眼睛，就可以在平凡的生活中找到宝藏。

其次，用学校生活的事例来理解道理。备课时，笔者到各班班主任处收集了学生参加集体活动、个人活动以及日常生活的图片资料，用学生自己的事例来分析"热爱生活、珍惜生活"的道理，既有真实性，又有针对性。

最后，使用巧妙的板书。俗话讲，好记性不如烂笔头。板书是一节课教学要点的再现。思想品德课课堂教学中，明理是重要环节，如果一节课的要点被精炼成板书，如图1所示，无疑会让教学效果事半功倍，加深学生的思考与理解，为提高课堂效益服务。

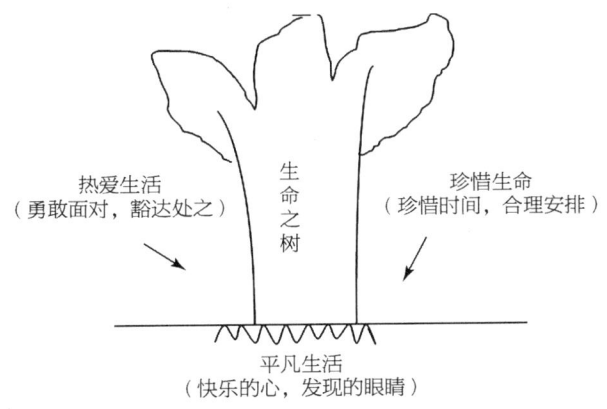

图1 《让生命焕发光彩》的板书设计

"知之者不如好之者，好之者不如乐之者。"贴切的举例、精当的比喻、悬念的活动、丰富的媒体、充沛的情感、巧妙的板书等，使"沉闷的政治课"活泼起来、愉快起来，教学目标也就饶有兴趣地被学生接受。

（四）多维构建教学评价，提升育人的导向性

随着社会发展和知识信息的日益丰富，学生思考问题的方式和内容发生了巨大变化，角度多了起来，层次与内容也丰富起来。他们不再习惯于简单地接受教师和教材的灌输，而是更多地站在自我角度思考问题。于是，教学有时会呈现出"公说公有理，婆说婆有理"的状态。评什么、如何评，评后怎么办，都成为课堂教学务必思考的问题。

例如，八年级第六课《透视群体行为，学会分辨泾渭》中关于"拒绝不良群体行为，避免盲目从众"的明理，对于追星的中肯评价，成为提高课堂教学实效的一个着力点。首先，教师要给评价环节一个明确的内容定位，即对追星行为是否正确下一个明确的判断；其次，要明确应该怎样评价这种社会现象；再次，要明确盲目追星对于学生个人成长具有哪些危害；最后，引导学生如何看待这一问题，从而得出生成性评价结论，即学生要学会正确看待追星热潮，学会欣赏自己，悦纳自己。教师要对学生的思想状况和学习情况进行个性化评价，更要导向明确，注重对社会主流思想的弘扬。

好的教学预设，一定意味着若干有意义的教学生成。从这个角度讲，课堂教学具有生成性特点，而生成成为教学评价的重要内容。教师在评价学生思想品德课程学习水平和效果的时候，不能局限于既定的内容评价，而应采取开放性、生成性评价方式。同时，新课程标准指导下的评价突出全面性，在重视教师评的同时，强调生生之间的相互评价和学生的自主评价。用心构建多维评价，传递正确导向，会帮助学生更好认识自我，让课堂教学事半功倍。

三、运用多维教学法要注意的关键点

学生是具有成长潜能的生命体，蕴藏着主动发展的机制。思想品德课堂教学中构建一个基于教材内容、教学形式、教学手段、教学评价多维设计的互动教学过程，驱使学生独立思考、主动发展，使之成长、成熟，从而有效提升学科育人功能。运用多维教学法还应注意以下关键点。

（一）彰显人文色彩，发挥德育功能

思想品德课作为一门综合性人文课程，肩负着培养现代公民人文素养和社会责任感的重任。这就要求教师充当导演角色，善于挖掘生活中的真善美，构建多维的真情课堂。教师一方面需要特别关注学生，另一方面要不断进取，关注现实世界和社会生活，使教学设计贴近学生，满足学生的精神需求，真正做到"动之以情、晓之以理、导之以行"，让学生的灵魂得到净化。

（二）紧扣课程目标，明确教学目标

课程标准规定了教学的基本要求，教师无论怎样设计教学，都要在认真研究课程目标的基础上，创造性地进行多维设计。鲜活的内容，独特的形式，生动的手段，贴切的评价，可以调动学生的兴趣和注意力，有效落实教学目标。

（三）发挥学生主动性，深化学生的认识

新课程的核心理念之一是促进每位学生发展，而促进每一位学生发展的有效途径就是发挥主体作用。运用多维教学法是教师主导作用的体现，但其设计却要着眼于学生主体，并保证在实际教学过程中是学生真正处于主体地位。换言之，多维教学法的设计不但要做到"我的眼中只有你"，还要把时间和空间还给学生，使尽可能多的学生拥有真正参与的机会。让学生"经历生活体验"，也让学生体验不同的社会现象，主动参与，自然会认同教师所讲，且增强明辨是非的能力，达成学科育人的目标就水到渠成。

注　释：

[1] 上海市中小学课程教材改革委员会办公室.上海市中学思想品德和思想政治课程标准：征求意见稿 [S].上海：上海教育出版社，2004：6.

[2] 韩国海. 新课程"三维教学目标"反思 [J]. 中国教育学刊，2008，（7）：15.

参考文献：

[1] 施良方，崔允漷. 教学理论：课堂教学的原理、策略与研究 [M]. 上海：华东师范大学出版社，1999.

[2] 宋秋前. 有效教学的理念与实施策略 [M]. 杭州：浙江大学出版社，2007.

[3] 朱明光. 关于思想政治学科核心素养的思考 [J]. 思想政治课教学，2016（1）.

[4] 袁振国. 教育新理念 [M]. 北京：教育科学出版社，2010.

[5] 邢梅，陈素兰，魏再莹. 以多种教学模式落实立德树人目标：以初中思想品德教学为例 [J]. 贵州教育，2019（13）.

[6] 郑广聪. 浅谈如何提高初中思想品德课堂教学的有效性 [J]. 科学咨询：教育科研，2019（3）.

[7] 王川. 对初中思品课育人功能的几点思考 [J]. 思想政治课教学，2013（4）.

书上得来终觉浅，绝知此理须体验

——道德与法治《男生女生》一课的探索体验教学

华东师范大学宝山实验学校　宋　瑜

随着2019年上半年学校思想政治理论课教师座谈会的召开及2019年秋季统编教材在全国的统一使用，《道德与法治》作为落实立德树人根本任务的关键课程，发挥着不可替代的作用，正被越来越多的人认识并落实。

本文通过两个片段的呈现，探索体验教学法。我们在重点实践学科育人中关注：以学生为本，以生活为源，创设体验情境，引导学生探究、质疑、感悟，从而促使"身体—心理—精神"的整体成长，最终促进学生生命成长的育人理念。

一、关注人的整体成长——青春期开展体验教学的背景

七年级学生进入青春期，容易产生烦恼情绪和心理失衡。既有来自生理与身体变化的不适之感，又有因学习、人际关系和家庭气氛而带来的烦恼，烦恼中的少男少女，渴望心理救助和情感支持。

依据《义务教育思想品德课程标准（2011版）》[1]要求，《道德与法治》七年级下册教材内容有两种"转向"：内容学习的聚焦点从"青春期"转向"青春"，教育教学的基本立场从"问题表现"转向"成长的多种可能性"，从"问题疏导"转向"正面经验积累"。七年级下册第一单元主题是青春时光，引导学生视青春为人生经历的一段重要时光，着眼青春，不仅关注身体发育、心理发展，更强调思想发展、精神成长；不仅关注初中的学习与生活，更希望为人生奠基。这就需要创设更多的体验情境为学生整体成长服务。

二、在情境中体验，通过自我探索和互帮互助获得成长——体验教学片段及分析

（一）总体思路

《男生女生》的教学中，必须充分重视学生在青春期特殊阶段的情绪变化和心理烦恼，主要通过对男、女生生理特征及性别角色的认识，引导学生对性别刻板

印象有正确认识，克服性别刻板印象给人的认知与行为带来负面影响。了解男、女生各有优势，能够从性别差异的角度认识、化解矛盾，学会优势互补，与异性和谐相处，为后面《青春萌动》引导正确处理异性交往奠定基础。

其中，克服过于受性别刻板印象的影响，正确对待男生、女生的性别差异是教学重点；引导学生懂得男、女生各自拥有性别优势，要学会欣赏对方的优势，做到优势互补，这是本课的难点，也是育人落脚点。

因此，本课时教学以课程标准和单元立意为主旨，教师结合学生原有认知基础，注重开展体验教学法，即依据学生已有的认知和经验创设情境，使学生在情境中体验，通过自我探索和互帮互助获得成长的一种教学方法。通过创设基于学生真实生活的情景，引导学生参与、体验、思考、感悟，培养探究质疑能力，从而澄清模糊认知，引导积极行动，激发他们的青春正能量与活力，增强自尊心和自信心，有效促进学生"身体—心理—精神"的整体成长。

（二）关键片段

1. 片段一：正确对待男生女生的性别差异

（1）片段呈现

活动：视频观看并交流——梅派第四代传人男旦巴特尔的表演和采访资料。

先看一半，提问：你认为这位同龄人是男生还是女生？为什么？（学生有的说他是男生，有的说他是女生，根据身段、讲话、声音等来判断的。）

归纳：着装和言行确实是性别表达的重要方面，也是人们判断一个人性别的重要依据。在社会中，人们对性别的认识通常会保持着对男性或女性角色特征的固有印象，比如，通常会从以下四方面来判断这个人符不符合男生或女生形象，

具体为：外表形象、人格特征、角色行为、职业。

归纳：我们把这种现象称之为"性别刻板印象"。

继续播放视频，提问并交流：你怎么看待巴特尔的男扮女相？

（学生回答：巴特尔的着装是根据表演需要，在舞台上巴特尔是温润优雅、高贵大气的"杨贵妃"，在舞台下他是谦虚有礼的男子汉，生活中的一点一滴都透着梅派端庄典雅的风采。不因为是男生而影响他成为优秀的花旦，也不因为他演了花旦而影响他的男子汉气概；在一些特殊场合或活动中，选择不同着装也是有必要的；生活中，有时根据自己的喜好，有一些中性化的着装也是可以接受的。）

教师归纳：传统观念以为，男有男样，女有女样，这才符合两性特征，才会为人接受。如今，这种延续了几千年的观念正在经受冲击，中性开始引入注意，帅气个性的女生，带有一点阴柔的清秀男生，仿佛越来越能代表这个时代的新审美趣味。我们也应当克服传统的中性化焦虑，中性化只要有一个"度"，都可以接受。女孩和男孩可以相互取他之长，补己之短。

小结：在社会中，性别刻板印象可能在某种程度上影响我们自身潜能的发挥，

所以我们在接纳自己性别特征的同时，不要过于受性别刻板印象的影响，要正确对待男、女生的性别差异。

（2）片段分析

本片段通过对梅派传人巴特尔精彩视频的分段观看与问题交流，使学生的学习活动经历设疑—释疑的过程。首先，前半段的表演和提问，使学生思考：人们日常判断男生女生的标准是什么？为理解"性别刻板印象"埋下伏笔。接着，在设疑的基础上，引导学生对生活中常见的男女着装、言行进行评价，形成对"性别刻板印象"概念的理解。然后，再对性别特征做进一步的补充学习，加深对男生女生心理性别差异和性别刻板印象的理解，认识到它对我们平时认知与行为的影响，引导学生辩证地看待性别刻板印象，尤其要认识到性别刻板印象在某种程度上会给人的认知与行为带来负面影响。再通过后面的观看视频和交流，引导学生正确看待男扮女相。要正确对待男生女生的性别差异，积极完善个性，发展自我。这是一个释疑的过程，学生有情感上的体验，也有心理的深层次感悟，为后面"优势互补"的学习奠定认知基础。

2. 片段二：理解男女生性别的优势互补

（1）片段呈现

阅读与感悟：

材料：某中学每年举行登山活动，校长在活动总结大会上发表感慨："这次活动，我被同学们深深感动了，特别是男同学。因为我发现，到半山腰后，大多数女同学的书包都背在了男同学的肩上……我为同学之间的相互关爱而感动！"

第二年的登山活动结束后，校长又发表感慨："这次活动，我又被同学们深深感动了。因为我发现，到半山腰后，大多数女同学仍然坚持自己背书包……我为同学之间的相互体谅而感动！

读了这份材料说说你的感悟。（学生交流汇总：男女生各有优势，活动中互相发挥优势，取长补短，可以使活动更有效。）

继续活动：

"自卖自夸"：男生说男生的优势，女生说女生的优势。

归纳：男生的优势是粗犷豪放、思维敏捷、擅长抽象记忆、逻辑思维；女生的优势是温柔细腻、刻苦专心、擅长形象记忆、情感记忆。

继续活动：

联系实际说说：在日常班级生活中，男、女生可以为对方做些什么？

交流点拨：在日常班级生活中，男生在体力活、数理学习、动手实验方面等能力较强，可以帮助女生，女生在绘画、语言表达、文科知识学习等方面比男生强，可以帮助男生。

小结：不同性别个体存在差异，要正确对待自己的优势与不足；相互学习、共同进步。

（2）片段分析

本片段让学生阅读贴近自身年龄的集体生活的材料，如同发生在自己学校一样，使他们感同身受，有教育强化的效果。通过交流活动，学生进一步认识到男生和女生的性别差异，领悟要学会与异性交往，在集体生活中要发挥男、女生各自优势，学会互相理解、帮助，学会正确处理与他人的关系，使集体生活更和谐融洽。在"自卖自夸"活动中，学生特别激动，发现了自身的很多优势，不仅气氛活跃，也有助于学生找到自身的优势，培养自信心。

再进一步"让学生说说在日常班级生活中，男、女生可以为对方做些什么？"引导学生欣赏对方的优势，并且正确对待自身的优势和不足，不断完善自己。通过一系列的交流体验活动，学生认识到，男、女生的互帮互助可以促进同学间的交往与友谊，促进集体发展，使优势互补这个意识得以深化。

三、树立课堂教学生命观，实现立德树人——体验教学反思

（一）以学生为本，创设问题情境，培养探究质疑能力

青春期教育是生命教育的重要一环。本课所有的教学活动都是为了帮助学生顺利渡过青春期，所以教学中提供尽可能多的体验机会，努力创设情境，让他们直面人生、直面社会，体验到生命的鲜活和新奇，体验到自由和探索的精神，体验到自身的价值，体验到学习的快乐。

认知心理学家皮亚杰认为，儿童道德发展的根源在于主体与道德环境的积极的交互作用——活动或实践。教师组织学生观看同龄人巴特尔的视频，很有画面感的冲击，也很有说服力，充分激发了学生思考的积极性。再通过问题的讨论和交流，使学生认识到性别刻板印象可能在某种程度上影响自身潜能的发挥，接着补充了"性别刻板印象包含四个方面"的内容，使学生充分了解性别刻板印象，并明确：每个人在接纳自己性别特征的同时，要以客观的态度正确对待男、女生性别差异，不要过于受性别刻板印象的影响。

教学设计符合学生的认知和思维特点，即先了解概念，接受赞同概念，然后通过探究活动，帮助学生强化认知，并在实际生活中践行。从设疑到释疑，让学生在探究与分享中，思考、质疑、感悟，从而形成正确的观点，并在情感体验后有所践行，培养了探究质疑能力。

（二）以生活为源，引导学生关注自身，培养自尊自信的心理品质

教学中教师以生活为源，引导学生珍视生命的体验，只有亲身体验到的东西才是真正意义上的获得。

在"正确对待自己性别的优势与不足，发挥性别优势，相互学习、共同进步"

这一教学难点的突破上，运用了教材资源"阅读感悟"（登山活动后的校长讲话）使学生认识到，男生和女生拥有各自的性别优势。通过"自卖自夸"活动，引导学生把视角投向生活，关注生活中男女生呈现出来的各自优势，进一步深化"男女生各具性别优势"的意识，激发自信心。同时，引导学生欣赏对方的优势，并且正确对待自身的优势和不足，不断完善自己，也让学生认识到，男、女生的互帮互助对促进相互间的交往与友谊，促进集体发展具有重要意义。通过从关注自身优势引向关注对方优势的层层推进，不仅引导学生在日常生活和学习中注意发挥性别优势，相互学习、取长补短，向着最好的自己前进；而且有助于培养学生正确认识自我、自尊自爱、自信自强，悦纳身心变化的心理品质。

（三）创造条件，引导学生质疑问难，把提问权交给学生

美国学者布鲁巴认为："最精湛的教学艺术，遵循的最高准则就是让学生自己提问题。"这充分说明了质疑问难的重要性。本堂课，所有的问题都是教师设计的，今后可以让学生设计问题，促进学生思维的不断深入发展，提高逻辑思维能力。这也是课堂尊重学生，激发学生创造力和生命力的抓手之一。苏霍姆林斯基曾说过：人的心灵处，总有一种把自己当作发现者、研究者、探索者的固有需要，这种需要在中小学生精神世界中尤为重要。时代的发展要求教育培养出在世界竞争中具有强大竞争力的创造性人才。教师要注意从小处着手，从大处着眼，把学生学习、生活的"小环境"与社会的"大环境"结合起来，使学生能够客观看待社会生活中的各种现象，分析原因，探求解决途径和办法，拥有正确的"三观"。

"书上得来终觉浅、绝知此理须体验。"在教学中，教师须树立课堂教学的生命价值观，注重立德树人。运用体验式教学法，创设各种生活情境；采用多种手段呈现案例、素材，引导学生体验与思考，帮助学生形成正确的人生观、价值观、世界观，努力发展学生核心素养，提升生命质量。

注　　释：

[1] 中华人民共和国教育部. 义务教育思想品德课程标准：2011 版 [S]. 北京：北京师范大学出版社，2012：7.

参考文献：

[1] 吴佩贞，黄靖. 体验式教学助力学生心理成长：以"增强生命的韧性"为例 [J]. 中学政治教学参考：中旬，2017（2）.

[2] 徐亚芬. 中学政治课生命教育要义浅探 [J]. 中学政治教学参考，2004（3）.

怀未来以前行，抱责任而长谋

——在思想品德教学中培养学生的生涯发展意识

上海大学附属中学实验学校　刘　侠

《中小学德育工作指南》提出，要将德育工作落实落小，形成全员育人、全程育人、全方位育人的德育工作格局。因此，人人都是德育工作者，作为教师，在关注学科教育的同时，更应该注重学生的德育教育，要努力地思考，在学科教育的同时如何渗透德育教育，将理想信念教育、社会主义核心价值观教育、中华优秀传统文化教育、生态文明教育、心理健康教育等内容借助一定的情境有形无痕地浸润学生的心灵，为中国特色社会主义事业培养合格建设者和可靠接班人。

生涯发展的生命周期理论"关心的是个人在一生当中处理生涯议题时的各种成长和变化"。[1] 根据舒伯的生涯发展理论，中学生正处于生涯规划的成长期和探索期，这既是生涯发展的早期阶段，也是心理发展的重要时期。而心理健康教育是中小学德育的内容之一，所以对学生进行人生规划的教育，有助于学生更早、更好地思考这个话题，有助于青少年学生的成才和社会的发展。正如高尔基所言："一个人追求的目标越高，他的才力就发展得越快，对社会就越有益。"

初中阶段是青少年学生人生观、价值观、世界观形成的关键时期，"人生的扣子从一开始就要扣好"，通过何种方式引导学生明确自己的人生规划、承担社会责任，"培养能够担当民族复兴大任的时代新人"，这值得每一位教师在教育教学实践中思考和探索。作为思想品德课教师，我思考着在教学中如何落实德育内容，渗透生涯发展教育，培养学生的生涯发展意识。

一、学生生涯发展意识的现状——小荷才露尖尖角

据笔者了解，大多数的初中学校很少有与生涯相关的教育。笔者所在的学校也是如此。我所带的2016届一位成绩不错的学生，毕业志愿没有选择普通高中而是选择了一所职业高中，去学自己喜欢的数控。在与他的聊天中得知，他现在已是班中的团支书，年级学生会干部，各门功课、大小事务得心应手，而且，他对于职高之后的再教育、就业等方面已经很有了自己的规划，内心充实而快乐。

据了解，他有一门课是生涯发展教育课，课任老师在第一节课上对班级中 30 位同学来校动机和原因做了个调查。结果，30 人中，像他这样因喜欢而主动选择的只有他和班长 2 个人，稀里糊涂来的有 9 人，其他是中考失利、同学推荐、随迁子女、家长逼迫等原因"被动"而来。"兴趣是最好的老师"，只有体会到学习过程中的快乐和幸福，才能真正学有所成并适应社会。这位学生的发展路径似乎可以给我们某种启示：对自己有明确的定位、有明确的职业理想往往更能体会到学习过程中的快乐和幸福；有了明确的职业理想才能更好地承担责任，成长为社会所需的时代新人。

二、培养学生生涯发展意识的教学实践——践行四方经验多

教室内的任何学习活动，都应该和学生未来的发展有关系。教育应该为学生一生的幸福着想，教育学生就应该努力为学生的一生做准备。我在教学中努力地帮助学生在学习书本知识的同时培养生涯发展意识，引导学生做好自己人生之舟的舵手。

比如，在讲沪教版九年级教学内容《承担公民的社会责任》中的"个人最基本的社会责任"知识点时，教材上讲到"热爱自己所从事的职业，忠于职守，尽职尽责，把本职工作做好，就是履行了自己最基本的社会责任"，这实际上就是培养学生生涯发展意识的一个很好契机。这里给学生举例：抗震救灾时正是由于参与救援的各个群体的出色工作，为赢得救援时间、高效开展救援工作做出了巨大贡献，使得救援工作顺利进行，他们的忠于职守，尽职工作，就是履行了最基本的社会责任。这时候，就可以引导学生思考"我的职业理想是什么、我未来的人生是什么样的、为了实现我的职业理想我需要做哪些准备等"，旨在培养学生的生涯发展意识。

每个人都有职业理想，只有规划好自己的人生，才能更好地实现职业理想。为了帮助学生明确自己的努力方向，明白自己的社会责任，为更好地实现职业理想做好铺垫，我设计了活动一："撕思人生"[2] 游戏，如图 1 所示。

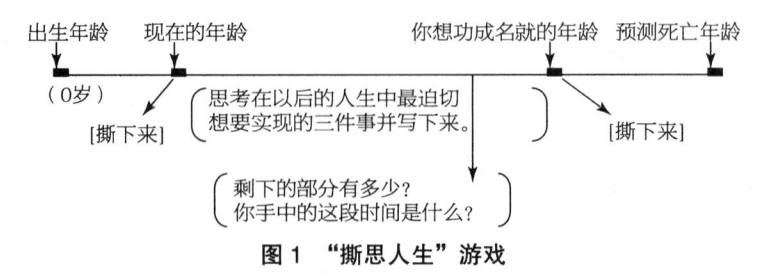

图 1 "撕思人生"游戏

这样的活动设计，学生很感兴趣，他们很开心，动手写着，开心地交谈着"死亡年龄"，似乎他们觉得现在预测死亡年龄是一件让自己很诧异也很有趣的事情。在写功成名就的年龄时，学生们似乎更愿意较早地实现事业有成，多数男生写了30岁，尽管教师进行了引导，但是他们似乎更愿意较早地体验成功。有一位女同学在写功成名就的年龄时竟然写了25岁，她的理想是当导演，在教师询问她大学毕业几岁、会不会继续进修读研之后，她将25岁改为45岁，但是在那一刻我竟然怀疑自己是不是不该这样引导学生，未来的人生谁知道呢？也许他们将功成名就的年龄提早，更增加了他们的紧迫性，使他们意识到更应该努力地规划好自己的人生，才能更早地体验自己的理想。在写人生中最迫切的三件事时，有些同学写得比较清晰，如"博士学位、令自己满意的工作、带父母多次出国旅游"；也有的同学写得比较模糊，如"完成学业、努力工作、实现梦想"等。

学生喜欢这样的课堂活动，课后有学生对我说："老师，我非常喜欢这样的课，我对自己的未来多了一点儿思考。"这样的课堂教学实践，对学生会有一定的触动，在一定程度上激发学生思考自己的未来，有助于增强学生的生涯发展意识。本堂课最后布置了作业——活动二：参观父母的工作单位，了解父母一天的工作，理解父母如何履行自己的社会责任；通过走进父母的工作单位，体验父母的工作，有助于发现自己的职业兴趣，为将来走向社会积累一定的经验。

三、培养学生生涯发展意识的实践思考——行之愈笃，知之益明

"行之愈笃，知之益明。"学生通过实践体验可以在一定程度上增强自己的生涯规划意识；教师的课堂教学实践就应该是为学生的未来做准备，在教学中要有意识地培养学生的生涯发展意识，激起学生对"人生规划"的思考，更好地成就自己的未来。而这需要教师的努力。

（一）要结合教师的自身实际情况，有计划地提高生涯辅导能力

思想品德课教师基本上都是思想政治教育专业出身，偶尔也有其他专业转行的，但是对于心理健康教育的理论，特别是生涯教育的理论却知之甚少，所以为了更好地对学生进行德育教育，教师必须要提高自己的心理辅导能力。笔者有幸参加了宝山区组织的"中国教师教育网教师心理辅导能力提升课程的学习"，这有助于更好地辅导学生，培养学生的生涯发展意识，落实德育内容。面对新形势，教师要努力把自己培养成"可信、可敬、可靠，乐为、敢为、有为的思政课教师队伍"中的一员。

（二）要结合学生的身心发展规律，有策略地组织课堂教学内容

教育必须适合学生的身心发展规律，学生才愿意接受并能够接受，学生才会

乐于学。但是，面对新形势、新要求，学生对于思想品德课教学的重要性还认识不够，但"思政课作用不可替代"。习近平总书记在讲话中指出："我们办中国特色社会主义教育，就是要理直气壮开好思政课，用新时代中国特色社会主义思想铸魂育人，引导学生增强中国特色社会主义道路自信、理论自信、制度自信、文化自信，厚植爱国主义情怀，把爱国情、强国志、报国行自觉融入坚持和发展中国特色社会主义事业、建设社会主义现代化强国、实现中华民族伟大复兴的奋斗之中。"如何贯彻党的教育方针落实立德树人的根本任务，这就更需要任课教师立足于学生的身心发展规律，立足于课堂，采用学生乐于接受的游戏、模拟活动等形式提高学生的课堂参与度，让学生在具象化、体验化、互动化的感知和参与中接受新知，让学生在快乐学习中提高自己的生涯发展规划能力，明确自己的责任。

（三）要结合生涯发展教育的内容，有智慧地挖掘教材相关知识

思想品德教材本身有它的知识体系，其课程的基本任务之一是：根据中学生的年龄特点，由浅入深地进行公民品德教育、马克思主义基本观点教育和有关社会科学的基础知识教育；帮助学生逐步形成良好的思想品德和正确的世界观、人生观、价值观，为他们自主、自立、自强的终身发展奠定基础。而生涯发展教育中初中生的发展任务是"自我认知、教育与职业探索和生涯规划"。这两者的教育目标其实是一致的，都是为学生的未来发展和终身发展奠定基础。因此，任课教师要存"道"精"业"，深入钻研思想品德教材，从中细化思想品德教育和生涯发展教育的知识结合点，更好地在思想品德教学中渗透生涯发展教育的内容，帮助学生努力提高自己的生涯发展能力，为学生一生的幸福打好基础。

结语

什么样的孩子需要生涯发展教育和规划呢？"所有的孩子都需要。成绩好的孩子需要，他们需要知道自己以后要做什么，如何把自己努力学习的知识和未来要从事的职业挂钩，除了书本知识外，自己想从事的职业还需要什么样的综合素质。成绩差一点的孩子更需要，他们可以在职业规划的过程中，发掘自己除了书本学习能力之外的其他潜能，发现自己的兴趣和特长，并将自己的兴趣和特长与将来的工作联系起来，把自己锻炼成某方面的行家里手，获得未来就业市场上稳定的就业竞争力。"[3]

新时代的"四有"好老师担当着塑造灵魂、塑造生命、塑造新人的时代重任。

教师要有意识地通过课堂实践活动潜移默化地培养学生的生涯发展意识，帮助学生在实践体验中发现自己，思考人生，努力在未来成为更好的自己，更好地担负起社会责任。

注　释：

[1] 徐光兴.学校心理学：教育与辅导的心理[M].上海：华东师范大学出版社，2009：270.

[2] 蒋乃平，杜爱玲.职业生涯规划教学设计选[M].北京：高等教育出版社，2013：49.

[3] 吴志兰.中学生职业规划[M].北京：中国市场出版社，2010：3.

参考文献：

[1] 王雅文.普通高中职业生涯教育现状和对策研究：基于上海市六所高中的调查[D].上海：华东师范大学，2014.

[2] 徐倩.上海交大附中：以生涯发展指导引领学生成长[J].上海教育，2013（15）.

[3] 刘颖.初中思想品德教学中渗透生涯教育的研究[D].天津：天津师范大学，2013.

[4] 李明.浅议职业观教育在初中思想品德课中的渗透[J].考试周刊，2013（34）.

归来挂坟松，万古知其信

——基于群文阅读教学的"诚信"传统文化教育的实践与反思

上海市宝山中学　亓学荣

  2014年3月，教育部颁发的《完善中华优秀传统文化教育指导纲要》明确指出，"讲仁爱、重民本、守诚信、崇正义、尚和合、求大同"是中华优秀传统文化的精神。2017年8月17日，教育部颁布的《中小学德育工作指南》将"中华优秀传统文化教育"作为五项德育内容之一。开展家国情怀教育、社会关爱教育和人格修养教育，传承发展中华优秀传统文化，大力弘扬核心思想理念、中华传统美德、中华人文精神，引导学生了解中华优秀传统文化的历史渊源、发展脉络、精神内涵，增强文化自觉和文化自信。祖国语文是人类文化的重要组成部分，是中华儿女的精神家园，结合语文学科特点，发挥课程"立德树人"的育人功能，具有不可替代的作用。

一、问题的提出

  上海市高二语文教材《延陵季子将西聘晋》是一篇文言自读短文，节选自西汉刘向编的《新序》。文中吴国公子季札爱剑不欺心，留下了"季札挂剑"的千古佳话，文章浅显易懂，学生很快就得出了季札"重信守诺""讲诚信""要守信"的结论，但笔者明显感受到，脱离了语境的"诚信"仅仅是一个符号或标签，简单掌握该符号并不意味着对"诚信"的理解，也不一定获得对"诚信"这一中华优秀传统文化的认同、文化自觉，更谈不上文化自信。

  "诚信"是中华优秀传统文化，学生对"诚信"缺乏系统而深入的思考，笔者认为，将《延陵季子西聘晋》作为中华优秀传统文化"诚信"教育的契机，潜移默化地对学生进行世界观、人生观和价值观的引导，实现课程育人的目的，是一件必要而迫切的事情。

二、问题的探索

通过一篇浅显易懂的文言文去实现中华优秀传统文化"诚信"教育的目的，需要怎样的教学形式？笔者在中国知网以主题和关键词"中学语文"并"诚信"来"模糊"检索"核心期刊"，结果从2014年至今无对应的相关数据。检索发现中华优秀传统文化与课堂教学的实践，多在政治、历史学科，与语文课程相关的是温小军的《语文课程传承中华优秀传统文化的三个必要追问》，是义务教育阶段理论层面的探讨。这样的检索结果，激发了笔者探索解决问题的兴趣。

教育部制定的《普通高中语文课程标准》（2017年版）高度重视中华传统文化的学习，设置了两个学习任务群。学习任务群14"中华传统文化专题研讨"在学习任务群8"中华传统文化经典研习"的基础上，强调选择中华优秀传统文化的内容，组成专题进行深入研讨，旨在加深对传统文化的认识和理解，增强传承、弘扬中华优秀传统文化的自信心、责任感。这为笔者的探索指明了方向。

笔者认为，要让学生对中华优秀传统文化"诚信"有系统的体认，必须让学生主动学习、广泛阅读、多元对话。"诚信"是个开放的议题、涉及面广、生成性强，而且传统文化的教育，不要求面面俱到，是适合开展群文阅读专题研讨课程的。与"群文阅读"相适应的，采取读书会的组织形式，来发挥学生自主学习、多元对话、集体建构的优势。

（一）群文阅读

笔者认同的"群文阅读"的概念，"是师生围绕着一个或多个议题选择一组文章，而后师生围绕议题进行阅读和集体建构，最终达成共识的过程"。[1]这个界定既强调群文阅读"多文本"的特征，同时也提出了"议题""集体建构""共识"等群文阅读中所蕴含的重要理念。

（二）读书会

采取读书会的形式，是群文阅读的内在要求，"集体建构"就是不事先确定议题的答案，在个人充分思考的基础上，师生一起交流共享智慧，在互动交流中逐步厘清概念的内涵、梳理历史文脉，形成共识。笔者认为，通常的教学因为有了"成绩"的考量，"答案"的标准化，往往不能让学生畅所欲言、各抒己见，而班级"读书会"的形式环境宽松、师生关系平等，师生之间、学生之间能以开放的姿态去聆听，形成一种主动参与、多元对话的活力课堂。

三、问题的实践

（一）组建群文

为什么选择文言文？文言文是中华优秀传统文化的载体，是现代人了解诚信文化的源泉，文化典籍中有诸多的记载因为时代、地域、身份的不同，对诚信的认识不同,有助于学生探寻诚信文化的历史文脉。选择哪些文言文?选择多少篇文言文?基于笔者有限的认知,尽可能多地给学生挑选适合的阅读资源。基于"诚信"的议题,这里的"适合"有两层意思:一是文言比较浅显易懂,符合本校学生实际;二是能够引发思辨的空间,让学生在不同的层面上展开对话,丰富认知。据此,笔者以课本自读教材《延陵季子西聘晋》为起点,提供群文阅读内容。表1为笔者推荐的群文内容信息列表。

表 1　传统文化"诚信"群文阅读内容

篇名	内容	指向
《史记·吴太伯世家》	季札之初使……岂以死倍吾心哉!	诚信的内涵 文化的推崇
《史记·季布栾布列传》	楚人谚曰"得黄金百,不如得季布一诺"。	
《史记·商君列传》	令既具……卒下令。	
《史记·周本纪》	襃姒不好笑……其后不信,诸侯益亦不至。	
《韩非子·外诸说左上·说六》	曾子之妻之市……遂烹彘也。	诚信的价值
《后汉书·独行列传·范式》	范式字巨卿……然后乃去。	
《吕氏春秋·览·审应览·重言》	成王……於是遂封叔虞于晋。	
《郁离子·卷二·贾人》	济阴之贾人……"信哉!"	
《吕氏春秋·纪·仲冬纪·当务》	楚有直躬者……不若无信。	诚信的边界
《左传·宣公·宣公二年》	晋灵公不君……触槐而死。	
《淮南子·氾论训》	夫三军矫命……信反为过,诞反为功。	

(二)读书会

读书会以"归来挂坟松,万古知其信"为题,该题化用李白诗句"归来挂坟松,万古知其心",说的正是季札挂剑不欺心的典故,改"心"为"信",突出"诚信"的主题。

读书会前需要师生有所准备。首先,教师印制阅读资料,学生自主学习,完成群文阅读并撰写感悟思考;其次,教师根据学生的感悟思考,以感悟的内容分成合作学习小组,合作学习小组集思广益完善内容;最后,进行课堂集体读书交流分享。图1为学生的学习流程图。

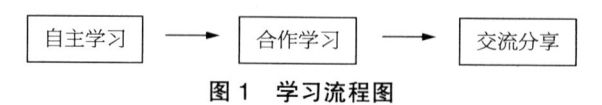

自主学习 → 合作学习 → 交流分享

图 1　学习流程图

为使合作学习小组真正发挥作用,笔者采用"异质分组"的方法。基于皮亚杰思想的建构主义者认为,小组互动可能会造成认知冲突和不平衡,从而使个体质疑自己的理解，并寻求新的解释，最终导致新的认知平衡。[2] 认知冲突就为展开对话提供了有利的保障。笔者以4—6人为一小组，依据学生对相同阅读资料有不同感悟来分组；同时，兼顾男女性别、性格、能力差异等，这有利于合作小组成员职能的分配，具体包括主持人、发言人、记录员、资料员、撰稿人等。在读书交流分享的基础上，根据发言内容及课堂表现，笔者整理出以下四个层次。

1. 读出诚信的内涵

有学生根据《说文解字》来解释，"信"，诚也。从人从言。会意。人言则无不信者。"诚"，信也。从言成声。因此，"诚信"是一个意思，主要指"重诺""守诺""履诺"，要求人们做到"一诺千金"，"一言九鼎，言出必行"，"言必信，行必果"。没想到，个别学生对此提出了异议，依据是季札没有开口许诺的行为。一石激起千层浪。原本沉闷的课堂一下子活跃起来，同学们纷纷点头称是。笔者顺势引导学生细读文本，找出季札献剑的理由"爱剑伪心，廉者不为也"，学生概括出季札"不伪心，为廉者"，继而笔者用《大学》"所谓诚其意者，毋自欺也"引导学生，心中诚，不自欺，真实地对待自己的内心想法。季札之不言而信是诚信的最高境界，是自我的一种约束，是一种特殊的价值追求，心有一念，则需践行。

学生能通过《说文解字》来解释词语，了解汉字的词义和造字法，也是对传统文化的传承。

2. 读出诚信的价值

从曾子杀彘看出，家无诚信不和睦，父母无法教育子女，有的学生补充了"孟母不欺子"。从范式元伯的鸡黍之约看出，人信守诺言，才能交到挚友，有的学生补充道："孔子曰：'益者三友，损者三友。友直，友谅，友多闻，益矣。友便辟，友善柔，友便佞，损矣。'"从商鞅徙木立信、周幽王烽火戏诸侯、桐叶封弟看出，政令通畅必得取信于民，君子无戏言，"君子一言，驷马难追"，为政者无信，国将不国，有的同学补充《左传·曹刿论战》中的话："公曰：'牺牲玉帛，弗敢加也，必以信。'对曰：'小信未孚，神弗福也。'"从济阴贾人看出，商人不信守诺言，重利忘义而身亡。

这一组的交流对话，呈现出同类资料的新旧联结，学生从记忆里提取与新阅读体会一致的阅读经验，发言踊跃，互动效果良好，有利于同化对传统文化"诚信"价值的理解。

3. 读出诚信的边界

有的学生抓住《吕氏春秋·纪·当务》中孔子的评价"直躬之信，不若无信"一句，以及《淮南子·氾论训》中"信反为过，诞反为功"，引发思考，什么是守诚信的前提？笔者引导学生具体分析，直躬其父攘羊而子证之，虽有直信，孰能贵之？郑之贾人弦高"诞于秦而信于郑"，采用欺骗的手段保存了郑国，国家安危是最大的信。《左传·宣公二年》中晋灵公使锄麑贼骤谏之人宣子，锄麑发现宣子"不忘恭敬，民之主也"，认为"贼民之主，不忠"。反思晋灵公之命的"不义"，锄麑是"守义不信",值得深思。

守信的前提,根本就在于"所贵信者,为其遵所理也"。笔者做了补充,《论语》中记载孔子说:"言必信,行必果,硁硁然小人哉!"意思是普通人只知重然诺,却不思考事情该不该做,而有才德之人首先考虑该不该做,而不是诺。《孟子·离娄章句下》孟子说得更直接,曰:"大人者,言不必信,行不必果,惟义所在。"言行是否信果,关键看是否符合义的标准。当然司马迁在《史记·游侠列传序》中高度赞扬"其言必信,其行必果,已诺必诚,不爱其躯"的游侠精神,只是我们还应明白合义遵理是诚信的前提。

这启示我们,许诺前后该有怎样的言行呢?有学生心领神会,意识到谨言慎行的重要性,不轻易许诺,要学会拒绝,不能一味地"信誓旦旦",到最后"不了了之";一旦允诺,就要信守承诺,要一诺千金,尽心竭力地去完成,这既是人与人交往的原则,也是安身立命之所在。

这三则阅读短文让学生关注到已有的与当前知识不一致的经验,看到新旧知识之间的冲突,并通过调整来解决这些冲突,有时需要转变原有的错误观念。[3] 这个交流互动环节,丰富了学生对"诚信"的认知,提升了批判性思维的水平。

4. 读出对诚信的推崇

有学生仔细比较《史记·吴太伯世家》与《新序·延陵季子西聘晋》的不同,认为刘向的记叙,更注重季札的人物形象的塑造,因为《新序》中出现了《史记》中没有的徐君的"嗣子"以及徐人之歌,这些侧面描写烘托了季札重诺守信的形象;而且人物的对话更详细。可以断定,西汉刘向是在司马迁的基础上进行了艺术的加工,增加的内容是为突出季札"廉者"的"不欺心"。

为什么司马迁、刘向会注重对季札的塑造呢?笔者在课堂上分享关于季札的资料,其一是《左传》中《季札观周乐》,其二是《公羊传》中的《吴子使札来聘》。《春秋》相传为孔子所作,是古代中国的儒家典籍,被列为"五经"之一。作为解释《春秋》的《左传》与《公羊传》,都受到孔子思想的影响。季子的言行体现出周公礼乐思想。"爱剑伪心,廉者不为也"充分体现了儒家"信"的要求和原则。孔子在礼崩乐坏的春秋末年,将季札作为"礼""乐""信"文化的化身,寄托自己的治国理想。后世的司马迁、刘向更是延续了这一思想,用文学的笔法,塑造了"诚信"的典范。

综上所述,师生在互动交流中集体建构图 2 所示的"诚信"思维导图。

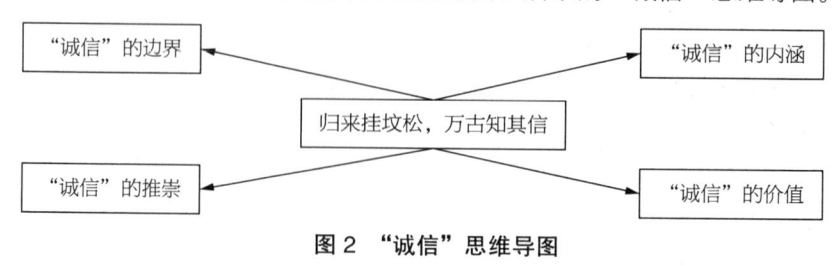

图 2 "诚信"思维导图

四、问题的反思

习近平总书记强调:"中华优秀传统文化已经成为中华民族的基因,植根在中国人内心,潜移默化影响着中国人的思想方式和行为方式。"笔者通过对基于群文阅读教学的"诚信"传统文化教育的探索与实践,引导学生徜徉在传统文化的世界里,在自主阅读与集体建构的学习过程中,建构起关于诚信的内涵、诚信的价值、诚信的边界、诚信的文化推崇,将"诚信"的文化基因植根在学生的内心,以期学生能将内诚于心与外信于人作为价值追求。

这一次教育尝试,笔者深刻地认识到,学生学习的过程,并不是简单的信息输入、存储和提取,而是新旧知识或经验之间相互作用的过程。学习不仅是理解和记忆新知识,而且要分析其合理性、有效性,从而形成自己对事物的观点,形成自己的思想;同时,学习不仅是新的知识或经验的获得,同时还意味着对既有知识或经验的改造。[4] 为了能在语文课堂上更好地肩负起立德树人的使命,笔者将不断总结、创新形式、不断实践,努力使课程育人工作更有"吸引力、感染力和针对性、实效性",为学生的一生成长奠定坚实的思想基础。

注　释:

[1] 于泽元,王雁玲,黄利梅.群文阅读:从形式变化到理念变革[J].中国教育学刊,2013(6):63.

[2] 吴庆麟.教育心理学:献给教师的书[M].上海:华东师范大学出版社,2003:204.

[3] 吴庆麟.教育心理学:献给教师的书[M].上海:华东师范大学出版社,2003:200.

[4] 吴庆麟.教育心理学:献给教师的书[M].上海:华东师范大学出版社,2003:200.

参考文献:

[1] 温小军.语文课程传承中华优秀传统文化的三个必要追问[J].教育科学研究,2019(6).

[2] 孟晓庆.优秀传统文化在高中文言文教学中的传承与理解策略探索[J].华夏教师,2018(26).

[3] 王迪.传统"信"的继承研究[D].哈尔滨:哈尔滨工程大学,2015.

大足以容众，德足以怀远

——以《哦，让我永远忏悔的狗》一课培养学生宽容品质

上海市宝山区高境科创实验小学　周雅婷

德国科学教育学的奠基人约翰·弗里德里希·赫尔巴特说："教育就是要培养具有完美德性的人。"作为以课堂教学为主战场的语文教师，在语文教学中对学生良好品质的培养亦非常重要。

《中小学德育工作指南》指出："语文课要利用课程中语言文字中丰富的思想道德教育因素，潜移默化地对学生进行世界观、人生观和价值观的引导。"所以，学科育人的价值根本在于学生的发展，这种发展除了知识性的发展，还应该涉及学生人格的培养。

如何充分发挥课堂教学的主渠道作用，将中小学德育内容细化落实到课程教学目标之中，融入课堂教学的全过程？笔者以沪教版三年级下册《哦，让我永远忏悔的狗》一课为例来谈谈自己在课堂教学中培养学生宽容品质的体会。

一、教材简析，萌发"德性"之幼芽

《哦，让我永远忏悔的狗》是三年级下册第四单元中的一篇课文。课文以作者的感慨为题，写的却是三年前"我"与一个患有小儿麻痹症的好友小豆子之间发生的一件事。

课文主要讲了"我"在小豆子不肯借"我"她收留的小狗欢欢后，把小狗偷走，藏在高高的砖堆后面。小豆子为了找狗从砖堆上摔下来，受了伤，而"我"却弃她不顾，逃走了。可是，等小豆子伤好了，她不但不生"我"气，还要把小狗送给"我"。小狗是贯穿全文的线索，亦是"我"和小豆子友谊产生波折的原因，更是小豆子对朋友宽容、真诚的象征。

根据课文内容，笔者在制定教学目标时，将"体会小豆子对朋友的体谅、宽容之心，懂得在人与人的交往中要相互宽容、懂得谅解"作为教学目标之一，并在课堂教学中进行落实，以期让学生通过课文的学习，形成友爱宽容的良好品质。

二、教学实践，品悟"德性"之生长

（一）初探"德性"，惨遭瓶颈

通过文本解读，笔者发现课文作者站在"我"的角度，通过"我"的一错再错来反衬小豆子的宽容。为了让学生更好地感受小豆子的善良、宽容，笔者决定从"我"的行为入手，让学生先了解到"我"的行为的错误性，再从小豆子的原谅中学习小豆子的宽容，从而养成友爱宽容的良好品质。

明确大致的教学思路之后，笔者进行了如下教学设计：首先让学生了解小豆子和小狗欢欢，再让学生找一找文中"我"的行为，想一想"我"的心理活动来感受"我"做的错事，最后结合被"我"伤害后小豆子的表现，来体现小豆子待人宽容的良好品质。

但是，理想是丰满的，现实是骨感的。在课堂实践中，笔者发现，学生虽然能找到"我"的行为，推测出"我"的心理活动，但是学生无法感受到小豆子和小狗欢欢之间相依为命的情感，所以也无法感受到"我"的行为对小豆子产生的伤害是多么的巨大。正因为没有对比，学生就无法很好地感受到小豆子对朋友的体谅、宽容，对学生宽容品质的培养没有达到预期效果，课程育人的种子刚刚萌芽就遇到了瓶颈。

（二）深掘"德性"，优化教学

第一次课堂教学没有达到笔者的预期效果，于是，笔者进行了反思，发现第一次没有达成教学目标是因为对课程的思想内涵没有深入挖掘，学生没有了解小狗欢欢对小豆子的重要性，正是因为缺了这份情感体验，学生无法感受到"我"的行为对小豆子的巨大伤害，也就无法感受到小豆子的宽容是多么难能可贵。

在明确了教学内容的设计不足后，笔者优化了教学设计。在此次教学设计中，笔者让学生先发掘小豆子和小狗欢欢之间的共同点，体会到两者之间的同病相怜。再用横线画出"我"的行为，圈出表现"我"心情的词语，想想"我"的心情为什么会产生变化，感受到"我"的行为是和小豆子的表现密切相关，从而体会到在"我"对小豆子产生了巨大的伤害后，小豆子的原谅是多么的可贵。学生只有深刻感悟，才会向小豆子学习待人宽容的品质。

（三）再悟"德性"，终获成功

在教学方法优化之后，笔者进行了第二次课堂实践。

教学片段实录——

师：在这件事中出现了哪些人物呢？

生：我和小豆子。

师：小豆子是谁？自己读第二小节，找一找文中的相关内容，把他们圈出来。

生：我圈了"患小儿麻痹症""好友""一跛一跛"。

师：谁能把这些内容连起来，介绍一下小豆子？

生：小豆子是我的好友，她患有小儿麻痹症，走路一跛一跛的。

师：听了介绍，你觉得小豆子是个怎么样的人呢？

生：我觉得她很可怜。

师：那把遗弃小狗带回家的小豆子给你留下了什么印象？

生1：她有爱心。

生2：她也很善良。

师：结合之前对小豆子的印象，用文中的一个词语加以描述，这个词语是什么？

生：又怜又爱。

师：那谁能照样子来介绍一下小狗欢欢呢？

生：这只小狗的名字叫欢欢，它是被遗弃的，虽然它又瘦又脏，但它那两只水汪汪的黑眼睛，使作者一下子又怜又爱。

师：是啊，这只狗又瘦又脏，还是被遗弃的，小豆子和小狗都让人又怜又爱，她和它同病相怜，难怪会惺惺相惜。

学生在清楚了小豆子和小狗的这层关系后，很好地理解了"我"的偷狗、藏狗、丢下受伤的小豆子逃走对小豆子造成了巨大的伤害。学生在充分了解"我"悔恨交加的原因之后，终于感受到小豆子的原谅和送狗是多么的可贵，品悟到小豆子对朋友的体谅、宽容之心。通过实践、反思、再实践，本篇课文的育人目标终于达成。

三、反思感悟，收获"德性"之绽放

回顾日常教学，发现很多学生对文本的理解往往浮于表面，无法体会文章的内涵，这使语文课常难以发挥其育人作用。在《哦，让我永远忏悔的狗》反复的教学改进中，笔者发现应从以下四个方面讨论如何通过课堂教学充分彰显语文学科的育人价值，发挥语文学科的育人功能。

（一）研磨词句，以"文字"育人，悟文化内涵

语文是一门同时兼容工具性和人文性的学科，在语文课堂上不仅要教授学生知识，还要提高学生的核心素养。在课堂教学中，教师可不必急于让学生理解语文课文的教育意义，要由浅入深，步步为营。[1]如果只停留在理解词句本身的意思，则可能忽视了文学作品背后的丰富底蕴，错失一次学科育人的契机。

文化伴随文字而来，关注这种文化，语文课堂的育人价值就能得到充分体现。在学习《哦，让我永远忏悔的狗》一课时，重点语句"哦，让我永远忏悔的狗！"应该引导学生仔细研磨。这一句话中的核心词是"忏悔"。学生通过查字典的方法很容易就能理解"忏悔"的意思就是"后悔"，但学生的理解如果只停留在这种"标签化"的概念中，而忽视文字背后承载着的重要内涵，则是远远不够的。学生只有在理解本意的基础上，再联系文本，了解"我"忏悔的缘由，才能真正理解

让"我"永远忏悔的并不是狗,而是"我"的好友小豆子。这样,学生就能理解这篇文章所要表达的思想、所要传达的内涵。在学习、感受文字的含义与作用的基础上,完成对文化的理解和传承,所谓语文学科的"育人"价值,就在于此!这样研磨词句的过程,才能让学生体会到"文字"背后的含义,领悟文字背后的文化内涵,才能发挥"文字"育人的功能。

(二)梳理脉络,以"文思"育人,感大家风采

在每一堂语文课中,学生能学会一点儿为人之道,那正好体现出了语文学科的"文以载道",但和"道德与法治"课不同的是,语文课的育人价值是要在文学作品的字里行间挖掘、品悟、欣赏的。福建师范大学文学院孙绍振教授在《解读语文》一书中曾经提到"文本解读有三个层次":第一层次是显性的,将外在的表层感知连贯起来,对这一层面的文意理解,学生可以说是"一望而知"的;第二层次是隐性的,是作者潜在的"意脉"变化、流动的过程,在文本阅读中容易被忽略;第三层次则更为隐蔽,需着眼于文体形式、文体流派与风格,这里有可能遮蔽了更为深邃的内涵。[2] 第一层次是大部分学生在阅读中可以"一望而知"的,但隐蔽的"育人价值"很难让学生独立体会,这就需要教师在语文课上帮助学生体会,并借助语文课堂来进行彰显。

在《哦,让我永远忏悔的狗》的阅读过程中,大部分学生在阅读文本之后都会知道"我"的行为是错误的,也会知道小豆子是个宽容的人。但如果阅读文本之后只停留在此层面上,也就陷入了孙绍振教授所说的"一望而知"的阅读层面。这自然无法达到很好的育人效果,这种育人效果是极其肤浅的。

想要带领学生去发现更深层的内涵,必须从文章的写作思路入手,在了解了作者的"文思"之后,帮助学生梳理清楚文章脉络,让学生关注到文中有特殊含义的句子。从而让学生真正实现深层阅读,体会到文本隐藏的内涵,感受到文学"大家"的风采。

作者在课文第二小节花了大量的笔墨来介绍小豆子和小狗欢欢,是想告诉读者小豆子和小狗欢欢之间的深情厚谊。在教学过程中,教师通过循循善诱,让学生逐渐体会到小狗对小豆子的重要性,学生就更容易被小豆子的宽容所感动,更能体会到这份宽容是多么珍贵,多么值得学习,从而实现本课"体会小豆子对朋友的体谅、宽容之心,懂得在人与人的交往中要相互宽容、懂得谅解"的教学目标,同时也带领学生探求到了文章最深层次的意蕴。

语言本身就包含着文化,隐藏着思维,在语文课堂上,通过梳理文章的脉络,把"大家"隐藏在文本中的写作思路展现在学生面前,让学生感受到语文的风采,感受到"大家"的风采!

(三)赏析表达,以"文辞"育人,提审美情趣

文学作品的背后都会蕴藏作者寄托的情感,对作者的每一个用字、用语进行赏析,就能以"文辞"提高学生的审美情趣。

在《哦，让我永远忏悔的狗》一课中，"我"从偷狗、藏狗、害小豆子受伤之后的"悔恨交加"到小豆子原谅了"我"，并把小狗送给"我"之后的"又愧又悔"，这两个描写"我"心情的词语虽然意思相近，但是通过对文本的反复解读，笔者发现"悔恨交加"中悔的是"我"不该把小狗偷走，还藏在高高的砖堆后面，恨的是小豆子受伤了，"我"没有去帮助她。而"又愧又悔"中"我"愧的是小豆子非但没有生"我"的气，还要把小狗送给"我"，"我"悔的是当初偷狗藏狗，丢下受伤的小豆子逃走。在赏析了作者的表达之后，才体会到"悔恨交加"和"又愧又悔"这两个词语包含的含义是不同的，这种区别充分体现了"我"的情感变化，只有让学生感受到这种区别，体会到作者用词的精准，才能培养学生的观察能力，使学生在文学作品中提高审美情趣。

（四）结合生活，以"文本"育人，塑良好品质

每一篇文本的背后都蕴藏着作者的价值观，蕴藏着他们对社会、对人、对事的观点。这些观点都会潜移默化地影响着学生的品质，在教师引导下，学生才能把文学作品与现实生活联系起来，走出自己的人生路。

在《哦，让我永远忏悔的狗》一课的教学中，可以让学生说说在自己生活中遇到了朋友偷拿东西的情况会怎么做。有的学生说自己会原谅对方，因为大家都是好朋友，但也有部分学生表示自己不会原谅对方，会和对方绝交。通过和学生实际生活的结合，学生就更容易感受到课文所描述的宽容的魅力。因为这份宽容，让"我"永远忏悔，也因为这份宽容，友谊得以延续。在学完课文之后，原本选择不会原谅的学生也表示会宽以待人，愿意再给做错事的人改过的机会。让学生在学习中经历灵魂内塑的过程，真正发挥了语文学科的育人功能。

总之，一篇课文、一堂语文课仅仅是一次育人的过程，而学生的"德性"培养，不是仅靠一堂语文课就能养成的。所谓"路漫漫其修远兮"，只有努力挖掘每一堂语文课的"德性"培养点，注重每一次语文课的"德性"培育过程，才能使学生在掌握知识、提高本领的过程中茁壮成长，才能使学生绽放出最绚烂的德育之花，收获幸福的人生。

注　释：

[1] 安洪彬. 充分利用文本发挥语文学科的育人功能 [J]. 基础教育参考，2019（1）：53.

[2] 范蕾. 让语文课回归育人本真 [J]. 课程教育研究，2019（3）：39.

参考文献：

[1] 廖婷婷. 课堂生活中学生德性养成研究 [D]. 上海：华东师范大学，2016.

[2] 郭新榜. 关注德性实践　构建丰润的语文课堂 [J]. 福建基础教育研究，2018（6）.

[3] 钱理群，孙绍振，王富仁. 解读语文 [M]. 福州：福建人民出版社，2010.

育德之道，又岂在朝朝暮暮

——在课堂教学中培养学生乐于分享品质的实践探索

上海市宝山区高境科创实验小学　施　慧

《中小学德育工作指南》提出，语文、历史、地理等课要利用课程中语言文字、传统文化、历史地理常识等丰富的思想道德教育因素，潜移默化地对学生进行世界观、人生观和价值观的引导。现以三年级下《杏儿熟了》一文来谈谈笔者在语文课堂教学中渗透乐于分享这一健康品质的收获与体会。

一、初出茅庐事事新，育人途径遭搁浅

（一）《杏儿熟了》德育目标初次解读

《杏儿熟了》是一篇充满乡土气息的散文。全文作者共写了两件事，第一件是"我"数杏儿、第二件事情是奶奶分杏儿，歌颂了奶奶乐于分享的美好心灵，反映了淳朴的乡情。课文所写的两件事，表面上不相关，其实正是印证了"老吾老以及人之老，幼吾幼以及人之幼"这一中华传统美德。奶奶乐于分享，爱孙子到爱邻家小孩，进而爱乡亲，这是对奶奶的美好心灵的层层剖解，所以第一件事是第二件事的铺垫。根据本单元继续练习复述的教学重点，在教学中可以把第二件事作为重点，来复述奶奶分杏儿的过程，从而体会奶奶乐于分享的美好品质。

（二）凭什么要"我"乐于分享？

教学时，笔者把复述奶奶分杏儿的过程作为重、难点，先让学生理清文章脉络，划分层次，知道起因、经过与结果所属部分。在教学起因部分，让学生们知道原来奶奶分杏儿是因为小淘气偷摘杏儿所引起的。而经过部分，通过让学生们读读文章，画画奶奶分杏儿的句子，圈圈奶奶分杏儿表示动作的词来感受。在结果部分，出示奶奶的一番话"有酒大家喝才香，有果子大家吃才甜"，从中让学生体会奶奶分杏儿是为了感受乐于分享所带来的快乐。最后，学生可以通过教师的板书复述奶奶分杏儿的过程，这样既突出了教学重难点，又达到了本课的德育目标。

自认为，水到渠成，文道统一。但是，理想很完美，现实很骨感。学生们你一言我一句"小淘气都已经偷摘杏儿，为什么奶奶还要分杏儿给他吃呢？""不

是做错事情了，就不应该再分杏儿给他们吃吗？"甚至还有一个学生附和道："凭什么文中的"我"要乐于分享？我不明白。"通读全文，这是一篇年代感很强的文章，那个年代乡情淳朴，院中谁家有好吃的就会拿出来共享。而如今那个吃着大锅饭的日子一去不复返了。眼前的这群学生们平日娇生惯养，为了一点儿小事情斤斤计较，更别提要让他们学会分享，感受分享所带来的幸福感。"凭什么要"我"乐于分享？"这句话刺痛了笔者的心，一直萦绕在耳畔久久挥之不去，首次教学就以失败收场。

二、山重水复疑无路，育人手段显神通

（一）《杏儿熟了》德育目标再次解读

首轮的失败教学并没有让笔者退缩，反而越挫越勇。语文新课程标准中提出："要从语文学科的特点出发，使学生在潜移默化的教学过程中，提高思想认识……"因此在教学《杏儿熟了》时，渗透乐于分享的教育很有必要，并且在教学过程中实施德育教学是切实可行的。其一，语文学科特点决定了乐于分享教育应该是一种情感教育，是通过潜移默化的熏陶，促使学生在情感上发生变化，在情感上对乐于分享产生一种积极的、不由自主的认同态度。其二，应该在美育过程中渗透乐于分享教育。语文教学的目标之一就是培养学生的审美情趣，让学生去感受乐于分享。其三，在强调重视乐于分享的同时，还应该进一步提出正确的人生观与价值观。

（二）"我"多想成为一个乐于分享的人！

通过第一次的试教后，笔者陷入沉思：为什么学生难以达到"学会分享"这个德育目标呢？笔者发现问题首先在于课文所属年代的久远，其次没有很好地抓好文中的"我"这条线，即通过奶奶的表现对"我"的心灵有所触动。另外，学生们仅仅把分享的东西局限为杏儿了。其实，奶奶更多的是在与人分享杏儿所带来的快乐。于是，为了更好地达成德育目标，笔者优化了课堂教学。首先，笔者让学生们圈出奶奶的一系列动作，从中感悟她的善良，紧接着让学生们圈出表示"我"的心情词语，"没好气""不高兴""乐意"，融入了在奶奶的影响下"我"对待小淘气情感的变化，通过设身处地地换位思考，榜样的影响使学生们学会在生活中，同别人一起分享自己的快乐、喜悦、幸福……优化的教学过后正是为了更好地渗透落实德育目标，从而体现了语文学科的育人价值，无痕地渗透思想。

三、宝剑锋从磨砺出，万般技能皆育德

作为语文教师，不仅要让学生获得最基本的语文素养，还要让学生从中受到思想品德教育。这是由语文学科的性质与地位决定的，是社会、国家赋予我们语

文教师的历史使命。这就要求语文教师除了要正确把握好教材，找准德育切入点，还要认真研究教材，在教学中，立足于语文课堂，通过对文本的学习，善于抓住关键字词，让学生们感悟乐于分享等优良品质，引导学生分析文章最能感动自己、震撼自己的语言文字，从而加深体会，产生共鸣，在潜移默化中教育学生、影响学生、塑造学生。以《杏儿熟了》一文的两次教学进行对比，在课堂中如何渗透德育我有如下收获。

（一）研读合"情"，找寻德育生发点

1. 育人目标的确立要符合学生的学情

这样一篇远离城市学生生活的文章，育人目标如何突破？如果只是直白地告诉学生，让学生熟读到感悟，进而对做人本身的思考，从而形成完整的人格观，这确实是育人的价值所在，是对生命的感悟，但是学生没有习得的过程。这是教师强加给孩子的，对孩子来说只是不容质疑、不可推托的"真理"。

只有通过对文本的深刻学习，才能最终获得该语言系统所负载的思想、文化、精神等人文积淀。本课第二件事，虽然是写奶奶分杏儿，但其实通过体会"我"的态度、心情的变化，进而可以体会到一个儿童内心世界真实的情感变化。当她看到小淘气偷摘杏儿掉下来，奶奶连忙赶去扶起小淘气，还揉揉他的屁股时，"我"有一点儿不开心，觉得他摔倒是活该。之后，奶奶还挑树上成熟的杏儿，全给小淘气吃，"我"更不高兴了，觉得奶奶分明是偏心。最后，通过奶奶的一番话点醒了"我"，原来奶奶通过这件事情是要告诉"我"，好东西要懂得与人分享。

2. 育人目标的确立要突破学生的学情

本文最大的育人价值是在于引导学生从奶奶的所作所为中，思考生命真正的价值所在。这对于这一代的学生尤为重要。因为他们的父母多数都是独生子女，他们的子女更是自私、自大，有了父母的庇护，平时为了一点儿小事，就学会了推托，并且互相指责。他们其实都是文中"我"的化身，对于别人的错误会"放大"观察，不轻易原谅，对于自己的错误，会云清雾散，一笑而过。他们经常会不愿意把自己的东西拿出来分享，更别说是自己的好东西了。

这篇课文的出现，如同一股和煦的春风，给他们指明了做人的方向。只有心胸宽广，才会以我的真心换取别人的信任，久而久之，才能交到知心的朋友。另外，三年级的小学生，相对于成人而言，对生命、对人生的看法是比较肤浅的，也正是形成积极健康的人生价值观的起步阶段。课文中奶奶分杏儿这件事，教会文中的"我"，更是教会学生们学会"分享自己的好东西给大家"这一人生哲理。因此，本课的育人目标定位在引导学生较为全面、深入地感受如何做人，学会如文中的"奶奶"，要具有宽容、随和、细心、大方等品质，才会乐于分享给大家，深入把握文中作者对于生命价值的探求，从中获得自己对生命过程的思索与感悟。

（二）凸显务"实"，生成德育渗透点

1. 在分析细节中渗透德育

语文教师应该充分把握好语文学科的这一优越性，充分挖掘教材中的德育素材，找准德育切入点，加强德育渗透，寓教于情，寓教于理，做到有目的、有针对性地对学生进行人生观、道德观、生死观、荣辱观等多方面的思想教育，让他们的人格逐渐完善成熟起来，明白要怎样做人、做什么样的人的深刻道理。[1] 在体会奶奶的品格时，引导学生抓住描写奶奶的"动作""语言"的词句，例如，"走""扶""揉""回过头说""有果子大家吃才甜，让乡亲们尝个鲜，杏儿就会越结越多"，让学生体会出奶奶心肠好和懂得分享。

2. 在指导朗读中渗透德育

本文内涵深刻，叙事生动，并于叙述中融入了浓郁的感情色彩，容易激起学生情感的共鸣，在本文教学中根据文章特色将指导朗读贯穿始终，尤其是抓住那些表现力很强的神态描写和语言描写，如"看着几个孩子吃得那么香甜，奶奶的嘴角又挂上了微笑"，让学生声情并茂地朗读课文，体会作者的情感变化，使他们的思想感情受到感染，达到内化，深深感受到奶奶爱分享的高尚品德。

3. 在挖掘内涵中渗透德育

本篇课文不仅热情歌颂了奶奶乐于分享的优良品质，更表达了对生命价值的思考，引导我们年幼一代树立正确的做人观与交友观。在分析这一层旨意时，可以阅读下面一段文字："奶奶看了看我，明白了我的心思，便搂住我，笑容可掬地说：'傻孩子，有酒大家喝才香，有果子大家吃才甜。要记住，杏儿熟了，让乡亲们尝个鲜，杏儿就会越结越多！'"之后提出这样的思考题："'有酒大家喝才香，有果子大家吃才甜'是什么意思？""为什么让乡亲们尝个鲜，杏儿就会越结越多？""我们从中得到什么启示？"通过对这三个问题的思考和探讨，使学生明白分享的代代传承，只有懂得多分享、多付出，才会更幸福、更快乐，才能有更多的朋友，人才活得有价值、有意义。

（三）突破浸"润"，拓展德育延伸点

1. "割裂"变"依托"

教材中的每一篇课文都是语言文字和思想内容的统一体，形式和内容是相互依存融为一体的。在教学过程中，教师如果能挖掘文本的内涵，立足于文本进行教学，这样就可以使工具性和人文性得以和谐统一。[2] 教师应该让学生在语言的训练与习得的过程中，无痕地推进获得情感的体验与道德的认知。

"抓住关键词句复述奶奶分杏儿的过程"与"学会好东西要与人分享"是不可割裂、互为依托的关系。"抓住关键词句复述奶奶分杏儿的过程"是理解"学会好东西要与人分享"的前提，没有学会"抓住关键词句复述奶奶分杏儿的过程"，如同没有生命的躯体，可见两者是密不可分、相辅相成的，通过让学生进行这样的

表述训练，才能真正学会"好东西要与人分享"的道理。

2."说教"变"浸润"

教学中如何把"抓住关键词句复述奶奶分杏儿的过程"与明白"学会好东西要与人分享"的道理做到润物细无声呢？这是我们要深入思考的。在语文教学中，应引导学生通过理解、体味语言文字去悟道，体会其思想内涵，而不是游离于语言外的空洞说教。"学会好东西要与人分享"，这篇文章所蕴含的道理看似很简单，实则抽象，难以理解。

在教学中，笔者出示了一个复述填空题——抓住奶奶的关键词复述奶奶是如何分杏儿的。学生利用板书，并抓住奶奶的关键动作就能复述清楚，并能感悟"学会好东西要与人分享"这一做人的人生感悟。从"抓住关键词句复述奶奶分杏儿的过程"，最后到理解"学会好东西要与人分享"的教学过程，层层突破，层层剖析，无声地渗透育德内容，使学生自己得到感悟，明白做人的真谛。

育德之道，又岂在朝朝暮暮？语文学科育人在课堂中的落脚点要实实在在，这份"实"需要我们对教材进行多维度的分析，从文章细节与朗读等方面深入着手落到实处，再把"情"落实到分享优秀品质的思考中，从而让学生产生对生命意义的探索，最后，在操练浸"润"中，无痕地进行正确的人生观与价值观的熏陶教育。

注 释：

[1] 杨超. 浅谈当前小学语文教学中的德育 [J]. 成才之路，2011（21）：18.

[2] 李向平. 谈语文教学中思想品德教育的渗透 [J]. 山西教育，1997（Z1）：82.

参考文献：

[1] 陈丛岚. 在小学语文学科中渗透环境教育 [J]. 桂林师范高等专科学校学报，2019（4）.

[2] 吴廷钊. 小学语文教学中德育渗透的策略 [J]. 科学咨询：教育科研，2019（6）.

[3] 杨道麟. 美学视野下的语文教育研究 [D]. 济南：山东师范大学，2011.

俯仰留连，疑是文中别有天

——阅读教学中文本德育资源的挖掘与教学重构初探

上海市宝山区第一中心小学　沈　昱

教育是为学生的终身发展奠定基础的事业，立德树人是教育的根本任务。课程作为集中体现国家意志、教育目标和教育内容的主要载体，是学校教育教学活动的基本依据。

《中小学德育工作指南》明确指出：充分发挥课堂教学的主渠道作用，将中小学德育内容细化落实到各学科课程的教学目标之中，融入渗透到教育教学全过程。要根据不同年级和不同课程特点，充分挖掘各门课程蕴含的德育资源，将德育内容有机融入各门课程教学中。语文要利用课程中语言文字、传统文化等丰富的思想道德教育因素，潜移默化地对学生进行世界观、人生观和价值观的引导。

然而在过往的学科德育实践过程中，往往存在着一些矫枉过正的做法：教学中没有找到合适的切入点，德育游离于文本之外，单纯进行人物品质、道德启示的解读，偏离甚至遗忘了语文学科的学科属性，导致语文课被上成了思想品德课。这种情况在语文阅读教学中尤为突出，近乎说教式的教育不仅失去了属于语文学科的独特魅力，而且使德育目标的实现流于简单化、机械化、空泛化。

因此，就如何深入解读文本，挖掘文本中蕴含的德育资源，并以此为基础进行教学重构，笔者进行了研究实践。下面将以沪教版四年级第一学期第37课《詹天佑》一课的教学为例，对此进行说明。

一、解读文本——文中是否别有天

《语文课程标准（2011版）》中指出：培养学生高尚的道德情操和健康的审美情趣，形成正确的价值观和积极的人生态度，是语文教学的重要内容，不应把它们当作外在的附加任务。应该注重熏陶感染，潜移默化，把这些内容贯穿于日常的教学过程之中。

语文学科与其他基础学科最大的不同，在于它兼具工具性与人文性。"工具性"着眼于语文课程的实用功能和实践性特点；"人文性"着眼于语文课程的文化功能和人文学科的特点。它肩负了传承中华几千年灿烂文化和中华民族传统美德的重任，又有净化人们心灵、塑造美好道德的教化作用，对学生进行德育有着得天独厚的优势，它能融知识教育、能力训练、道德修养、情操陶冶于一体，使学生既获得知识，培养能力，又受到情与理的潜移默化，从而陶冶情操，净化感情，提高思想素质。[1]

《詹天佑》一文正是语文学科这种特性的最佳体现。本文以人物的名字为题，重点记叙了詹天佑主持修筑京张铁路这一事件，通过对其言行的刻画，为读者勾勒出一位杰出的爱国工程师的高大形象。

全文共分四个部分，以詹天佑的爱国精神贯穿全文：先概括介绍詹天佑是我国杰出的爱国工程师；接着介绍了修筑京张铁路的时代背景；然后，以勘测线路、开凿隧道和设计"人"字形线路三个片段为代表，介绍了詹天佑主持修筑京张铁路的过程；最后呼应文章开头，再次点明中心。

虽然学生在预习时就已经能找到文章的中心句——"詹天佑是一个杰出的爱国工程师"，但是，此时学生对"杰出"与"爱国"这两个关键词的理解，还仅仅停留在认知层面上，并不意味着他们能够真正感悟到詹天佑迎难而上为国雪耻的爱国之心与杰出贡献，也还未能发自内心地对这个人物产生敬意。这种"说教式""贴标签式"的人物解读，体现了学生原有阅读水平的局限，也正是以往学科德育生硬空洞的原因。

在充分研读文本后，笔者发现，本文从语文学科的角度来说，作者的选材意图是学生容易忽视的，值得引导学生深入研究；而在分析选材的过程中，恰巧又蕴含着对人物精神的解读，从而将德育目标无痕融入文本教学之中。

因此，对本课教学的目标，就定位在着重引导学生关注文本表达，提炼相关信息，以此为依据揣摩作者的选材意图，并由此深入领会人物品质，感悟爱国情怀。

二、重构教学——怎知文中别有天

对于《詹天佑》这篇课文而言，传统的教学处理是将教学重点放在课文第三部分，紧紧围绕詹天佑在勘测线路、开凿隧道、设计线路这三个具体事例中的表现进行学习。

而在深入进行文本解读，确定教学目标后，本课教学设计必然要进行重构。教师要着力突破的难点是将学生的关注重点从对内容的解读转移到对作者写作意图的解读，从而为更深入地感悟人物品质打下基础。

"读者往往只选择与自己接受视野相应的层面去感受和理解作品。"[2]正因为如此，课前预习文本时，学生极容易忽略第二段中介绍的事件背景，而把关注点放在詹天佑是怎样勘测路线、怎样开凿隧道、怎样设计线路上的。为了使学生的关注点能够自发转移到本课重点上，在课堂教学中，教师首先要做的就是通过适当补充背景材料，介绍詹天佑主持修建的一系列工程，引导学生对作者从众多工程中选择"京张铁路"为文章素材的原因产生探究的兴趣。

继而，学生在探究目标的驱动下反复细读文本第二段，寻找出相关的语句。在学生交流语句的过程中，教师适时点拨，引发学生更深层的思考，从找出的语句中归纳提炼出重点：京张铁路是连接华北和西北的交通要道，更是我国自主修筑的第一条铁路干线，工程艰巨，连外国工程师都不敢轻易尝试，修筑铁路还面临着帝国主义的阻挠、要挟与嘲笑。在深入剖析、逐渐还原历史的过程中真切地感悟到詹天佑的"杰出"与"爱国"。

最后，紧扣"毅然"一词，设计说话练习："詹天佑毅然接受任务，心想，_____。"用这样的方式，引领学生进一步走进人物内心，产生共鸣，从而实现本课的育人目标。

最终呈现的课堂教学，可以简要概括如图1所示。

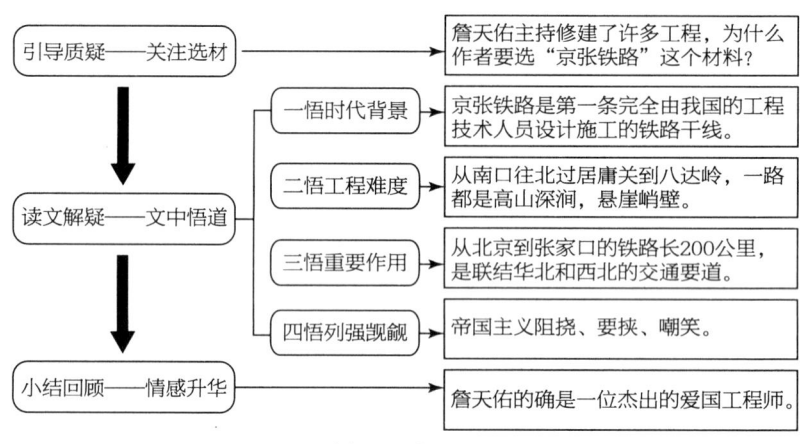

图1 《詹天佑》教学流程图

三、总结反思——文中自然别有天

从本课的教学效果反观阅读教学中文本德育资源的挖掘与教学重构，笔者认为在以下三个方面做出了有益的尝试。

（一）挖掘文本，觅道于文

著名语言学家、语文教育家吕叔湘先生认为，语文教学要"走一个来回"，即从语言文字出发到思想内容，再从思想内容出发回到语言文字。在这个过程中，教师"引领学生走进文本，挖掘蕴含在语言文字之中的文化精神，在体验、感悟、内化的过程中，让心灵走进心灵"。[3]

由此可见，要做到使德育与语文教学无痕衔接，互为依托，首要的一点是要尊重文本。教师自己必须首先走进文本，反复揣摩，挖掘其中的德育内涵，才能找到合适的切入点，从而最大限度地发挥语文课程的育人功能。

本文教学前，在分析教材时，教师紧扣住文本表达的特点，确定了本课的教学重点是引导学生读懂作者选材的意图。这样做的目的，不仅仅是引导学生关注作者的文本表达，更是为了让学生逐渐走近历史，触摸人物心灵脉动，从而更好地感悟人物品质。因为只有理解"京张铁路"的历史地位及其重要性，理解当时中国所处的内忧外患的境地，学生才能真正读懂在詹天佑接受并圆满完成这项任务的表象背后，是他杰出的才华和炽热的爱国之心。

（二）品析词句，悟道于文

学科德育的实施与学科核心素养的提高，是水乳交融、互相依存、互相促进的。落实学科德育，要直指文本语言。忽视词句品析的课堂，必然是缺乏深度的语文课堂，也必然导致学生的认知水平依旧在原有水平上徘徊，使学科育人成为一句空话。

因此，语文课堂中的德育，一定是落实在具体的词句品析中，使育人目标找到实实在在的载体。从文本语言入手，在关键词句的反复品味、适当点拨中，当学生沉浸在文本之中时，作者蕴藏在文字背后的情与理也在潜移默化中影响着学生的世界观、人生观与价值观。

本文教学中，学生围绕"为什么作者要选择修建京张铁路这件事来介绍詹天佑"这一核心问题，反复研读课文，在重点词句中寻找答案。在交流过程中，教师及时对学生发现的零散的内容进行归纳总结，从时代背景、工程的重要性、难度及帝国主义者的觊觎四个方面揭示出"京张铁路"的特殊性，从而使理解作者的选材与文章的中心之间的关联变得水到渠成。同时，再一次深化学生对詹天佑"杰出"与"爱国"的感悟。此时，学生对这两个词语的理解已不再是两个空洞的标签，而是在对相关历史背景全面剖析后的深入解读。

（三）语言实践，得道于心

特级教师邓彤曾经说过："要让学生用人生的经验去感受……不可在课堂上给出说教式的定论，因为'偶有说教，便是败笔'。"

在品析词句的基础上，设计语言实践，既有助于学生语文核心素养的提升，同时也有助于学生借助自身经验深入理解文本主旨，深化认识，升华情感。

本课教学中，在学生一步步读懂京张铁路的特殊性后，教师设计了想象说话的练习，说一说詹天佑的决心。通过刚才的理解感悟，学生已经逐渐走进了那段屈辱的历史，走近了詹天佑的内心，感受到人物强烈的报国之志，并由此激发出自己的一腔爱国热情。此时，学生所说的，不仅仅是詹天佑的内心独白，更是自己作为一个中国人的心声。

学生在语言实践中，通过角色体验，将自我转化为文中人物，进而与作者、与人物进行深层的心灵对话。只有与文中人物同喜同悲，才能悟出个性化的体验，在认同作者所要倡导的价值取向的同时，内化为自己的人生感悟，从而使育人目标在不露痕迹中水到渠成。

结语

实践表明：语文学科育人价值的实现，不是通过外部的强行输入，而是以教材为依托，以语言文字为载体，学生在听说读写等语言活动中逐渐走进文本，完成与文本的对话，从而使心灵获得滋养成长。

首先，要把握语文学科的特点，深入进行文本解读。就如同"一千个读者心中有一千个哈姆雷特"，语文的文本往往具有多重教学价值，而教师则要从学生已有的知识积累、生活积累、思想认识水平出发，筛选确定本课相对明确而具体的核心价值。教师在解读的过程中，不能囿于现成的解读而忽视学生的需求，舍弃自己的思考。只有反复阅读文本，细心揣摩，才能从文中发现别有洞天之处。

其次，在课堂教学中，教师要精心设计教学环节，不在学生已知的内容上浪费宝贵的课堂学习时间，而要引导学生去探究、发现文本中未知的妙处，同时，教师适时点拨，引发学生思维碰撞，读懂言外之意。在师生之间、生生之间、师生与文本之间的对话中，真正调动起学生的真情实感，在品味语言文字魅力的同时，帮助学生成长，实现对学生的思维方式、行为习惯、道德情操、价值意识的熏陶感染。

在文本中"俯仰留连"，才能让教师发现文本中的另一番景象；在教学设计中"俯仰留连"，才能引导学生用心灵感悟德育内涵的别有洞天。语文学科的育人研究，一直在路上……

注　释：

[1] 王加蓉. 春风化雨，润物无声：高中语文教学中的德育渗透 [J]. 吉首大学学报，2014（12）：103.

[2] 王荣生. 语文教学内容重构 [M]. 上海：上海教育出版社，2007：31.

[3] 于立国. "学科德育"视域下的初中语文小说阅读教学案例研究：以《范进中举》课堂教学为例 [J]. 教育与教学，2017（4）：53.

参考文献：

[1] 上海市教育委员会教学研究室. 语文　扬起生命的风帆 [M]. 上海：上海教育音像

出版社，2013.

[2] 中华人民共和国教育部. 中小学德育工作指南 [Z]. 教基〔2017〕8 号，2017.

[3] 中华人民共和国教育部. 全日制义务教育语文课程标准 [S]. 北京：北京师范大学出版社，2011.

[4] 黄向阳. 德育原理 [M]. 上海：华东师范大学出版社，2000.

[5] 王天蓉，徐谊，冯吉，等. 问题化学习教师行动手册 [M]. 上海：华东师范大学出版社，2010.

文以载道，寓德于教

——在初中语文课后习作教学中提升学生道德素养的实践

上海市宝山区行知外国语学校 李 瑶

语文课堂是落实德育工作、实现德育功能的良好平台。然而，不难发现在日常语文教学时，教师主要以阅读教学为载体，通过挖掘教材进行德育渗透，忽视了习作教学中的德育作用和价值，导致语文德育功能未能完全发挥。因此，要想把德育目标落实到整个语文教学中去，培养有道德、有能力、综合素质高的学生，还应加强语文习作教学的德育实践。

笔者认为，课后习作能够充分发挥语文教材的德育优势。课后习作教学是教师在紧密结合教材的基础上，以多样化的活动形式指导、启发学生进行写作，从而在教学生"作文"的同时，教会学生"做人"，于潜移默化中提升学生道德素养的教学实践。

在《中小学德育工作指南》的指导下，笔者对初中语文课后习作教学与德育融合的方法进行实践，并展开分析和讨论，目的是发掘语文课后写作中的德育因素，发挥语文教学中德育工作的实效性。

一、未成曲调先有情——挖掘语文教材的德育优势

目前，我国各级学校的德育教材采取了国家审定、统一编写的模式。虽然教材曾先后历经数次修订已渐臻完善，但是"切断语脉、文本非人称化"等现象仍然明显[1]，文本的"政治性与文化性相分离、教化与文化相分离"的问题仍然很突出[2]。这些教材的话语体系以文件话语、政治话语以及权力话语为主要形式，而这些表达恰恰是学生不太熟悉甚至不太喜欢的。

初中语文教材的编选充分体现思想性、社会性、综合性等学科特点，教材中含有丰富的德育资源，其话语体系更具文学性，话语形式多样，思想感情丰富，学生易于理解，便于运用。教师引导学生理解语文教材，品读文学经典内容，认识文学作品的内涵，从而实现新时代对德育工作的要求，培养学生的综合素养，促进学生的全面发展。

由此，语文教材的德育优势为习作课的实践做好了铺垫。教师指导学生以阅读、感受为基础，以修身、养德为目的进行写作。此途径既符合学科学习的要求，又可将语文课程的德育功能发挥得淋漓尽致。

二、绝知此事要躬行——课后习作教学的实践探索

（一）选择多样的主题形式

在课后习作教学中，给予学生一个好的作文题目非常关键。一个好的作文题目应当贴近学生的生活体验，符合学生的心理发展，能表现学生的真实感受，帮助学生确立世界观、人生观、价值观。

语文教材中的单元主题非常明确，不论是山川名胜、中华文化，还是革命历史、科学道理，那些丰满的人物、优美的文字、跌宕的情节和深刻的主题都传递着美，富于启迪和感召力。师生大可在学习整个单元后，或借鉴主题，或根据主题自拟讨论题目，进行课后习作。例如亲情类的"有家真好""两代人的心灵沟通"，热爱自然类的"亲近自然""自然奥秘"，人物品质类的"人贵有精神"等主题。学生借助数篇美文已有了心灵的体验、感情的波澜，加之讨论、自拟题目的过程增强了学生的自信与兴趣，自然易于动笔、乐于表达。

同时，课后习作的写作形式也未必是确定的主题，可以对文中的美句进行仿写；可以对意犹未尽的结尾进行续写；可以发挥想象对故事进行改编；也可以对文章发表感想和议论……

（二）做好渐进的课堂铺垫

教师应充分运用教材中的德育资源，引导学生在课堂上感受、理解文章的写法，辅之以广泛的与课文相关的课外篇目与书籍，帮助学生做好课后习作的能力与情感铺垫。

例如，在学习《七根火柴》一文前，笔者鼓励学生在预习时大量阅读、了解当时红军长征的路线和意义，学习时利用之前学习过的有关红军长征的文章《老山界》导入，带领学生通过七根火柴的线索体会无名战士的舍己为人、对党忠诚的高尚品质，并品读人民英雄纪念碑碑文的含义。在庄重肃穆的课堂氛围中，学生理解了文章的思想内涵。经过充分的情感调动后，笔者布置了卢进勇在无名战士献出火柴牺牲后如何追赶部队的想象作文。学生的习作中体现了对于无名战士的崇高精神的理解，将整个过程中主人公不畏艰险、奋勇向前，保护火柴，传承精神的情节写得很生动，并将自己的爱国和感佩之情注入对卢进勇的神态、动作、心理描写中。

有了循序渐进的课堂的铺垫，写作不仅成为文章生命力的延续，而且成为学生体悟生命、感受崇高、唤醒自我、完善人格的展现方式。

(三)开展有趣的实践活动

课后习作也可以很有趣。教师根据写作内容所需情感体验的不同,组织多样的丰富的实践活动,不论是社会实践,采访调查,还是编排剧目,议论纵横……都能激起学生无穷的兴趣,"润物细无声"地将美德播撒进心灵。

当学习山川河流、名胜古迹的文章时,笔者会鼓励学生走进大自然,游历山川田野,观赏花鸟鱼虫,感受大自然的神奇与博大;充分利用学校的社会实践活动,引导学生欣赏身边的著名景观,观察家乡的变化,收集曾经的故事,写成简单的观察日记,将其做成独属于学生的档案,使学生增长见识,开拓视野,锻炼观察、写作能力,激发学生热爱家乡、热爱祖国河山的美好情感。

当学习《愚公移山》时,笔者请学生思考对愚公的做法持赞同还是反对态度,并组织一场名为"愚公愚/不愚"的辩论会。辩论双方讨论激烈,赞同愚公的一方肯定中华民族坚持不懈的抗争精神与一往无前的勇气,而反对愚公的一方则为愚公出谋划策,认为他可以用搬家、开山辟路等方法,最终师生共同总结双方的优点。课后,学生基于双方观点的习作充满思辨与智慧。辩论既体现全体性,又体现差异性。学生是真正意义上的学习主体,他们对问题充满浓厚兴趣和满腔激情,教师则积极创造出一种支持开放性探源学习的环境,既是学生探源时的学习伙伴,也是最终解决问题过程中的指导者。辩论有利于学生形成独立见解,张扬个性,不唯师、不唯高,理性思维,也能培养学生团结合作的精神。平日里对校内外一些热点进行讨论,能帮助学生通过不同观点的碰撞发现问题,认清本质,明辨是非,逐步形成正确的思想观念。

当学习历史类、时政类的文章时,教师可以在语文教学中结合时事政治,让作文更具时代性与感染力。笔者鼓励学生关注时事新闻,发表自己的议论与看法,学写"新闻短评",并轮流在课前加以分享。例如,在四川凉山森林火灾事件发生后,学生向英勇牺牲的消防员们致敬,感激美好生活背后许多人的奉献、努力和牺牲,同时对森林火灾也有了新的认识。这种写短评的形式能够锻炼学生用少而精的文字表达深而远的思考和感悟的能力,同时,真实的事件更能触动学生的心灵,也包含了潜移默化的理想信念教育、中华优秀传统文化教育等。

当学习人物时,请学生当小记者,采访身边的人物,交流或写信;当学习诗歌时,启迪学生发现、歌颂生活中美好的事物,揭露丑陋的现象,写出自己的少年心声;当学习节选文章时,鼓励学生阅读作者书籍,做读书笔记,开展读书分享活动……总之,教师必须了解学生真正的情感体验需求,开展寻找最佳教育点,即找准教材中蕴涵的各种"德育因素",把握德育"三性",即自然性、生动性、针对性,力求做到寓德于事,寓德于理,寓德于美,避免空洞的说教,将德育有意识、有计划地渗透到语文教学的全部活动中去,从而达到"春风化雨,润物无声"的效果。[3]

（四）重视点拨的指导评价

一方面，教师要重视对学生习作的指导，调动学生的真实体验，帮助学生联想、想象材料与主题的关系，汲取"素材库"中的精华，优化语言及思想认识结构，写出立意新颖、文质兼美的优秀习作。

另一方面，教师在习作中大力倡导学生大胆创新、自由想象的同时，还要注意引导，严格把关。社会生活丰富多彩，社会现象多种多样，正面的、负面的社会现象都会影响学生的心灵世界。因此，在作文讲评中，教师不单要重视点评学生习作的组织结构和语言能力，还要重视学生文章的立意和材料的选择。材料的选择反映了学生的思想问题，讲评时应认真对待，坚持正面引导，对作文中表现出的健康向上的情感给予充分肯定；对学生流露的不健康的思想情感重视启发点拨，有效矫正学生的错误思想，树立正确的思想观念。

三、路漫漫其修远兮——思考习作教学的优化改进

（一）加强阅读鉴赏，沐浴情感熏陶

学生习作包含思想认识积蓄的过程，是平时对生活和事物逐渐认识清楚、认识准确、认识深入，逐步形成正确世界观、人生观、价值观的过程。

读是写的基础。只有广泛的阅读、鉴赏，才能使学生掌握写作技能，沐浴情感熏陶，培养高尚品格。

（二）拓宽德育途径、创新教育方法

习作教学当然不是语文课程育人的唯一手段，语文课程的德育功能应当结合各校德育现状，通过不断改革、创新教学模式来挖掘与开发。

在语文课堂中可以运用新颖的形式，如可以通过主题演讲、问题抢答、案例演示、话剧表演等，引导学生深度参与，真正实现"翻转课堂"；可以利用新媒体网络组织学生参与传统文化知识竞赛、诗词歌赋朗诵比赛以及书法鉴赏等活动；鼓励学生走出校园，走进社会，到实践中去领会、品味和感悟。[4]

在整体的校园课程设计中，学校可以开设跨学科课程，对学科知识富含的德育因素进行整合，也可以以学校的综合实践活动课程、校本课程、地方课程为依托，开发符合本校学生学情的德育课程。

（三）关注教育对象、德育分层评价

从文化角度上来看，在德育过程中根据教育对象、教育内容实施分层教育，一直是中国传统教育的重要观念与具体手段之一。

德育的对象是人，个体的差异性会使得德育目标的达成效果不同。所以，在对德育成效进行验收时，教师需要有规范、合理的评价机制。就习作而言，教师不能忽视学生文字背后反映的思想价值，不能忽视学生写作过程中的进步与成长，

更不能忽视学生的年龄与心理发展的特点。

德育最终目标是培育身心更健康的"人"，只有对德育与教育对象之间的不同层次性进行综合考量，倡导德育从观念、行为、实践三个层面的完整性、体系性与科学性，才能确保德育取得更高实效。[5]

四、直挂云帆济沧海——坚定德育落实的毅力决心

"文以载道，寓德于教"，语文教学必须与德育有机地结合在一起。通过"教"充分挖掘语言文字中丰富的思想内涵，在传授知识的同时渗透思想教育，从而使学生在获取知识的同时，受到德育的情感熏陶，通过"文"的表达方式，在语文学习中真正找到精神家园。

在《中小学德育工作指南》的明确要求下，教师应树立"人人做德育""处处有德育""事事是德育"的观念，把德育落实到生活中的每时每刻，落实到每一件事、每一个活动之中，真正做到"全员育人、全程育人、全方位育人"，从而使德育真正落地、生根、开花、结果。

注　释：

[1] 佐藤学．学习的快乐：走向对话 [M]．北京：教育科学出版社，2004：41．

[2] 尤献忠，钟和平．人文关怀视野下的高校对话德育及其建构 [J]．高等教育研究，2012（1）：87．

[3] 陈永娟．春风化雨，润物无声：在语文教学中提高德育素养之我见 [J]．中国校外教育，2019（20）：24．

[4] 位青青．传统文化在高校德育建设中的价值与实现途径 [J]．农家参谋，2019（9）：138．

[5] 程煜．高中德育分层教育的实施途径 [J]．教书育人：教师新概念，2019（2）：21．

参考文献：

[1] 张平禄．浅议初中语文阅读写作教学与德育教育的融合 [J]．文教资料，2018（29）．

[2] 邱丽春．关注习作教学中学生的情感体验 [J]．福建陶研，2006（1）．

[3] 李新军．浅谈初中语文教学中的德育渗透 [J]．中学课程资源，2019（7）．

[4] 殷丽莉．在习作中渗透思想品德教育 [J]．赤子：中旬，2013（10）．

[5] 傅宁．谈习作教学中德育的渗透 [J]．中小学图书情报世界，2006（12）．

[6] 刘道伟．在中学语文教学中渗透品德教育的方式 [J]．科学咨询：教育科研，2017（10）．

[7] 左小文．优化育人途径　增强德育实效 [J]．福建基础教育研究，2017（12）．

[8] 唐文天．初中语文教学中如何渗透德育 [J]．西部素质教育，2019（6）．

[9] 欧运波.中学语文教学中德育功能的实现路径分析[J].才智,2019(4).

[10] 李娇娇.西师版小学高段语文教科书德育要素呈现及教学实施研究[D].重庆:重庆师范大学,2016.

[11] 梁其贵.语文德育论[M].郑州:大象出版社,2006.

[12] 黄向阳.德育原理[M].上海:华东师范大学出版社,2000.

固本以生木，慧心以秀言

——在阅读活动中落实语文德育功能

上海市顾村中学　刘雪庆

我常想我们做教师的，从良心的觉悟，也想叫学生做个正正当当的人。然而叫学生认识人生真价的工具——教科用物的制造，都是凭几位编辑先生高兴或不高兴的时候随意杂凑的。这究竟是实用的工具吗？

——叶圣陶《教材大纲与教科书》

理解叶圣陶先生的这句话不可断章取义，但它却揭示了语文学科的重要特性——语文能力和道德素养绝不单是靠讲解教材培养出来的，而是在大量的听说读写实践中提高的。前者已经是语文教育界的共识，可是道德素养的提高和听说读写活动又有何关系呢？德育是心灵的教育，不同于技能教育通过讲授和重复训练进行，心灵的教育只有两种方法——"生活经历以及与生活经历相关的故事，即文学"。[1] 人类历史上伟大的哲学家和教育家，如孔子、苏格拉底、伊索等，都曾经使用讲故事来教化人的心灵。一个人经历得越多，体味过越多的人间悲苦，越能对他人的遭遇产生同情，对他人的情绪产生共情，就越倾向于做出利他行为。青少年的个人生活经历毕竟有限，能够替代这种直接经验的，就是从文学作品中获得的间接经验。当学生沉潜于文学作品中时，他事实上已经在作者所构建的另一个平行世界中走近人类的心灵，了解到生活的意义。因此，语文教师应致力于引导学生从广阔的社会现实中、从浩瀚的文学作品中汲取丰富的精神养料，以此培育学生的共情力，最终使学生成长为一名利他主义者。

一、语文德育功能落实的现状与困境

反观当下初中语文教育现状，情况却不容乐观——学生的语文学习兴趣和阅读兴趣普遍偏低。校内时间被反复的默写和套路式的阅读练习题所占据，校外时间被无休止的补课班和纷繁的游戏占据；课内贴标签式的中心思想使情感价值教育流于形式，课外功利性的阅读作业扼杀了学生的阅读兴趣。在这样的情况下，学生连读书摘抄都是应付差事，更何谈在阅读中提高思想道德修养和审美情趣？诗歌朗诵比赛、课本剧表演、辩论赛、演讲比赛等课外语文实践活动虽然搞得如火如荼，然而缺乏连续性和梯次性，这些活动的德育效果就会大打折扣。另外，由于此类活动都需要极强的语文综合应用能力，所以常常会沦为少数优等生的活动。况且笔者以为心灵的成长也从来与华丽喧闹无关，它一定是在安静的内省中发生的。

此外，初中阶段学生的心智特点也给学科德育工作带来很多困难。青春期的学生已发展到皮亚杰的"自律道德"阶段。他们逐渐意识到"社会规则是主观的协议，任何规则都会有人质疑"[2]。独立思考能力有所进步，但却难以理性辩证地看待问题，"容易受偏激观念的影响[3]"。师生关系上，他们"对教师不再盲从，而是习惯追问'为什么我要这样'"[4]。

困境该如何突破？如何有效落实初中语文学科的德育功能？如何使语文实践活动与学科德育有机融合？结合语文学科的特点和初中阶段学生的心理特征，在具体实践中，笔者摸索出了以目标为导向、以阅读为本位的育德途径。

二、德育的终极目标及阅读为本位的育德途径

（一）德育的终极目标

教育比如射箭，直指靶心的努力才可能达到最好的效果。育人比如栽树，浇水要浇在根上。德育的终极目标是什么呢？根据《中小学德育工作指南》和《（义务教育）语文课程标准》对语文德育目标的阐述，笔者将其概括为：培养具有人文精神和理性思维的终身学习者。有深厚的人文精神，培育起悲天悯人的情怀，才有可能真正做到尊重他人，尊重彼此的差异，尊重自然及世间万物。这样的人，始终对世界报以温柔，自然会乐于助人，善于合作。能进行理性思维的人，拥有整体观和辩证思维方法，对世界始终保持清醒的认知，不致走向极端。不会因为爱国而走向狭隘的民族主义，不会因为尊重多元文化而丧失对中华传统文化的信心。拥有理性思维的人，能清醒地认识到个人命运与国家命运、民族命运息息相关，能将个人的际遇置于客体位置上加以思考，从而做到"不以物喜，不以己悲"，此所谓"知者不惑，仁者不忧"。一个人拥有悲天悯人的情怀，对别人存有仁爱之心，才能完成他的社会责任[5]；一个人拥有理性思维品质，才能洞察事物的本性，无论外在的世界如何狂风大浪，都能始终保持内心的波澜不惊。成为终身学习者，是现代社会对个人的要求。终身学习者始终对世界保持好奇，有强烈的求知欲，能够不断地关照自己的内心，对世事万物进行持续思考，使自己的知识技能和个人修养日益增进，臻于至善。

（二）创设班级自主阅读氛围

自主阅读是培养终身学习者的必由之路。《义务教育语文课程标准》也明确指出，应鼓励学生自主阅读、自由表达。自主阅读的一个核心就是学生要有自己选择读物的自由，不为完成某项任务而阅读。有研究表明，当学生被教师或家长强迫阅读他们不喜欢的书时，学生的阅读兴趣会急剧下降。因为学生的阅读能力事实上存在着巨大差异。如果对读物做硬性规定，就会使阅读能力差的学生对阅读产生畏惧和排斥心理，不仅达不到应有的阅读效果，反而会损伤阅读积极性。一旦学生离开学校，可能就再也不会读书。对于阅读习惯没有建立、阅读能力较差的学生来说，如果他们喜欢轻松搞笑的漫画或青春文学，不妨让他们去自主选择。这些读物可以使学生建立起对阅读的兴趣，一旦阅读成为习惯，他最终会成为终身学习者，也最终会选择有思想深度的读物。有的教师担心，一旦允许学生自主选择读物，学生可能会沉迷于不健康的读物中不能自拔，继而影响到学习成绩。从目前的实践来看，学生是有基本的价值判断的，教师只要多留意、适时点拨就可以。事实上，自从笔者鼓励自主阅读之后，班级的课间秩序也变好了很多。

在阅读的基础上进行分享交流，可以极大地调动学生的阅读兴趣。笔者在班级里每月举行一次"读书吧"交流活动。在教室后墙开辟一块区域建立"读书吧"。学生每月创作一次读书手抄报，其内容包括书名、作者简介、内容简介、内容摘抄、推荐星级、推荐理由。不同于读书报告或读后感，手抄报以图文并茂的形式呈现，这种作业形式比较受学生欢迎。且"内容简介""内容摘抄""推荐理由"等都不会给学生造成心理压力，所有项目均无字数、形式要求。手抄报汇总后在教室后墙"读书吧"区域张贴。课间学生可浏览每张手抄报，并在自己喜欢的手抄报上盖印表示肯定。同时建立班级学生的读书档案，里面登记每位学生所读过的书目及印章数，每学期根据读书档案选出学期"读书明星"。读书手抄报不会让阅读变成学生的压力，以比较温和的方式"监督"了学生的阅读成果，且能够利用同伴影响激励个体的阅读行为，促进班级内自主阅读氛围的形成。

（三）引领阅读潮流

创设充满活力的阅读氛围，教师除鼓励学生自主阅读外，还应对阅读潮流有所引领。笔者通过两个"推手"进一步激发学生的阅读兴趣，刺激学生的深度思考，使语文的德育功能落地。

一是师生共享"朗读时光"。每天早课前10分钟是班级的"朗读时光"。教师为学生朗读一段文字，读完以后师生针对所读内容稍加讨论。"朗读时光"实行一段时间后，不仅早课前的班级纪律变得非常好，一些问题行为比较多的学生也有了变化。

朗读在思想教化方面的作用已为丰富的实践证明。19世纪中期古巴的烟卷制造工厂里每天都有朗读者为工人们大声朗读。其初衷是消解重复劳动的单调，

第三章
教学收获

但最终却使工人们"增长了见识,锻炼了能力,同时车间的风气也逐渐变得文明"[6]。从中国古代的评书艺术到"鞠萍姐姐讲故事""朗读者"等文艺节目,从亲子共读到教师的课文范读,这些不同形态的朗读都在教化人的心灵方面起到了很大的作用。

教师声情并茂地演绎,能使单调的文字信息变得立体生动,从而引起学生的阅读兴趣。想推荐给学生读的书,笔者会先挑选其中的部分章节或段落在班级里朗读,以此来引领班级的阅读潮流。每次朗读结束,师生都进行简单的自由讨论。这个过程可以促使学生进行独立思考,创设的自由表达氛围也可以锻炼学生的口头表达能力。教师客观辩证地思考问题的态度和方法也会对学生产生潜移默化的影响,逐渐修正非此即彼的思维方式,培养起理性的思维品质。

在每日的"朗读时光"中,人世间的爱恨情仇、悲欢离合、家国情怀、孝悌忠信等不断地在师生心中激荡起情感的涟漪。学生在静听人间疾苦之中,达到共情唤醒,滋养起仁爱之心。

师生共享朗读要注意三个问题:其一,能不能让学生来读?可以,但教师朗读应占有一定的比例。学生整体水平比较高的班级,可以按照学号轮流朗读,教师每周为学生至少朗读一次。对于学生整体水平不太高的班级,可根据实际情况三五人组成一个"朗读团",各朗读团选派代表为全班朗读。朗读团内部成员间互帮互助、互教互学,争取使每位成员都有机会代表本团为全班朗读。其二,读什么内容?故事性强的文字是最适合朗读的,特别是表现校园生活、家庭关系、人生际遇等方面的文字。学生可以从这些故事中看到人间悲喜,感受人生疾苦,内心的善良和爱也会被慢慢地激发出来。过于抒情化的、哲理性较强的文字若要朗读,需要提前打印出来,人手一份。此外,班级共享朗读应有一定的仪式,能从心理上给人一种庄重的感觉,使得朗读的效果更好。朗读后的讨论也是非常重要的环节。

创设自主阅读氛围的另一个推手是"每日一读"。每天下午3:30-4:00的自由学习时间,笔者会给学生发一篇哲理性短文。所选的文章一般都是名家的经典散文,无论是语言文字还是思想内涵都给人以美的享受。如梁漱溟的《智慧有一个要点,就是要冷静》、朱光潜的《凡是值得读的书,至少须读两遍》、朱光潜的《我对待人生的两种方法》、毕淑敏的《别给人生留下遗憾》、朱自清的《论诚意》等。青春期的学生急切地想要探究人生的意义、世界的本来面目,这些经典哲理性散文可以给学生带来很多启发,其中闪烁的理性光芒也会给学生带来不一样的审美感受。

大量朗读和阅读带来的直接结果就是学生的情感丰盈起来,感觉敏锐起来,思考深刻起来。在阅读的基础上所进行的自由写作,将学生的目光从文学世界引领到真实的生活中来。关注社会现实的自由写作能够激发学生的表达愿望,把学生从心理惰性中拉出来,"逼迫"其进行深度思考,理性思维能力因此得以提高。班级《成长》迷你月刊中不时出现的"差生"的作文就是很好的例证。

　　比起各种需要花费很多时间和精力举办的朗诵比赛、辩论赛、演讲比赛等活动,以上活动实行起来成本小、覆盖面广,能充分调动集体内所有成员的积极性,真正做到自主阅读、自由表达。学生听得越多,心底越慈悲;读得越多,见识越深刻;讨论得越多写得越多,思想越清明。唐代名相魏征曾谏唐太宗曰,"求木之长者,必固其根本",抓住语文教育之根,抓住学科德育之根,学生才能慧心秀言,最终成长为具有深厚的人文精神和理性思维的终身学习者。

注　　释:

[1]（美）吉姆·崔利斯.朗读手册[M].陈冰,译.北京:新星出版社,2016:84.

[2]（美）SHAFFER D R, KIPP K.发展心理学[M].邹泓,等译.9版.北京:中国轻工业出版社,2016:520.

[3]教育部基础教育司.中小学德育工作指南实施手册[M].北京:教育科学出版社.2017（12）:21.

[4]教育部基础教育司.中小学德育工作指南实施手册[M].北京:教育科学出版社.2017（12）:22.

[5]冯友兰.中国哲学简史[M].南京:译林出版社,2018:43.

[6]（美）吉姆·崔利斯.朗读手册[M].陈冰,译.北京:新星出版社,2016:42.

参考文献:

[1]中华人民共和国教育部.义务教育语文课程标准[S].北京:北京师范大学出版社,2012.

[2]（美）斯蒂芬·克拉生.阅读的力量[M].李玉梅,译.乌鲁木齐:新疆青少年出版社,2012.

[3]于漪.于漪全集:语文教育卷[M].上海:上海教育出版社,2018.

[4]于漪.于漪全集:阅读教学卷[M].上海:上海教育出版社,2018.

[5]田福深.语文教学生态重构理念的提出、重构原则与实践价值[J].教学与管理,2018（31）.

[6]尚云飞.初中语文朗读教学的理论与实践[D].兰州:西北师范大学.2006.

[7]罗先友.叶圣陶语文教育思想中的四个基本点[J].课程·教材·教法.2013（8）.

[8]叶悬冰.让语文课堂充满美感和生机:论语文教学的审美转变[D].福州:福建师范大学,2001.

第三章 教学收获

愿君多传承,此法颇宜人

——语文课堂中培养学生积极情感的教学实践

上海市宝山区通河新村第二小学 陈洁静

语文是一门综合性的学科,具有相当强大的育人功能。在小学教学阶段,学生的语文核心素养是语文教学的重点所在,语文核心素养不仅包括语言表达能力,还包括学生自身的文化理解能力、思想道德发展能力等。笔者认为,语文的"核心素养"是在"语言建构与运用"的基础上,促进学生的思维发展与提升、审美鉴赏与创造、文化传承与理解。这一核心素养目标与德育工作中的课程育人要求高度一致。如何在小学语文教学中培养学生正确的思想道德观念,同时又促进学生核心素养的提升,是值得我们语文教师深思的问题。

"青少年在接受德育时,除了受自身认知水平的影响,还受当时心理状态的影响。良好的心理素质能够增强个体的思想认知水平,同时也能够乐意接受德育。"[1] 因此,语文教师在课堂教学中要关注学生的核心素养的培养,要在语文学习中渗透德育教学,更要兼顾到学生的心理因素。"积极心理学把自己的研究重点放在人自身的积极因素方面,主张心理学要以人实际的、潜在的、具有建设性的力量、美德和善端为出发点,提倡用一种积极的心态来对人的许多心理现象包括心理问题做出新的解读,从而激发人自身内在的积极力量和优秀品质。"[2] 在语文课堂教学实践中,笔者运用积极心理学观点,深入挖掘文本中蕴含的情感表达,精心提炼其中的积极因素,准确选择有效的切入点,让学生在学习语文的同时受到美好情感的熏陶,获得充分的情感体验,形成积极的心理因素和人格品质,从而树立起正确的思想认知观念。

一、回顾往昔峥嵘,领略山河壮美,滋长"黄沙百战穿金甲,不破楼兰终不还"的爱国情怀

"爱国主义思想是中华传统文化的重要组成部分,爱国主义思想早已深深植根于中国人的心中。"[3] 这份根植于心的爱国情就是激发学生自身内在的积极力量和优秀品质的源头。百年屈辱的历史已经翻过,祖国的发展日新月异。但是我们不

能忘了祖国母亲曾经度过的峥嵘岁月,不能忘了革命先烈洒下的滚烫热血。祖国的山山水水令人神往,祖国美好的未来催人奋进,这份浓烈的爱国情怀让我们心潮起伏、感动不已。

在沪教版五年级以"爱国情怀"为主题的单元中,《开国大典》让我们体验新中国成立时那激动人心的场面,《飞夺泸定桥》让我们记住那些英勇无畏的革命先烈,《采蒲台的苇》让我们认识了一群有着清白骨气的白洋淀人,《林海》《登泰山观日出》让我们领略伟大祖国的壮丽景象,《长江之歌》《黄河颂》让我们感受母亲河波澜壮阔、源远流长的磅礴气势,《别了,我爱的中国》让我们看到了一颗热爱祖国、报效祖国的赤子之心,《梦圆九天》让我们见证了中华民族千百年来企盼的圆梦时刻。这一篇篇读来让人热血沸腾的课文,是训练学生朗读能力的好素材,不用做过多的讲解,只要激情诵读几遍,孩子们就能在字里行间感受到这份浓烈的爱,在潜移默化中知道热爱祖国是每一个中国人都应具有的朴素感情。

指导学生有感情地朗读是语文教学中必不可少的手段,它不仅可以提高学生的语言理解能力和表达能力,还能促进学生的鉴赏能力和艺术修养的发展。学生在对这些课文一遍遍地反复诵读中,渐渐滋长出深深的爱国情、民族义,而这份积极的爱国情怀将伴随着他们今后的人生道路,激励他们要做一个堂堂正正的中国人。正是因为每个中国人内心深处的这份"不破楼兰终不还"的朴素坚定的爱国情怀,才使我们的祖国历经千年沧桑,始终巍然屹立在世界东方,如今正迈步走向越来越美好的新时代。

二、学习爱的故事,构筑文本情境,感悟"不要人夸颜色好,只留清气满乾坤"的美好品质

"语文实质上是在进行情感教育,它让我们学会爱与恨,让我们学会爱一切美好的光明的事物,恨一切丑陋的肮脏的存在。……语文其实就像生活的流水不断奔腾流动,它像流水的最活跃的水花,滋养着我们每个人的生活与生命。"[4]生活因为有了爱的滋润,就充满了温暖和希望。语文课文中那一位位似曾相识的平凡人物,那一个个娓娓道来的生活故事,流淌出暖暖的人间真情。品味作者的语言,感受母爱的伟大无私,感受为人师者的良苦用心……你会觉得爱使世间充满温情。在爱的滋润下,在美德的感染下,学生们也拥有了一颗充满柔情和爱意的心灵。

《慈母情深》一文记叙了母亲在极其艰难的生活条件下,省吃俭用,不顾同事劝阻,毫不犹豫地给孩子钱去买书。因为那个物质匮乏的年代与当今学生的生活现状相隔甚远,因此笔者利用文中的环境描写和描写母亲的句子,构筑文本情境,帮助学生体会到母亲的辛苦劳累和通情达理,感受到慈母对孩子无私的爱以及孩子对母亲的感激、敬爱之情。抓住"七八十台破缝纫机发出的噪声震耳欲聋"以

及"周围的几只灯泡烤着我的脸"这两处环境描写,指导学生构筑出一个嘈杂恶劣的工作环境,真切体会到在那个苦难的年代母亲工作的辛劳,而正是在这么艰苦的条件下母亲还慷慨给钱买书,充分体现了慈母情深。此外再借助四个"立刻"的排比句式和倒装句的表达形式,通过反复诵读、画面想象、分析感悟,体会到母亲的工作忙碌、辛苦,感受到作者内心的震撼、自责,从而更深地理解了"慈母情深"的含义。

在教学《唯一的听众》这一课,通过理解老教授诗一样的语言,感悟老教授对"我"真诚无私的鼓励和帮助,懂得对人要多些宽容、多些关爱。在这个故事中笔者利用文本,构筑了一个幽静的小树林,在一个个美丽的清晨,一个人默默地拉,一个人静静地听……在这个情境中,我们不仅听到了美妙的音乐,看到了美丽的心灵,内心还会升腾起美好的情感:生活中并不是每一个人都能成为演奏家,但是每一个热爱生活的人都能从生活中感受快乐、感受美好。在学习感悟中,学生们不由得为老教授淳朴善良、热心助人的美德而感动,为作者那份坚持与刻苦而心生敬佩。

《宽容》讲述的是"我"生病打点滴,年轻的护士不能准确扎针,"我"温和地鼓励并指导护士,使她成功地扎进了针,从而告诉我们宽容能带给人们力量。课文以对话的形式展开,语言简洁明快,富有个性化。结合这一单元的训练重点——创造性复述,在学完课文后,我要求学生以护士的口吻来复述打点滴这件事,复述时要对护士的心理活动展开想象。因为转换了叙述角度,在复述中学生们抓住护士的心理活动,设身处地地体会到了护士第一次扎针时的紧张与无助,是病人的鼓励与宽容给了她力量,使她顺利地完成了人生中第一次独立打点滴的任务。通过转换人称、创设情境的复述练习,学生们更加深切地体会到宽容是一种美德,人与人之间需要宽容与谅解。

世界是一幅美丽的风景画,美好的道德品质使这幅风景画更绚丽多彩。在这些充满人间真情的文章中,再现文本描写的情境,在对人物的语言、神态、心理的感悟分析中,学生们不仅知道了写人写事文章的表现手法,更体会到了人与人之间的深厚情谊,感受到世界的脉脉温情,在"润物细无声"中培育高尚的情操和美好的品质,为生活留下更多的美丽与芬芳。

三、抓住关键句子,体悟句子含义,体会"海内存知己,天涯若比邻"的朋友情谊

"培养学生的综合素养,是为了让学生成为有优秀品格和处事能力的人,打造出有理想、有担当、有能力的民族后代。"[5]古往今来,人们留下了许多关于友情的故事。这些脍炙人口的故事,就像是肥沃的土壤,帮助学生掌握正确的交往能

力和处事能力，激发其内在的积极力量和优秀品质。

《鲍叔牙真心待友》语言朴实自然，记叙了鲍叔牙真心对待管仲的三件事，表现了他们真诚的友谊，成语"管鲍之交"就由此而来。在了解了课文内容，概括了三件事情后，笔者让学生读读管仲说的"生我的是父母，而真心待我的是鲍叔牙"这句话，说说对这句话的理解，学生们感受到鲍叔牙在管仲的心目中与父母的地位一样高，父母给了管仲生命，而鲍叔牙给了管仲真诚的友情，让管仲深受感动。围绕这句话中的"真心"一词，让学生找找从哪里看出鲍叔牙真心对待管仲。抓住鲍叔牙的语言、神态、动作的描写感受他对朋友的真心实意。

《高山流水》是一篇文言文，讲述了琴艺高超的俞伯牙弹奏任何乐曲，钟子期都能准确道出伯牙的心意。钟子期死后，伯牙悲痛欲绝、断琴绝弦，终身不再鼓琴。在理解了文言文的意思后，我引导学生思考：从哪些地方可以看出伯牙和钟子期心意相通？学生找到伯牙"方鼓琴而志在高山"，钟子期就感受到"巍巍乎若泰山"；伯牙"志在流水"，钟子期就感受到"洋洋乎若江河"。接着就围绕这句话，进行深入学习，感受琴虽无言，而心相通，伯牙心里的所思所想通过琴声表达出来，而钟子期都能从琴声中感受到这份心意，他们通过音乐而相识相知，这就是"知音"。这份情谊推而广之，就是心有灵犀，互相默契的好朋友都可以称为"知音"。钟子期死后，无人再能听懂伯牙的琴声，伯牙悲痛万分而破琴绝弦，这份友情令人惋惜。这个故事一直从战国时期流传至今，留下了"高山流水"这个成语，人们借此来比喻乐曲高妙、知音难觅。

唐诗是中华文化中的瑰宝，而诗仙李白在历史文化长河中占据着举足轻重的地位。在李白的诗歌中，有诸多歌颂友情的诗篇，其中《赠汪伦》就是很有名的一首。李白在游桃花潭时，结识了好友汪伦，在即将分别远行之时，汪伦前来送行，李白写下了这首脍炙人口的诗赠予汪伦。抓住重点诗句"桃花潭水深千尺，不及汪伦送我情"，指导学生体会此句运用了比喻和对比的手法，将汪伦与诗人的深情厚谊十分形象地表现了出来，桃花潭水虽然有千尺深，"不及"汪伦对"我"的情谊。看不见的情谊如同桃花潭水一样深不可测，甚至这深不可测的潭水也盛不下他们的友情！多么形象的语言，让我们产生无尽的遐想，感受到友情深厚比"潭"深。这句诗被后人赞为名言佳句。

有了朋友，就拥有了快乐；有了朋友，就拥有了"天涯若比邻"的豪气。在友情的故事里，笔者抓住佳句名言的品味，使学生们感受到友情的珍贵、朋友的重要，在今后的人生道路上，要寻找自己的真心朋友，以诚相待，互为珍惜。

语文作为母语，在进行德育教育的过程中具有潜移默化的引导作用。因此语文教师应该积极发挥语文学科特点，围绕核心素养，遵循心理特点，通过激情诵读、情境构筑、能力培养、语言品味等方式手段，引导学生学习优美的语言，体验积极的情感,从而形成正确的世界观、人生观和价值观,获得全面、健康、个性化的发展。

注　释:

[1] 唐红艳.基于积极心理学的中小学校德育探究[J].教学与管理:理论版,2019(7):41.

[2] 任俊.积极心理学思想的理论研究[D].南京:南京师范大学,2006:11.

[3] 杨宁宁,李倩.中华优秀传统文化融入青年价值观培育研究[J].淮南职业技术学院学报,2019(4):11.

[4] 刘佩.语文学科积极情感的探讨[D].武汉:华中师范大学,2014:23.

[5] 赵景欣,彭耀光,张文新.中华优秀传统文化传承与学生发展核心素养研究[J].中国教育学刊,2016(6):23.

参考文献:

[1] 唐雷.加强小学语文教育 发挥语文教学的德育功能[J].科学咨询,2018(20).

[2] 张小纯.打造语文德育的一片晴空[J].江西教育,2018(27).

[3] 段晓春.如何在小学语文教学中渗透德育[J].西部素质教育,2019(6).

[4] 李有峰.中华优秀传统文化传承与学生核心素养的培养与发展探讨[J].学周刊,2019(26).

[5] 崔胜涛.浅谈积极心理学在教育中的作用[J].科技视界,2019(9).

[6] 杨靓.浅谈积极心理学在语文阅读教学中的运用[J].才智,2019(14).

君从故乡来，应知故乡事

——乡土资源在高中历史教学中的开发与应用

上海市高境第一中学　康晓萍

教育部先后于2017年8月、2018年1月印发和颁行《中小学德育工作指南》《普通高中历史课程标准》（2017年版），均旗帜鲜明地指出，要深入贯彻落实"立德树人"的根本任务。随着数字化时代来临，过去那种居高临下的说教方式已经无法适应新时代的要求，如今需要通过各种德育载体与学生思想发生联系，进而达成德育目标。"家乡是看得见的祖国，祖国是扩大了的家乡"[1]。乡土资源于学生而言，有一种天然的亲近感，可以极大地拉近历史与现实的距离，增进对家乡历史文化的认同与归属，进一步涵养家国情怀。据此，笔者以乡土资源作为德育载体，引导学生通过实践活动，在了解家乡历史文化的同时，增进家国认同，最终达成实践育人的德育目标。

唐代诗人王维有诗云："君从故乡来，应知故乡事。"高境庙是我校附近一个已经消失了近半个世纪的乡间庙宇，该庙实体虽然不存在，但围绕该庙产生的故事还深深地印刻在年长者的记忆中。该庙从有到无，反映了近代中国社会的国运盛衰和跌宕起伏，也是近代上海历史发展的缩影。本校高一新生对这座曾经香火旺、名气大的乡间庙宇充满了好奇，为此，笔者设计了题为"揭秘高境庙"的实践活动，旨在通过指导学生查阅文献，采访见证人，将历史课堂拓展至家庭、社区，实现课内教学和课外活动的有效衔接，在揭开高境庙神秘面纱的同时，拓宽学史路径，涵养家国情怀。

一、"庙是什么样的？"——在实践中发现问题

据《高境镇志》记载："清末，（高境庙）庙宇有两进。头进山门为3间门楼，上设戏台。山门两侧，有石狮一对，分列左右。二进为正殿，殿与山门间，有方形大院，设一铁铸香炉。正殿加东西偏殿共九间。正殿祀三官像，左右列如来佛、观音大士。两侧厢房各有10间，供土地夫妇、施相公、韦陀、猛将及杨戬等神像，庙内神佛像共22尊。"看到这段文字，一个有美术功底的学生突发奇想，

"老师！我可以画出来！"接下来的日子，笔者和其他学生都期待着这位学生的大作问世，以识庐山真面目。

一个多月后，在查阅了大量文献资料，分析了若干张明清江南庙宇图片后，一副手绘高境庙效果图展现在大家面前，那一刻所有的人都惊呆了，太震撼了，不仅惊叹于该生深厚的画功，更震撼于建筑的恢弘肃穆，学生们一边欣赏着美术作品，一边对照着文献记载，发现图中两进、山门、正殿、偏殿、厢房的布局完全符合记载，就连大院中香炉也清晰可见，正如图1所示。消失了半个多世纪的高境庙顿时变得立体鲜活起来，一段尘封的历史在学生们的好奇中重回视野，看着大家欣赏的目光，画图的学生获得了一种从未有过的成就感。这时，一位学生站起来说："老师：我奶奶见过高境庙，还去烧过香，我拍张照片让我奶奶也看看。"征得了作者的同意，这位学生（以下简称"嵇姓学生"）拍好了照片。第二天，形势发生了惊天逆转，据嵇姓学生的奶奶（以下简称"嵇奶奶"）讲高境庙完全不是这个样子的！房子没有这么多、颜色也没有这么鲜亮、整体看上去并没有这么气派……总之，嵇奶奶看到过的高境庙和学生画出来的高境庙完全不一样。学生们立刻像泄了气的皮球，失望地问："那庙是什么样的呢？"

图1　上海市高境第一中学2018届学生季凯悦绘制的高境庙

二、"庙是这样的吗？"——在事实中分析问题

学生们先后又查阅了《江湾乡志》《江湾里志》《宝山县志》，都没有发现有价值的信息，就在想要放弃的时候，刊登于2002年7月17日《劳动报》第6版上的一篇文章《寻找高境庙》映入眼帘。该文有如下记载："高境庙抗战时被日本人烧毁，抗战胜利后，村民自行募捐，在原址上重建高境庙。重建后的高境庙，占地约6亩，四周用绿篱围起，中间建有一排六间的庙宇、坐北朝南，庙宇正中是50多平方米的大厅，供奉着用香樟木制做的大小21尊神像。"大家豁然开朗，原

来高境庙有重建的历史，刚才那幅是抗战前的图，因此，《高境镇志》记载没错，嵇奶奶的口述资料也没错。这次，另有一位学生（以下简称"周姓学生"）主动请缨，想画重建后的高境庙。笔者和其他学生再次处于期待中。一周后，重建后的高境庙，如图2所示，即刻进入大家视野，这一次学生们少了一些亢奋与雀跃，顾虑会不会又被"明眼人"全盘否定。嵇姓学生还像上次一样，将这次的图拍下来拿给奶奶看，嵇奶奶看完后，认可了结构和布局，仅对几处细节提了意见。

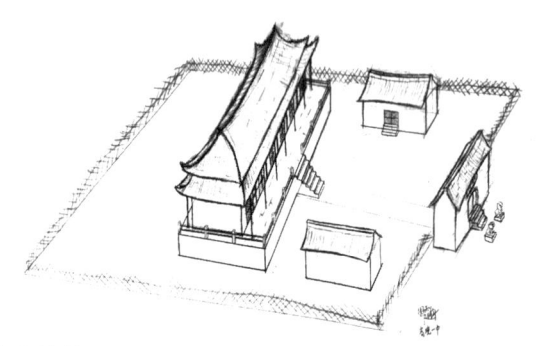

图2　上海市高境第一中学2018届学生周霆钧绘制的重建后的高境庙第一稿

高境镇政府得知笔者在指导学生研究高境庙，极为认同和支持，邀请了两位深谙高境庙历史的老者接受学生采访。采访在寒假里一个阳光明媚的上午展开，地点就在镇政府档案室。采访中，当周姓学生拿出自己的画作时，一位老者连连说："就是这样的！就是这样的！"还指着图向学生们一一介绍每间屋子的大小、功能，祭祀神像的高矮形状，材质颜色等。另一位老者一边看着周姓学生的画，一边叙述着他记忆中的高境庙，像唠家常似的聊着十里八乡的村民们不顾路途遥远前来烧香拜佛，以及在一些特殊的日子里，乡民们抬着庙里的神仙老爷们走村串户，祈祷风调雨顺、五谷丰登的情景。他反复强调这个庙当时名气很大，甚至连浦东人都来拜，听得出老者对这个乡间庙宇很有感情，充满了深深的眷恋。当讲到"文革"期间，高境庙作为"四旧"象征被大火付之一炬时，老者长吁短叹，甚感惋惜，此时学生们的情绪也被感染，面色凝重。

三、"庙原来是这样的！"——在研究中解决问题

采访结束后，学生心目中的高境庙不仅形象更加明晰了，而且对这个庙的感情也油然而生。行百里者半九十，周姓学生决定根据嵇奶奶、两位老者的口述内容再画一稿。当这一稿呈现在全班学生面前时，大家投以赞赏的目光，纷纷感叹"原来重建后的庙是这样的！"如图3所示。

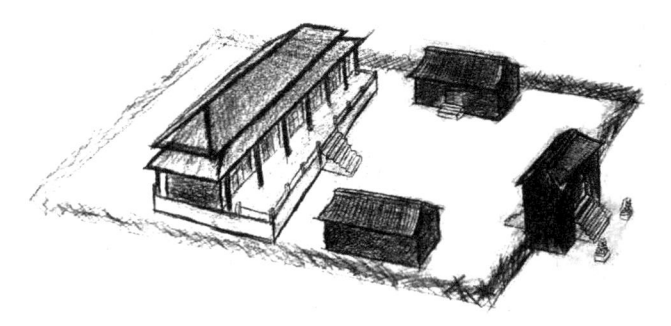

图3　上海市高境第一中学2018届学生周霆钧绘制的重建后的高境庙第二稿

四、"庙为什么是这样的？"——问题没有止境，探究没有终点

当学生们雀跃于终于揭开高境庙的神秘面纱时，教室里却传来了不一样的声音："元朝末年建的高境庙为什么是为了祭祀西汉大将陈平的？""这个庙里怎么什么角色都有，有忠臣武将，道教神仙，还有如来佛和观音大士！"学生们都被这异样的声音惊呆了，"是啊！为什么呢？"大家都疑惑地看着我，我一时语塞，无从作答，但我更惊讶于这声音背后的冷静思考，我强烈地意识到这次的实践活动点燃了学生思维的火把，我应该让它烧得更猛烈一些。我顺势在班级里征集学生对这个乡间庙宇的其他疑惑，不料又有一个值得探究的问题浮出水面："这个庙除了供村民们烧香拜佛外，还有什么功能？"我将这三个问题做了简单梳理，又抛回给学生："谁愿意为大家释疑解惑？"五个男学生兴致勃勃地举手。

两周之后，三篇微型论文出现在了我的案头，阅读完毕，我惊讶于学生们广泛的涉猎。如一位王姓学生在查阅了《宝山县续志》后，发现本区许多庙宇均祀汉初功臣，又综合了《江湾乡志》《彭浦里志》和《普陀报》电子版的相关信息，得出如下结论：汉初功臣庙，为镇霸王潮而设。古代的吴淞江比今天壮阔得多，潮急浪大，对滨江沿海人民的生命财产造成极大的威胁，故以"霸王潮"相称。人们附会楚汉相争时，汉王刘邦率军灭西楚霸王项羽的历史典故，抬出彭越、曹参、陈平等汉初功臣作为镇"霸王潮"的神灵。这些汉初功臣庙宇之设立，反映了当时人们与潮水作斗争的历史事实，虽是古人迷信，但也寄托了古人对美好生活的向往。

关于高境庙的祭祀对象为何既有忠臣名将，又有道教神仙和佛教如来及观音大士，一位吴姓学生在阅读了《庙宇：乡土瑰宝系列》一书及清华大学教授楼庆西《中国建筑文化一瞥（六）多神信仰》一文后，做了这样的解释：与外国的宗教祭祀场所不同，中国的寺庙除了供奉各宗教的代表神，也供奉不少古代先贤，这就是中国人特殊的宗教信仰——泛神崇拜。曾长期在封建土地所有制约束下的农民，他们成年累月与天灾人祸和贫困搏斗，以求得起码的生存，不得不将希望寄托于天地神灵与祖先的恩赐与保佑，所以，对宗教、对信仰，往往采取了急功近利的态度。无论是管天管地的神仙，还是传说中的文臣武将，只要能带来福安，他们都去奉拜，他们是为生活、为生命去信仰。

对于这座乡间庙宇到底承担了怎样的社会功能，一位张姓学生再次研读了《高境镇志》有关记载，获悉除供乡民们烧香拜佛，祈求消灾辟邪外，在每年正月十五、八月十五还举行庙会。庙会期间，山门内外，香客云集，杂耍、打唱、皮影戏等，热闹非凡。根据这些史实，这位同学做了如下阐释：高境庙首先履行了一座庙宇最基本的社会职能：供后人凭吊缅怀祖先圣贤，供信徒拜奉神佛谋求平安；其次，高境庙每年的庙会吸引了方圆十里八村的百姓，极大地繁荣了当地的经济文化；同时，高境庙佛道名将共祀的特点推动佛道及中国传统文化的交融，在一定程度上开化了人们的思想认识，养成良好淳朴的社会风气。

结语

"史料实证"是学习历史的核心方法，也是学科其他核心素养达成的必要途径。最初摆在学生面前的文献资料只有《高境镇志》中短短几行字，但在好奇心的驱使下，在实证精神的指引下，学生坚持不懈地探索，通过一次次地采访见证人，不停地穿梭于文献史料和口述史料之间，直到获知接近历史真实的高境庙。这个学习过程改变了以往静态历史教学的面貌，使"学历史"变为"做历史"，打破了课堂与社会的界限，使得课堂教学与课外活动，书本知识与社会实践有机结合起来，有效地拓展了历史课堂，也拓宽了学生学史的路径。历史教学不应仅是向学生传授知识，更要服务于学生的未来发展。学生通过亲自参与实践活动，体验历史、感悟历史，可以在课堂之外培养求真精神、实证意识、合作态度和沟通能力，储备未来发展需要的必备品格和关键能力。

学生思维的火把一旦被点燃，探究的热情与能力远远超出教师的想象。正如上例中，学生并没有仅仅满足于揭秘高境庙的建筑外形，他们继而关注这座乡间庙宇承载的文化内涵。学生在探究中感悟到，自元朝末年初建起，数百年来这座庙宇已深深地浸入村民们的意识中，庙是乡民们的精神圣地，庙是乡村生活的精神向导。因此，后来无论经济如何困难，村民们还是自行募集，重建了这座曾毁于战火的乡间庙宇。乡史折射着国运，此次"揭秘高境庙"的实践活动，不仅使学生对自己家乡历史文化的"温情与敬意"[2]油然而生，也对国家命运的跌宕起伏有了更真切的认识。这种"温情与敬意"，增进了学生对国家历史文化的认同，涵养了家国情怀。

教书和育人是不可分割的整体，每门学科中都蕴含着丰富的育人资源，需要教师用慧眼去挖掘，用诚心去创造，用真情去呈现。如果能在任教的学科中渗透更多的育人内涵，那么一定能够挖掘出更多的精神养料。给学生传递正确的价值观，国家才有未来，中华民族的精神才能延续，这是做教师的幸福，更是教师的责任与使命。因此，笔者将继续致力于让自己的课堂实现知识传授和价值引领的同频共振，让思想上的青山绿水，化为学生成长中取之不尽、用之不竭的金山银山。

注　释：

[1] 周靖，罗明.核心素养：中学历史学科育人机制研究[M].上海：复旦大学出版社，2018：63.

[2] 钱穆.国史大纲[M].北京：九州出版社，2011：1.

参考文献：

[1] 於以传.乡土历史教学的新前景[J].历史教学：上半月刊，2016（2）.

[2] 苗颖.高中历史证史路径的考查与"做历史"教学[J].中小学教材教学，2017（6）.

[3] 张寒冰.寻访历史遗迹传承爱国精神[J].上海教育，2018（21）.

[4] 凤光宇.中学历史学科核心素养教学实践研究[M].上海：上海教育出版社，2019.

培根化无形，养心润无声

——小学数学课堂教学中彰显思想品德教育之实践

上海市宝山区高境科创实验小学　龚卫娟

数学学科中蕴含着丰富的德育资源，这些德育资源能对学生的终身发展产生巨大影响，教师要充分挖掘数学学科德育资源，发挥数学学科德育价值。[1]笔者所在学校是上海市宝山区高境科创实验小学，通过本人多年来的研究和教学实践，发现小学数学教材中隐含着丰富的德育素材，如社会主义核心价值观的育德元素、中华优秀传统文化的育德元素、生态文明的育德元素。因此，教师有必要充分挖掘教材中德育素材，将思想品德教育、数学学习习惯的培养与数学知识的教学相融合，才能使学生在获得知识、能力的同时，促进其思想品德得以提升。

一、研读教材，挖掘小学数学教材中的德育素材

为更好地贯彻、落实《中小学德育工作指南》，提高中小学德育的实效性和针对性，进一步改进德育工作的方式方法，寓德育于各学科教学之中。《数学课程标准》也明确提出了数学有着自身的文化和素养，数学课程标准的基本理念是面向全体学生的，既要关注学生的共性发展，也要关注学生的个性发展。

那么如何做到在数学课程内容中发挥德育功能？笔者认为，作为教师应充分挖掘教材中的德育素材，利用数学教材中的育德元素进行课堂教学。

（一）社会主义核心价值观的育德元素

今日之责任，不在他人，而全在我少年。少年智则国智，少年富则国富，少年强则国强，少年独立则国独立，少年自由则国自由，少年进步则国进步。作为学生，树立伟大的梦想并为自己的理想而艰苦奋斗是义不容辞的责任，也是实现自己人生价值所不可或缺的。把社会主义核心价值观融入小学数学教学，在数学教材中其实能挖掘到很多德育育德元素，可以对我们的学生开展爱国主义教育、国情教育等教育。

例如，《认识钟表》这一节课，可以让学生了解钟表的发展史，让学生们知道经过几千年的发展积累，钟表经过了日晷、太阳钟、水钟、沙钟一直到现在的原

子钟和分子钟,可以说没有前期的发展铺垫,就没有现在钟表行业的蓬勃发展。这就是科学技术的进步,让学生们懂得爱惜时间,认真学习。

在小学阶段这方面的内容很多,笔者经过梳理,整理出以下内容可以作为教师适时进行社会主义核心价值观的案例教育知识点,如表1所示。

表1 小学数学学科社会主义核心价值观的教育知识点

年级	教学内容	教材呈现形式	育德元素
三下	从算筹到计算器	教材以图文结合形式介绍我们祖先利用算筹计算,再发明了算盘计算,到如今用计算器计算	民族精神教育
四上	大数的认识	教材以图文形式介绍2000年我国第五次人口普查时部分省市的人口情况	国情教育
四上	运算定律	教材以图文结合形式介绍一次爱心助学大行动,将计算所有的营业额捐献给希望小学	关爱他人教育
四下	解决问题	教材以图片形式介绍故宫的面积,再与上海人民广场进行比较	爱国主义教育
四下	小数大小比较	教材以文字形式呈现2004年雅典奥运会上110米栏刘翔(中国)、加西亚(古巴)、特拉梅尔(美国)前三位成绩	爱国教育
四下	计算比赛场次	教材以文字形式介绍中国女排在洛杉矶和雅典奥运会上两次夺冠	爱国主义教育
五上	积商近似值	教材呈现中国银行2011年9月30日1港元、1美元、1欧元、1英镑兑换的人民币的情况	国情教育
五上	时间的计算	教材以图文结合的形式呈现事情的起始时间、经过时间或结束时间中的两个信息,求另一个信息	合理安排时间教育

(二)中华优秀传统文化的育德元素

开展家国情怀教育、社会关爱教育和人格修养教育传承发展中华优秀传统文化,大力弘扬核心思想理念、中华传统美德、中华人文精神,引导学生了解中华优秀传统文化的历史渊源、发展脉络、精神内涵,增强文化自觉和文化自信。

在我们的沪教版的数学教材中呈现了很多有关中国地理风貌,上海建筑等图片,作为教师可以从书本中拓展出去,让学生们在学习数学知识的同时,了解中华优秀传统文化,了解数学历史,更懂得要好好爱国,好好学习,将来更好建设我们的国家。笔者在课堂实践中整理了一些知识点,如表2所示。

表2　小学数学学科中华优秀传统文化教育知识点

年级	教学内容	教材呈现形式	育德元素
二上	"九九"乘法口诀表	教材以图文结合形式介绍乘法口诀表古代称"九九",是古代朱世杰所创	古代文化教育
二上	幻方	教材以图文形式介绍夏禹与龟,介绍夏禹治水中发现龟及背上的奇特图案	古代文化教育
四下	垂直与平行	单元的最后一页你知道吗?以图文结合形式介绍古代"没有规矩,不成方圆"	历史故事教育
四下	鸡兔同笼问题	教材以文字形式先介绍"鸡兔同笼"出自《孙子算经》,并让学生试一试	古代文化教育
五上	除数是整数除法	教材以图文结合形式呈现小朋友在编中国结	传统文化教育
五上	编码	教材呈现我国的邮政编码和身份证编码的组成形式	国情教育
五下	正负数认识	教材以图文形式介绍《九章算术》用算筹计算,红色代表正,黑色代表负	古代文化教育

（三）生态文明教育中的育德元素

在小学阶段，充分利用教材学习内容，对学生加强节约教育和环境保护教育，开展节粮、节水、节电教育活动，推动实行垃圾分类，倡导绿色消费，引导学生树立尊重自然、顺应自然、保护自然的发展理念，养成勤俭节约、低碳环保、自觉劳动的生活习惯，形成健康文明的生活方式。

如五年级的数学教材中出现了关于水、电、煤的计算，作为数学教师，要教育学生为了能够合理地利用电力资源，鼓励人们在用电低谷时用电，要节约用水，节约水资源，在计算交通费时教育学生要绿色出行，养成环保意识。笔者通过平时的教育实践，整理出了表3所示的知识点。

表3　小学数学学科生态文明育德素材

年级	教学内容	教材呈现内容	育德元素
四上	复习与提高	教材以图文结合形式介绍我国水资源缺乏,节约用水人人有责,再以节约用水为情景解决生活实际问题	节水节电教育活动
四下	小数的读写	教材以图表结合的形式介绍上海自20世纪50年代以来至2003年的人均公共绿地面积,从2004年起上海正式成为"国家园林城市"	爱护环境教育

第三章 教学收获

（续表）

年级	教学内容	教材呈现内容	育德元素
四下	解决问题	教材以图文结合形式介绍3月12日是我国植树节，创设以学生种树的情景解决生活中的实际问题	环保意识教育
五上	小数加减法（保护湿地）	教材以图文结合形式介绍中国湿地面积和《中华人民共和国环境保护法》，介绍了崇明东滩、广东湛江红树林等多地湿地面积，以崇明湿地为情景解决问题	环保意识教育
五上	水、电、天然气的费用	教材以图文结合形式介绍上海水电煤的分段计算方法，解决实际问题	养成勤俭节约的生活方式

数学教材中德育资源还有很多，作为教师要善于在教学设计的过程中，尽量发挥数学学科的德育价值，思想教育放在首位，培根化无形，养心润无声。

二、示范导行，培养小学生良好的数学学习习惯

由于数学知识比较严谨、精确，因此在数学学习过程中需要学生认真对待数学知识，努力帮助学生形成良好的数学学习习惯。小学阶段的学生由于年龄比较小，存在不够细心，审题错误等不良习惯，为此培养学生认真审题，养成良好的学习习惯尤其重要。

（一）示范导行，授人鱼还不如授人渔

在数学课上，教师的示范导行是学生形成良好学习习惯的主要方法之一，也是主要影响之一。教师的示范作用可以反映在教师通过自己的言谈举止来感染学生，以自己严谨的教学风格和一丝不苟的工作态度来影响学生，使学生获得情感和精神上的满足，使学生产生合作的欲望，从而达到"言传身教"的目的。[2]

如画线段图解决问题，线段图能将显性的和隐性的数量关系直接呈现，体现一一对应，将复杂的关系简单化，因而是理解抽象数量关系的形象化、视觉化的工具。让学生体会线段图的直观、形象，感受它的简洁、易懂，通过直观形象的图来加深对数量关系的理解；特别是行程问题解题中要让学生学会画线段图（见图1），要能从复杂的线段图中提炼数学信息，找到等量关系从而解决问题。

线段图是解决问题常用的方法，在小学阶段的数学学习中所涉及的植树问题、倍数问题、行程问题都可以采用画线段的方法，在线段图中可以清晰地看到其中的数量关系，可以帮助学生理解数量关系式，分析问题解决问题。

案例：五上《行程问题》

一条公路长 2.5 千米，两支施工队同时从公路的两端往中间铺柏油。第一队平均每天铺柏油 0.04 千米，第二队平均每天铺柏油 0.05 千米，几天后两队还相距 0.7 千米？

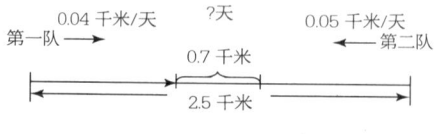

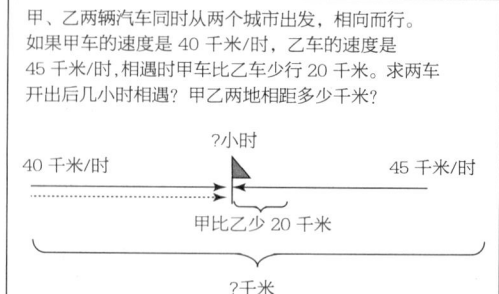

甲、乙两辆汽车同时从两个城市出发，相向而行。如果甲车的速度是 40 千米/时，乙车的速度是 45 千米/时，相遇时甲车比乙车少行 20 千米。求两车开出后几小时相遇？甲乙两地相距多少千米？

图 1　小学五年级上《行程问题》线段图

教师课堂上的每一个细节都在影响着学生。比如，在教学板书的过程中，教师书写的工整、演算过程的完整性都会潜移默化地影响学生的书写美观；教师在应用题的读题审题过程中，对于隐藏条件、关键字词的圈圈画画；在做判断题选择题过程中教给学生们所用的举例法、排除法、列表法等解题策略，科学的方法，有依有据的分析过程无不影响着每一个学生的学习习惯，会影响着他们的终身学习，这就是授人鱼还不如授人渔。

（二）策略导行，渗透数形结合思想方法

"数"与"形"是小学数学教学内容中的两条主线，作为教师要善于处理好两者关系展开教学。

1. 以形助数，有效发展学生数感

数射线是新课程标准下产生的一个新事物，在小学阶段借助数射线这个"形"可以帮助学生认识"数"、进行"数"的运算，对学生数感的培养都能起到较为理想的辅助效果。通过数射线、数轴为学习载体，认识数，从而渗透数形结合的思想方法，发展学生数感。具体如图 2 所示。

案例：五下《数轴》

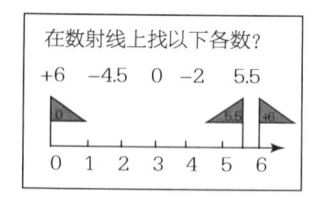

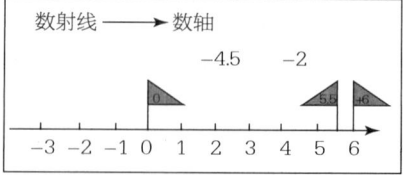

图 2　五年级下《以形助数图 1》

"数射线"和"数轴"的引入与应用，不但将抽象的"数"直观形象化，而且也有助于理解运算，将抽象的运算直观形象化（如图 3 所示）。

```
仔细看一看，认真画一画
数轴的画法：
  画一条直线（一般画水平位置的直线），在直线上任取
一点表示0，把这点叫做原点；
  规定一个方向（一般取从左往右的方向）为正方向，用
箭头表示，那么相反方向就是负方向；
  在选取适当的长度作为一个单位长度，直线上从原点向
右，每隔一个单位长度取一个点、依次表示1、2、3、…
从原点向左，用类似的方法依次取点表示－1、－2、－3…
```

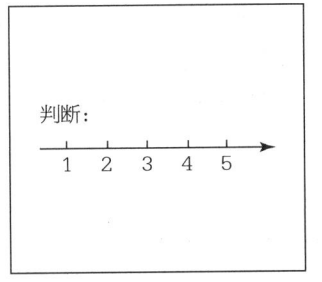

判断：

1　2　3　4　5

图3　五年级下《以形助图2》

在数轴概念的教学中，从数射线这个原有的"形"建构新的"形"，那就是数轴，在学习过程中激发了学生再创造的愿望，通过学生画图把数轴中最本质的属性恰当地展示出来，通过丰富的感性材料，为概括数轴这个概念奠定了基础。通过数轴使学生明白数与数轴上的点是一一对应的，在练习中通过以形助数，化难为易，夯实了学生的基础，拓展了学生的能力。

作为教师要做有心人，能让学生想办法解决的就放手让学生探究，这样可以让学生学会审题，理解题意，解决问题。

2. 以数助形：有效发展学生空间观念

借助"图形模型"理解数的意义及运算算理，"数"与"形"再次结合。利用小棒或学具等实物进行教学，这至多算是"数形结合"的雏形。而"图形"的引入，帮助我们将抽象的数学概念、运算、规律等知识还原分解，实现文本和图形的有效结合。教学中充分利用好点子图、线段图（一维空间图形），长方形、正方形、圆形等（二维空间图形），长方体、正方体等（三维空间图形）可以帮助学生更好地理解数学知识，使小学数学学习过程直抵数学本质。

如五年级下学期长方体和正方体的表面积计算：做一个无盖的长方体纸盒，已经有三个面，请你根据条件画出其他两个面，并计算它的表面积。（见图4。单位：每格1分米）

首先要引导学生从已给的图形去思考缺少什么面？他们要沟通平面图形和立体图形之间的关系，根据所给的数据在头脑中建构立体图形，再根据建构的图形想长方体的长、宽、高，再求长方体的表面积，其间"以数辅形"和"以形助数"两者相互渗透，相互支撑，增强了学生的空间观念，培养学生的创新意识。

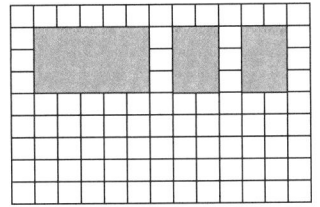

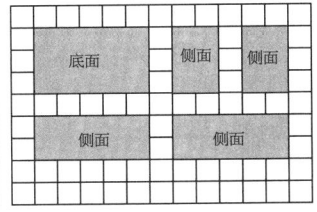

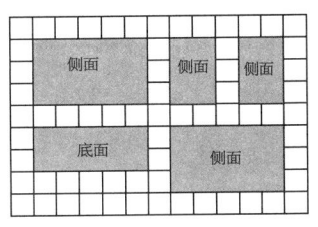

图4　《长方体纸盒展开图》

在问题解决的过程中，教师可以引导学生进行同伴之间的交流，将自己解决数学问题的方法与同伴的观点进行对照、比较和争辩，让多种思维方式交织，使学生看到数形结合思想方法对问题的理解方式、解决模式的不同，感受到数形结合思想方法在解决问题中的优势，从而开阔思路、体验成功。这不仅使学生个体的思维活动得以彰显，也使学生认识到数形结合思想方法的价值所在，进而主动掌握数形结合思想方法。

总之，小学数学承载着培育人的重任，要为学生终身可持续发展打下坚实的基础，要关注学生科学创新精神的培养，要教育学生学做真人、懂得守规矩、勇于探索、敢于担当，学会面对困难，学会自省、自强。作为一名数学教师，要做一个善良的使者，做一个有心人，善于捕捉有关德育信息。期待德育素材与数学教学有机结合起来，使学生不仅能够轻松学习数学知识，而且逐步形成热爱祖国、热爱科学等思想感情和勤于思考、善于动脑的行为习惯。

注　　释：

[1] 孙彦婷．数学学科德育：内涵、问题与策略 [J]．池州学院学报，2016（3）：112.

[2] 高双．小学数学教学中德育渗透的缺失与重构策略 [J]．现代教育科学：普教研究，2012（4）：44.

参考文献：

[1] 马春虎．互联网背景下小学数学教学中如何渗透德育 [J]．西部素质教育，2019（4）．

[2] 周永海．小学数学教学中如何更巧妙地渗透德育 [J]．现代交际：下半月，2012（2）．

[3] 徐绍廷．随风潜入夜　润物细无声：谈如何在小学数学教学中渗透思想品德教育 [J]．教育现代化，2016（39）．

举头蓝天近，回首绿草低

——基于STEM理念的初中物理教学中融入低碳教育的实践

上海市盛桥中学　沈魏魏

习近平总书记在十九大报告中指出：坚持人与自然和谐共生，必须树立和践行绿水青山就是金山银山的理念，坚持节约资源和保护环境的基本国策。教育部发布的《中小学德育工作指南》中，将"生态文明教育"作为五项教育内容之一。可见，"低碳教育"是时代发展的要求，也是学校德育的重要内容，两者一脉相承。学生是未来社会生态文明的主要建设者和实践者，要切实提升学生乃至全民族的低碳意识，教育是关键。

一、概念阐释

（一）低碳教育

"低碳教育"，是指通过各种媒介和手段去认识低碳知识，了解低碳问题，培养低碳意识，在人与自然的关系上树立正确的态度，确立低碳价值观、低碳消费观和低碳发展观，以便通过整个社会的共同努力实现低碳持续发展。[1]在物理教学中融入低碳教育，即在物理学科的教学内容中融入低碳教育，其中既包含了低碳生活的观念意识、知识和技能，又保留了物理学科教学的完整性，低碳意识的提升与物理学科思维的培养两者齐头并进。

（二）STEM教育理念

"STEM 教育"重点是加强对学生四个方面的教育：一是科学素养；二是技术素养；三是工程素养；四是数学素养。[2]STEM 教育是一种以真实问题解决为任务驱动、立足学习过程、多技术交叉融合的跨学科式教育，以培养具有全面科学素养和创新实践能力的人才为根本目标。[3]教学流程可分为四个阶段：情境引入、理解探究、工程设计、课堂总结。[4]这与《中小学德育工作指南》中对于课程育人要加强对学生科学精神、科学方法、科学态度、科学探究能力和逻辑思维能力的培养，促进学生树立勇于创新、求真求实的思想品质的价值取向不谋而合。

通过检索发现，目前我国将 STEM 教育理念与中学物理课程的实践研究大多面向物理学科本体知识的教育，关于物理课程融入低碳教育的实践研究几乎没有。作为初中物理一线教师，该如何挖掘物理教材中的低碳教育元素，帮助学生树立节能低碳和可持续发展的意识、建立可持续发展的价值观和行为呢？为解决这一困惑，笔者提出将基于STEM教育理念将低碳教育融入初中物理教学，展开实践与探索之路，以期为教育者提供借鉴和思考。

二、基于STEM理念的初中物理教学融入低碳教育的实践策略

（一）挖掘教学素材，优化教学内容

教师可基于真实问题情景，选择低碳教育理念融合效果较好的教材按照教学的流程图进行STEM课程的设计，以整合的方式进行物理知识技能的培养，实现跨学科式教育，让教学回归解决生活中的问题。

（二）加强教学的信息化，创新教学手段

基于STEM理念的低碳教育活动重视情境的创设和工程的设计，而这些需要AI人工智能、全息投影技术、交互式白板等现代信息技术和设备的加持，以进一步创新教学手段，为有效实施低碳教育提供保障。

（三）重视学习过程，加强学习体验

STEM教育注重学生的团队协作，包括活动前的调查搜集资料、项目构建过程中的商讨、设计、改进、实施等，重在学生在各个活动环节时参与的积极性和主动性。学生的参与度越高，学习的体验则越深，低碳教育的效度相应地也就越高。

三、基于STEM理念的初中物理教学融入低碳教育的实践路径

物理作为一门以观察和实验为基础的学科，需要学习者具备多方面的素养。在物理教学中应用STEM教育理念，从实践中培养学生发现问题、解决实际问题的能力，有利于全面提升学生各方面的素养。可结合初中物理学科的教学内容和特点，从以下三种路径展开基于STEM理念的初中物理教学融入低碳教育的实践。

（一）确立STEM教育理念，将低碳教育内容与教材协调融合

初中物理教材中有很多与低碳生活相关的内容和素材：声学、光学、力学、电能学、热能学等领域的知识涉及能源开发以及节能环保等问题。环境问题涵盖噪声污染、温室效应、热岛效应、节约水资源、光污染、节约能源等相关的内容[5]，这为低碳教育提供了丰富的素材。教师要充分挖掘物理新课程标准、教材教法中与低碳教育目标有联系的因素，帮助学生树立节能低碳意识和低碳环保的价

值观。

1. 提炼教学设计原则，明晰教学理念

笔者借鉴了约翰逊等人提出的全学段教学原则[6]以及摩尔等人提出的针对中小学阶段整合性STEM教育的教学原则[7]，同时结合我国初中物理课程内容设置的基本理念做出了调整和归纳，提炼出基于STEM教育理念的初中物理教学融入低碳教育的教学设计原则，如表1所示。

表1 基于STEM教育理念的初中物理教学融入低碳教育的原则

原则	方面	具体内容
多维整合性	学习目标	运用所整合学科的内容学习物理学以及低碳环保的知识技能。
情境趣味性	情境创设	主题来自贴近学生个人经验的真实情境，以物理学情境为背景，整合基于课程标准的工程、技术、数学或科学内容。
项目探究性	工程设计或实践	活动通过工程设计开发技术完成研究项目，培养学生低碳环保意识以及科学素养。
团队协作性	教学要求	强调团队协作与交流。需给学生提供反思和自我调整的机会，以学生为中心，帮助学生更深入的理解物理概念和低碳理念。

2. 梳理课标要求，确立教育目标

笔者根据新课程标准要求，结合初中物理教育和低碳教育的交叉知识点，从知识与技能、过程与方法、情感态度与价值观这三个方面进行了梳理和分析，并总结了关于在中学物理教学中融入低碳教育的目标，如表2所示。

表2 基于STEM教育理念的初中物理教学融入低碳教育的目标

课程目标	总体目标	具体目标
知识与技能	获得节能低碳生活方面的知识，有能力做出科学的判断	·了解新材料的发展给人类生活和社会发展带来的影响 ·列举常见的不可再生能源和可再生能源 ·知道核能等新能源的特点和可能带来的问题 ·了解温室效应、低碳以及低碳生活的概念
	识别、分析和尝试解决能源消耗、环境污染问题的技能	·能利用身边的废旧物品做简单的物理实验 ·提高在现实生活中实践低碳生活的能力
过程与方法	通过查阅资料、调查统计、搜集和分析处理资料，尝试对环境恶化、能源消耗等问题发表自己的见解	·有用能量转化与守恒的观点分析问题的意识 ·结合实例，说出能源与人类生存和社会发展的关系

（续表）

课程目标	总体目标	具体目标
情感态度与价值观	树立对待低碳生活的价值观与态度，充分认识环境对人类社会的重要价值，形成新型的环境与资源发展观	·了解倡导和实践低碳生活的意义 ·激发学生主动宣传和实践低碳生活的热情，树立正确的生活观念

（二）紧扣STEM教育特征，构建低碳教育与初中物理相融合的教学模式

笔者结合所使用的上教版初三年级第八章《电能的获得和输送》教学内容，尝试设计并开展《风力发电机的设计与制作》教学活动，教学流程由六个环节组成，如表3所示。

表3 《电能的获得和输送》教学流程表

	创设情境	明确问题	合作探究	制定方案	设计制作	总结强化
学生活动	观看介绍视频，了解风的形成，知道风能使转子旋转进一步产生电能。	描述齿轮、发电机、风速计、风向标以及塔架等这些部件的作用并识别装置名称。	分小组讨论设计制作一套叶片装置获取风能的发电的方案。	讨论、制定方案，设计图纸，并标明作品使用的材料和尺寸，单位为厘米。	按照设计的方案图纸用材料制作。完成后去测试站测功率。	讨论获胜涡轮装置能够成功的原因。分组讨论各种能源发电的利与弊。
教师活动	通过多媒体设备介绍风能，展示各地巨型风力发电机图片。	介绍金属风车时，做原理解释，向学生讲解风力涡轮机的结构图。	请学生分组，说明每组只能使用指定的材料进行设计。展示测试环境。	分析设计的可行性并为学生提供设计实验所需的材料。	测定转子产生的电压和电流值，两个值相乘得到功率。	展示功率最大的装置小组设计，组织讨论对比学生发电机与专业发电机发电量的区别。

从《风力发电机的设计与制作》教学活动的具体环节出发，基于STEM教育的特征[8]，笔者归纳出基于STEM教育理念将"低碳教育"融入物理课堂的教学流程模式，如图1所示。

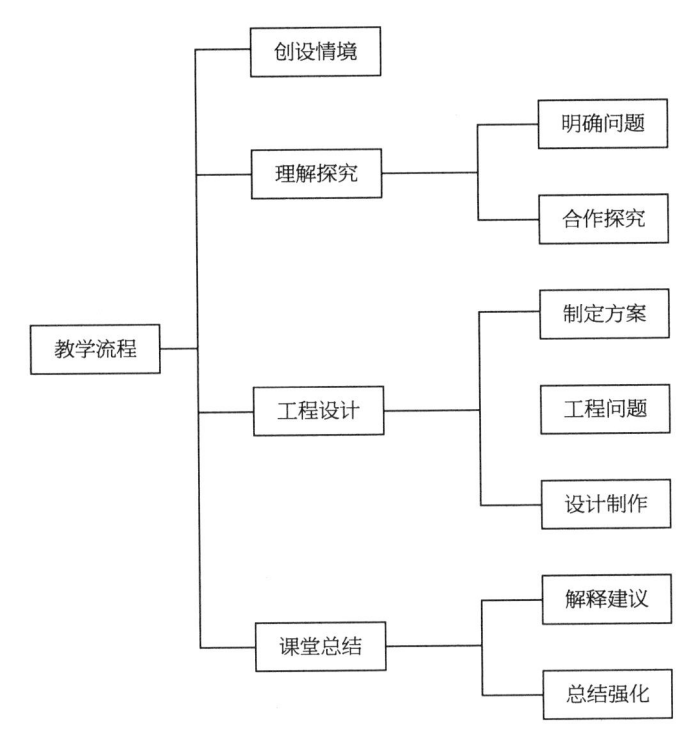

图1 《风力发电机的设计与制作》教学流程模式图

教学流程包含创设物理情境、理解物理概念并进行探究、小组协作进行工程设计以及课堂总结等四大环节。教学流程实施的关键在于工程和科学情境的创设。此外，教师必须完成更加细致、充分的有关低碳教育的课前准备，才能保证教学的顺利进行。

（三）强化STEM课程评价的特点，拓展低碳行为的多样化评价

STEM课程的评价具有"评价方式多样化，突出形成性评价；关注学生的自评和互评，鼓励学生参与评价制定；评价贯穿教学的整个过程"[9]等特点。因此，在物理实验教学和课外综合实践活动中需进一步拓展对低碳行为的多样化评价，将形成性评价和总结性评价相结合，从设计图、实施方案和实验反思等多维度对学生进行评价。

1. 物理实验——探究式学习中低碳行为的评价

STEM教育模式进行的物理实验中，"低碳"理念体现最突出的就是循环利用废旧材料设计实验。软木塞、卡片、麻绳、硬纸板等可回收材料都是可循环利用的废旧物品，教师投放这些材料供学生设计物理实验是践行低碳的最直观的方式，能更好地引导学生树立正确的环境观。因此，教师可从学生对实验的设计、实施中材料的运用、实验后对低碳理念的阐述等方面展开评价。

2.课外实践——研究式学习中低碳行为的评价

课外实践活动中可对学生的科学观察、调查事物、信息类文本的搜集和加工等过程进行评价。例如，在"节约一滴水、一度电、一升油"的课外实践活动中，学生自主搜集、查阅相关资料，分析统计各种节约的方法，最后以汇报的形式相互交流。教师在此过程中可鼓励学生进行自我评价和组内互评，激励其自觉参与低碳生活活动。

对实验课中学生设计图、实施方案和实验反思等的评价可以看到学生节能低碳方面知识、能力等各方面的综合素养；学生自我评价和组内互评可以呈现学生低碳价值观与态度。但实施基于 STEM 课程理念的形成性评价需按量表进行评分。因而，为了让评价有信度，教师应如何根据实际课程内容自编相对应的量表？在量表制定过程中，如何根据实验课程或课外实践活动的环节分出不同层级？这些将是笔者下阶段进一步研究的重点。

四、反思与展望

基于 STEM 教育理念的物理教学对学习过程进行了系统化、多元化的处理，显著提升了低碳教育的趣味性和学习的积极性，是培养学生树立正确的低碳价值观的重要方式，为教育者开启了新思路。但也有亟待解决的问题，如同步提升物理教师的低碳意识和低碳生活的价值观念。提升物理教师相关知识的储备量；加强校园低碳教育方面的文化建设；普及现代信息技术的应用等。

物理教学中融入低碳教育，能有利于学生形成环保和节能的意识和行为，这对保护"绿水青山"具重要的现实意义和深远的历史意义。

举头蓝天近，回首绿草低。

注　释：

[1] 陆汝成.低碳教育与高校的实践路径探析[J].广西师范学院学报：自然科学版，2010（3）：107.

[2] 陆卫兵.将 STEM 教育融入初中物理综合实践活动的教学：以学生进行"简易密度计"制作为例[J].物理教师，2019（5）：43.

[3] 秦瑾若，傅钢善.STEM 教育：基于真实问题情景的跨学科式教育[J].中国电化教育，2017（4）：70.

[4] 陈济平.在初中化学教学中实施 STEM 教育的研究[D].呼和浩特：内蒙古师范大学，2018（6）：18.

[5] 边红枫，盛连喜，何春光.从环境教育知识在教材中的渗透看初中环境教育：以人教版教材为例[J].环境教育，2010（1）：41.

[6]JOHNSON C C, PETERS BURTON E E, MOORE T J. STEM Road Map：A Framework for Integrated STEM Education[M].Routledge, 2015：35.

[7]MOORE T J, GUZEY S S, BROWN A. Greenhouse Design：An Engineering Unit[J].Science Scope, 2014（7）：40.

[8]陈济平.在初中化学教学中实施STEM教育的研究[D].呼和浩特：内蒙古师范大学, 2018：11.

[9]朱丽娜.STEM教育发展研究与课程实践[D].南京：东南大学, 2016：38.

参考文献：

[1]余胜泉, 胡翔.STEM教育理念与跨学科整合模式[J].开放教育研究, 2015（4）.

[2]李核.现代科技馆体系资源及其在物理教学中的应用研究[D].武汉：华中师范大学学, 2016.

[3]傅骞, 刘鹏飞.从验证到创造：中小学STEM教育应用模式研究[J].中国电化教育, 2016（4）.

[4]教育部基础教育司.中小学德育工作指南实施手册[M].北京：教育科学出版社, 2017（1）.

[5]高王卿.谈初中物理教学中德育的渗透[J].甘肃教育, 2017（4）.

[6]蔡海云.STEM教学模式的设计与实践研究[D].上海：华东师范大学, 2017.

[7]蒋子慧.STEM教育理念下的物理教学研究[D].哈尔滨：哈尔滨师范大学, 2019.

[8]BROWN R, BROWN J, REARDON K, MERRILL C, Understanding STEM：Current Perceptions[J]. Technology and Engineering Teacher, Mar 2011.

[9]PINNELL M, ROWLY J, PREISS S, et al. Bridging the Gap between Engineering Design and PK-12 Curriculum Development through the use the STEM Education Quality Framework[J]. Journal of STEM Education Innovations & Research, 2013, 14（4）.

[10]HENRIKSEN D, Creating STEAM with Design Thinking：Beyond STEM and Arts Integration[J]. STEAM, 2017, 3（1）.

学必以德为本，课必以德为先

——《中小学德育工作指南》背景下增强体育课育人效果的实施策略

上海市高境第一中学　朱一亮

随着《中小学德育工作指南》的发布，课程育人作为学校德育的六大实施途径之一被进一步明确，学校应"充分发挥课堂教学的主渠道作用，将中小学德育内容细化落实到各学科课程的教学目标之中，融入渗透到教育教学全过程"，要"围绕课程目标联系学生生活实际，挖掘课程思想内涵，精心设计教学内容，优化教学方法，发展学生道德认知，注重学生的情感体验和道德实践"。因此，学校体育课既是提升学生身体素质、培养他们的体育兴趣的有效途径，也是强化学生的道德素养、提高学校教学质量、改变传统教学模式的重要途径。本研究通过对区域内学校体育课育人现状的调查分析，寻找存在问题，提出改进建议，为进一步落实《中小学德育工作指南》提供理论参考。

一、现阶段影响体育课育人效果的因素

笔者在中国知网、中国期刊全文数据库、中国博士学位论文全文数据库等数据库查询文献，时间限定为2010-2019年，以"体育课"并含"德育"为关键词，共查到具有参考价值的硕博士论文63篇，核心期刊论文57篇。通过对所查到的文献进行研究分析，发现我国学者将影响体育课育人效果的因素主要归结为：（1）教师德育能力不足；（2）课堂评价标准不明确；（3）思想认识上的误区；（4）社会大环境的影响。[1]

笔者基于我国学者的研究结果对区域内学校开展调研得出现阶段影响体育课育人效果的因素主要包含如下三个方面。

（一）教师的育德能力不足成为影响体育课育人效果的重要因素

调查结果显示，区域内体育教师主要通过"结合教学内容""以身作则"和"结合突发事件"三种方式在体育课中开展德育，说明任课教师具有一定的育德

能力，能结合教育教学的特点开展一定的学科德育工作。但调查也显示，除了以上三种方式外，并无教师通过其他方式在课中开展德育，事实上教师在课堂上对于课堂纪律的要求、对于考勤制度的执行等方式也是培养学生规则意识、提升学生自制力及深化学科教学德育效果的常用手段。从教师开展学科德育的频率来看，接近20%的受访学生表示，教师几乎没有或从来没有在课中开展德育，说明部分教师的德育意识还有待进一步加强。

（二）课程德育要素未被充分挖掘成为提升体育课育人效果的瓶颈

笔者在区域内开展调研发现，超过九成的学生认为学校的体育课对培养个人审美情趣、健康体魄、意志品质、人文素养和生活方式有帮助，说明大部分学生在主观意识上比较认同体育课的育德效果。但需要指出的是，学生的认同度不能等同于学校体育课的德育实效，不同项目课程的德育相关要素也是完全不同的。当被问及能否具体举例说明体育课提升哪些优良品质时，大部分学生的答案集中在培养坚强意志，而对于爱国主义、民族精神或改变生活方式等方面的答案寥寥无几且基本无法举出实例，说明体育课教材中的德育要素尚未被完全发掘。

（三）评价机制不完善成为提升体育课育人效果的阻碍

根据调查结果，在评价主体的选择上，大部分教师还是以传统的教师评定为主，并未引入学生自评和互评，评价主体较单一。对于道德教育而言，很多指标无法量化，只有在教学评价环节中引入学生自评和互评，才能充分发挥学生的主观能动性，提升学生的自觉意识和主体意识，在课堂上营造和谐平等的教育教学氛围。约有四分之三的学生明确表示，教师在评价学生时能将过程评定和结果评定相结合，较高的知晓率也说明教师在平时的教学过程中曾经明确向学生提出过体育课的评价依据，这有利于学生在习得运动的专项知识和技能的同时，注重自身在平时课堂学习中的各类表现，促进个人多方面道德素养的提升。

二、增强体育课育人效果的实施策略

为了充分挖掘体育课的育人功能，增强学校体育课育人的实效性，本研究提出以下四点实施策略。

（一）完善教师培训机制，强化教师育德能力

建立完善的教师培训机制，摒弃过去缺乏核心重点、各自为战的教师培训方式，转而将教师培训目标与学校发展目标、学校育人理念相结合，强化教师的育德能力。

1. 完善机制，为教师专业发展保驾护航

学校应完善教师专业发展机制并形成教师培训制度，制订教师校内外培训的计划，落实资金、场地和人员保障。可以将教师专业化发展水平同职称评定、教

师推优等相结合，激发教师的积极性。同时将教师培训目标与学校发展目标、学校育人目标相结合，着手建立学校德育目标体系，针对学生的生理和心理特点，结合本校发展实际形成各年级的分层目标。学校管理部门应根据各年级不同的分层目标并结合本校教师特点确定教师培训的内容和形式。

2. 增强意识，使教师育德能力逐步提升

学校领导首先要增强德育意识，在校内努力创设"人人都是德育工作者"的工作环境，帮助全体老师改变教育教学观念，逐步树立学科育人意识。在开展体育课教学时，要根据学生的年龄特点，有针对性地将德育要素融入课堂教学中，帮助学生理解强身健体的时代意义与个人责任、使命之间的关系，引导学生树立正确的人生态度，强化人际关系，增进和谐友善、心态健康，并逐渐引导学生养成调节身心的生活习惯，树立终身体育的意识。

（二）挖掘课程德育内涵，增强课程育人实效

著名心理学家、教育家科尔伯格在20世纪50年代提出了"道德发展阶段"理论，将道德发展水平分为道德认知、道德情感和道德行为三个阶段，即知不知道、赞不赞同和做不做的问题。他认为一个人的道德发展，是从道德认知内化到道德情感，最终影响其自身行为的过程。[2] 依据科尔伯格"道德发展阶段"理论，体育教师可以在实践的过程中不断挖掘课程丰富的德育内涵，并结合学生的特点进行有意识的学科育人工作，过程中要注意方法，让学生在潜移默化中完善个人的道德素养，以此来增强课程的育人实效。

1. 以理论普及来强化学生的道德认知

道德认知属于学生知不知道的层面，教师在进行体育教学的过程中，应充分研究运动项目自身的技术特点，结合该运动的文化内涵，将相关德育要素整理成简单明了的知识点，结合课程教学的不同主题有计划地传授给学生，使学生能直观地学习相关要素，强化他们的道德认知。

2. 以实践体验来强化学生的道德情感

作为教师可以在体育课中少讲多练，进一步加强操作练习环节的比重，引导学生通过实践体验来强化道德情感，形成自己的价值判断。同时在提升道德认知水平的前提下，教师可以通过模拟比赛的形式，给予学生团队练习的机会。比赛既能提升学生的兴趣，又能使学生在高强度、重压力的环境下不断经历适应和再适应的过程，充分考虑自身因素与团队其他成员的融合，使其在实践中强化道德情感。

3. 以榜样效应来强化学生的道德行为

此处的榜样既是指体育课的授课教师，也指其他值得学习的人或事。教师的职责是为学生传道授业解惑，他们的一言一行对学生的影响是举足轻重的。对于一名教师来说，在学生面前应起到良好的榜样示范作用，提升个人的师德修养，

并以此来强化学生的道德行为。在体育课的教学过程中，教师要善于寻找值得学习的人或事，利用榜样的作用去引导学生，帮助学生树立远大理想和目标。

（三）建构课程评价体系，激发学生主观能动性

完善的课程评价体系，既有利于教师客观公正地对学生的课堂表现做出评价，也有利于学生清晰地了解评价指标，激发学生的主观能动性，实现教育的提升。

1.《中小学德育工作指南》背景下的教师评价

体育课教师在对学生做出课程评价时，应注重两个明确：（1）明确评价的主体，即对于学生参与体育课的评价，由授课教师与学生共同完成。（2）明确评价的形式和内容，即课程评价由过程性评价与结果性评价组成。可以将体育课程评价指标转化成体质、体能、体育精神与体育品格、健身习惯、运动知识和技能、运动经验和运动智能、特长项目等七个维度。其中的体育精神与体育品格、健身习惯、运动经验和运动智能均可纳入过程性评价，而体质、体能、运动知识和技能、特长项目则可以作为结果性评价的指标。

2. 互联网＋背景下的学生自评与互评

学生的自评和互评是体育课评价环节中重要的一环。教师可以在一个学期中多次在授课学生中开展学生的自评和互评，可以将评价内容细化为某一个点，如"你觉得今天自己尽力了吗？"或"请你分别评价一下组内同学今天的表现"，教师在课后做好学生自评和互评的统计工作。在互联网＋大背景下，学生的自评和互评可采用网络评议，不定期开展。教师将事先设计好的评价问卷采用问卷星等形式发放给学生，学生在课后通过互联网进行匿名评价，既能保证评价的客观公正，又便于授课教师的数据统计。通过引入学生的自评和互评，使学生由原来的一名旁观者、被评者变为管理者、评价者，身份的转变使学生能充分发挥主观能动性，在自我管理的过程中实现道德的自我教育、自我提升。

（四）建立区域共享模式，推动校园文化辐射

当今社会对学校教育的要求，不仅是要促进学生个人的综合素养的提升，还要求学校能强化自身的社会责任，将学校的育人成果向周边辐射共享，以点带面，形成区域内的共同提高。

1. 从体育精神迈向校园文化，实现校际辐射

将"体育精神"与学校发展目标相结合，形成特有的校园文化，引导师生逐渐形成趋于一致的人生观、世界观和价值观。在此基础上，学校应该考虑将"校园文化"向区域内的同类学校辐射，建立区域共享模式，以"运动项目发展共同体"的形式实现校际辐射。近期市教委推出的艺术、体育"一条龙"模式便是一次很好的尝试，但这需要教育行政管理部门长期的支持，给予资金和政策上的倾斜，确保区域内学校的整合联动，实现区域内学校的整体提升。

2. 从独善其身迈向携手前行，实现家庭辐射

校园"运动文化"除了向区域内学校推广辐射之外，还应向社区、家庭辐射，借助"小手牵大手"等主题活动，一个人影响一个家庭，几个家庭影响一个社区，将学生个人的道德发展同社区内居民的文化需求结合起来。学校可以组织教师和学生走进社区，通过各种形式开展活动，丰富社区居民的业余生活，营造文明和谐的社区环境。

注　释：

[1] 张博．体育教学中道德教育缺失的若干思考[J]．教学与管理，2012（6）：126．

[2] 何明英．科尔伯格道德发展理论研究[D]．大连：大连医科大学，2009：4．

参考文献：

[1] 刘桦楠，季浏，董翠香．道德社会学视角下运动教育模式的德育实践研究[J]．北京体育大学学报，2015（6）．

[2] 李储涛．身体德性论：论义务教育阶段学校体育的德育使命[D]．济南：山东师范大学，2012．

[3] 邵伟德，闫平，李启迪，等．杜威教育理论对中国学校体育发展的影响研究[J]．北京体育大学学报，2013（10）．

[4] 俞国良．《中小学德育工作指南》的心理学解读[J]．基础教育参考，2017（19）．

[5] 张颖．深刻领会《指南》　扎实做好德育：《中小学德育工作指南》解读[J]．辽宁教育行政学院学报，2018（3）．

[6] 常璐艳．我国中小学体育教学内容体系构建研究[D]．开封：河南大学，2012．

[7] 李敬．中小学体育开展和渗透"立德树人"的研究：兼对上海市若干所中小学的实证研究[D]．上海：华东师范大学，2015．

[8] 王永艳．加强诚信教育，落实好《中小学德育工作指南》[J]．宁夏教育．2017（12）．

[9] 王从春，杨琼．大中小学体育德育一体化实践探索研究[J]．思想理论教育，2016．（1）．

[10] 李晓东．落实《中小学德育工作指南》的三个"必须"[J]．中国德育,2017（18）．

[11] 王红英，任书堂，刘雪丽，等．上海市部分高中体育专项化教学改革探索：以操舞类校本课程实施为例[J]．上海体育学院学报，2015（1）．

[12] 杨文轩．关于"体育与健康课程标准"修订的思考[J]．体育学刊，2011（5）．

[13] 中华人民共和国教育部．义务教育体育与健康课程标准[S]．北京：北京师范大学出版社，2011．

强国之基在养蒙，职业启蒙正当时

——小学英语教学中渗透职业启蒙教育的途径

上海市宝山区高境科创实验小学　戴文嘉

小学英语课程标准强调英语学科的核心素养包括培养学生的语言能力、思维品质、文化品格和学习能力。因此，除了让学生掌握英语听、说、读、写的基本语言能力外，对学生进行德育教育的渗透显得更为重要，而教材则是老师和学生在学习中必不可少的学习工具。因此，老师要充分挖掘和利用教材中的德育元素，在课堂中积极渗透，帮助学生树立良好的人生观。根据《中小学德育工作指南》，可以将小学学段的德育目标归纳为：六爱教育以及良好的品格和正确人生观的形成教育。其中就以职业理想启蒙教育为主挖掘小学英语教材中的德育内容。

一、充分挖掘小学英语教材中的职业理想启蒙元素

美国著名生涯理论研究学者舒伯（Donald E.Super）认为，对（0～14岁）学生进行职业启蒙教育，其任务是全面认识自我形象，使之具备对工作世界的正确态度，并逐步意识到工作的意识。[1] 从思想品德教育角度出发，职业理想启蒙应发挥以下作用：其一，使孩子产生劳动最光荣的意识；其二，让孩子树立起职业平等的意识；其三，让孩子对职业有识别能力；其四，帮助自身潜能得以发展和相关拓展。针对职业理想启蒙，小学英语教材在不同的学段也有不同的呈现方式，因此将10册教材中体现职业理想启蒙元素的内容进行梳理，如表1所示。

二、在小学英语教学中多方位渗透职业启蒙意识

美国职业指导专家约翰·霍兰德认为，职业选择取决于自我认识和职业认识的适当性函数。小学生的职业意识包括三个维度：小学生的自我认识，对职业的认识及小学生主体意识与职业的统合 [2]，如表2所示。笔者认为，小学英语教材中包含着职业启蒙的元素，教师除了在课堂上教授基本的学科知识，更应该注重研究和挖掘教材，而如何去发现和利用是问题的根本。只有解决了这一问题，才能为英语学科教学中的职业启蒙打好根基，真正做到在小学英语教学中渗透职业

启蒙教育。下面就从课堂教学实例、学科实践活动及职业风采展示三种不同的方式，呈现职业启蒙意识与小学英语学科教学是如何进行完美结合的过程。

表1 小学英语（牛津上海版）教材职业理想启蒙内容的梳理

学段	年级	单元	教材主要内容	德育渗透目标
低段	1A	M2U1	核心词汇： dance sing read draw 核心句型： I can... I can sing/dance/draw/read.	1.能从自己和别人的角度描述自己的特长及能力。 2.能有勇气、有意识地展示自己的能力特长，能够对别人的评价做正确的判断。 3.培养学生自信心的养成，同时逐步形成稳定的自我认识，自我认识是良好职业理想启蒙的关键。
低段	1B	M4U1	核心词汇： ride skip play fly 核心句型： Miss Fang：What can you do? Alice：I can sing. Kitty：I can dance. Danny：I can draw. Miss Fang：What can she do? Eddie：She can sing. Miss Fang：Yes，she can sing.	
低段	2A	M1U1	核心词汇： morning afternoon evening night 核心句型： How are you? I'm fine，thank you.	1.能学会在不同的时间段准确选择打招呼的方式，培养学生的沟通能力，养成良好的文明习惯。 2.通过教学过程中角色的互换，运用简单对话来感知"教师"这个他们最熟悉的职业，进行初步职业理想启蒙的渗透。
低段	2B	M2U1	核心词汇： run skate hop skip ride a bicycle 核心句型： Do you like（doing）? Yes./No. I like（doing）...	1.能全面了解自己的兴趣爱好，且能准确判断和表达自己对事物的喜好程度。 2.通过加深对于自我的认识，为职业理想的启蒙打下坚实的基础。
中段	3A	M2U3	核心词汇： eye hair nose ear mouth 核心句型： My... is/are...	1.能够准确了解自己的外貌特征，从外在全面地认识自己。 2.了解人与人之间在外貌上是具有差异性的，接受自己优点的同时，不避讳自己缺点，更全面地认识自己。 3.激发学生发扬优点，弥补缺点，将自己所长发挥到极致，增强学生的职业信念和为之奋斗的意志力。
中段	3B	M4U1	核心词汇： a head/shoulder/hand/leg/knee/foot/body an arm finger（s） 核心句型： I have... My...is/are...	

（续表）

学段	年级	单元	教材主要内容	德育渗透目标
高段	4A	M2U2	核心词汇： doctor nurse teacher student police officer firefighter cook bus driver 核心句型： What does...do? He/She is...	1.通过询问他人职业能够了解多种社会职业的名称、工作场所、工作方式等详细信息。 2.了解社会工作的普遍性和多样性，激发他们职业选择的意识。
	4B	M2U1	核心词汇： play football play table tennis play volleyball play badminton play basketball 核心句型： Does... like...（doing）? Yes，...does./No，...doesn't.	1.能准确问、回答他人和自己对运动的喜好。 2.培养学生热爱运动，强身健体的意识。
	5A	M1U3	核心词汇： worker pilot farmer cook shop assistant 核心句型： What do you want to be? I want to be a/an...	1.能描述职业对于社会的作用，知晓职业所需的知识和技能。 2.使学生学会将自身的能力、特长和兴趣爱好进行良好结合，继而表达自己的职业理想，初步达到职业理想启蒙的效果。
	5B	M3U2	核心内容： Here's the weather report. We had a hot and sunny day yesterday. The temperature was thirty-two degrees. It's cloudy today. It's wet too. The temperature is thirty degrees. It will be windy tonight. A typhoon is coming from the East China Sea. We will have heavy rain and a strong wind tomorrow. The temperature will be twenty-eight degrees.	1.了解天气预报员的职业环境、职业形象、职业素养及工作所需的知识和技能。 2.通过课堂教学主动进行职业体验，激发学生参与活动的兴趣。 3.深化职业理想启蒙的理念，帮助学生架起社会实际和自我理想的桥梁。

表2 职业意识的三个维度

自我认识	职业认识	主体意识与职业的统合
对自己的个性、兴趣、情绪、能力以及自身优缺点的认识。	对职业的了解、职业精神，职业兴趣及职业探索，也包括合作、自我管理、学习、沟通、创新、决策等意识和品质的培养。	是一个动态的职业准备和职业规划过程，即我最适合做哪类职业的选择意识和主体对职业的倾向意识。

（一）职业情境体验，渗透职业意识

以1BM4U1 Activities一课为例，教学目标为通过本单元学习，学生能初步运用ride、skip、play、fly等四种最常见的运动类单词，能结合"What can you do? I can…""What can he/she do? He/she can…"句型进行问答，表达自己和他人的能力和特长。在此过程中，使学生增强与同伴的沟通和交流，同时也帮助学生更全面地认识自我和他人。

教学片段（一）	教学中体现自我认知的渗透
Try to say S1：＿＿，What can you do? S2：I can ＿＿. S1：Wow. How ＿＿! T：Look! They are the photos for Ben's friends. What can Eddie do? S1：He can ride a bicycle. T：What can Kitty do? S2：She can skip a rope. T：What can Danny do? S3：He can play football. T：What can Alice do? S4：She can fly a kite. T：How about you? What can you do? Please ask and answer with your deskmate. S1：Lisa, what can you do? S2：I can ride a bicycle. S1：Wow! How cool!	通过看图回答问题，师生互动和生生问答的活动方式，使学生能正确认识他人和表达自己的能力特长，准确认识自己是职业意识启蒙的基础，同时能对别人的评价做出正确的判断和分析，帮助形成稳定的自我认同；让学生在认识自我的同时，也能学会用欣赏的目光看待他人，学会赞赏别人；激发学生学习英语的热情，提高学习英语的积极性，为之后的学习提供可持续发展的机会；同时促使同学间友好相处，提升他们的人际交往能力。

以上海牛津版教材2AM1U1 Hello一课为例，教学目标为通过本单元的学习，学生能够在语境中认读、理解和运用核心词汇：morning、afternoon、evening、night；在语境中学习、理解并初步运用下列句型结构：How are you? I'm fine. Thank you.以及能在不同的时间段准确跟人打招呼，使学生学会礼貌待人，培养良好的文明习惯。

教学片段（二）	教学中体现的职业意识认知的渗透
Hello, Miss Fang. Good ＿＿, Alice. Good morning. How are you, Alice? Thank you.	

T: Look! The sun is in the sky. It's the morning. Who can be Miss Fang? The little teacher. Have daily talk with Alice. Ss: Hello, Miss Fang. S1: Good morning, Alice. Ss: Good morning. S1: How are you, Alice? Ss: I'm fine, thank you. （In the evening） T: Now, What can you say in the evening? S: …	通过角色扮演（Be a little teacher）和生生问答等丰富的活动方式，使得低年级学生初步感知"教师"这个职业的言谈举止，在脑海中对其有一个初步的印象；同时能够在不同时间段准确地和他人打招呼。有趣的活动方式激发他们学习英语的热情，培养良好礼貌习惯的同时，感知职业意识带来的新鲜感。

（二）职业信息搜集，习得职业"认知"

传统英语作业的模式为读、背、抄，要想在作业中更好渗透职业启蒙教育，必须精心设计形式新颖、主题明确的课外作业。首先要激发学生完成作业的主动性，同时要给学生自由发挥的机会，做到既能巩固新知，又能培养学生的综合能力，有效达到英语作业中融入职业启蒙教育。尤其是对于四年级的学生来说，经过三年的学习，他们对于职业有了一定的了解，并且他们已经拥有了良好的资料收集与处理能力，一定程度上掌握了多媒体技术，所以通过 Jobs I know 的英语学科实践活动，选择自己感兴趣的职业，让他们搜集与该职业相关的详细信息，如工作场所、工作内容、工作性质等，以电子小报的形式呈现活动成果。

通过 Jobs I know 的学科实践活动，给予学生充分的自由去搜集自己想了解的职业的详细信息，在此过程中锻炼他们的信息搜集和处理能力，并将英语表达很好地与之相结合；运用他们已有的多媒体技术水平，制作相关电子小报，培养他们的动手能力。在了解各项职业详细信息的同时，培养他们的职业思维能力，识别职业特征，判断职业类型，习得职业技能，树立职业道德，激发学生知晓社会职业的多样性、普遍性、职业对社会贡献的一致性，并无高低贵贱之分。教师要帮助学生从对"自我"认知转化为对"职业"的认知，将职业启蒙落到实处。

（三）职业风采展示，点燃职业梦想

以 5A M1U3 My future 一课为依托，设计"Show my dream job"为主题的职业体验风采展示活动。经过这个单元的学习，学生全面地了解多种社会职业，五年级的学生对自身能力、特长和兴趣爱好有了稳定的自我认知，通过这个活动能实现自我认知与职业实践的联系。活动之前，每位学生考虑好自己以后的理想职业，并以 I am… I can/like… I want to be… 等已学句型进行介绍，同时可以穿戴与这些职业相关的装束，以边展示边介绍的方式展现自己梦想中社会职业的风采，以此来加深对职业启蒙的渗透。

（四）职业实践体验，助力职业启航

学校可以采用"家长进课堂"方式，定期邀请几位家长进入学生的课堂，让家长将他们从事的职业知识通过课堂带给学生，甚至也可以更好地挖掘能够提供

学生职业观赏和实践的家长资源,让学生真正"走进职业"。开烘培店的家长,可以让学生体验一下当点心师的感觉;在汽车工厂工作的家长,可以让学生参观一下零部件生产的流水线;在电力公司的家长,可以带领学生参观发电厂,体验做个小小抄表员;在地铁公司的家长,可以让学生现场模拟一下开地铁的感觉……这种更贴近生活实际的体验,为学生深入了解各职业提供了更广阔的体验舞台,帮助学生对于自己职业梦想进行再次审视,从内心出发结合实际体验,选择自己喜欢的职业梦想。

法国教育家卢梭在《爱弥尔》中写道:"教育不在于他学到的是什么样的知识,而在于他所学的知识要有用处。"[3] 教育不是培训,而是要实现人尽其用,因此将职业意识的启蒙纳入小学教育已经成为一种国际大趋势。作为一名英语教师,更是责无旁贷,需要我们充分利用教学中的各个环节渗透职业启蒙教育。要想培养学生的职业意识,首先需要他全面认识和了解自己之后才会形成积极正确的人生观,职业启蒙才能顺势而为。因此,职业启蒙教育作为德育教育中的一部分,依靠的是日积月累、潜移默化。为"乐"学而"学",更为"德"学而"学",使德育随着英语课堂教学的多种表现形式,达到无声育人潜移默化的境界。

注　　释:

[1] 刘晓,黄卓君.青少年儿童职业启蒙教育:内涵、内容与实施策略[J].中国职业技术教育,2016(23):33.

[2] 叶景芳,颜志荣.小学生职业生涯启蒙教育的实践途径研究[J].中小学心理健康育,2016(20):41.

[3] 李蕾,陈鹏.发达国家职业启蒙教育的经验与启示[J].职教论坛,2017(21):95.

参考文献:

[1] 刘晓,黄卓君.青少年儿童职业启蒙教育:内涵、内容与实施策略[J].中国职业技术教育,2016(23).

[2] 叶景芳,颜志荣.小学生职业生涯启蒙教育的实践途径研究[J].中小学心理健康教育,2016(20).

[3] 李蕾,陈鹏.发达国家职业启蒙教育的经验与启示[J].职教论坛,2017(21).

[4] 洪明.儿童职业意识启蒙探析[J].中国职业技术教育,2011(18).

[5] 马洪静.小学数学教学中渗透生涯教育的策略研究[D].石家庄:河北师范大学,2019.

斯有古镇，育吾德馨

——体验式古镇文化活动育人的实践与反思

上海市罗店中学　程　丹

中华优秀传统文化中蕴含着丰富的人生智慧，对于学生的思想意识、行为规范等有着十分积极的影响。优秀传统文化形式多样，不只是停留在书本上的文字，更多的优秀传统文化是一种"活"的技艺。本文以开展体验式古镇文化育人活动的实践为依托，探讨如何使学生在体验式育人活动中获取经验，使其能够更好地鉴赏和领悟优秀传统文化的精髓，增强文化自觉和文化自信。

一、体验式活动育人实践的缘起

德育工作的具体要求。《中小学德育工作指南》指出：应该"引导学生了解中华优秀传统文化的历史渊源、发展脉络、精神内涵，增强文化自觉和文化自信。"优秀传统文化当中包含的民族精神、道德理念是滋养民族发展的源泉。当前，随着现代文明和外来文化的冲击，西方文化的价值观对优秀传统文化的继承和发展带来新的挑战。青少年是民族发展的希望，在当前多元文化背景下，引导他们从优秀传统文化中汲取营养，不断完善自我的德行与涵养，是教育工作者的必然选择。

古镇文化的育人价值。古镇的形成经过了长时间的历史发展和积淀，是传统文化的物质性遗存，展现出特定时期社会生活的断面，也体现出当地原住民在生活习性和传统习俗等方面的特有形态[1]，蕴含着丰富的传统文化宝藏，具有宝贵的育人价值。

具体学情的考量。笔者执教的是高二年级的学生，这个阶段的学生自我意识相对于初中生来说，已经有了较大的发展。他们已经能够完全意识到自己是一个独立的个体，要求独立的愿望愈加强烈，有更强的好奇心和增加体验的渴望。因而笔者尝试探索从生活中挖掘活动内容。以"活"为基础，以"动"为特征，倡导体验式的学习方式，体现活动的层次性，关注结果更注重过程，符合这一阶段学生的心理状况。

朴素的情感需求。罗店古镇是很多学生从小生活长大的地方。很多学生的家庭已经连续几代人生活在这里。了解自己的家乡，热爱自己的家乡，对于维持文化的多样性，发展地域特色，加强文化认同感等诸多方面有着深远的意义。

二、体验式活动育人的相关概念

（一）体验式活动

《现代汉语字典》对"体验"一词的解释是"通过实践来认识周围的事物；亲身经历。"[2]"体验式活动"中的"体验"源于美国教育家杜威所说的"经验"[3]。他主张教育要以行动为基础，以体验为中心。美国教育家、著名的体验式学习大师大卫·库伯将人的有效认知学习过程分为四步：第一步是具体的经验，学习者对新环境的体验；第二步是在体验过程中进行有效的思维活动；第三步将思维活动化为抽象的经验或意识；最后一步是检验经验是否正确，能否解决新的问题。四个步骤之间循环往复，提高人的认知水平，终极目标是将原有的经验进行内化和升华。"体验式活动"应围绕三个中心进行。即"学生""活动""经验"，由此来体现学生的主体地位，使学生在活动中获取经验。[4]

（二）活动育人

活动育人是德育工作的六大途径之一，是指利用节庆纪念日、仪式教育活动、校园节（会）、团队活动等，开展形式多样、主题鲜明的教育活动，以鲜明而正确的价值导向引导学生。

（三）古镇文化

古镇文化是指古镇中的民居、宗庙、祠堂、服饰、头饰、歌舞、工艺、技艺、美食以及生活习惯、风俗、礼仪等构成的特有的地域文化，体现着各个历史阶段的政治、经济、文化、科技等历史风貌，具有社会学、历史学、文化学、建筑学等多个方面不可替代的价值。中华文明最遥远绵长的根就在古村镇里，大量的历史事件和民族文化都与古村镇有着密切的关系[5]。

三、体验式活动育人实践的落实

（一）实例一

第一次的古镇文化体验活动，笔者查阅了大量资料，并在活动前向学生和家长们征集了很多古镇的老照片，用作活动中的展示素材。并且请祖辈都居住在古镇上的学生通过询问父母或亲属的方式收集发生在古镇里的，具有古镇特色的家庭往事，内容可以包括古镇日常生活的方方面面。笔者依据活动的主题对收集上来的材料进行筛选，挑选出最具有古镇特色的"家庭往事"，请美术老师帮忙绘制成图画做展示。此外，还向学生们发出了征集古镇老物件的邀请。活动中，学生走进教室，可以看到教室里被布置成了一个微型古镇生活民俗博物馆。博物馆主要分为四个展区，分别是古镇衣、古镇食、古镇住、古镇行，而且每个展区都有专门的学生担任解说员。每个展区内的体验都不同，学生可以亲手触摸古镇古法斜纹布的肌理，也可以品尝到罗店鱼圆和草头塌饼的美味，既可以在建模中了解古镇"三湾九街十八弄"的居住格局，也可以在龙舟模型和罗店花灯的色彩里体会非物质文化遗产的魅力。展示出来的每个传统生活的小物件的旁边都有一张卡片，由物件的主人设计撰写，记载着这个物件的来历。在观看的过程中，学生们不时发出尖叫和欢呼。

这次的传统文化与民俗结合的体验活动，笔者意在通过创设一个体验的情境，让学生们在这个情境里增加对传统文化的体验。在开展之前，笔者进行了大量的征集工作，但是能够代表古镇传统文化的物件并不多。很多学生完全是看热闹的心态。笔者想要通过这些来自生活的老物件，带着他们回溯过去的岁月，探寻古镇往事。从活动开展的情况来看，很大程度上并没有实现活动预期的效果。

（二）实例二

第二次的体验式活动主要以小组合作探究的形式来完成，全班共分为四个小组，每个小组均由生活在古镇上的同学带领，组内进行分工，有人负责拍照，有人负责记录，有人负责查找资料，有人负责将任务成果制作成报告或课件等展示成果。体验的内容分别为古镇衣、古镇食、古镇住、古镇行四个小主题。"古镇衣"小组首先出发，进行参观花神堂，他们的体验任务是认识经过改良和创新后的古法斜纹棉布，查找古镇曾经作为棉花种植基地和大型交易基地的相关历史资料。"古镇食"小组参与人数最多，体验任务主要为品尝街头售卖的传统小吃"草头塌饼"。向古镇老街上年长的长辈进行访问，了解非物质文化遗产天花玉露霜（已失传）。品尝罗店鱼圆，详细记录鱼圆制作的过程，并尝试自己制作一次鱼圆。制作好后带回与同学们一起分享。"古镇住"小组，主要的体验内容是实地探访罗店"三湾九街十八弄"的建筑格局，镇上的街道连着弄，弄连着桥，桥又连着河，游历河网密布的街区中随处可见的罗店古桥。并将古镇老地图与现在的地图做比较。利用学校的古镇模型材料建模，向同学们展示古镇的变迁轨迹。"古镇行"小组的体验内容是走访非物质文化传承人，向他了解龙舟的制作过程，详细做好记录。

体验后应该有一定的反思和消化的过程，因而每个小组在活动之后结合自己的体验主题做主题汇报，每个小组都制作好多媒体课件，基本上都可以把小组活动中的体验过程详细展示出来。有的小组还进一步展示了体验的成果，如自己动手制作的美食，或者摄影作品等内容。

由于古镇老街的活动区域不大，笔者全程跟随四个小组，看到了很多学生不同于课堂上的一面，有的学生动手能力很强，有的学生摄影技术一流。活动中学生们最大的感慨就是，自己就生活在附近，但是平时却似乎没有好好看过古镇的样子。大家更没想到，看起来有些破旧的家乡竟然有这么多宝贵的非物质文化遗产。笔者认为，也许这些油然而生的感触，是课堂上难以唤起的，这也正是体验式活动的魅力。

四、总结与反思

（一）体验式活动育人的优势

实践的亲历性。作家冯骥才在两会上提出："学习传统文化的最好办法是体验，而不是在课堂上教授，最好的方式是由感性到理性。传统文化不是书本上的概念，而是表现在文学艺术当中以及节日和生活当中。特别是对于传统的生活文化，最好的方式不是整理成教材在教室里传授，而是引导孩子们在生活中亲近传统，潜移默化地感受传统，让传统渐渐成为一种记忆、一种认同、一种情怀。"[6]因而，笔者将活动的空间转移到真实的生活场景中，增加实践的亲历性。可以让学生身临其境，通过多种感官去感知优秀传统文化的魅力。

良好的互动性。体验式互动是以学生为主体，教师为主导。在活动中，学生们通过合作探究的方式，可以实现学生之间的良性互动，互相学习。这种互动具有一定的带动性，激发了大家的学习热情。虽然很多小组在活动中也产生了一些矛盾和分歧，但是经过磨合，最终大家还是能够齐心协力地完成体验任务。

有利于经验的积累。体验式活动重视情境设置和学习者的个人实践，并将体验中学到的知识技能和情感相结合，更利于形成稳定的文化意识。新的体验往往会受到已有体验的影响，所以当下的体验也会影响到学生将来的认知。这是一个随着时间不断相互作用的过程，一次活动并不能从根本上改变学生的认识。所以体验式活动应该是一个循序渐进的过程。

（二）体验式活动育人对教师提出更高要求

体验式育人活动对指导教师的知识储备有较高的要求。由于活动是在一个真实或拟定的情境当中进行，学生会有很多即时产生的问题需要教师来解答。所以教师必须在活动的前期准备中查阅大量的资料，充分地了解活动中的相关理论常识，储备足够的专业知识，才能做到有条不紊，适时引导。

体验式活动往往离不开身临其境的参与和实践，需要协调好场地或准备大量的活动材料，这需要教师付出较多的体力和脑力劳动。此外，还应把学生的安全放在首位，时刻做好安全监护。只有做好了方方面面的准备之后，才能更好地展开体验活动。

结语

让学生在优秀传统文化的体验中感受传统文化的魅力,增强文化自信,是我们任重道远的使命所在。也许有人会问,传统将在何处终结?答案是它将永远不会终结。人类不能没有传统而生存[7]。中华优秀传统文化是中华民族的精神命脉,是中华民族生生不息、发展壮大的丰厚滋养。因而,作为教育工作者,我们应该增加青年学生的传统文化体验,培养其传统文化的欣赏能力,把传统与时代相结合。

注　释:

[1] 施黎明.古镇文化在初中美术教学中的整合开发与应用[D].成都:四川师范大学,2018:6.

[2] 中国社会科学院语言研究所词典编辑室.现代汉语字典[M].6版.北京:商务印书馆,2012:1281.

[3] 钟定序.体验式教学在对外汉语文化课中的应用研究[D].重庆:重庆师范大学,2018:3.

[4] 贾菲菲.体验式教学在初中道德与法治课中的运用研究[D].天水:天水师范学院,2019:12.

[5] 李洋.古镇文化功能提升研究:以重庆市走马古镇为例[D].重庆:重庆师范大学,2019:8.

[6] 冯骥才.让孩子体验传统文化[N].中国新闻出版广电报,2017-03-07.

[7](美)爱德华·希尔斯.论传统[M].傅铿,品乐,译.上海:上海人民出版社,2014:346.

参考文献:

[1] 王慧.中华优秀传统文化对人的发展的当代价值[D].济南:山东师范大学,2017.

[2] 王艳华.论传统文化对中国现代生活的价值[D].长春:东北师范大学,2002.

[3] 查士琴.中学生传统文化教育存在的问题及其解决路径研究[D].武汉:华中师范大学,2016.

[4] 魏红卫.大学生中华优秀传统文化教育现状及对策研究:以驻青高校为例[D].青岛:青岛科技大学,2016.

[5] 李文凤.大学生传统文化教育现状及对策研究[D].济南:山东师范大学,2016.

莫问仙境何处寻，春来遍是桃源人

——研究性学习在高中垃圾分类育德活动中的探索和实践

上海市罗店中学　李一奇

老子言，"人法地，地法天，天法道，道法自然"，传递出的就是一种"天人合一"的哲学思想和生活态度。作为中华传统文化中不可缺少的主体，"天人合一"这一概念，从古延续至今，在当代社会发展中，又被赋予了新的内涵，焕发出新的生命活力。它要求我们热爱生命，热爱自然，与自然的旋律交融相和，一切人事应顺乎自然规律，达到人与自然的和谐共存。近年来，党和政府陆续出台了一系列关于生态文明建设的文件，比如 2015 年颁布的《中共中央国务院关于加快推进生态文明建设意见》、2018 年颁布的《中共中央国务院生态文明体制改革总体方案》以及同年颁布的《创建中国绿色学校倡议书》等。这一系列文件的颁布都充分体现出国家对于生态文明建设及其在教育层面的认知和践行的重视度与迫切度。[1]为此，作为教育工作者，我们需将生态文明教育融入育人的全过程，在教育的不同阶段，持续地渗透生态文明理念，开展与之相匹配的生态文明教育及实践活动。

一、开展研究性学习，培育环保型学生

研究性学习强调在教学过程中以问题为载体，创设出类似科学研究的情境和活动，让学生通过自己收集、分析和处理信息来实际感受和体验知识的生产过程，进而了解社会，学会学习，培养分析、解决问题的能力和创造能力。[2]

在对高中阶段的学生进行生态文明教育的过程中，积极探索并实践研究性学习的教育教学活动，可以让学生在发现问题、提出问题和解决问题的活动过程中，实现知识和能力的联系与运用，调动学习兴趣和行动积极性，从自身出发，一定程度上缓解公众在生态环境行为，如垃圾分类中存在的"认知不足、践行不足"的现象。

二、师生同行动，推进活动前期准备

在实施具体教育活动之前，学生首先要明确何为研究性学习，可以通过哪些具体的实践活动实现研究性学习，以及为什么要进行研究性学习，以保证教学活动的顺利展开；其次，由于高中阶段学生的时间和精力都相对有限，在活动开展前，学生应自行组成合作小组，以确保后续活动中，组员之间可以互帮互助、分工协作、群策群力、集思广益地展开高效学习活动；最后，相对于过去由教师将现成的理论知识、活动方案、结论等通过传授式教学直接教给学生的教学方式，研究性学习对教师也提出了更高的要求。笔者提前了解研究性学习的相关内容，然后对其在此次主题教育活动中的探索和实践过程有预先的设想和评估。同时积极接触其他科目教师（如地理、生物、化学教师等）和网络资源，获取更多和主题活动相关的学科专业知识，以应对学生在实践过程中可能出现的问题求助。

三、架构阶段学习计划，明确教育活动内容

研究性学习一般可以分成三个阶段进行：第一阶段，围绕教育活动主题，学生自行决定可研究的问题方向；第二阶段，明确问题研究方向后，学生提出具体的研究主题以及研究过程中待解决的各项问题；第三阶段，学生要创设类似科学研究的活动，然后自己通过各种实践来寻找解决问题的方法和答案。

（一）第一阶段——用善于发现问题的眼睛，寻找身边值得研究的问题

研究性学习的教学模式在发现问题阶段可以给予学生充分的自主选择权，由学生自己选择要研究的问题。学生可以通过组内提问和讨论的方式，检索出有研究价值的问题作为后续研究的主题。

在此次以"垃圾分类"为主题的生态文明教育活动中，学生可以自行寻找很多可研究问题的切入点，比如垃圾混合填埋处理的弊端、垃圾污染的危害、垃圾污染的治理、垃圾分类国内外对比或上海市垃圾分类实施现状等。

第一阶段实例介绍：某小组学生经过集体提问和讨论以后，打算亲自研究一下垃圾混合填埋处理的弊端，以此来提高自己对于垃圾分类必要性的认识。

（二）第二阶段——明确研究问题大方向，罗列具体待解决问题

小组内部互相商议，找到想要研究问题的方向以后，要将其想研究的具体问题清晰且明确地陈述出来。接下来，围绕这个研究主题，学生还可以提出以下几个问题来指导自己制订后续的研究计划。例如：（1）要研究的中心问题是什么；（2）目前对这个问题的了解有多少；（3）为了有效解决这个问题，还需要继续补充多少信息；（4）为了得到这些信息，还需要做什么事情等。"提出问题"阶段旨在引起学生探究的兴趣，让学生置身于问题情境中，积极主动地参与到下一阶段的探究活动中。[3]

考虑到高中生现阶段的认知和实践能力，在"提出问题"这一环节，笔者会进行适当的评价介入，帮助学生整理、修改、筛选出一些可操作性比较强的研究问题。此部分结束时，每一个活动小组都应该有各自明确、清晰和具体的研究问题。

第二阶段实例介绍：该小组学生以"垃圾处理"为研究方向，明确自己具体的研究问题为"从垃圾混合填埋的危害角度看垃圾分类政策的必要性"。然后围绕这个主题，学生们还可能提出并有待解决的问题如下：（1）缩小研究范围，选择具体的某一周边区域进行调查研究；（2）对于目前的垃圾污染以及垃圾处理情况有多少了解；（3）不同类别的垃圾对环境的污染程度有何不同；（4）混合填埋有什么不妥之处；（5）需不需要动手做些小实验，以验证自己的猜想等。

（三）第三阶段——勤动脑、勤动手，在实践中求真知

此阶段是开展研究性学习过程中的重要环节。学生要按照之前预设好的问题采取各种实践行动，比如通过问卷、观察、访谈、实验、查阅文献资料等方式，去获取解决问题所需的各种资料信息。在收集好所需资料和信息以后，小组内部还要对各自获取的资料信息进行整理、组织和再加工，与自己原有的预设和认知进行对比，最终得出结论或解决问题的方案。

第三阶段实例介绍：为了将研究问题细化、具体化，学生缩小研究区域范围，选择对学校周边的垃圾处理去向问题进行研究；学生对于周边环境污染的了解来源于他们日常的观察，也可以通过问卷的方式向周边居民了解情况，这样一来他们可以对周边的生态环境情况形成一个前期的了解和设定；为了获悉生活垃圾去向和处理等相关资料与信息，学生可以通过采访环卫工人的方式，获得学校周边垃圾倾倒的基本情况；学生可以向其他学科教师寻求指导，自己亲手做一些小实验，来验证不同类别垃圾对于土壤或空气有何不同程度的影响等。在这一系列类似于科学研究的情境和活动中，学生通过对自己收集到的信息资料进行分析和处理，最终会更明确地掌握有关不同垃圾污染的危害以及垃圾混合填埋的弊端，进一步理解垃圾分类的重大意义。

四、多品多思，提升主题活动的教育性和长效性

（一）德育工作中探索和实践研究性学习的意义

生态文明教育是《中小学德育工作指南》中五项德育教育内容之一。《中小学德育工作指南》明确了不同学段的德育工作目标，其中对高中学段的要求强调了学生要学会用科学的观点和方法观察问题、分析问题和解决问题，要具备自主、自立、自强的态度和能力。探索和实践研究性学习的教学方式，既可以将德育教学有效地推进，又可以在教育过程中，让学生有自主学习、独立活动的机会。

在传统的德育教学中，学生被动接受理念灌输和活动形式，在参与的过程中，缺少了一定的思考空间和独立选择的机会。研究性学习为学生提供了独立思考自己要什么、有什么、能做什么的机会。在此次以"垃圾分类"为主题的生态文明教育活动中，学生以"垃圾分类"这个话题为出发点，小组内部商议活动主题，自行选择要进行的活动方式。在一个个类似于科学研究的活动中，学生积极参与、主动思考、互帮互助地去解决他们提出的问题，探索他们想要得到的答案。与此同时，为了保证在活动中能够从旁协助，有效地对学生进行评价介入，教师也需要查阅、了解并积累很多资料。这种教学方法也给教师自身提高提供了机会，有助于教师更新观念，拓展视野，跳出所谓的"职场舒适区"，随时保有求知的渴望，唤起教学工作的灵性和智慧，提高和深化教师对教育工作内涵的理解。[4]

（二）完善教育活动实施过程

1. 增强教育活动实践性

此主题的教育活动目的，不仅仅是为了弥补学生在"垃圾分类"上认知的不足和调研实践上的缺失，更重要的是为了激发他们参与垃圾分类实践的热情和行动。在开展二次教育的活动安排中，学生在完成"发现问题""提出问题"和"解决问题"三阶段的基本任务之后，应该将"解决问题"这一阶段加以深化，增加社会实践活动，切实投入到应对垃圾污染、参与垃圾分类的活动中去。学生可以利用业余时间在学校周边社区或家庭所在社区担任垃圾分类志愿者，定期为垃圾处理做出自己的贡献。每次活动完成后，学生都可以撰写活动感悟，总结自己的所看所想，反思自己的优点与不足，进行合理的自我评价。

2. 拓宽教育活动覆盖面

在开展二次教育的活动安排中，要积极动员家长和社会的力量，将教育活动的参与范围拓展到学生家庭和社区中去。从家庭的层面来讲，建议学生家长积极参与，与学生互动，督促学生坚持垃圾分类的好习惯。从社会的层面来讲，可以联系社区为学生提供更多参与生态文明建设的机会，如实际情况允许，笔者可以定期到社区回访，收集有关学生实践的反馈。

3. 增加教育活动多样性

为了更好地实现将生态文明教育融入育人全过程这一目标，在此次以"垃圾分类"为主题的生态文明教育结束之后，可以根据学生的实际情况，在开展二次教育的活动安排中，增加更多的主题活动。例如，节能减排、适度点餐、选购绿色产品、自带购物袋、买卖闲置物品等都是合适的选题，都可以用来对学生进行生态文明教育。

五、生态文明融教育，生活环境遍仙源

无论是古代哲学里追求的"天人合一"，还是马克思主义哲学里提及的"人与自然的辩证统一关系"，我们都不难发现，追求并实现人与自然生态的和谐共处，始终是人类的共同目标。王维的《山居秋暝》写道："空山新雨后，天气晚来秋。明月松间照，清泉石上流。竹喧归浣女，莲动下渔舟。随意春芳歇，王孙自可留。"它为我们勾勒出了一幅人与自然和谐融合的景象。党的十八大以来，我国在"五位一体"的总体布局中明确了生态文明建设的重要地位，目的就是协调人与自然的关系，实现生态文明的进步。

晋陶渊明作《桃花源记》："土地平旷，屋舍俨然，有良田美池桑竹之属。阡陌交通，鸡犬相闻。其中往来种作，男女衣着，悉如外人。黄发垂髫，并怡然自乐。"唐王维改《桃源行》："月明松下房栊静，日出云中鸡犬喧。平明闾巷扫花开，薄暮渔樵乘水入。"

建设生态文明，事关历朝历代人民福祉，是民族未来发展的长远大计。做好将生态文明教育融入育人全过程的工作，即可实现人与自然的和谐共处，处处百姓安居乐业的美好景象，则可谓是"莫问仙境何处寻，春来遍是桃源人"。

注　释：

[1] 刘琼，王选平.中小学生态文明教育缺失的原因及对策分析[J].中国农村教育，2019（18）：122.

[2] 刘勇，刘明.研究型学习的课程价值及其评价[J].西南农业大学学报：社会科学版，2007（6）：83.

[3] 邓华.探究性学习在现代教育教学中的实践分析[J].课程教育研究，2018（17）：17.

[4] 刘勇，刘明.研究型学习的课程价值及其评价[J].西南农业大学学报：社会科学版，2007（6）：85.

参考文献：

[1] 生态环境部环境与经济政策研究中心课题组.公民生态环境行为调查报告：2019年[J].环境与可持续发展，2019（3）.

[2] 教育部基础教育司.中小学德育工作指南实施手册[M].北京：教育科学出版社，2017.

防"黑天鹅"于微乎，惕"灰犀牛"于未然

——新形势下劳动技术学科育人方法探究

上海民办行知二中实验学校　刘全雄

"黑天鹅"指难以预测而又不同寻常的事件，通常出乎人们的意料，却又会引起一系列负面连锁反应；"灰犀牛"一词源于米歇尔的《灰犀牛：如何应对大概率危机》一书，意指经常被提示却没有得到充分重视的大概率风险事件[1]。习近平总书记在2019年1月省部级主要领导干部坚持底线思维着力防范化解重大风险专题研讨班上的讲话中指出，"我们必须始终保持高度警惕，既要高度警惕'黑天鹅'事件，也要防范'灰犀牛'事件；既要有防范风险的先手，也要有应对和化解风险挑战的高招"。不可否认，德育工作中也存在着类似"黑天鹅"和"灰犀牛"的风险事件问题，德育的效果往往会因为某些不起眼的因素而大打折扣，因此，本文旨在探讨新形势下德育工作中存在的"黑天鹅"与"灰犀牛"问题，通过有针对性地提出相关策略，改进教书育人的方法，以达到更好地贯彻落实《中小学德育工作指南》的要求，为中国特色社会主义事业培养德、智、体、美、劳全面发展的建设者和接班人。

一、新形势下德育工作面临的"黑天鹅"问题

1. 网络环境引发的"劣币驱逐良币"问题

现在的孩子是吃着面包、喝着牛奶、伴着网络、玩着智能电子设备成长起来的，从学生成长的历程来看，新形势下网络环境引发的德育效果失效属于典型的"黑天鹅"事件。因为学生获得外部信息的渠道更加多元化，其中以互联网为代表的新兴平台更容易将社会上非主流、违背社会主义核心价值观甚至洗脑式的虚假言论和观点暴露在中学生的面前，由于学生尚处于认识社会、接触社会的初级阶段，自身的人生观和价值观尚未形成，对外部信息的真实性难以判断，因此出于"好奇""猎趣""追求时髦"等诸多心理因素的影响，偶然的一次网络点击，就可能造成学生从此一连串的自我"探索"，从而极大地影响了学校德育工作的效果。例如，以曾经被央视点名批评的哔哩哔哩网站，曾吸引了大量青少年的关注，很

多学生在一次偶然的点击后，便陷入其中难以自拔，不良的网络信息难以预测，带来的负面影响难以预料。因此，网络环境相比于学校教师和父母所灌输引导的教育内容，初中生群体可能更倾向于相信自己在网络上所看到的东西，长期以往，"劣币驱逐良币"，良好的价值观就会被取代。因此网络环境下引发的不利于德育工作的风险值得被高度警惕。

2. 青春期引发的心理健康问题

尼扎米曾经说过，青春期最容易表现出喜怒哀乐的感情，而且是非常强烈的，青春的美酒并不总是清澈的，有时也会变得浑浊。处于青春期中的少男少女们，也是多风多雨的季节，他们的生理发展非常迅速，而心理发展相对缓慢，辨别是非的能力和独立分析问题的能力比较差，自主意识却很强，又不愿意接受别人的建议和管束，所以很容易形成心理发展方面的障碍，从而会产生一些心理问题。比如，情感受挫后的不理智心理，固执己见的片面心理，焦虑厌学的烦躁心理等，往往受到一点儿委屈或者经受一点儿挫折，就容易走向极端，轻者与父母或者老师有抵抗情绪，不乐意学习，故意捣乱破坏纪律等现象发生，更有甚者离家出走、或做出其他极端的行为，这种"黑天鹅"事件造成的负面影响比较严重，所以青少年的成长过程中也要重视心理健康教育。

二、新形势下德育工作面临的"灰犀牛"问题

1. 德育工作缺乏梯度性

《中小学德育工作指南》指出，德育的总体目标是"培养学生爱党爱国爱人民，增强国家意识和社会责任意识"。对于初中阶段的学生，要"认同中华文化，继承革命传统，弘扬民族精神，树立规则意识，培养公民意识，形成诚实守信、乐于助人、善于合作、勇于创新等良好品质"。概括而言，就是要培养学生的政治思想、公民意识和良好品质。然而学校在实际制定教育策略的过程中，容易产生两个方面的问题，造成了"灰犀牛"风险。一是学校德育不区分目标的先后性，学生可能还没有学会去爱自己、爱同学、爱家长，就要求学生爱党爱国家，其德育工作的实际效果令人存疑；二是学校德育不注重目标的实效性，只注重表面现象，不注重本质实际，只关注结果，不关注过程，没有真正做到精准育人，真育人，育真人。有时德育工作者本人也缺乏高尚的师德，不能严于律己。

2. 学校与家庭缺乏有效衔接

父母作为孩子的监护人，也是孩子的第一任老师，对孩子的德育引领起到至关重要的作用。然而由于开放了二胎政策、工作任务繁重等原因，甚至单亲家庭、隔代抚养、留守儿童等诸多现象，部分父母过度依赖于学校教师的引导，忽视了父母自身与孩子朝夕陪伴的示范作用，还有部分父母没有从应试教育根深蒂固的

思想中走出来，只关注孩子的学习成绩，而忽视了对于孩子健康人格的培养，尤其忽视了对于孩子正确价值观念的引领，所以家庭非常有必要与学校衔接起来。

三、提升劳动技术学科育人效果的策略性建议

1. 应对"黑天鹅"现象的策略

（1）师生相处，成为"知己"

陶行知先生曾经说过，要"爱满天下"[2]，爱是教育的灵魂，只有融入了爱的教育才是真正的教育，教师用爱作为基石，才能敲开学生的"心门"，才能使学生"亲其师、信其道"，才能引导学生科学上网，增强自律能力和自我保护意识，有效地减少和避免网络环境所引发的"黑天鹅"现象发生。

劳动技术学科教学过程中师生相处关系融洽，成为"知己"。例如，在"自行车模型制作"当中，有一部分学生把车轮子总是做的大小不一致或者不成标准的圆形，我就利用中午等业余时间手把手地教学生动手制作，还把数学上圆的周长与圆的半径的换算公式引入，学生掌握了知识点当中的定量换算关系，再结合劳动技术当中靠模方法的应用，学生既动脑又动手，在不知不觉的技能体验过程中，感受到了动手制作的乐趣，学生既学到了知识又提高了能力，也拉近了师生之间的距离。再如，劳动技术课上有的学生忘记带材料了，有的同学少了一根麻绳，有的同学掉了一个红圆圈，我都事先多准备好一些材料，尽力去满足个别学生的需求。如果学生上课时不遵守纪律，都是本着让学生自我反省、自我检查、自我批评、自我改进的原则，把尊重与信任每一个学生放在首位，保护好每一个学生的自尊心和上进心，和学生"打成一片"，"走"进学生的心里，学生就会与老师成为"知己"，从而信任老师，愿意将自身的所思所想主动向教师表达，教师也更容易在第一时间了解学生的思想动向，修正学生错误的价值观念，从而正确合理地引导学生。笔者觉得学生的事情就是老师的事情，学生的困难就是老师的困难，把学生看成自己的孩子，师生之间才能互相尊重、互相宽容、互相关爱、真情实感的流露和思想交流，育人的实际效果会更好。

（2）心理辅导，健康成长

劳动技术是一门综合性学科，"做中学"是本学科的显著特点，在培养学生动脑动手能力的同时，也要关注学生的心理健康教育，在实践活动中适时地渗透心理健康教育，因为心理健康教育是德育的重要内容，是学生健康成长的需要，是推广素质教育的必然要求。笔者认为，及时的心理辅导，使学生在提高知识和能力的同时，树立了正确的价值观和人生观，辨别是非的能力就会增强，心理素质也得到了提升，就能够识别网络环境中的好与坏，并对信息进行科学分类，自觉抵制不良信息的影响，形成健康的人格，从而防治"黑天鹅"效应的蔓延，把问题扼杀在摇篮之中，保留住德育育人的果实。

2. 应对"灰犀牛"现象的策略
（1）学科渗透，育人为首

在学科教学方面要建立科学有效的有梯度的德育目标，来防范"灰犀牛"事件的发生。《中小学德育工作指南》指出，要将中小学德育内容细化落实到各学科课程的教学目标之中，也就是说德育工作要落实到人人都是德育工作者，每一位教师都是学生健康成长的指导者和领路人，在所任教学科中有目的、有计划、分步骤地实施德育目标，让德育真正地融合到各个学科的课堂教学当中去，时时处处达到潜移默化的效果，让德育工作真正地接地气，做细致、做扎实、做长久，从而有效地避免德育工作缺乏梯度性。

要在劳动技术课堂教学中渗透德育，如在纸艺《向日葵的制作》这个单元，在知识与技能目标主要是让学生通过欣赏向日葵优美的图片，交流与向日葵相关的生物学知识，制作花盘和花瓣以及组装评价等教学环节，着重培养学生动手制作的质量意识、审美鉴赏、合作交流能力；在过程与方法目标，时刻把德育纳入其中，学生在设计向日葵花盘时，每个同学只有一张云彩纸，如果在一张纸中间画一个葵花盘，会造成整张纸的浪费，于是我设计了一个小小的问题，在云彩纸的哪个地方开始画圆？同学们的回答也是各不相同，可以看出同学们根本没有节约这种意识，我有意引导学生从云彩纸的一边开始画，节约下来的云彩纸可以制作向日葵的花梗花叶等，让学生不浪费材料，落实节约从自身做起，从身边的小事做起，从一点一滴做起，提倡节约是中华民族的传统美德；在情感态度和价值观目标，让学生通过理解向日葵每天绕着太阳转，日出向东，日落向西，坚持不懈，引导学生在日常生活学习中积极乐观，朝气蓬勃，勇于进取，朝着心中的目标发奋努力。

（2）家校沟通，共同促进

劳动技术学科是一门实践性很强的学科，学生要经常走出课堂，参加社会实践活动。比如参观、访问、竞赛、夏令营等活动，需要与学生家长有效衔接、建立联系，可以通过微信群、邮箱、告知书等方式，及时向家长传递信息，在发挥学校主导作用的同时，积极争取家庭资源，使学校目标与家长目标相一致，共同教育学生在外出实践活动中注意安全，团结互助，文明守纪。因为家庭教育是学校教育的基础，学生身上表现出的问题，一般根植于家庭，形成于学校，表现于社会。

百年大计，教育为本；教育大计，教师为本；教师大计，师德为本；育人大计，德育为本；德育是教育的灵魂！中学生正处于"扣好人生中第一粒扣子"的关键时期，抓牢抓实德育工作显得特别重要。虽然说德育的效果可能会面临各种各样的"黑天鹅"和"灰犀牛"问题，但是存在风险并不可怕，关键是如何防范和化解风险，将学生重新引向正确的轨道。我坚信在《中小学德育工作指南》的正确指导下，在广大教育工作者的共同努力下，在家庭和学校的积极配合下，广大中学生的德育素质将会得到更大的提升。

注　释：

[1] 米歇尔·渥克.灰犀牛：如何应对大概率危机[M].王丽云，译.北京：中信出版集团，2017：17.

[2] 徐旭.我们离陶行知教育思想有多远[J].中国教师，2009（S1）：308.

参考文献：

[1] 黄斌.坚持传承创新　探索立德树人新途径：陕西省旬阳中学开展君子教育的创新与实践[N].中国教育报，2019-04-17.

[2] 王颖.《中小学德育工作指南》解读系列之一[J].江苏教育，2019（15）.

[3] 朱小蔓，王平.从情感教育视角看教师如何育人：对落实《中小学德育工作指南》的思考[J].中国教育学刊，2018（3）.

山河常在我梦萦，绿荫幽草胜花时

——在音乐教学中渗透爱国主义教育的实践经验分享

上海市宝山区宝林路第三小学　陈伊玲

德育是精神文明建设的奠基工程，陶行知先生曾说过"德者师之魂"，足以看出"德"是一个人的立身之本。党的十八大报告首次提出"把立德树人作为教育的根本任务"，"立德"就是树立正确的道德观念，"树人"就是以人为本，培育人。在这样的时代背景下，德育被放在了一个新的高度。因此，在现今需要用丰富的音乐活动帮助学生在集体观念、爱国情怀、劳动等方面有进一步的学习。

在音乐新课程标准中也作出如下说明"学生通过学习中国民族音乐，将会了解和热爱祖国的音乐文化，华夏民族音乐传播所产生的强大凝聚力，有助于培养学生的爱国主义情怀"。

爱国主义教育作为德育中的永恒主题，是培养学生思想品德的重要内涵。音乐教育不仅要提高学生的音乐审美感受、表现能力，同时也是培养健全的人品、塑造高尚人格的一条重要途径。希腊大哲学家柏拉图说："音乐教育除把美的东西作为自己的目的来探究，还必须注意道德和社会目的，把人教育成美的和善的。"那么如何将审美教育与爱国主义教育相结合，如何培养学生的爱国主义思想、增强爱国主义情感，这同样是音乐教师肩负的历史使命。

一、让爱国情怀走进校园

在日常的教学过程中，笔者发现各个年级的音乐教材中都会以不同形式呈现与爱国主题相关的歌曲或乐曲，在各年龄段教学中熏陶学生的爱国情怀。例如，在一年级的第一单元第二课中涉及了《国歌》并演唱歌曲《我们爱国旗》，学生进入校园之后的第一件事就是要了解国旗、国歌、爱国家。从这一课设立的位置足以看出，在小学音乐课堂中"爱国"这一大主题是所有课型、活动都替代不了的，当然这里所说的爱国不仅仅是狭义上的"热爱祖国"即外显性的爱国主义情感，它包括对国家标志物的情感体验、对家乡的情感体验、对民族语言、文化的情感体验，欣赏祖国的大好风光以提升国家认同感；也包括广义上的"热爱祖国"即内隐性的爱国主义情感，包括爱父母、爱同伴、爱教师、爱劳动、爱科学等，培养学生的集体主义精神，从中折射出对自己祖国的热爱。

分析了一到五年级所有的教材后，笔者有如下发现：爱国主题歌曲数量随年级增长大趋势是逐渐递增。虽然因为每个年级的侧重点稍有不同，爱国主题的音乐在每个年级里数量也各有不同，但爱国是所有年级都不可或缺的大主题。

二、爱国情怀的"流失"

仔细研究过课本后，在课堂中笔者便始终把热爱祖国、热爱党、热爱社会主义、歌唱民族团结的教育放在音乐教育的突出位置，以提高学生的思想素质。

在低年级的教学中，常常以活动的形式作为爱国主题的教学主要方式之一，以丰富、有趣的活动大大提升学生对音乐的理解力与学习兴趣。但是，笔者在进行五年级的教学中却发现"热情"和"兴趣"在悄悄溜走。

（一）重复的情感体验

欣赏乐曲《红旗颂》时，笔者介绍乐曲背景的话刚开了头，学生便已滔滔不绝地讲起了自己曾在语文课上学过的相关知识，反倒是为笔者介绍起了红旗的来历、背景，包括要爱护国旗、爱护国家等知识。这种"完美"回答背后体现的却是学生在认为知识的重复性之后很难静下心来去进行乐曲的分析。

感情是个体对自身的心理进行二次体验后的一种抽象状态。[1] 在体会《红旗颂》这首乐曲中蕴含的情感时，学生的感情可以说基本上没有体验。这种固定思维的回答没有经过自己的消化、思考，没有任何感情上的体会，自然是不能领会其中蕴含的深沉情感。

（二）活动方式的陈旧

音乐歌唱类教学中最重要的目标就是教会学生进行歌曲演唱，因此在进行本单元"深深的祝福"第二个教学内容即演唱《祝福祖国》时，笔者选择先教授最不容易掌握的主旋律部分，在学生掌握到一定程度后出示课题。笔者观察到不少学生看到《祝福祖国》几个字出现在屏幕上表情微微一变，还听到有学生窃窃私语的声音"怎么又是……"

连续两个课时内容主题相似，不少学生在笔者讲解歌词中蕴含的意思时有一些消极情绪，只有在讲解到特定的几个词如"珍珠""琴弦"等，涉及他们不了解的领域或者意想不到的见解时，他们才会对歌曲本身产生稍稍大一点儿的学习兴趣。如果将过去曾一直沿用的常用爱国主义音乐教学方法"照搬"进现在的课堂，显然已经不能再吸引起这群"新新学生"。

三、多样的活动渗入课堂

让学生深刻体会音乐的艺术魅力，提高他们的学习主动性，使他们在积极思考中推进教学的有效进行，就需要教师加强互动指导，利用丰富的音乐知识指导学生学习音乐知识、体会音乐内涵、促进音乐综合素质的发展。因此，在进行本单元的歌唱教学《雨花石》时，笔者便尝试了新的方法。

（一）以视觉刺激学生

笔者在介绍歌曲相关故事后呈现了一个有相关背景介绍的数字媒体，在媒体中穿插适当的文字介绍并配合一些动画，原本有些严肃的主题以一种新颖的方式呈现，在相对轻松的气氛中为学生娓娓道来歌曲背景，在"过去"与"现在"的碰撞中，学生的好奇心萌发，在聆听和思索中对歌曲背景的学习印象更加深刻。

（二）推动感情理解的外显化

考虑到高年级学生因为身体和心理的变化，很多学生常常是羞怯大于表现，因此课堂中的气氛常常是不够活跃。而歌曲《雨花石》的旋律优美，表达了对和平生活的热爱与珍惜，对先烈的敬仰对和祖国的爱恋。按照过往的教学方式，笔者会将更多重点放在歌曲演唱本身，但是这节课笔者做了一些不一样的尝试。

在本课时中，笔者选择通过邀请学生以"创"的形式，鼓励学生将感受到的情绪以动作的形式进行展现，进一步推动他们将感受到的情绪进行升华，从而转化为内心的理解与认同。学生在学习中通过谈话、动画等多种形式，内心已经对其中的情绪、画面有了一定的理解和想象，因此在这样的条件下，笔者鼓励学生将感受到的情绪以另一种形式进行输出，可以说是因为铺垫完善，使得学生在内心有了真正的认同。

四、再现爱国主义教育的"魅力"

近年来，发展学生综合能力、核心素养的话题被摆在了非常关键的地方，发展学生的表现能力、提升对音乐美的感受就显得尤为重要。根据课程标准倡导音乐教学，要在大众化的基础性教育的大背景下，回归歌舞一体的本原。从听、创、玩、创的实践活动中，引导学生积极主动地投入音乐活动中去，其中"创"是培养学生求异思维和创造能力的重要方式。

在课堂教学中笔者发现，高年级在进行创编活动时，很少有学生愿意上台展现，往往是你推我、我推你；进行创编时他们的动作重复现象很多，难有创新。

接下来，笔者就如何在音乐学习中潜移默化地培育学生的爱国意识谈三点看法。

（一）从新视角看待爱国主义音乐

爱国主义音乐撰写和创作的出发点往往和歌曲创作的时代背景相关，培养学生的爱国情操，并不是听一首歌曲或一首乐曲就可以实现的，而是依照音乐的审美规律，制定规范的音乐教学目标，并使用多种教学方法及教学手段达到这一教学目的。[2] 要想让学生在这样一个社会安定、物资丰裕的年代去理解一个社会动荡、物资贫瘠的年代，超出了他们的理解与认知范围，因此要尽可能帮助学生理解当时时代背景下的这些歌曲中所潜藏的情感。

很多在歌曲中所蕴含的一些物件或者当时的情况已经发生了转变，如《长城谣》歌词中"四万万人民"早就有了变化，长城对于现在的我们来说它的作用比起抵御外敌更是一种情怀，为学生创造一种与歌曲背景相当的情怀，是教师应该做的。想要帮助学生理解歌曲中的情绪，可以用国家当时的主要政策作为参考，如以国家的目前聚焦热点在于领土完整以及提高国家的综合国力等，那么在课堂中，也应该潜移默化地以实时热点为视角切入当时的课堂内容，这种新视角下的爱国主义教育会更加贴近心灵。

（二）借助多种力量处理爱国主义音乐

众所周知，在现代社会中流行歌曲总会风行一时，其中一些格调低下的歌曲让小学生也受到不良影响，可是学生往往更容易被新鲜的形式所吸引，所以笔者深深体会到在音乐教学中除了要认真挖掘歌曲中的爱国主义因素，让学生在情感上产生激动、思想上发生共鸣之外，及时跟着时代的发展适时以新方式对歌曲进行再处理，也是潜移默化地对学生进行爱国教育的方式。

1. 以典型的音乐背景给学生带来冲击

在教学中，笔者有目的地选择了音乐形象鲜明、充满爱国主义激情的作品作为重点，学生在听、唱、演中可以了解我国的历史传统、优秀民族文化和优秀的音乐家。如在高年级"深深的祝福"这一单元中欣赏《妈妈教我一支歌》时，笔者选择以聆听歌曲《没有共产党就没有新中国》作为引入，针对当前学生对建党等重大历史事件缺乏了解，甚至有盲目崇洋的心理，把抗日战争时上海军民抗击日本事件，及日寇制造"南京大屠杀"惨案的简略经过介绍给学生，激发学生的爱国热情。

2. 适时借科技服务歌曲

说到爱国歌曲，我们都会不禁变得庄严肃穆，对于高年级学生来说本就处于一个长期紧绷的环境中，以严肃的语气去进行相关教学，学生难免会有无趣感。事实上，在如今信息爆炸的时代，网络上有一些比较合适的视频，有的是名人的发言，有的是在国际赛事的举动，还有的是发生在身边的暖心小故事，这些视频都能帮助学生理解歌曲以及赋予歌曲现代意义的作用。

（三）以实践带动理解

音乐打动学生心灵，但我们也知道实践是认识的目的和归宿，脱离了实践认识很难得到飞跃式的发展。达尔克罗兹认为："音乐教育不应该是单纯的技术训练，更不应该是脱离音响的理论知识和规则的传授，他首先应该是对音响和情感的体验。"这就要求教师在日常的教学中添加实践,如在教授歌曲《雨花石》时,笔者就给学生带了几块雨花石,让学生先欣赏、观察、触摸,通过视觉与触觉的双重实践为歌曲学习做准备。再比如,对歌曲《我们爱国旗》再处理时,笔者拿上一些小国旗,请学生分组体验升国旗的过程,在体验过后,学生演唱歌曲时的自豪感明显有了很大的转变。

德育的实质就是对学生的道德认识、道德情感以及道德意志的培养。在学生心灵深处播下良好的做人道理和社会公德的种子,以此规范行为、砥砺心智,使学生最终成为有益于他人、有益于社会的人,因此在接下来的教学中笔者也要根据每首音乐中所蕴含的不同情感,挑选合适的方法对学生进行适当的主题教学。

注 释:

[1] 刘雅婷.爱国主义歌曲教学中德育渗透的影响与研究[D].石家庄:河北师范大学,2017:15.

[2] 刘哲.少数民族歌曲在小学音乐课中教学研究[D].北京:中央民族大学,2016:9.

参考文献:

[1] 陈淑琴.祖国真可爱:幼儿爱国基础情感教育系列歌舞游戏教材100例[M].上海:上海社会科学院出版社,1998.

[2] 郑惠玲.小学音乐教学中运用体态律动的具体方法分析[J].黑河教育,2019(6).

[3] 韩天寿.红色音乐文化在中小学音乐教学中的渗透探究[J].黄河之声,2019(7).

哪室竖笛暗飞声？散入春风满校园

——小学音乐器乐教学之实践育人案例探究

上海市宝山区大场中心小学　熊玉媛

如果你是动画片《龙猫》中的"龙猫"，那我就是找寻你的小月，走进你的世界，看看那五彩的心灵美景和无限的奇幻想象。

——题记

初为人师，担任专职音乐教师一职，还有幸成了二（4）班的副班主任。班级学生既聪明可爱，又顽皮淘气。经过一段时间的了解，A同学给笔者留下了深刻的印象。因为他时而调皮，时而安静。调皮时能让你气得停止教学，严厉制止；安静时就如同那龙猫般静静地待在那儿，啃着自己的手指头，心里琢磨着自己的小秘密，时不时说出一两句惊人的话语。

《中小学德育工作指南》要求广大教师："始终坚持育人为本、德育为先，大力培育和践行社会主义核心价值观，以培养学生良好思想品德和健全人格为根本，以促进学生形成良好行为习惯为重点"。德育是教育的核心部分，一位优秀的学生必定是德行兼修的人，如何改变A同学那些难以捉摸的极端行为，逐渐养成良好的行为习惯，进而展现自身优势，这成了笔者教育教学努力的方向。

一、案例概述

（一）镜头一：哗众取宠的无理取闹

连续几周的唱游课，A同学总是以各种方式来扰乱教学秩序，最严重的是星期二上午的第三节课，他从排队进入音乐专用教室开始，就一直乱吹手中的竖笛，经过提醒后才能停止一会儿，稍后又会再犯。笔者严厉地问道："你干吗？为什么乱吹？"A同学也不回答，只是嬉皮笑脸地看着。见状，笔者语气更为严肃："你为什么乱吹？站起来回答！"A同学依旧嬉皮笑脸，慢吞吞地从位置上站起来，又突然往地上一倒，滑稽的行为引发了全班的哄堂大笑。混乱的课堂让我们对峙在那里，笔者明白僵持下去是没有结果的，于是平复了一下心情，跟A同学说：

"你的事下课再说。"课后，笔者将他留在了音乐教室，问他为什么这么做，他笑笑不作声，眼看快要上第四节课了，笔者只好作罢："下次不允许这样了。"他一溜烟地跑掉了。

（二）镜头二："送给你的龙猫"

因为班主任教研活动外出，笔者在午间俱乐部时进班级看班。一进教室，笔者发现全班的小朋友手里都在捏超轻彩泥，个个都全神贯注，时不时还有几个小朋友跑上讲台展示他们小小的杰作。笔者观察着，突然发现大多数小朋友是三五成群地在一起捏彩泥，而 A 同学却默默地一个人在那里捏着，一反平时的"捣乱"常态。笔者悄悄地走到他边上，问他："你在捏什么呢？"他看都不看一眼，没空搭理地说道："龙猫。"见他难得安静，笔者暗自庆幸："只要他安静就好。"

快到下课的时候，他走到笔者的面前伸出双手说道："老师，这是送给您的龙猫。"笔者当时一惊，捏得非常的逼真，我高兴地说道："谢谢你，你捏得非常棒。"面对他突如其来的礼物，笔者心中既惊喜又疑惑。

（三）镜头三：竖笛妙声传校园

每次上完歌唱课，笔者总会抽出一节课的时间让小朋友们吹奏竖笛，那天是学习吹奏《金孔雀轻轻跳》，曲目吹奏的难度有点儿高，不仅有低音的吹奏，还有音符之间密集的转换。当笔者还在发愁如何将这些难点简易化教授给学生时，A 同学趁着练习吹奏的时间跑到笔者跟前问道："老师，低音的 6（LA）怎么吹？"笔者说："和高音 6（LA）一样的吹奏方法……"还没等笔者说完，他就一个人默默地开始尝试了，边吹边朝座位边走。没过几分钟，他兴奋地跑过来说："老师，我知道了，低音 6（LA）和高音的 6（LA）虽然指法一样，但是一个吹得急，一个吹得缓……"听到这里，笔者被他的话语震惊到了，这不就是笔者还没有说完的后半句吗？

二、反思与分析

一个个镜头展现的是不同状态下的 A 同学，他的变化无常让笔者捉摸不透，笔者主动与其他学科老师进行沟通、了解，发现他在其他课上也经常发生"捣乱""作怪"的事件。奇怪的是他安静下来时的专注度比一般的同学都要高，并且能很顺利、快速地完成各项学习任务，加之他喜欢的"龙猫"是多么可爱的卡通动物——拥有智慧的脑袋、善意的言语、笨拙的举动、时而夸张的行为，我顿时觉得 A 同学不就是那只让人"又爱又气"的龙猫嘛，但是"晴雨表"似的行为终究不能让他走在"行进队伍"的前列，成绩也只能是中等水平。

（一）自身原因

事后笔者与班主任交流，得知 A 同学是非常聪明的学生，但是他有非常严重的小儿多动症，即注意力缺陷多动障碍，并且内心极度缺乏自信，常常用怪异行为来引起他人的注意。"注意力缺陷多动障碍（DAHD）是儿童和青少年时期常见的精神和行为障碍之一，如果不对 ADHD 儿童进行及时的治疗、干预，会对其学业、工作和社会生活产生广泛而消极的影响。"[1] 原来他一切的"捣乱"都并非故意为之，而是与他的身体病症相关。

（二）家庭原因

通过平日与他的交流中得知，A 同学的父亲常年在外地工作，在家都是爷爷、奶奶、妈妈等长辈照顾，长期缺少父爱。另外爷爷奶奶非常溺爱 A 同学，以至于养成了他在家"无法无天"的性格缺陷，他将这种性格缺陷带到学校里就变成了"捣乱"似的行为。

笔者深知，一味地批评与惩罚都不应该是教育常有的状态，更何况是面对一个患有多动症的孩子，想想自己平时的教学行为是多么的缺乏了解与沟通，作为他的老师应该努力帮助他成为一名真正优秀、聪明的学生。于是，笔者便开始实施"龙猫"变形计划。

三、"龙猫"变形记

（一）"变形"第一招——关爱身心，制订矫正计划

得知他的病症之后，笔者主动联系了 A 同学的家长。经过与 A 同学妈妈的沟通后知道，本来他的病症要是早发现治疗会更好一些，但是现在都已经二年级了，治疗上需要更多的药物来缓解病症。这些药物具有很强的副作用，首先是对肝脏的伤害，同时也会引起食欲不振。因此，每天的午餐时间，笔者都会关照他，监督他吃药，尽可能不让他挑食。

通过对多动症病症状况的了解，笔者知晓：对儿童而言，静和动是守衡的，越是限制他动，他越会多动，动够了必然有安静的时候。针对他的情况，笔者为他制订教育矫正计划。每周都有意识地指导他参加一些需要精力的活动，如跑步、打球、跳绳等各种强体力的活动。另外，他喜欢拿扫帚打闹，笔者就利用每天的晨扫时间，引导他参加劳动，负责教室的拖地工作，让他的"动"用到正道上。

（二）"变形"第二招——竖笛吹奏我最行

除了利用课余时间进行交流与互动，笔者在唱游课上也积极改进教学方式。二年级的唱游课不仅要学习歌唱、欣赏，还要吹奏竖笛。A 同学因为聪明，学什么都是一点就通，在学习竖笛方面也是手到擒来。为了防止上次"捣乱"事件的再次发生，以及减少他犯错的机会，笔者特意将他设为班级竖笛吹奏的小老师，让他带领全班同学学习竖笛，并且教大家吹奏，因为班级学生都对他的吹奏心服口服。

为了鼓励他更好地吹奏，以吹奏竖笛为契机，笔者和 A 同学达成协议。每周笔者给他一张"音乐小符头"积点表，这张表是特地为他量身定制的矫治性表格，

其目的是帮他改进行为习惯、提高学习能力、增强品行修为。表格中的每一项评价内容涉及学生在校园里学习、生活的方方面面，比如对上课时的发言、听讲、吹奏、注意力等维度的关注；课后的劳动、休息、饮食，抑或作业完成情况、与人交际的方式方法等细微环节，尽可能完整、全面地评价他，以此矫治 A 同学的行为观念和学习状态，帮助他更好地成长，如表 1 所示。

这张表格上共有 100 颗音符，A 同学每天要根据表格中制定的项目完成"音乐小符头"的积攒任务，每项内容有 4 颗音符，根据自身表现，由笔者、家长、同桌共同监督，自己打勾，笔者和他一起数音符，每周结算一次，并通过积攒的"音乐小符头"总数获得相应的奖励。

表 1　矫治学生学习习惯、行为观念、品行修为情况的"音乐小符头"积点表

星期	项目内容				
一	积极举手发言 ♪♪♪♪	积极主动劳动 ♪♪♪♪	垃圾分类准确 ♪♪♪♪	回答问题声音响亮 ♪♪♪♪	课间文明休息 ♪♪♪♪
二	认真准确吹奏 ♪♪♪♪	不扰乱课堂秩序 ♪♪♪♪	竖笛示范准确 ♪♪♪♪	课上积极举手发言 ♪♪♪♪	礼貌谦让他人 ♪♪♪♪
三	热情帮助他人 ♪♪♪♪	积极举手发言 ♪♪♪♪	课前准备及时 ♪♪♪♪	遵守课堂纪律 ♪♪♪♪	校园礼貌用语 ♪♪♪♪
四	准确吹奏示范 ♪♪♪♪	认真完成作业 ♪♪♪♪	上课思想集中 ♪♪♪♪	积极主动劳动 ♪♪♪♪	及时记录作业要求 ♪♪♪♪
五	上课认真听讲 ♪♪♪♪	午餐光盘行动 ♪♪♪♪	课间文明休息 ♪♪♪♪	热心帮助他人 ♪♪♪♪	认真完成作业 ♪♪♪♪
每天合计	(　　) 颗音符	(　　) 颗音符	(　　) 颗音符	(　　) 颗音符	(　　) 颗音符
每周合计					
90♪以上：获得一次教师奖励的礼物 80♪以上：获得一次购买喜爱玩具的机会 70♪以上：获得一次外出游玩的机会（自己选地点） 60♪以上：获得一次和同学玩游戏的机会（自己选伙伴）					

计划实行的第一天，A 同学获得了 10 颗音符。他上课发言的次数虽然很少，但是在"积极主动劳动""垃圾分类准确"两项获得满分音符。

第二天，A 同学获得 18 颗音符，是一个非常好的开始，除了不扰乱课堂秩序、积极举手这两项，其他几个项目几乎都是满分。这说明他对竖笛吹奏还是非常喜爱的，于是笔者让他当起了"小老师"，帮助有困难的学生。

第三天，A 同学只获得了 15 颗音符，他显得有一些沮丧，笔者轻轻地安慰他："没关系，慢慢来，明天再追回来。"

第四天，A同学获得了16颗音符，虽然不是最好的，但是笔者发现他的状态稳定了，每一个项目都比较平均。

第五天，A同学获得了18颗音符，明显感受到他最后一天的努力，终于取得了较好的成绩。

一个星期下来，A同学获得了77颗音符，获得了一次外出游玩的机会。他激动不已，露出了开心的笑容。

（三）"变形"第三招——我是你的忠实听众

正值那天出操训练跳绳，笔者见他跳着跳着鞋带散了，喊住他说："A同学，你鞋带散了。"他看了看说："老师，我不会系鞋带。"于是，笔者蹲下身帮他系鞋带，语重心长地说："下次可要自己系鞋带了，回去学一学。"他说："好的。"笔者想进一步了解他，又接下去说："你知道吗？上次你送给老师的彩泥龙猫，我非常喜欢，你怎么捏的呢？"他兴奋地说道："老师，我诉你一个秘密吧，因为我已经将龙猫的样子记在心里了，这样捏出来的龙猫就会特别像，老师你不要告诉别人哟！"笔者笑着回答道："好的，你的小秘密，我会替你保密的，去接着跳绳吧。"他"哧溜"一下又跑进了人群中。

倾听他的心声，成为他的朋友，解读他的心思，了解他的故事，慢慢地笔者和这位"龙猫"小伙伴成了互相之间有秘密的朋友了。

四、在明明德

常言道："一把钥匙开一把锁。"每位学生的实际情况是不同的，要求教师深入了解，弄清学生的行为、习惯、爱好及其落后的原因，从而确定行之有效的对策，因材施教，正确引导。A同学因自身原因、家庭因素的影响导致他的一系列极端行为，这让教师困恼不已，但是烦恼不会自动消失，这个减弱的过程需要教师带着爱学生的一颗心去找寻。爱学生不仅仅是一句口号，更是一种行动。教师通过爱帮助他走出荆棘之路，与其成为分享秘密的朋友。

在参与A同学蜕变的时光里，笔者深刻感知到立德树人是教育的核心，是学生获得各种技能、思维训练的前提，德育渗透不应受学科观念的束缚。作为一名有梦想、有追求、有爱心的教师，一定是希冀学生能成为品行兼优的人。德育之花必将在学生身上绽放。此刻，A同学这位特殊的学生俨然成为笔者教育生涯路上第一位对象，亲历着这位"龙猫"的蜕变。虽然他不够完美，依旧缺点很多，但是他的人生路还很长，成长在继续，进步也在继续。愿笛声悠扬，待满园春色时，收获一个全新的自我。

注　　释：

[1] 陈瑜婕.ADHD 倾向儿童注意力团体辅导训练及效果研究 [D].昆明：云南师范大学，2017：3.

参考文献：

[1] 中华人民共和国教育部.中小学德育工作指南 [Z].教基〔2017〕8 号，2017.

[2] 苏晶晶.多动症患儿的适应行为与家庭功能、社会支持的关系探索 [D].杭州：浙江大学，2017.

[3] 谢丽娟.浅谈如何在小学音乐教学中渗透德育教育 [J].艺术科技，2015（12）.

后记
Afterword

自2017年8月教育部发布《中小学德育工作指南》（下文简称"《指南》"）文件之后，我区积极响应，并做了整体部署，要求全区中小学校围绕《指南》制定"一校一方案"，在学科德育、学生社会实践活动、家校社协同活动等方面认真落实并积极践行德育目标、德育内容和"六育人"的实施途径。

为了更好地梳理学校实践《指南》的成果，上海市宝山区教育学院教育发展研究室与德育研究室于2019年3月起联合举行"我与《指南》"全区中小学征文活动，征文目的是引导全区中小学教师深刻理解和把握《指南》精神，牢固树立"立德树人"理念，全面总结、反思自己教书育人、管理育人的历程和经验，从而更加自觉地执行党的教育方针，实施素质教育，培养德智体美劳全面发展的人才。征文要求在认真学习领会《指南》精神的基础上，重点围绕"六大实施途径"进行研究和撰稿。征文还提出了具体的要求：有明确的一个育人途径指向，题目设计角度新颖，主题凸显，体现研究性，避免直接用"课程育人"等表述作为征文题目；要找准育人途径背后的理论依据；要围绕学校的教育教学实践或者个人的亲身实践进行撰写，并能够结合教育理论对实践进行点评和反思，总结提炼出一定的教育教学经验和规律。征文还设计了三种文稿类型：学校管理类、班级管理类和个人心得类。

　　此次征文是反映我区教师近三年来在探索如何深刻领会《指南》精神实质并落实到教育教学行动中的一次集中成果展示，是宝山教育深化《指南》文件精神内核的一次集体呈现。

　　此次征文在沈伟的总体策划与部署之下，做了科学的谋划与落实。征文得到了教育发展研究室与德育研究室全体同仁的倾力支持。顾海萍、叶慧和程胜老师做了本次征文大量的筹备工作、过程管理与后续的入选"教学收获"文稿的修改指导。张雯和何光辉组织和指导了所有入选撰稿者的文本修改。诸晓燕、蔡素文、张萍、曹蓉、王震和钱婷婷老师对文本进行了进一步的精细修改与指导。沈伟对整本书的体例和科学性规范性前瞻性做了最后的审定和校编。

　　在此，感谢所有《宝山教育》杂志的学校通讯员老师，感谢你们的及时、顺畅的通知和大力宣传，让更多的宝山教师奉献出实践智慧！感谢中小学全体德育主任，是你们做好了辅助工作，使得此项征文的内涵和品质得到更好的保障！感谢所有参加此次"我与《指南》"征文的老师们，是你们让我们真切感受到了宝山教育的无限生机与美妙活力！最后，特别感谢上海社会科学院出版社支持出版和路晓老师的辛勤付出！

编写组

2020年6月